Hierdie boek

aan

Pa en Joyce

Van

Hanelize en Carel Lean

Datum

25 - 12 - 1998

My 366 mees GELIEFDE Bybelverse

SOLLY OZROVECH

Maar vir julle sal Hy voed met die beste koring, julle
versadig met heuning uit 'n rots - Psalm 81:17

LUX VERBI

Ontwerp en geset in 12,5 op 13pt
Berkeley deur Lux Verbi

Gedruk en gebind deur
Nasionale Boekdrukkery
Drukkerystraat, Goodwood, Wes-Kaap
Eerste uitgawe, eerste druk 1998

ISBN 0 86997 764 4

Vir jou, Nelda. Jy is vir ons baie spesiaal.

Woord van die skrywer

Op 15-jarige ouderdom het ek uit die Joodse geloof oorgekom na die Christendom. Toe ek Jesus Christus as my Verlosser en Saligmaker aangeneem het, het ek ook sy Woord ontdek, en dit het 'n spesiale plek in my lewe kom inneem.

In verskillende tydperke van my lewe, het verskillende Skrifgedeeltes 'n geweldige impak op my lewe en denke gehad, en was dit gevolglik ook vir my van besonderse waarde.

In hierdie dagboek deel ek met jou 366 van die Bybelverse waardeur God my siel op 'n besonderse manier gevoed het "met heuning uit 'n rots".

'n Ander skrywer sou na sy aard en geestelike ondervinding waarskynlik 'n heel ander reeks Bybeltekste gebruik het. Dis nou maar eenmaal hoe die Almagtige in sy alwysheid aan mense sy heilige wil openbaar.

My gebed is dat hierdie keur van Bybelverse vir jou ook soos "heuning uit 'n rots" sal wees en jou sal bring by die vleesgeworde Woord en die Rots van eeue.

Soli Deo Gloria!

Solly Ozrovech

Teksregister

OU TESTAMENT

Gen 2:7 – 8 Aug
Gen 16:18 – 31 Des
Gen 24:7 – 31 Jan
Gen 28:16 – 18 Mrt
Gen 32:26 – 29 Des
Gen 32:31 – 18 Nov

Eks 3:5 – 15 Mei
Eks 31:14 – 5 Jun

Num 12:3 – 22 Okt

Deut 14:2 – 25 Mei
Deut 33:27 – 29 Apr

Jos 1:6 – 23 Nov
Jos 1:8 – 24 Sep
Jos 1:9 – 2 Jul
Jos 24:18 – 12 Mrt

1 Kon 18:21 – 4 Aug

2 Kon 4:26 – 20 Nov
2 Kon 22:19 – 19 Aug

2 Kron 26:5 – 14 Jun

Neh 1:6 – 6 Jul

Job 5:18 – 2 Nov
Job 15:11 – 2 Des
Job 23:3 – 22 Mrt
Job 32:8 – 7 Mrt

Ps 5:4 – 14 Okt
Ps 16:11 – 29 Mrt

Ps 17:6 – 21 Des
Ps 23:4 – 27 Okt
Ps 24:1 – 2 Mrt
Ps 27:1 – 25 Jun
Ps 28:7 – 18 Mei
Ps 31:2 – 5 Aug
Ps 31:15-16 – 24 Aug
Ps 32:5 – 29 Jul
Ps 32:8 – 5 Feb
Ps 32:10 – 7 Nov
Ps 34:2 – 5 Apr
Ps 37:5 – 9 Jul
Ps 39:5 – 16 Okt
Ps 40:18 – 27 Nov
Ps 42:2 – 26 Apr
Ps 42:3 – 12 Okt
Ps 43:5 – 26 Jul
Ps 46:11 – 25 Aug
Ps 48:15 – 21 Feb
Ps 50:15 – 13 Nov
Ps 51:3 – 28 Aug
Ps 51:12 – 23 Mei
Ps 62:6 – 12 Jan
Ps 71:16 – 1 Sep
Ps 73:28 – 14 Jan
Ps 86:11 – 6 Okt
Ps 89:2 – 16 Feb
Ps 90:1 – 11 Nov
Ps 91:15 – 31 Okt
Ps 95:6 – 8 Jun
Ps 95:7-8 – 9 Okt
Ps 100:2 – 25 Okt
Ps 100:4 – 20 Jul
Ps 103:1 – 14 Mrt
Ps 103:2 – 13 Jan
Ps 103:8 – 27 Des

Teksregister

NUWE TESTAMENT

Matt 1:1 – 23 Des	Luk 2:10 – 11 Des
Matt 1:19 – 24 Des	Luk 2:11 – 12 Des
Matt 1:23 – 4 Jan	Luk 2:14 – 19 Des
Matt 2:1 – 25 Des	Luk 2:15 – 16 Des
Matt 2:2 – 5 Des	Luk 2:20 – 26 Des
Matt 3:8 – 2 Sep	Luk 2:27-28 – 15 Des
Matt 5:3 – 13 Feb	Luk 4:36 – 14 Mei
Matt 6:9-10 – 17 Okt	Luk 5:4 – 10 Des
Matt 6:19 – 16 Jul	Luk 6:10-11 – 21 Aug
Matt 6:34 – 7 Jan	Luk 7:19, 22 – 3 Aug
Matt 7:7 – 27 Mrt	Luk 10:21 – 11 Apr
Matt 9:6 – 8 Sep	Luk 12:15 – 29 Feb
Matt 10:22 – 9 Mei	Luk 13:24 – 12 Nov
Matt 10:28 – 4 Okt	Luk 14:28 – 3 Apr
Matt 10:39 – 17 Apr	Luk 15:17 – 11 Mrt
Matt 11:29 – 6 Nov	Luk 17:19 – 26 Sep
Matt 12:33 – 4 Mrt	Luk 19:10 – 24 Mrt
Matt 12:35 – 22 Nov	Luk 21:33 – 17 Mei
Matt 15:28 – 6 Mrt	Luk 23:42-43 – 15 Jul
Matt 16:26 – 28 Okt	
Matt 17:8 – 16 Nov	Joh 1:1 – 9 Sep
Matt 18:21-22 – 30 Apr	Joh 3:16a – 3 Des
Matt 20:26-27 – 30 Jun	Joh 3:16b – 4 Des
Matt 23:37 – 6 Apr	Joh 4:34 – 10 Okt
Matt 25:29 – 9 Mrt	Joh 6:9 – 19 Mrt
Matt 28:7 – 11 Jul	Joh 6:35 – 1 Apr
Matt 28:20 – 1 Feb	Joh 6:37 – 8 Okt
	Joh 8:12 – 11 Feb
Mark 1:27 – 17 Aug	Joh 9:25 – 31 Jul
Mark 3:13 – 24 Feb	Joh 10:10 – 5 Jan
Mark 6:31 – 21 Mei	Joh 11:25-26 – 6 Jan
Mark 6:50 – 21 Jul	Joh 11:35 – 17 Jun
Mark 8:29 – 4 Apr	Joh 12:26 – 13 Apr
Mark 10:51 – 15 Nov	Joh 13:15 – 14 Jul
Mark 12:27 – 10 Sep	Joh 13:35 – 17 Jan
Mark 12:33 – 29 Jun	Joh 14:6b – 10 Jan
Mark 16:3 – 10 Apr	Joh 14:6a – 25 Jan
	Joh 14:12 – 7 Jun
Luk 1:28 – 22 Des	Joh 14:15 – 20 Apr

Teksregister

Teksregister

Tematiese indeling

As jy op 'n spesifieke dag 'n dagstuk soek wat iets te sê het vir jou gevoel of omstandighede, of as jy meer wil lees oor 'n sekere onderwerp, soek in die tematiese indeling die trefwoord wat jou situasie of die onderwerp die beste beskryf, en lees die dagstuk(ke) wat daar aangedui word.

Arbeidsvreugde – 7 Feb

Bekering – 18 Apr, 15 Jul, 9 Okt, 11 Des
Bekommernis - 7 Jan, 27 Jan, 30 Okt, 31 Okt, 13 Nov
Bemoediging – 1 Nov
Beplanning – 9 Aug
Beproewing – 19 Apr, 12 Mei, 19 Mei, 24 Mei, 26 Jul, 20 Aug, 19 Sep, 26 Sep, 21 Okt, 27 Okt
Berou – 30 Mrt
Besluite neem – 4 Aug
Betroubaarheid – 7 Jul

Christelike simbole – 8 Mrt
Christenskap – 6 Feb, 19 Feb, 27 Feb, 11 Mei, 25 Mei, 7 Aug

Dag van die Here – 5 Jun
Dankbaarheid – 20 Jul
Diensbaarheid – 19 Jan, 24 Feb, 16 Aug, 6 Okt, 25 Okt, 22 Des
Dissipelskap – 17 Jan, 13 Apr, 12 Aug
Doelgerigtheid – 3 Feb, 8 Feb, 18 Feb, 9 Jun, 9 Jul
Dood – 16 Okt
Drie-eenheid – 23 Apr

Droefheid – 8 Des

Eenheid – 6 Apr, 8 Apr
Ewigheid – 28 Okt

Gawes van God – 1 Apr
Gebed – 6 Mrt, 8 Mei, 6 Jun, 26 Jun, 17 Jul, 25 Sep, 14 Okt, 15 Nov
Gebedsverhoring – 26 Jan, 27 Mrt, 8 Sep, 9 Des
Geduld – 22 Jul, 6 Aug
Geestelike groei – 4 Mrt, 29 Mei, 22 Jun, 2 Sep, 14 Sep, 10 Des
Gehoorsaamheid – 20 Apr
Geleenthede – 20 Mrt, 20 Mei
Geloof – 6 Jan, 15 Jan, 12 Feb, 28 Apr, 26 Mei, 18 Jun, 25 Jun, 1 Jul, 2 Jul, 8 Jul, 22 Aug, 10 Sep, 11 Sep, 12 Sep, 23 Sep, 29 Sep, 4 Des, 21 Des, 29 Des
Geloofsbelydenis – 16 Apr
Geloofsekerheid – 22 Jan, 15 Okt
Geluk – 20 Jun
Genadegawes – 30 Mei
Genade van God – 16 Mrt, 18 Nov, 27 Des
Gesin – 5 Mrt

Getuienis – 17 Mrt, 4 Apr, 16 Mei, 19 Jun, 13 Sep

Godsdiens – 3 Mrt

God die Vader – 10 Jun, 23 Jun, 24 Jun, 5 Jul, 27 Jul, 11 Aug, 23 Aug, 24 Aug, 4 Sep, 20 Okt, 29 Okt, 9 Nov, 25 Nov, 26 Nov, 13 Des

God gee krag – 28 Jan, 3 Jun

God gee oorwinning – 28 Feb, 10 Apr, 30 Aug

God het jou lief – 14 Feb

God het 'n plan met jou – 5 Feb

God is almagtig – 19 Mrt

God is by jou – 4 Jan, 23 Jan, 18 Mrt, 22 Mrt, 2 Apr, 15 Mei, 27 Nov, 17 Des

God is groot – 28 Mrt, 17 Aug, 6 Sep, 20 Des

God is in beheer – 3 Jan, 2 Jun, 16 Jun, 19 Nov

God is in jou lewe – 22 Feb

God is jou toevlug – 18 Mei, 5 Aug, 11 Nov, 21 Nov

God is onveranderlik – 29 Apr

God is vír jou – 16 Jan

God lei jou – 31 Jan, 21 Feb, 23 Mrt

God se eiendom – 10 Feb

God se wil – 15 Mrt, 10 Okt

God se wysheid – 20 Feb

God sorg vir jou – 1 Jun

God troos – 2 Des

God verstaan – 1 Mrt

God voorsien – 13 Feb

Heilige Gees – 2 Mei, 18 Sep, 11 Okt, 24 Nov

Herinneringe – 4 Feb

Hoop/wanhoop – 7 Apr, 15 Jun, 7 Sep, 17 Sep, 2 Okt, 23 Nov

Inspirasie – 12 Jan, 7 Mrt

Integriteit – 19 Okt

Jesus Christus – 11 Jan, 20 Jan, 25 Jan, 1 Feb, 2 Feb, 25 Feb, 13 Mrt, 24 Mrt, 22 Apr, 14 Mei, 31 Mei, 4 Jun, 27 Jun, 11 Jul, 25 Jul, 28 Jul, 31 Jul, 1 Aug, 9 Sep, 15 Sep, 5 Okt, 3 Nov, 16 Nov, 5 Des, 14 Des, 23 Des, 25 Des

Kerkbywoning – 1 Mei

Kersfees – 15 Des, 16 Des, 18 Des, 26 Des

Kind van God – 22 Mei, 7 Jun, 4 Jul

Koninkryk van God – 17 Okt

Kreatiwiteit – 2 Aug

Lewenskwaliteit – 5 Jan, 29 Feb, 21 Jun, 28 Jun, 29 Aug, 16 Sep, 22 Sep

Lewenswandel – 25 Mrt, 29 Mrt, 12 Apr, 3 Mei, 10 Mei, 10 Jul, 14 Jul, 16 Jul, 18 Jul, 3 Aug, 13 Aug, 5 Sep, 7 Okt, 24 Okt, 12 Nov, 14 Nov, 22 Nov, 1 Des, 31 Des

Lewe in oorvloed – 8 Aug, 28 Nov

Lewe saam met God – 18 Jan, 21 Jan, 3 Apr, 17 Apr, 4 Nov

Liefde – 29 Jan, 9 Feb,

Januarie

Verjaarsdae

_____	1	_____
_____	2	_____
_____	3	_____
_____	4	_____
_____	5	_____
_____	6	_____
_____	7	_____
_____	8	_____
_____	9	_____
_____	10	_____
_____	11	_____
_____	12	_____
_____	13	_____
_____	14	_____
_____	15	_____
_____	16	_____
_____	17	_____
Johan v.d. Merwe	18	_____
_____	19	_____
_____	20	_____
_____	21	_____
_____	22	_____
_____	23	_____
_____	24	_____
_____	25	_____
_____	26	_____
_____	27	_____
_____	28	_____
_____	29	_____
_____	30	_____
_____	31	_____

Gebed

Heilige God en Vader,
van ewigheid tot ewigheid is U God!
Aan die begin van 'n nuwe jaar kom kniel ons voor U,
die Almagtige en Alwyse, wat van die begin af ook die
einde sien.
Ons sal dit op die onbekende pad alleen aan u hand
kan uitwaag: soms sal die pad voor ons donker lyk:
help ons om dan in die lig van geloof verder te gaan;
soms sal baie dinge vir ons oog verborge wees:
help ons om dan getrou te bly aan dit wat ons wel
weet en kan sien; dikwels sal ons nie ons bestemming kan
sien nie: maak ons dan dankbaar vir die enkele treë
wat ons wel kan sien.
Wanneer ons u wese en u weë nie kan begryp nie,
laat ons kinderlik vertrouend aan u beloftes vashou.
Wanneer dit ons aan geloof ontbreek, Here,
kom ons ongeloof tot hulp.
Wanneer ons nie verstaan wat u plan met ons lewe is nie,
laat ons dit in gehoorsaamheid nooit bevraagteken nie.
Wanneer ons in hierdie jaar sukses smaak, hou ons
nederig, ootmoedig en dankbaar.
Wanneer teleurstelling of mislukking op ons wag,
bewaar ons van wanhoop, selfbejammering en vertwyfeling.
Dierbare Vader, omsluit ons met u liefde, en leer ons opnuut
dat alles ten goede meewerk vir dié wat vir U liefhet.
Ons plaas onsself nou onvoorwaardelik in u liefdevolle hande.
Maak ons deur hierdie jaar u blymoedige kinders.
Ons bid dit in die kragtige Naam van Jesus
Christus, ons Verlosser.

Amen

Toe sê Hy wat op die troon sit: "Kyk, Ek maak alles nuut" – Openbaring 21:5.

Die genade van 'n nuwe begin

Hoe dikwels het jy nie al gewens dat jy die boek van die verlede kon toemaak en weer van voor af begin nie! Daar is min mense wat nie die een of ander tyd begeer om die verlede met sy teleurstellings, mislukkings, terugslae en hartseer uit te wis en te vergeet nie. Miskien het jy 'n dierbare aan die dood afgestaan; dalk moes jy deur 'n radikale lewensverandering gaan en nou moet jy 'n heeltemal nuwe lewenstyl aanleer; dalk het jy diepe berou oor iets wat jy gesê of gedoen het en wens jy jy kon die skade herroep; dalk is daar 'n gebroke verhouding wat jou pyn en hartseer besorg.

Die goeie nuus vir jou as Christen is dat Jesus Christus jou vandag nooi om na Hom toe te kom. Hy skenk aan jou die genesende balsem van sy vergifnis. Deur sy Heilige Gees sal Hy jou in staat stel om dinge reg te stel en 'n nuwe begin te maak.

Maak daarom jou hart vir Christus oop – wat ook al in die verlede gebeur het. Wanneer Hy in jou lewe inkom, sal jy saa m met Hom die genade en vermoë ontvang om jou probleem te hanteer in die krag van die Heilige Gees. Wat jy self nie kan doen nie, sal deur sy krag en genade moontlik word. En daar is nie 'n meer geleë tyd as die begin van 'n nuwe jaar om opnuut 'n Christus-geïnspireerde lewe te begin lei nie.

Alleen met Jesus

- Lees Openbaring 21:1-8.
- Oordink biddend jou lewe tot hier toe en maak 'n oorgawe aan Christus – vir die eerste maal of opnuut.
- Stel jou lewe oop vir die genadewerk van die Heilige Gees sodat Hy jou lewe kan vernuwe.
- Loof en dank die Here vir 'n nuwe jaar wat jy as sy kind kan belewe.

Iemand wat aan Christus behoort, is 'n nuwe mens. Die oue is verby, die nuwe het gekom. Dit alles is die werk van God – 2 Korintiërs 5:17-18.

Nuwejaarsvoornemens

Aan die begin van 'n nuwe jaar is daar onwillekeurig by ons 'n begeerte om nuut te begin. Ons praat van "nuwejaarsvoornemens". Ons begeer opreg om te vergoed vir die foute van die verlede en om beter te doen; om uit ervarings te leer en 'n meer produktiewe en sinvolle lewe te lei in die nuwe jaar wat voor ons uitstrek. Tog is dit waar dat edele voornemens nie altyd verwesenlik word nie. Die wil verswak, ons gee toe aan versoekings. Soos die Meester gesê het: die gees is gewillig, maar die vlees is swak (Matt 26:41).

Terwyl jy nou uitstap op die onbekende pad van 'n nuwe jaar is dit noodsaaklik dat Christus jou Leidsman sal wees. Soek sy volmaakte wil vir jou lewe deur jou gebedsgemeenskap met Hom. Lewe dan voluit binne sy wil in die onbekende jaar wat voorlê. Jy sal vrede, gemoedsrus en lewensvervulling vind, want Jesus Christus is magtig om al die foute van die verlede uit te wis en aan jou 'n lewe van geluk en vrede te gee. Al wat Hy van jou vra, is dat jy jou lewe onvoorwaardelik aan Hom sal oorgee en gehoorsaam aan sy riglyne vir jou lewe sal voortreis.

Dit is voorwaar 'n geringe prys om te betaal vir 'n lewe van oorvloed in Jesus Christus. Dan word jou nuwejaarsvoornemens nie net 'n ydele droom nie, maar 'n heerlike werklikheid.

Alleen met Jesus

- Lees 2 Korintiërs 5:11-21.
- Dra jouself en die onbekende pad wat voor jou lê aan Christus op in gebed.
- Oorweeg biddend die geestelike voornemens wat jy wil maak.
- Vra die Heilige Gees om jou by te staan om dit nougeset uit te voer.
- Dank God in Jesus Christus vir die moontlikhede wat voor jou lê.

Ek is die Alfa en die Omega, die Eerste en die
Laaste, die Begin en die Einde
– Openbaring 22:13.

Die lewe begin en eindig by God

Eerste indrukke is belangrik en blywend, net soos die eind-indruk ook altyd belangrik is. Die indrukke tussen-in vervaag dikwels, maar jy onthou altyd wat aan die begin en aan die einde gebeur het. Wanneer jy 'n boek lees, na 'n rolpent kyk of na musiek luister, is die aanvang en die slot dikwels dít wat jy onthou.

God herinner jou hieraan wanneer Hy belowe dat Hy die begin en die einde van die lewe is. Hy bepaal jou geboorte soos Hy die dag bepaal wanneer jy sal sterwe. Deur sy bewaring en liefde oorleef jy as hulpelose suigeling in 'n wêreld vol gevare. Maar die wonder van sy genade is dat nie net die begin en die einde nie, maar jou hele lewe deur sy sorgende liefde oorkoepel word.

Wanneer ons ouer word, die middeljare bereik en die vermoë het om vir onsself te dink en ons eie lewe te beplan, laat die lewe dikwels veel te wense oor en vergeet ons spoedig dié tyd-perk toe ons volkome van God afhanklik was. Indien dit met jou die geval is, onthou dat dit nooit te laat is nie om na Christus terug te keer, sy vergifnis te ontvang en deel te word van die ewige koninkryk van God. Wanneer jy dan oud word, sal Hy vir jou die Omega wees: die God wat jou deur siekte, probleme, droefheid, ouderdom, ja, selfs deur die dood sal begelei tot by die Vaderhuis waar die bruilofsmaaltyd van die Lam op jou wag.

Ware lewe begin en eindig by God!

Alleen met Jesus

❋ Lees Openbaring 22:6-21 en Johannes 10:10.
❋ Dink na oor die wonderlike feit dat God jou totale lewe beheer.
❋ Sien jy met verlange uit na sy wederkoms?
❋ Dank God dat Hy die Alfa en die Omgea van jou lewe is.

Die maagd sal swanger word en 'n Seun in die wêreld bring, en hulle sal Hom Immanuel noem. Die naam beteken God by ons – Matteus 1:23.

God is te alle tyd met ons

Een van die wonders van die Christelike geloof is dat, wanneer ons na God toe draai, Hy reeds daar wag om ons te ontmoet. Word in jou diepste gemoed stil voor Hom sodat Hy Hom aan jou kan openbaar. In die gejaagdheid van die lewe kán jy jou gedagtes op God fokus, sy teenwoordigheid beleef en bewus word van sy genesende en herstellende aanraking.

Die diepe betekenis van die vleeswording van Jesus Christus is dat die almagtige God gekom het om sy woning tussen mense te maak en vir ewig in ons lewe en harte te wees. Al is die wonderbaarlike geboorte van Christus, sy kruisdood en sterwe nou geskiedenis, bly die feit staan dat Hy die dood oorwin het en dat Hy vandag dinamies werk in die lewe van dié wat Hom as Verlosser aangeneem het, wat Hom liefhet en dien. Vir ons is Hy Immanuel – God met ons, om ons van dag tot dag te versterk en te bemoedig. God voor ons om ons op sy pad te lei; God bo ons om ons te beskerm teen sigbare en onsigbare gevare; God om ons om ons te omsluit met sy liefde; God agter ons om ons te bevry van die slegte herinneringe uit die verlede; God onder ons om ons omhoog te hou in storms en gevare; God binne-in ons om vir ons die weg, die waarheid en die lewe te wees.

Christus is oral en altyd met jou. Wat 'n vertroosting! Jy kan alles met Hom deel: jou probleme en vrese; jou drome en ideale; jou diepste begeerte na 'n ryker, dieper geestelike lewe.

Alleen met Jesus

❋ Lees Matteus 1:18-25.
❋ Oorpeins die wonderbetekenis van "Immanuel – God met ons".
❋ Bid dat jy altyd bewus sal wees van sy teenwoordigheid in jou lewe.
❋ Dank God deur Jesus Christus vir hierdie heerlike waarheid.

> Ek het gekom sodat hulle die lewe kan hê,
> en dit in oorvloed – Johannes 10:10.

'n Oorvloedige kwaliteitslewe

Hoe tragies dat mense dikwels koorsagtig aktief is, maar skynbaar so weinig bereik. Wat hulle wel bereik, verskaf aan hulle geen bevrediging nie. Aktiwiteit beteken nie noodwendig 'n kreatiewe, konstruktiewe of kwalitatiewe lewe nie. Mense wat die lewe stil en bedaard aanvaar omdat hulle innerlik gevoed word deur die krag van die Heilige Gees, bereik dikwels veel meer as dié wat voortpyl van die een mislukking na die ander, op soek na iets wat hulle nie kan beskryf nie.

Ontelbare getalle mense het al ervaar dat, wanneer die Gees van Christus hulle lewe vervul, hulle 'n nuwe dimensie binnegaan. Hulle denke wat eers deur vrees beheers is en hulle dade bepaal het, word skielik vervang met 'n onbeskryflike vertroue in God. Hulle besef dat, omdat hulle God liefhet en dien, alles in hulle lewe volgens sy plan ten goede meewerk. Daarom ken hulle nie meer frustrasie nie, en kry elke handeling sin en betekenis.

Om dit te kan ervaar, moet jy 'n egte en lewende verhouding met jou hemelse Vader hê. Om sy Gees deur Jesus Christus te ontvang, moet Jesus jou Verlosser en Saligmaker word en jy moet Hom gehoorsaam en volgens sy wil lewe. Jy sal ervaar wat dit beteken om met die teenwoordigheid van Christus vervul te word. Jy sal die lewe maksimaal benut en volgens die belofte van Christus die lewe in *oorvloed* hê.

Alleen met Jesus

* Lees Johannes 10:1-11.
* Bid ernstig dat die Heilige Gees hierdie Skrifgedeelte vir jou sal verklaar.
* Toets jou geestelike lewe aan die oorvloed wat Christus belowe.
* Dank Hom in gebed vir elke teken van kwalitatiewe geestelike groei.

> Ek is die opstanding en die lewe. Wie in My glo, sal lewe, al sterwe hy ook; en elkeen wat lewe en in My glo, sal in alle ewigheid nooit sterwe nie
> Johannes 11:25-26.

Om te glo = lewe!

Vir baie mense lyk hierdie woorde van die Meester na 'n kontradiksie. So baie van Jesus se leerstellings lyk onverklaarbaar wanneer ons dit self probeer interpreteer. Die heilige Skrif en die ervaring van miljoene oorgegewe Christene sal bewys dat geloof en vertroue op die almagtige God altyd die basis vorm van wonderwerkende gebeurtenisse wat nie deur die menslike logika gepeil kan word nie.

Deur die eeue heen het mense gevare en beproewings in vele verskyningsvorme deurgemaak. Dit was altyd dié met 'n onwrikbare en sterk geloof in Christus wat in staat was om die aanslae te weerstaan, watter vorm dit ook al aangeneem het.

In moderne tye word daar gedurig aanvalle op ons geloof van stapel gestuur en hulle neem verskillende vorme aan. Sommige mense word onderwerp aan vervolging; ander word weer finansieel onder druk geplaas; ander mense word geteister deur verskillende siektes en persoonlike terugslae.

Wat ook al jou omstandighede mag wees, onthou altyd dat God met jou sal wees om jou te ondersteun en te versterk in elke beproewing. Hou onwrikbaar vas aan die lewende Heiland en Hy sal jou inspireer om in alle omstandighede met vertroue te lewe.

Alleen met Jesus

* Lees Johannes 11:17-32.
* Dank die opgestane Heiland vir sy teenwoordigheid in jou lewe.
* Identifiseer twee areas in jou lewe waar jou geloof aangeval word.
* Praat in gebed daaroor met Jesus; luister na wat die Heilige Gees vir jou sê en wees gehoorsaam aan Hom.

Moet julle dus nie oor môre bekommer nie, want môre bring sy eie bekommernis. Elke dag bring genoeg moeilikheid van sy eie – Matteus 6:34.

Bekommernis is teenproduktief

Bekommernis is een van die mees destruktiewe magte wat die mens aanval. Dit kan ons fisiek, verstandelik en geestelik beïnvloed. Heidense stamme glo selfs dat bekommernis mense se dood veroorsaak. Wanneer hulle deur bekommernis verteer word, glo hulle dat hulle die gode se toorn opgewek het, of dat iemand 'n vloek oor hulle uitgespreek het. Soveel dinge wat vandag in die wêreld verkeerd is en so baie van ons kwale kan toegeskryf word aan bekommernis, stres en spanning.

Daar is net een geneesmiddel wat effektief met die aftakelende skade van bekommernis kan afreken – 'n sterk en onstuitbare geloof in Jesus Christus. Hy het onderneem om ons deur die lewe te begelei, om ons laste te dra en om rus aan ons verwarde gemoed te gee. Hy nooi ons om ons bekommernisse op Hom te werp, want Hy sorg vir ons en wil verantwoordelikheid aanvaar vir al ons môres.

Indien jy waarlik vrede wil vind, leef elke oomblik van elke dag met die lewende Christus. Bring tyd saam met Hom deur; hoor en verstaan wat Hy deur sy Gees vir jou wil sê; wees gehoorsaam aan sy voorskrifte en leef elke dag binne sy wil. Gee die beheer van jou lewe aan Jesus oor en jy sal ontdek dat jy in sy krag in staat is om elke dag met selfvertroue en sonder bekommernis te lewe, omdat jy dit in sy krag doen.

Alleen met Jesus

✳ Lees Matteus 6:25-34.
✳ Gee nou en hier al jou bekommernisse in gebed aan Jesus oor.
✳ Dank Hom dat Hy jou van bekommernis bevry.

> Julle het die Gees ontvang wat julle tot kinders van God maak en wat ons tot God laat roep: "Abba!" Dit beteken Vader – Romeine 8:15.

Godsvertroue stimuleer selfvertroue

Hoe jy oor jouself dink, is van kardinale belang. Wanneer jy in jou eie oë te belangrik is, kan jy ontnugter word wanneer jy ontdek dat ander nie noodwendig jou opinie deel nie. Wanneer jy minderwaardig voel en geen vertroue in jou vermoëns het nie, sal jy altyd voel dat daar iets in jou lewe ontbreek.

Een van die eienskappe van Christen-wees is dat jy die vermoë besit om 'n ewewigtige lewe te lei. Daarsonder sal jy heen en weer geslinger word deur die lewenstorme en voortstrompel met 'n masker van innerlike sterkte, maar jy sal altyd minderwaardig voel. Besef dat jy 'n kind van God is – dit sal 'n kragtige inspirasie in jou lewe wees. Wanneer jy gewoond geraak het aan hierdie waarheid en dit nie meer 'n besef van die teenwoordigheid van God in jou lewe genereer nie, is dit tyd om onder leiding van die Heilige Gees selfondersoek te doen en jou vroeëre intimiteit met jou hemelse Vader te herontdek.

Dis moeilik om God of jou medemens te dien as jy nie weet dat jy sy kind is en deur Jesus Christus een met Hom is nie. Indien jou eenheid met Christus toeneem en groei, groei jou vertroue in God en deur die innerlike krag wat Hy jou gee, word jy daagliks meer selfversekerd. Wat 'n heerlike geestelike ervaring om te groei in die kennis van God en daarom die lewe met kalmte en selfvertroue aan te durf.

Alleen met Jesus

✻ Lees Romeine 8:9-17.
✻ Word stil en laat die Heilige Gees jou verseker dat jy God se kind is.
✻ Noem vir God tien redes waarom jy dankbaar is om sy kind te wees.
✻ Deel hierdie gevoelens met 'n gebedsvennoot.

Waar liefde is, is daar geen vrees nie, maar vol-
maakte liefde verdryf vrees – 1 Johannes 4:18.

Oorwin vrees en bekommernis deur liefde

Daar kom oomblikke wanneer 'n mens onbeskaamd bang is. Die mees vernietigende vrees is egter die ervaring van nim-mereindigende bekommernis. Dit word nie altyd as vrees geklassifiseer nie en word aanvaar as 'n normale deel van die lewe. Die gevolge hiervan kan egter katastrofies wees. Kommer het dalk al so 'n geïntegreerde deel van jou lewe geword dat jy dit aanvaar as deel van jou leefwyse. Jy is bevrees en bekom-merd oor 'n menigte klein dingetjies, sonder om daarvan bewus te wees dat jy bang is. Of jy bewus of onbewus is van hierdie klein vrese en bekommernisse, verminder egter nie hulle ver-nietigende krag nie. Hulle beroof jou lewe van alle skoonheid en ware rykdom – dinge waarop jy as Christen geregtig is.

Daar is 'n gedurige fluktuasie in jou gedagtekrag. Soms ry jy op die kruin van die golf van geluk, ander tye worstel jy deur die vallei van wanhoop. Soms is jy borrelend van selfvertroue, dan stort jy weer af tot diep onder in die put van depressie oor jou eie onbekwaamheid en onvermoë. Jou lewe het 'n stand-houdende krag nodig wat jou sal help om 'n ewewig te hand-haaf, 'n krag wat groot genoeg is om jou gedagtes te beheer – so 'n krag is die liefde wat Christus jou bied.

Om onvoorwaardelike liefde te kweek, is om vernietigende vrees te oorwin. Hoe is dit moontlik om bang te wees of om jou te bekommer as jy God waarlik liefhet en bewus is van sy onpeilbare liefde vir jou?

Alleen met Jesus

* Lees 1 Johannes 4:7-21 en konsentreer veral op verse 7-9.
* Bring 'n tyd van aanbidding deur by *die God van die liefde*.
* Identifiseer 'n aantal van jou vrese en bekommernisse.
* Lê hulle nou in gebed aan die voete van Jesus neer.

Niemand kom na die Vader toe behalwe deur
My nie – Johannes 14:6b.

Die Meester se pad is die enigste pad

Die veelvuldige gelowe wat geskep is rondom die leerstellings van Jesus Christus, verwar baie mense. Wat moet hulle van Jesus glo as sy volgelinge in duisende groepe verdeel is en dikwels antagonisties teenoor mekaar staan? In dié doolhof van botsende teologiese standpunte is daar sekere riglyne wat uitstyg bo alle verskille en daarom begrip skep. Die belangrikste hiervan is die liefde van Jesus Christus. Hy het die liefde van God in volmaakte gestalte weerspieël. Hy was en is die liefde van God en Hy roep jou om op sy weg te wandel. Jy mag die uitdaging wat sy liefde tot jou rig, probeer aanpas volgens jou eie sienswyse, maar die impak daarvan kan nie verminder word deur 'n halfhartige kompromie nie.

Om te reageer op die uitdagings van Christelike liefde vra 'n hoë mate van toewyding. Selfs wanneer jy jou alles gegee het, sal daar nog die begeerte wees om meer te gee om jou nog meer oop te stel vir die invloei van die Heilige Gees. Wat jy nie uit eie krag kan bereik nie, sal God vir jou doen. As jy Christus op sy liefdespad wil volg, moet Hy in jou hart en denke woon, moet Hy deur jou lewe tot uitdrukking kom. Dít is die pad waartoe die Meester jou geroep het – daar is geen ander pad na die Vader se hart nie. Al het Christus 'n hoë standaard gestel, is dit nie onbereikbaar nie, want deur sy Gees stel Hy jou daartoe in staat.

Alleen met Jesus

❋ Lees biddend Johannes 14:1-14.
❋ Maak 'n beslissing om in hierdie jaar op Christus se pad te loop.
❋ Bepeins die kragtige werk van die Heilige Gees in jou lewe.
❋ Loof en dank Jesus dat jy deur genade op die pad van sy liefde kan loop.

Al wat ek wens, is om Christus te ken, die krag van sy opstanding te ondervind en deel te hê aan sy lyding deur aan Hom gelyk te word in sy dood – Filippense 3:10.

Om Christus te ken

In ons tyd word oneindig baie boeke oor die Christelike geloof gepubliseer. Bande, kassette en CD's is vryelik beskikbaar vir dié wat opnames van preke soek of Bybelstudie wil doen. Videokassette word oor die televisie gebeeldsend. Daar is 'n geweldige dors na kennis omtrent Jesus en sy leerstellings.

Dit is prysenswaardig dat mense hulle Skrifkennis wil vermeerder, maar dit mag nie 'n doel op sigself word nie. Daar is 'n betekenisvolle verskil tussen kennis hê van Jesus en om Hom persoonlik te ken. Jy sal in jou Christelike pelgrimstog alleen volkome vervulling vind, as jy jou lewe vir Christus oopstel sodat Hy 'n deel van jou bestaan kan wees. Wanneer jy jouself onvoorwaardelik aan Hom oorgee, sal Hy in jou binneste begin werk. Hy sal beheer oor jou lewe neem en dit volgens sy wil beheer.

Die manier waarop jy hierdie toestand sal bereik, sal nie alleen afhang van jou studie van die Persoon van Jesus Christus nie, maar veral van die wyse waarop jy toelaat dat sy Heilige Gees jou lewe beheer en jou lei op die pad van die Meester. Wanneer Christus in jou lewe gesien word, en veral wanneer sy liefde deur jou sigbaar word, dan en dan alleen sal jy Christus waarlik ken.

Alleen met Jesus

✳ Lees Filippense 3:7-16.
✳ Bepeins ernstig wat dit beteken "om Christus te ken".
✳ Vra die Heilige Gees in gebed om jou te laat verstaan wat die woorde "in Christus" beteken.
✳ Dank die Here vir vriende in wie se lewe jy Hom waarneem.

Net by God vind ek rus, want op Hom vertrou
ek – Psalm 62:6.

Inspirasie deur dissipline

Mense sê dikwels: Ek kan 'n boek skryf. Maar hulle doen dit nooit. Nie omdat hulle nie iets het om te sê nie, maar omdat hulle wag op inspirasie om hulle te beweeg voordat hulle pen op papier plaas. Sulke boeke word nooit geskryf nie, want inspirasie is nie 'n muse wat potensiële skrywers nou en dan besoek en aanvuur nie. Inspirasie is 99% perspirasie en 1% inspirasie.

Ware inspirasie is nie 'n produk van gevoelens nie, maar van dissipline. Om iets te doen, of jy daarna voel of nie, bring uiteindelik inspirasie voort. Dit is ook waar van ons geestelike lewe. Elke dissipel van Jesus Christus ervaar oomblikke van terneergedruktheid wanneer dit lyk asof jou gebedslewe kwyn en selfs dreig om te sterwe. Dan word God vir jou onwerklik. En dan is daar die gevaar dat jy sal ophou bid omdat die begeerte of inspirasie ontbreek om daarin te volhard. Wanneer jou geestelike lewe op 'n laagwatermerk is en jy nie meer van God bewus is nie, wanneer jy nie daarna voel om te bid nie, is dit juis die tyd wanneer dit noodsaaklik is om te bid!

Die Bybel vra dat ons op die Here sal wag en Hom sal vertrou. Dit is wanneer jy alleen met God is en sy wil soek dat jy inpirasie ontvang vir die taak wat voor jou lê. Om biddend op die Here te wag, is die bron van wonderlike inpirasie.

Alleen met Jesus

✻ Lees Psalm 62:1-13.
✻ Let op hoeveel keer die woord "vertrou" in hierdie Psalm voorkom.
✻ Oefen ernstig om op die Here te *wag* en Hom te *vertrou*.
✻ Dank Hom vir die dissipline wat lei tot inspirasie.

Ek wil die Here loof en nie een van sy weldade
vergeet nie – Psalm 103:2.

Leef in die sonskyn

Ontstellend baie mense openbaar 'n negatiewe gesindheid teenoor die lewe. Hulle sien net ellende en duisternis. 'n Atmosfeer van swartgalligheid omhul hulle. Teenspoed oorweldig hulle en hulle verval maklik in pessimisme en wanhoop wanneer sake skeef loop – of dit nou in hulle persoonlike lewe of in die gemeenskap is.

Die vertrouende kind van God behoort te alle tye, veral wanneer die toekoms uitsigloos lyk, die handelinge van die almagtige en alwetende God te bepeins. Let 'n slag op die skoonheid van sy skepping, dink aan al die voortreflike dinge wat Hy vir die mensdom en vir jou doen, let op hoe lief Hy jou het en hoe Hy nog altyd oor jou lewe gewaak het. Kyk na die pad waarlangs Hy jou gelei het toe Hy jou gebring het by groen weivelde en by waters waar daar vrede is.

Onthou veral sy onmeetlike liefde wat Hy aan jou en die hele mensdom bewys het – 'n liefde wat in Jesus Christus geopenbaar is deur sy lyding, dood en triomfantelike opstanding. Wanneer die uitsig duister is, dink 'n slag aan al die goeie dinge wat God vir jou gedoen het en nog doen. Loof en prys Hom vir sy onpeilbare liefde van dag tot dag. Leef dan in die sonskyn wat Hy so mildelik vir jou voorsien.

Alleen met Jesus

✳ Lees Psalm 103:1-14. As jy tyd het, lees die hele psalm.
✳ Maak 'n lys van alles waarvoor God in die psalm gedank word.
✳ Bevestig in jou gebed: Loof die Here op al die plekke waar Hy heers!
✳ Deel vandag jou "sonskyn" met 10 ander mense.

> Maar wat my aangaan, dit is vir my goed om naby God te wees. Ek het die Here my God gekies as my toevlug! – Psalm 73:28.

In die nabyheid van God

Sommige mense vind dit ondraaglik om alleen te wees. Of hulle nou by die werk is, ontspan, by die huis is of met vakansie, hulle het 'n dwingende behoefte aan ander mense se geselskap of teenwoordigheid. Soms is dit as gevolg van eensaamheid, ander kere as gevolg van vrees of 'n gevoel van onveiligheid. Selfs 'n skuldkompleks kan maak dat mense vrees om alleen te wees, want dit is juis dan wanneer hulle gewete met hulle praat. Dan staan hulle alleen voor die regsbank van hulle eie hart wat hulle aankla.

Geen mens hoef die vrees vir alleenheid of die gevolge daarvan te ervaar nie. Die Skrif bewys dat toe mense met hulle teenspoed of rampe alleen in die wêreld gevoel het, God sy teenwoordigheid verrassend en bemoedigend aan hulle geopenbaar het. Van al hierdie geleenthede troon die kruisiging van Jesus Chrsitus as die groot voorbeeld uit. In sy donkerste uur het God Christus in staat gestel om oor die dood te triomfeer. God het aan Hom 'n heerlike oorwinning gegee.

Bring tyd in gebed en bepeinsing deur voor die almagtige God; lees van die wonderdade wat Hy in die lewe van mense verrig het; word bewus van sy nabyheid in jou eie lewe; laat sy vrede al jou vrese verdryf. Maak seker dat jy naby God bly.

Alleen met Jesus

❖ Lees Psalm 73:21-28.
❖ Is daar 'n verskil tussen "eensaamheid" en "alleenheid"?
❖ Eien in gebed Hebreërs 13:5 vir jouself toe: "God self het gesê: 'Ek sal jou nooit verlaat nie, jou nooit in die steek laat nie.'"

Maar dié wat op die Here vertrou, kry nuwe krag. Hulle vlieg met arendsvlerke, hulle hardloop en word nie moeg nie, hulle loop en raak nie afgemat nie – Jesaja 40:31.

Laat elke genadejaar jou geloof versterk

Ons almal word elke dag ouer. Tog vind baie mense dit uiters moeilik om die ouderdom te aanvaar. Hulle bestee asemrowende bedrae geld om die dryfkrag en die voorkoms van hul jeug te behou. Ons kan egter op geen manier die merktekens wat die klimmende jare op ons laat, ontvlug nie. Afgesien van gesonde eetgewoontes en om ons liggame te versorg, kan ons weinig doen om ons fisieke voorkoms ongeskonde te behou.

Belangriker egter as jou fisieke voorkoms, is jou gesindheid teenoor die lewe. Daar rus op jou 'n verantwoordelikheid om te kies of jy 'n minsame, vriendelike persoonlikheid gaan ontwikkel, en of jy gaan ontaard in 'n kleinlike, suur en onaangename mens.

Die gees en gesindheid waarmee jy die lewe benader, word in jou fisieke voorkoms en jou persoonlikheid weerkaats. Hoe jou liggaam ook al lyk, jy sal vrede en gemoedsrus vertoon indien jou gees in harmonie met God is. Skoonheid en heiligheid is nie clichés nie – dit dui op 'n lewe wat op 'n hoë geestelike vlak gelewe word.

Om in harmonie met God te lewe beteken dat jou lewe gevul word met sin en betekenis. Dit is onmoontlik om naby God te leef en jou dan nog te kwel oor die verbygaande jare.

Alleen met Jesus

✻ Lees Jesaja 40:25-31.
✻ Word stil by God en word diep bewus van sy liefde.
✻ Pleit in gebed vir die teenwoordigheid van die Heilige Gees in jou lewe.
✻ Dank God dat jy naby Hom en in harmonie met sy wil kan lewe.

God is vír ons, wie kan dan teen ons wees?
Romeine 8:31.

'n Lewe saam met God

Pessimisme vermurwe jou siel en belemmer jou uitsig op die lewe. Die gevolge is wyd en uiteenlopend. Dit kan die lewe van mense om jou ook negatief raak. Uitsigte word verskraal, groei word belemmer, vertroue word ondermyn en jy kan verval in wanhoop. Indien jy enige van hierdie emosies ervaar, is dit noodsaaklik dat jy onmiddellik stappe doen om die toestand te beredder voordat stagnasie intree en jou lewe verder beroof word van daadkrag en doelgerigtheid en jy verval in 'n betekenislose bestaan.

Ten spyte van die aanslae van pessimisme is daar een gewisse manier waarop jy die invloede van hierdie aftakelende siekte in jou lewe kan bekamp – wandel onafgebroke saam met God. Hy het belowe om jou nooit te verlaat of in die steek te laat nie. Aanvaar hierdie genadeblyk en maak die lewende Christus jou vennoot in elke onderneming en elke ervaring. Hy is altyd gereed om jou te help. Deel met Hom jou mislukkings en jou suksesse; jou droefheid en jou vreugde. Lewe elke dag aan die liefdeshand van Christus in die wete dat Hy nader aan jou is as jou hartklop.

Met Hom as jou metgesel kan jy nie anders nie as om met vertroue deur die lewe te gaan, vertroue wat gebore is uit die werk van die Heilige Gees wat in jou woon. Wanneer alles en almal teen jou is, onthou – God is vír jou!

Alleen met Jesus

* Lees Romeine 8:31-39.
* Stel jou terneergedruktheid teenoor die vreugde wat God vir jou wil gee en bely met berou jou onvermoë om Hom op sy Woord te neem.
* Noem in gebed vir God enkele negatiewe aspekte van jou geestelike lewe waaraan jy, met die hulp van die Heilige Gees, gaan werk.
* Loof, prys en dank Hom vir elke oorwinning wat jy behaal.

> As julle mekaar liefhet, sal almal weet dat julle dissipels van My is – Johannes 13:35.

Die deurslaggewende toets van dissipelskap

Christus stel baie hoë eise aan sy dissipels. Ons reaksie op hierdie eise onderskei ons van dié wat nie die koningskap van Christus erken nie. Ons standaarde is dié wat Christus stel en deur ons gesindheid probeer ons 'n toonbeeld van Christus wees. Christenskap impliseer 'n edele lewe en goeie werke. Dit is onmoontlik om in harmonie met Christus te lewe sonder dat iets van sy skoonheid in jou lewe weerkaats word. Omdat jy 'n Christen is, moet jy onderskei kan word van nie-Christene. Nie net die Meester verwag hierdie "andersheid" van jou nie, maar ook die sondige wêreld wat Hom nie ken en erken nie.

Die essesiële kenmerk van die ware dissipels van Christus is die liefde wat hulle vir mekaar en vir die wêreld het. Daar kan goeie werke sonder liefde wees, maar dit sal die merkteken van ware dissipelskap kortkom. Dan word geloof 'n reeks goeie werke wat inspirasie en doelgerigtheid kortkom.

Christus ken ons menslike swakhede. Daarom bied Hy ons die liefde wat ons kortkom om sy doel met ons lewe te bereik. Wanneer ons dit moeilik vind om lief te hê, moet ons ons lewe oopstel vir sy Heilige Gees en Hom toelaat om ander deur ons lief te hê.

Dit is hierdie suiwere Christus-liefde wat deur ons vloei wat aan die wêreld bewys dat ons waarlik God se dissipels is.

Alleen met Jesus

✳ Lees Johannes 13:31-35 en ook 1 Johannes 4:7-9.
✳ Dink biddend oor al die dimensies van God se liefde (lees Ef 3:18).
✳ Toets jou liefde aan Christus se standaarde.
✳ Dank Hom vir die liefde wat jy kan gee – en kan ontvang.

Ek is tot alles in staat deur Hom wat my krag gee – Filippense 4:13.

Hanteer jou lewe saam met God

So baie in die lewe hang af van jou gesindheid. In Psalm 31:13 verklaar Dawid in 'n oomblik van neerslagtigheid: "Ek is vergeet soos iemand wat lankal dood is, ek het geword soos 'n ding wat lê en vergaan." In Psalm 8:6 roep hy weer in 'n oomblik van geestelike ekstase uit: "U het hom (die mens) net 'n bietjie minder as 'n hemelse wese gemaak en hom met aansien en eer gekroon."

As ons eerlik is met onsself, sal ons nie verbaas wees oor Dawid se wisselende gemoedstemminge nie. Daar kom oomblikke wanneer jy nie aan die eise van die lewe kan voldoen nie. 'n Gevoel van minderwaardigheid en wanhoop daal oor jou neer. Dit kan veroorsaak word deur fisieke ongesteldheid; 'n gebrek aan doelgerigtheid; oorgevoeligheid vir mense om jou; 'n gebrek aan belangstelling in jou werk; of selfsug. Hoe meer jy egter oor hierdie redes tob, hoe groter word jou gevoel van onbekwaamheid en hoe neerslagtiger word jy.

God nooi jou om jou lewe in ooreenstemming met sy wil en saam met Hom te hanteer. Om te besef dat jy in vennootskap met God kan lewe, verhef jou gevoel van eiewaarde en laat jou ontdek dat jy volkome van Hom afhanklik is. Jou hemelse Vader bring wysheid, inspirasie en doelgerigtheid in alles wat jy aanpak in sy Naam. Hy stel jou in staat om te doen wat jy gedink het onmoontlik is en jy kan weer die lewe met vertroue aanpak.

Alleen met Jesus

- Lees Filippense 4:10-20.
- Fokus jou denke op die positiewe dinge wat jy in Christus se krag kan doen.
- Dink aan een ding wat jy vandag in God se Naam wil doen – en doen dit!
- Dank God vir sy genade.

> "Vrede vir julle!" sê Hy weer vir hulle. "Soos die Vader My gestuur het, stuur Ek julle ook"
> – Johannes 20:21.

Geroep tot sy diens

Wat 'n oorweldigende maar tegelyk heerlike gedagte: As Christen word jy geroep tot 'n betekenisvolle en doelgerigte lewe. Wensdenkery wat jou op die sypaadjies van die lewe uitrangeer, sonder doel en betekenis en vervulling, is nie vir jou nie. Jy is in diens van sy Majesteit en jy het dié diens vrywillig aanvaar. Dit beteken jy aanvaar al die dissiplines van die geestelike lewe in Christus sodat jou liefde vir Hom kan groei en verdiep en jy sy effektiewe dienskneg kan wees.

Maar waar sal jy Hom dien? Vir 'n bevoorregte paar sal hierdie diens hulle lei na vreemde lande en opwindende werksomstandighede. Maar vir die oorgrote meerderheid van Christengelowiges sal dit diens wees in 'n alledaagse wêreld. God stuur jou in die wêreld in wat aan jou bekend is en waarmee jy vertroud is. Dit mag in 'n professie, in die handel en ekonomie, in 'n gesagsposisie of 'n nederige pos wees – maar waar jy ook al is, sal jy God se verteenwoordiger wees. Mense sal bewus wees van jou trou aan Jesus Christus en 'n standaard van optrede van jou verwag wat Hom waardig is.

As jou lewe gevul is met die liefde van Jesus Christus en jy gehoorsaam is aan die Heilige Gees, sal jou aansteeklike geloof 'n boodskap van hoop en liefde versprei na enige plek waarheen Hy jou mag stuur.

Alleen met Jesus

✳ Lees Johannes 20:19-25.
✳ Oorweeg biddend die arbeidsveld waarheen die Here jou stuur.
✳ Vra Hom om van jou 'n geloofwaardige ambassadeur te maak.
✳ Dank en loof Hom omdat jy sy teenwoordiger mag wees.

Niemand het groter liefde as dit nie: dat hy sy lewe vir sy vriende aflê – Johannes 15:13.

Laat ons nooit vergeet nie

Oor die hele wêreld heen kom mense van tyd tot tyd bymekaar om hulde te bring aan dié wat in oorloë die hoogste prys – hulle lewe – betaal het. Hulle het hulle lewe geoffer aan dit waarin hulle met oortuiging geglo het. Hulle heldedade sal nie vergeet word nie.

Wanneer jy dink aan die verwoesting en lewensverlies wat oorloë meebring, is dit natuurlik om te vra waarom dit so is en waar die mensdom die spoor byster geraak het, veral wanneer jy dink dat oorlog op oorlog deur die eeue op mekaar gevolg het net omdat volkere en nasies mekaar onophoudelik opponeer.

Elke maal wanneer ons stilstaan om te dink aan dié wat die hoogste offer gebring het, durf ons nooit die Een vergeet wat die grootste opoffering van almal gemaak het nie. Ons Here en Meester, Jesus Christus, het sy lewe gegee sodat ek en jy – en die hele mensdom – kan lewe! Al wat Hy as blyk van dankbaarheid vra, is dat jy Hom sal liefhê, jou medemens sal liefhê en Hom met 'n dankbare hart sal dien.

Wanneer jy aan die aakligheid en verwoesting van oorloë dink, vergeet nooit dat, indien die mensdom die offerande van die Man van smarte onthou en eerbiedig en sy gebod van liefde nakom, daar geen oorloë meer sou wees nie. Die Seun van God het sy alles vir die mensdom gegee.

As ons sy gebod van liefde getrou nakom, sal daar vrede op aarde wees.

Alleen met Jesus

✢ Lees Johannes 15:9-17.
✢ Dink na oor Jesus se bittere stryd in Getsemane en sy lyding aan die kruis.
✢ Begin vandag om die wet van liefde prakties uit te leef.
✢ Dank Jesus in gebed vir sy onbegryplike offer vir jou.

Dit is die dag wat die Here gemaak het; laat ons daaroor juig en bly wees – Psalm 118:24.

Leef een dag op 'n slag vir God

Psalm 118:24 lei tot 'n groot avontuur en 'n opwindende uitdaging. In die oomblikke van jou suiwerste aspirasies glo jy dat God almagtig is en dat Hy jou liefhet en lei. Indien jy hierdie en ander feite omtrent God glo, maak een dag lank daarvan 'n praktiese proefneming. Kies enige dag, maar wees beslis om in God se teenwoordigheid te leef. Wees in elke omstandigheid daarvan bewus dat God by jou is.

Jy sal ontdek dat hierdie oefening meer is as 'n emosionele ervaring. Noodleuens sal skielik in hulle ware lig gesien word; diefstal van tyd en ander mense se karakter word dan werklik as diefstal gesien. Dan besef jy hoe ver jy tekortskiet aan die doel wat God vir jou lewe gestel het.

Indien jy huiwer om een dag volkome en totaal vir God te lewe omdat dit jou onder 'n te groot geestelike en intellektuele spanning sal plaas, dink net 'n slag aan die ryk en heerlike gevolge wat joune kan wees as dit vir jou 'n lewenswyse sou kom word. Jy sal op 'n baie intieme manier 'n vennoot van God word. Sy plan vir jou lewe sal wonderbaarlik ontvou. 'n Nuwe visie sal jou lewe vervul.

Jy kan nie in harmonie met God leef – of vír Hom leef – en nog 'n eentonige lewe lei nie. Om deur Christus vir God te leef, bring vervulling, vrede, sin en betekenis in jou lewe.

Alleen met Jesus

✽ Lees Psalm 118:29-29.
✽ Dink na oor Jesus se woorde in Johannes 10:10.
✽ Neem voor Hom 'n besluit om die lewe in Christus te kies - en begin vandag so leef.
✽ Dank God vir jou lewe en bid vir genade om dit tot sy eer te gebruik.

Hierdie Gees getuig saam met ons gees dat ons kinders van God is – Romeine 8:16.

Ek weet vir seker

Vir baie mense is Christenskap 'n lewende werklikheid. Dit beteken vir hulle bruisende en volle lewe en Godgegewe daad-krag. Vir ander lyk dit asof Christenskap kragteloos en dood is. Dis een ding om die vermoë te besit om met jou rede die leer-stellings en dogma van die kerk te aanvaar, maar dis 'n heel ander taak om met onwrikbare oortuiging te kan sê: "Ek weet op wie ek vertrou" (2 Tim 1:12).

Natuurlik is dogma belangrik – dit omlyn die grondbeginsels van die Christelike geloof. Maar daardie oomblik wanneer die siel hom verheug oor die nabyheid van Christus; wanneer jou gees die impak van die Heilige Gees as 'n werklikheid aanvoel, is van veel groter belang. Intellek en emosie het albei 'n belang-rike rol om te vervul in die Christen se geestelike ervarings-wêreld, maar hulle moet mekaar sinvol aanvul en mekaar nie oorheers nie.

Jesus Christus nooi almal om in 'n intieme verhouding met Hom te staan sodat hulle lewe daardeur hervorm kan word en hulle in die regte verhouding met die almagtige God kan staan. Die diepste emosie wat jy kan ervaar, is die versekering dat God ís en dat jy deur Christus onlosmaaklik aan Hom behoort. Wanneer jy hiervan oortuig is, word jou geloof ook intellek-tueel aanvaarbaar. God is dan deur Jesus Christus 'n lewende werklikheid in jou lewe.

Alleen met Jesus

✳ Lees Romeine 8:9-17.
✳ Oordink biddend die verhouding tussen rede en emosie in jou geestelike lewe.
✳ Vra God vir genade om die twee sinvol te kombineer.
✳ Dank en prys Hom vir die voorreg om seker van jou geloof te wees.

God self het gesê: "Ek sal jou nooit verlaat nie, jou nooit in die steek laat nie" – Hebreërs 13:5.

Jy het 'n hemelse Metgesel

Baie tyd word aan siekes en gestremdes afgestaan; oues van dae en jong kinders word met liefde en aandag versorg; dwelmslawe en alkoholiste word met deernis gehelp. Mense in nood geniet ons onverdeelde aandag. Mense wie se probleme sigbaar is, is die rede waarom liefdadigheidsorganisasies geskep word; hulle kan aandag aan die nood gee in 'n poging om in die behoeftes van die wêreld te voorsien.

Maar wat van die eensames? Hoe identifiseer en voorsien jy in 'n nood wat nie maklik raakgesien word nie? Hoe kan jy kameraadskap aan eensames gee van wie se eensaamheid jy nie weet nie? Die uiteinde van hierdie raaisel is dat daar baie eensame, wanhopige mense is wat voel dat hulle absoluut alleen is in 'n wêreld waarin niemand vir hulle omgee nie.

Ons kan mense nie veroordeel wanneer hulle eerlik onbewus is van sulke situasies en omstandighede nie. Maar dit is ook in hierdie gevalle wanneer eensames die sekere wete kan hê dat hulle nooit alleen is nie. Al is dit moeilik om dit te verstaan, moet hulle die gerusstellende waarheid aanvaar dat die lewende Christus altyd by ons is, soos Hy belowe het.

Draai dus na Christus toe in jou oomblikke van radelose eensaamheid. Maak jou hart vir Hom oop en laat die teenwoordigheid van sy Heilige Gees jou lewe vervul en verryk. Jy sal uitvind dat jy nooit alleen is nie.

Alleen met Jesus

�֍ Lees Hebreërs 13:1-8.

✖ Gaan in jou eensaamheid na God toe. Bid dat sy Heilige Gees vir jou 'n vertroostende werklikheid sal wees.

✖ Indien jy self nie eensaam is nie, dink aan drie eensames vir wie jy kan bid en vandag kan gaan besoek.

✖ Dank God vir die voorreg dat Hy altyd jou troue metgesel is.

Verder, broers, alles wat waar is, alles wat edel is, alles wat reg is, alles wat rein is, alles wat mooi is, alles wat prysenswaardig is – watter deug of lofwaardige saak daar ook mag wees – daarop moet julle julle gedagtes rig – Filippense 4:8.

Dink kreatief

Min mense gee aandag aan hulle gedagtes. Dit flits deur hulle brein, gedagtes wat óf inspireer óf neerdruk. Hulle dink nie daaraan dat hulle die vermoë het om hulle gedagtes te kontroleer nie. Want die kwaliteit van jou gedagtewêreld hang af van die voedsel wat jou denke kry. Baie mense stimuleer hulle denke met gedagtes wat hulle karakter verswak. Hulle lees korrupte lektuur wat hulle gedagtes in kanale lei wat nie geestelike ontwikkeling bevorder nie. Dan wonder hulle waarom hulle Christelike getuienis swak en oneffektief is. Dit is onmoontlik om meer uit jou geestelike en intellektuele denke te put as wat jy daarin sit.

Indien jy as Christen oorwinnend wil leef, stel jou denke oop vir die veredelende invloed van Jesus Christus. Die gedagtes wat jy koester, moet sy goedkeuring wegdra en dit moet kennis van die Heilige Gees en sy werk openbaar. Wanneer jy jou denke vul met gedagtes wat Christus se goedkeuring wegdra, sal jou daaglikse lewe 'n geheiligde kwaliteit vertoon.

Die basis van kreatiewe denke is om toe te laat dat Christus deur jou dink en doen. Dit gebeur nie maklik nie, selfs nie vir dié wat Hom as Here en Meester aangeneem het nie. Dit verg gedissiplineerde denke, 'n liefde vir Hom wat bo alle liefde uitstyg en jou in staat stel om negatiewe gedagtes finaal af te lê.

Alleen met Jesus

✳ Lees Filippense 4:1-9.
✳ Dink oor die kwaliteit van jou gedagtes – veral op geestelike gebied.
✳ Bely voor Christus jou onvermoë om kreatief te dink.
✳ Bid dat Hy jou deur die Heilige Gees hierin sal bystaan.
✳ Dank Hom vir die begeerte in jou hart om kreatief te dink.

Jesus het vir hom gesê: "Ek is die weg en die waarheid en die lewe" – Johannes 14:6a.

Jesus Christus – die weg, die waarheid, die lewe

Niemand kan met opregtheid sê dat hy/sy volkome selfge-noegsaam is nie. Daar kom 'n tyd in die lewe wanneer jou eie pogings en vermoëns onvoldoende is. Dan het jy 'n krag nodig wat ver bo jou eie uitstyg om jou deur die moeilike tyd te dra.

Ten spyte van die sinisme wat deur so baie mense geopen-baar word, is daar hoegenaamd geen twyfel dat Jesus, die lewende Christus, ons laste van ons wegneem wanneer ons in geloof en vertroue ons probleme na Hom toe neem nie. Hy het belowe om niemand te vewerp wat na Hom toe kom nie. As jy daaroor twyfel, kyk net om jou heen en let op hoe Christus vir ander sorg. Sy sorg word ook in die Skrif en in die geskiedenis geopenbaar. Maar ook by mense wat jy ken en van wie jy gehoor het, sal jy dié waarheid ontdek.

Die ideaal van alle mense, as hulle opreg eerlik wil wees, is om 'n rustige bestaan te voer en om gemoedsrus te ervaar. Jesus het ons sy vrede gegee wat duidelik onderskei kan word van die vrede wat die wêreld gee (Joh 14:27). Hy het ook aangebied om ons op sy pad te lei en dit die pad van waarheid en die lewe te noem. Volg die goeie Herder op die pad waarop Hy jou lei – Hy sal jou bring by groen weivelde en by water waar daar vrede is. Wat meer kan jy in die lewe begeer?

Alleen met Jesus

✳ Lees Johannes 14:1-14.
✳ Dink in gebed aan die wonder van 'n goeie Herder wat ook die weg, die waarheid en die lewe is.
✳ Ondersoek jouself eerlik, kyk of jy nog op sy pad is.
✳ Loof en dank God vir sy liefdevolle leiding.

En my God sal in elke behoefte van julle ryklik voorsien volgens sy wonderbaarlike rykdom in Christus Jesus – Filippense 4:19.

Word jou gebede beantwoord?

Hoe dikwels hoor ons mense kla dat God nie hulle gebede beantwoord nie. Hoe dikwels ervaar ek en jy dit nie self nie! Miskien dra jy 'n ondraaglike las en jy soek verligting, dalk is daar iets wat jy hartstogtelik wil hê. Jy stort jou versoeke voor God uit, maar jou gebede bly volgens jou opinie onbeantwoord. Wanneer dít gebeur, kwyn baie mense se geloof en hulle sê selfs dat hulle gebed 'n fout was, of dat die Here selektief is in die hoor en verhoor van gebede.

Niks kan verder van die waarheid af wees nie. Bewyse van God se liefdevolle bemoeienis met sy kinders is oral in die Skrif opgeteken. Ontelbare mense het Hom al in hulle lewe as Gebedshoorder en Verhoorder aan die werk gesien.

'n Baie belangrike feit oor gebed – wat dikwels misgekyk word – is die noodsaaklikheid om te onderskei tussen dít wat ons *wil hê* en dít wat ons werklik *nodig het*. Eersgenoemde mag vir ons die lewe baie gerieflik maak, maar is nie noodsaaklik vir ons welsyn nie. Laasgenoemde mag nie noodwendig wees wat ons wil hê nie, maar volgens Christus se ewigheidsperspektief is juis dit in ons beste belang. So wou Jesus nie die lyding van die kruis beleef nie, maar Hy het Homself aan die wil van God onderwerp. En God het die heerlikheid van die opstanding vooruitgesien. Wanneer jy jou behoeftes voor Hom neerlê, onderwerp jouself volkome aan sy volmaakte wil vir jou lewe.

Alleen met Jesus

- Lees Filippense 4:10-20.
- Oordink die wonder van gebed en dank God daarvoor.
- Lees weer die geskiedenis van Jesus in Getsemane (Matt 26:36-46).
- Vra opreg van die Heilige Gees wat God jou wil leer.

> Werp al julle bekommernisse op Hom, want Hy sorg vir julle – 1 Petrus 5:7.

Wees gerus

Ons leef in onheilspellende, kommerwekkende tye. Die feit dat ongekende vooruitgang op tegnologiese gebied gemaak word, verlig glad nie die las wat kommer op ons lê nie. Atoomkrag, stralers en gesofistikeerde rekenaars het die wêreld gerevolusioneer. Dit het vir die gemiddelde persoon die moontlikheid van uitwissing, rampe en grootskaalse korrupsie en bedrog meegebring. Gevolglik toon die mensdom al hoe meer tekens van stres en spanning. Terwyl hulle die vooruitgang loof, wonder hulle waarheen alles gaan lei.

In hierdie gevorderde wetenskaplike era moet ons altyd onthou dat die ganse skepping aan God behoort. Hy is steeds in beheer en sy wil sal geskied. Niks vind plaas waarvan Hy nie bewus is nie en sy liefde vir sy skepping is so groot soos dit nog altyd was en soos dit altyd sal wees.

In die wêreld vandag is daar 'n groeiende behoefte by mense om hulle bekommernisse en probleme na God toe te neem. Soek daarom in alles sy leiding en laat die hede en die toekoms in sy bekwame hande – jou persoonlike welsyn én dié van die wêreld. Hy sal jou nie teleurstel nie.

Corrie ten Boom het gesê: "Wanneer 'n trein deur 'n tonnel beweeg en die wêreld om jou doker word, spring jy tog nie uit die trein uit nie! Jy sit agteroor en vertrou die masjinis om jou veilig deur die tonnel te neem."

Alleen met Jesus

* Lees 1 Petrus 5:5-11. Kan jy die uitdaging van vers 7 aanvaar?
* Dink aan vyf van jou grootste bekommernisse op hierdie oomblik.
* Lê hulle in gebed aan Jesus voor – en vertrou Hom daarmee.
* Dank Hom vir die gemoedsrus wat Hy deur die Heilige Gees aan jou gee.

> Nie met mag en krag sal jy slaag nie, maar deur my Gees, sê die Here die Almagtige – Sagaria 4:6.

Wat is jou motiverende krag?

Alle mense het 'n motiverende krag wat hulle lewe beïnvloed. Jy is dalk nie daarvan bewus nie, maar daar is magte wat jou dryf om jou drome te vervul. Dalk jaag jy 'n gemaklike lewe na, met al die weelde wat dit meebring; dalk word jy gedryf deur 'n begeerte om in die sakewêreld sukses te bereik; of dalk soek jy net geluk en sal jy enige prys daarvoor betaal. Indien die dryfkrag in jou lewe sterk genoeg is, sal dit jou meestal in staat stel om jou doelwitte te bereik.

Dit is goed om soms stil te word voor God en na te dink oor die motiverende krag in jou lewe. As jy dit bereik het wat jy vir jou as lewensdoel gestel het, sal dit werklik aan jou die diepe bevrediging gee waarna jy hunker? Sal jy gemoedsrus en vrede ervaar; sal vreugde en lewensvervulling jou deel wees?

Daar is mense wat aan die einde van hulle lewensreis voel dat hulle min bereik het – alleen omdat hulle deur die verkeerde motiewe gedryf is. Hulle het dalk 'n fortuin bymekaargemaak, hoë aansien in die samelewing verwerf, maar dit alles tel weinig wanneer jy weet dat jy die werklikheid van die ewigheid misgeloop het. Die enigste krag wat ware betekenis aan die lewe gee, is die krag en wysheid wat van die Heilige Gees van God kom. Wanneer Christus se Gees jou lewe vul, kom jou hele bestaan in fokus en is jy in staat om suiwer waardes te identifiseer. Dan sien jy die lewe vanuit God se perspektief omdat sy dryfkrag jou besiel.

Alleen met Jesus

* ❊ Lees Sagaria 4:1-10.
* ❊ Dink na oor wat werklik die dryfkrag in jou lewe is.
* ❊ Het jy al vir die Heilige Gees 'n kans gegee om jou krag te wees? Wil jy dit nie nou doen nie?
* ❊ Dank God vir die dinamiek van sy Gees in jou lewe.

> Dit is immers die boodskap wat julle van die begin af gehoor het: Ons moet mekaar liefhê
> – 1 Johannes 3:11.

Die liefde seëvier altyd

In byna elke deel van die wêreld is daar oorlog of gerugte van oorlog. Geweld en bloedvergieting het deel van die lewe geword en die media rapporteer gereeld oor geweld en gruweldade. Uiteenlopende redes word aangevoer as die oorsake van hierdie toestand. Tog is daar baie mense wat onwillig is om die grondoorsaak te erken: die mens se onvermoë om Christus se gebod van die liefde na te kom.

Dit is jammer dat so baie mense weier om die ware betekenis van liefde te sien. Vir die meeste mense is liefde 'n sentimentele emosie. Ware liefde en Christelike betrokkenheid gaan egter veel dieper as dit. Dit vereis verdraagsaamheid en begrip, simpatie en gewilligheid om te help en te ondersteun. Dit vra respek vir 'n ander se standpunt en die verwerping van hoogmoed en vooroordeel.

Indien mense gewillig sou wees om Jesus Christus se voorbeeld hierin na te volg, sou die woeste storms wat ons wêreld bedreig, gekalmeer word soos wat sy liefde die golwe en die stormwinde tot bedaring gebring het. Die golwe van aggressie sou verander in liefdevolle omgee vir mekaar en die vrede van God sou ons harte beheer. Dit is jou plig as Christendissipel!

Waarom laat jy nie die triomf van die liefde vandag by jou begin nie?

Alleen met Jesus

✷ Lees 1 Johannes 3:11-17 en ook 1 Korintiërs 13:1-13.
✷ Word stil by Jesus en oorpeins die onmeetlike krag van die liefde.
✷ Sê vir God of jy in jou omgewing 'n positiewe bydrae tot liefde maak.
✷ Loof Hom vir sy liefde wat deur jou tot openbaring kom.

> Vrede laat Ek vir julle na; my vrede gee Ek vir julle. Die vrede wat Ek vir julle gee, is nie die soort wat die wêreld gee nie. Julle moet nie ontsteld wees nie, en julle moet nie bang wees nie
> – Johannes 14:27.

Vrede verdryf spanning

Soos jou jare verbysnel, lyk dit asof die pas van die lewe só versnel dat jy dit byna nie meer kan beheer nie. Moderne metodes en prestasies vereis steeds groter spoed, aandag en doeltreffendheid. So gebeur dit dat die lewe van baie mense 'n bomenslike inspanning eis om te kan oorleef.

Indien hierdie toestand ongekontroleerd voortduur, kan dit vir jou werklik 'n nagmerrie word – veral as jy 'n sensitiewe geaardheid het. Selfs geharde sakemanne toon die spanning en stres waaronder hulle leef en werk – en die pas word net al vinniger. Dit kan lei tot gesondheids- en emosionele probleme wanneer spanning ondraaglik opbou en mense onder die las daarvan begin knak.

Daar is baie mediese middele wat daarop aanspraak maak dat dit jou sal help om hierdie situasie te hanteer. Maar daar is net één onfeilbare manier om ware gemoedsrus en vrede te vind – deur die vrede wat Jesus Christus jou gee.

Hoe sterk die spanning en druk ook al is, jy moet nooit toelaat dat dit tussen jou en die Here kom nie. Gee voorrang aan jou tyd van stilte by Hom en Hy sal jou toerus en bekwaam maak om die spanning van die lewe te hanteer.

Alleen met Jesus

* Lees Johannes 14:15-31.
* Word volkome stil in God se heilige teenwoordigheid.
* Luister na wat die Heilige Gees oor "vrede" vir jou wil sê.
* Prys die Here in gebed vir die unieke vrede wat Hy gee.

Die Here sal sy engel voor jou uit stuur
Genesis 24:7.

God berei die weg

Ons almal dink soms aan die toekoms. Daar is tye van vreugdevolle verwagting, maar ook van verlammende vrees. Die toekoms is so vol onsekerheid dat dit jou vervul met angs vir jouself en vir jou dierbares.

As 'n kind van jou hemelse Vader het jy egter niks om te vrees nie. By Hom is daar geen verlede, hede of toekoms nie. Hy sien die hele skildery van jou lewe en al wat Hy van jou vra, is dat jy Hom sal vertrou. Jy glo in 'n liefdevolle Vader. Laat jou geloof dan jou vrees verdryf en gaan moedig en selfverseker die toekoms in met die wete in jou hart dat God dié wat op Hom vertrou, nooit teleurstel nie.

Daar is geen situasie wat jy nie kan hanteer wanneer jy weet dat God met jou is nie. Daar sal tye kom wanneer jy nie die pad sal verstaan waarlangs Hy jou lei nie, maar wanneer jy Hom volkome vertrou, selfs wanneer jy die pad nie sien nie, sal Hy jou uit die duisternis tot in sy wonderbare lig lei.

Dit sal Hy doen in elke stadium van jou lewe. Wanneer jy 'n stabiliserende invloed nodig het, wanneer dit lyk asof daar niks is om na uit te sien nie, plaas Hy sy almagtige hand oor joune en lei jou met sy gerusstellende fluistering in jou hart: Moenie vrees nie. Ek stuur my engel voor jou uit om jou pad gelyk te maak.

Alleen by God

- Lees Genesis 24:1-9 en, as die tyd dit toelaat, ook Psalm 121:1-8.
- Dink na oor al die wonderlike maniere waarop God jou lei en bewaar.
- Lê in gebed jou toekoms en planne in sy liefdevolle hande.
- Dank Hom dat Hy jou gister, vandag en vir altyd sal omsluit met sy liefde.

Februarie

Verjaarsdae

_____	1	_____
_____	2	_____
_____	3	_____
_____	4	_____
_____	5	_____
_____	6	_____
_____	7	_____
_____	8	_____
_____	9	_____
_____	10	_____
_____	11	_____
_____	12	_____
_____	13	_____
_____	14	_____
_____	15	_____
_____	16	_____
_____	17	_____
_____	18	_____
_____	19	_____
_____	20	_____
_____	21	_____
_____	22	_____
_____	23	_____
_____	24	_____
_____	25	_____
_____	26	_____
_____	27	_____
_____	28	_____
_____	29	_____

Gebed

Heilige God,
deur Jesus Christus noem ons U ook "ons Vader".
Daar is maar net nog één maand van hierdie jaar verby,
en reeds moet ek my mislukkings met skaamte bely:
dat "versuim" oor soveel van my kosbare tyd geskrywe
kan word; dat ek meer tyd in gebed by U kon deurgebring
het – om met U te praat en na U te luister;
dat my getuienis vir U soveel kragtiger kon gewees het;
dat u Woord vir my soveel kosbaarder kon gewees het;
dat ek nagelaat het om u wil te soek en te gehoorsaam.
Dankie, Here, dat U nie alleen vergewe nie, maar
dat U deur die Heilige Gees die begeerte in my
bewerk om geestelik te groei en oorwinnend te lewe;
om U beter lief te hê; om U meer nougeset te volg;
om meer getrou volgens u wil te lewe.
Dankie, hemelse Vader, dat U deur Jesus Christus
en die werk van die Heilige Gees alles in my lewe
nuut kom maak het.
Lei my hierdie maand deur u Gees en om Jesus,
my Here, se ontwil.

Amen

En onthou: Ek is by julle al die dae tot die voleinding van die wêreld – Matteus 28:20.

Jou lewenslange Vriend

Ware kameraadskap is 'n onbeskryflike voorreg en iets waaroor 'n mens opreg dankbaar is. Eensaamheid en afsondering kan 'n vernietigende ervaring wees. Die vriendskap van 'n opregte metgesel kan grootliks daartoe bydra om die lewe se laste van jou skouers af te lig. Jy weet dan dat jy nie aan jouself uitgelewer is nie, dat jy nie alleen loop nie.

As Christus se dissipel is jy uitermate geseën dat Hy dwarsdeur jou lewe aan jou sy is. Dit geld vir elke situasie en elke omstandigheid. Hy is jou onveranderlike Vriend. Hy dwing Homself nooit aan jou op nie, maar wag geduldig op jou om Hom te leer ken. Wanneer jy Hom ken, is jy altyd seker dat Hy gereed is om te deel in jou droefheid en vreugde; om jou te lei, te bemoedig en te beskerm. Die liefde van God soos in sy Seun geopenbaar, verseker jou van die heerlike feit dat jy nooit alleen is nie.

Die lewende Christus het vir jou die voorbeeld gestel en Hy moedig jou aan om Hom te volg deur jou vriendskap aan ander te gee wat ondersteuning nodig het. Om daar te wees wanneer iemand jou nodig het, is 'n wonderlike eienskap van die kind van God. Jy kan nie sonskyn in die lewe van ander mense bring sonder dat die son ook jou eie lewe sal koester nie. Deur ander in hulle nood te help, sien jy jou eie nood in ware perspektief.

Alleen met Jesus

* Lees Matteus 28:16-20.
* Bepeins die wonder van Christus as jou metgesel. Bid dat die Heilige Gees sal gee dat jy Christus elke dag sal ervaar as jou metgesel.
* Neem jou voor om vandag twee eensame mense te besoek.
* Loof en dank God dat Hy in Christus altyd by jou is.

Julle moet in My bly en Ek in julle. 'n Loot kan nie uit sy eie vrugte dra as hy nie aan die wingerdstok bly nie; en so julle ook nie as julle nie in My bly nie – Johannes 15:4.

Die basiese vereiste

Die essensiële vereiste vir 'n ware Christelike leefwyse is dat jy seker sal wees van die inwonende Christus in jou lewe. Hy moet die motiverende krag wees van elke handeling. Om in Christus te bly is die primêre voorwaarde om 'n praktiese en effektiewe geloof te kan hê.

Die boom bring vrugte voort wat mettertyd ryp word, maar die vrugte moet onophoudelik deur die boom gevoed word. Die Christen moet so innig aan Christus verbonde wees dat sy of haar geestelike lewe kan groei tot volwassenheid en daardie kwaliteite sal voortbring wat die gevolg is van lewenskrag en voedsel wat uit die ware Bron gevoed word. Om in Christus te leef, voorsien daagliks krag en inspirasie en laat jou 'n lewenswyse ontwikkel wat in harmonie is met sy heilige wil.

Om bewus te wees van Christus se teenwoordigheid, is veel meer as 'n emosionele ervaring wat 'n kortstondige hupstootjie aan jou geestelike diens aan jou medemens gee. Die klem van Christus se leerstellings val nie op goeie werke nie, maar op die regte verhouding met Hom. Wanneer sy Gees jou gees vervul en jy oor jou eenheid met Hom kan jubel, sal die resultate van hierdie eenheid vanselfsprekend in jou lewe tot openbaring kom.

Alleen met Jesus

✻ Lees Johannes 15:1-8.
✻ Bepeins die heilswaarheid dat Christus *in* jou wil bly.
✻ Bid dat die Heilige Gees aan jou sal verduidelik presies wat dit beteken dat Christus in jou is.
✻ Loof die Here dat jy alleen deur Hom jou medemens kan dien.

Ek span my in om by die wenstreep te kom,
sodat ek die hemelse prys kan behaal waartoe
God my geroep het in Christus Jesus
– Filippense 3:14.

Geestelike doelwitbeplanning

Hy wat misluk om te beplan, beplan sy eie mislukking. Dit is waar vir elke gebied van die lewe, maar veral vir jou geestelike lewe. Word dus stil en bepaal opnuut jou doelwitte in die lewe. Jy berei jou dalk voor vir 'n loopbaan; dalk is jy 'n sakeman wat 'n onderneming opbou; 'n huisvrou wat 'n tuiste skep; of jy voel dat jy in 'n groef verval het waaruit daar vir jou geen ontvlugting is nie. Selfondersoek en die gevolglike openbarings kan neerdrukkend wees; dit kan die nutteloosheid van jou pogings bewys. Al jou brandende hoop, ambisieuse drome en uiteindelike vervulling lyk so gering wanneer dit gesien word in die lig van die ewigheid.

Indien jou lewe besig is om sin en betekenis te verloor; as jy geestelik die koers byster geraak het, bewys dit alleen dat die geestelike fondament uit jou lewe weggekalwer het. Alleen deur die liefde van God deur Jesus Christus kan jy jou doelwitte suiwer bepaal. God se doel het 'n duidelike patroon. Christus het gekom om God aan die mense te openbaar en Hy roep sy volgelinge op om daardie doel te help bereik. As Christen is dit jou heerlike roeping om die ewige Vader te openbaar in die wêreld waarin jy leef en beweeg. Jy leef dan nie meer vir jou eie selfsugtige doeleindes nie. Selfs die nederigste taak word vir Hom gedoen. Só sal jou lewe en arbeid vir God aanneemlik wees en vir jouself bevredigend.

Alleen met Jesus

* Lees Filippense 3:10-21.
* Oorweeg eerlik die geestelike doelwitte in jou lewe.
* Meet hulle aan die Bybel se vereistes vir 'n gebalanseerde Christelike lewe.
* Lê jou doelwitte in gebed aan Christus voor en dank Hom vir sy hulp om hulle te kan bereik.

> Maar een ding doen ek: ek maak my los van
> wat agter is en strek my uit na wat voor is
> – Filippense 3:13.

Laat God jou herinneringe genees

Herinneringe is 'n faktor in jou lewe wat nie onderskat moet word nie. Dit kan jou inspireer en gemoedsrus gee, maar ongelukkig ook frustrasie en wanhoop meebring. Onaangename herinneringe het die neiging om voort te leef. Jy onthou miskien 'n onvriendelike woord of daad wat jare gelede aan jou gesê of gedoen is. Wat jy nie besef nie, is dat deur hierdie herinneringe in jou denke te herleef, dit só uit verband geruk word dat jou gemoedelikheid en vergewensgesindheid omskep word in bitterheid, onvergewensgesindheid en selfbejammering.

Of hierdie aftakelende herinneringe uitgeroei sal word, sal afhang van jou vergewensgesindheid. Dis een van die uitdagings van jou Christelike geloof. Dis menslik onmoontlik om te vergewe wanneer jy seergemaak of ernstig benadeel is. Waarom moet jy? Om iemand wat jou te na gekom het te haat, is natuurlik, maar nie Christelik nie. Om te weier om te vergewe sal uiteindelik nie alleen jou gesondheid skaad nie, maar ook jou geestelike lewe negatief aantas.

Jy kan ander alleen vergewe wanneer jy in jou eie lewe God se vergifnis ervaar het. Om God se vergifnis deur Jesus Christus te beleef stel jou in staat om ander te vergewe en só jou herinneringe te genees van alle destruktiewe invloede.

Alleen met Jesus

✳ Lees Filippense 3:10-21 en Matteus 18:21-22.
✳ Het jy al die wonderlike krag van vergewensgesindheid getoets?
✳ Is daar nog oorblyfsels van aftakelende herinneringe in jou lewe? Gee dit vir die Here.
✳ Loof die Here omdat Hy ook jou herinneringe suiwer en heilig.

> Ek wil jou onderrig en jou die pad leer wat jy moet volg. Ek wil jou raad gee en my oog oor jou hou – Psalm 32:8.

God het 'n plan

As jy sonder 'n doel leef, sal jy weinig in die lewe bereik. Tensy jy konstruktief beplan, sal jy die frustrasie ervaar van 'n lewe wat nooit sy volle potensiaal bereik nie. God het aan jou beginsels gegee waarvolgens jy jou lewe kan beplan. Sommige van hulle is spesifiek op jou van toepassing, maar daar is ook basiese beginsels wat geld vir elkeen wat gewillig is om aan God gehoorsaam te wees in hulle daaglikse lewe.

Dit is noodsaaklik om te aanvaar dat God 'n God van orde is. Chaos is vir Hom onaanneemlik. Die verwarring in die mensdom is die gevolg van onkunde oor hierdie beginsel. As jy jouself onderwerp aan die wysheid van God, skep Hy in jou lewe 'n toestand van orde. As jy jouself onvoorwaardelik in God se hande plaas en soek na sy volkome wil, skep dit samewerking tussen God en jou. In die heerlikheid van hierdie ervaring behoort jy alles in jou vermoë te doen om hierdie band te versterk deur gebed en bepeinsing.

Soos jy geestelik groei en God meer intiem leer ken, sal jy die beheer oor jou lewe vrywillig aan Hom afstaan. Jy sal ontdek dat Hy jou volgens 'n besliste plan lei. Aanvanklik mag sy doel nie vir jou duidelik wees nie en sal jy deur die geloof moet wandel. Maar wanneer jy aanvaar dat jy binne sy wil moet funksioneer, sal jy die toekoms met vertroue en geloof tegemoetgaan.

Alleen met Jesus

* ✳ Lees Psalm 32:1-11.
* ✳ Doen selfondersoek na aanleiding van Psalm 139:23-24.
* ✳ Bid dat God vir jou deur die Heilige Gees duidelike leiding sal gee in jou lewe.
* ✳ Prys Hom dat jy 'n medewerker in sy plan met jou lewe mag wees.

> Gelowiges wat as slawe onder 'n juk staan, moet hulle eienaars met alle eerbied bejeën, sodat niemand sal kwaad praat van die Naam van God en van die Christelike leer nie – 1 Timoteus 6:1.

Christenskap in die werkplek

Ons word dikwels herinner aan ons verantwoordelikhede as Christene. Jesus self vra van ons liefde, barmhartigheid en vergifnis. Ons word opgeroep om getrou te wees in aanbidding, gebed en Bybelstudie en om die beeld van Christus te weerspieël in ons verhouding met ander.

Baie dissipels van Christus is so oortuig dat hulle geestelike lewe beantwoord aan die vereistes wat aan hulle gestel word dat hulle die een belangrike area miskyk waar hulle getuienis vir Christus die kwesbaarste is – hulle gesindheid en houding tot hulle dagtaak, hulle werkgewer, vennote en kollegas of mense wat 'n gesagposisie in hulle arbeidslewe beklee.

Dit is in die sakewêreld met sy druk en menigvuldige eise, probleme en frustrasies waar jy 'n groot verantwoordelikheid het. Jy moet seker maak dat jou getuienis vir Christus gesond en effektief is. Hier het jy 'n geleentheid om uit te styg bo kleinlike irritasies en 'n ware Christelike karakter te openbaar deur jou konsensieuse benadering, jou gewilligheid om te help, jou liefdevolle omgee vir ander, jou begrip en opregte nederigheid.

Volg die voorbeeld wat Christus vir jou gestel het, ook in jou werk. Dan wen jy respek vir jouself en siele vir Christus!

Alleen met Jesus

* Lees 1 Timoteus 6:1-10 en Nehemia 4:6b.
* Dink na oor die belangrikheid van praktiese Christenskap in jou werkplek.
* Vra die Heilige Gees om jou die krag en wysheid te gee om jou getuienis uit te leef.
* Loof die Here vir die voorreg om ook by jou werkplek sy getuie te wees.

> Doen met toewyding alles wat jou hand vind
> om te doen – Prediker 9:10.

Vind vreugde in jou pligte

Talle mense is slawe van hulle omstandighede. Hulle sleep hulleself deur elke dag en haat elke oomblik wat hulle by die werk is. Hulle bevraagteken die rede vir hulle bestaan. Hulle oortuig hulleself dat, indien daar 'n God is, Hy min belangstel in wat met hulle gebeur. Soms ontsnap hulle aan hierdie slawewêreld – met naweke of tydens vakansies – maar bring die grootste deel van hulle lewe deur by 'n werk wat geen bevrediging gee nie.

Om die lewe te kan geniet en waardeer is dit noodsaaklik om jou werk te kan geniet. Om jou lewe in 'n sleurgroef deur te bring net om rykdom op te gaar maak 'n bespotting van die tyd wat God aan jou gegee het om te lewe. Miskien is jy al so lank in jou spesifieke situasie dat jy jou nie 'n ander lewenswyse kan voorstel nie.

As jy nie van werk kan verander nie, verander dan jou gesindheid teenoor jou werk. As jy opstandig is, sal jou menseverhoudings gespanne wees en jy self ongelukkig. Dink konstruktief en tree ook so op. As dissipel van Christus sal dit jou nie gespaar bly om onaangename take te moet verrig nie, maar omdat Christus se Gees in jou woon, sal jy dit blymoedig kan doen. Deur Christus te ken en sy beginsels toe te pas, leer jy die verskil ken tussen 'n konstruktiewe en betekenisvolle lewe, en 'n sinlose, eentonige lewe.

Alleen met Jesus

✳ Lees Prediker 9:1-10.
✳ Word stil by Jesus terwyl jy dink oor arbeidsvreugde en arbeidstrots.
✳ Dink na oor die manier waarop Jesus sy taak op aarde verrig het.
✳ Dank God vir die voorreg om Hom deur jou werk te kan verheerlik.

> Ek sê nie dat ek dit alles al het of die doel al bereik het nie, maar ek span my in om dit alles myne te maak omdat Christus Jesus my reeds Syne gemaak het – Filippense 3:12.

Wees doelgerig

As jy met biddende hande opreik na God se doelwitte vir jou lewe en jy oortuig is dat dit die rigting is waarop jy sy seën kan afbid, is daar hoegenaamd geen rede waarom jy nie jou doelwitte kan bereik nie.

Jou grootste struikelblok sal nie kom deur swaarkry of versperrings wat langs die pad opduik nie, maar deur jou eie wisselende gemoedstemminge. Die een oomblik sal jy bruisend van selfvertroue wees, en net die volgende oomblik totaal terneergedruk – alleen in staat om aan ramp en neerlaag te dink.

Om weer stabiliteit in jou lewe te herstel moet jy jou gedagtes op die realiteit van Jesus Christus vestig. Sien die lewe met dieselfde ewewigtigheid, sensitiwiteit en innerlike krag wat so opmerklik was in alles wat Hy gedoen en gesê het.

Vanuit hierdie stabiliteit moet jy glo dat jy jou doel kan bereik deur die wysheid en krag van Jesus Christus. Gaan saam met Hom vorentoe. Dit sal waarskynlik een van die mees opwindende en bevredigende ervarings van jou hele lewe wees. Nuwe deure sal voor jou oopgaan. Wat vir jou die beste is, sal in jou lewe waar word.

Alleen met Jesus

�֍ Lees Filippense 3:7-16.
✤ Waarheen is jy op pad? Dink 'n bietjie na oor jou lewensdoelwitte.
✤ Bid dat die Heilige Gees jou, ten spyte van struikelblokke, op koers sal hou.
✤ Dank God vir die edele doelwitte waartoe Hy jou in staat stel.

Julle moet die liefde nastreef
– 1 Korintiërs 14:1

Oorbrug die gaping met liefde

Verdeeldheid is aan die orde van die dag. Nasies is verdeel; die kerk van Christus is onder hewige druk as gevolg van tweedrag onder lidmate en disharmonie en twis tussen kerke; rassespanning vererger by die dag; die gesinslewe word bedreig deur die verlaging van morele standaarde. So sien ons oral rondom ons die aftakelende gevolge van verdeeldheid.

Verskillende mense het verskillende beginsels en dit veroorsaak uiteenlopende gesindhede en gesigspunte. Elkeen se keuse bly egter sy eie saak. Dit sou 'n baie eentonige gemeenskap gewees het indien almal presies dieselfde sou dink, praat en handel. Die nadelige gevolge van die verdeeldheid wat ons in hierdie tye ervaar, is egter nie soseer toe te skryf aan verskillende standpunte en beginsels nie, as wat dit veroorsaak word deur 'n gebrek aan verdraagsaamheid en begrip. En dít word net uit die liefde van Christus gebore.

Hoeveel ons ook al van mekaar verskil ten opsigte van gesindheid, opinie of standaarde, moet ons altyd onthou dat ons Meester ons beveel het om mekaar lief te hê. In alle besprekings, debatte, denkpatrone of standpunte – waar jy ook al 'n opinie uitspreek – doen dit altyd met opregte liefde. Wanneer die liefde van Christus in jou standpunt tot openbaring kom, sal 'n plofbare situasie altyd ontlont word. So sal jy deur sy genade brûe bou in plaas van verdeeldheid aanwakker.

Alleen met Jesus

✳ Lees 1 Korintiërs 14:1-12.
✳ Oorweeg biddend die droewige verdeeldheid in ons wêreld.
✳ Bid dat die liefde van Christus ons tot eenheid sal lei.
✳ Loof die Here vir die voorreg om deur liefde 'n bydrae tot eenheid te maak.

> Weet julle nie dat julle die tempel van God is en
> dat die Gees van God in julle woon nie?
> – 1 Korintiërs 3:16.

Jy behoort aan God

Die gemiddelde persoon pas sy besittings goed op. Huise en meubels word netjies gehou; tuine word uitstekend versorg; klere word skoon gehou; die gesinsmotor word gereeld gewas en versien. Hierdie gees en gesindheid word as normaal aanvaar met betrekking tot hulle besittings in beide hulle persoonlike en openbare lewe.

Die vraag is: Hoe goed versorg ons ons lewe wat aan God behoort? Doen ons genoeg moeite om ons geestelike lewe sterk en gesond te hou? Gee ons genoeg aandag aan gebed, Skrifstudie, stiltetyd by God, morele gedrag en integriteit?

Ons is geneig om te vergeet dat ons vrygekoop en verlos is deur die offerande van Jesus Christus. Jy skuld jou lewe, jou bestaan, jou hele wese – liggaam, siel en gees – aan God. Hy het aan jou sy Gees gegee sodat jy waarlik kan lewe. Met hierdie ontsagwekkende feit in gedagte is dit van die allergrootste belang dat jy met sorg sal omsien na elke aspek van jou lewe. Die lig waarin ander jou sien, sal óf die heerlikheid van God se genade weerspieël, óf dit sal tot nadeel strek van die Christelike geloof.

Jou plig as Christen is om altyd met integriteit en regverdig te lewe. Jy behoort te alle tye aandag te gee aan jou geestelike groei en te waak oor jou lewe: die kosbaarste besitting wat God onder jou sorg geplaas het.

Alleen met Jesus

❊ Lees 1 Korintiërs 3:9-22.
❊ Dink biddend na oor jou liggaam as tempel van God. Bely voor God daardie aspekte van jou lewe waar verval is.
❊ Bid dat die Heilige Gees jou sal help met die instandhouding van God se tempel.
❊ Dank God dat jy aan Hom behoort en dat die Heilige Gees in jou woon.

> Ek is die lig vir die wêreld. Wie My volg, sal nooit in die duisternis lewe nie, maar sal die lig hê wat lewe gee – Johannes 8:12.

Om jou pad te verlig

Duisternis en lig het 'n belangrike invloed op mense se uitsig op die lewe. Volgehoue bewolkte dae veroorsaak terneergedruktheid by baie mense. Helder sonskyndae beur egter hulle gees weer op. Die mens se gemoedstemming word dus grootliks bepaal deur omstandighede.

In die dae van die profeet Jesaja was die wêreld 'n plek van duisternis en swartgalligheid – totdat die koms van die Messias voorspel is. Met die koms van Jesus Christus het die lig van God se liefde dwarsdeur die wêreld helder kom skyn, soos wat voorspel is. Ten spyte van die ergste wat die mense en die Bose kon doen, is daardie Lig nooit uitgewis nie en sal dit in ewigheid nooit uitgewis word nie.

Christus het as 'n lig in 'n donker en strydlustige wêreld ingekom. Hy het die duisternis oorwin en sy lig hou aan om helder te brand en die weg aan te dui vir die mense wat op die pad van geregtigheid wil wandel. Hulle sal altyd 'n oorvloed van lig hê om hulle op dié pad te lei.

Hoe donker die lewe dan ook met tye vir jou mag lyk, volhard in jou pelgrimstog agter die Lig van die wêreld aan. Hy sal jou op sy pad lei en aan jou lewe in oorvloed en oorwinning gee. Vertrou Hom elke dag!

Alleen met Jesus

* Lees Johannes 8:12-20.
* Bepeins die geestelike kontras tussen lig en duisternis.
* Moenie die duisternis vervloek nie – laat jou lig in die duisternis skyn.
* Dank God in gebed dat jy 'n kind van die Lig kan wees.

Wat help dit, my broers, as iemand beweer dat hy glo, maar sy dade bevestig dit nie?
– Jakobus 2:14.

Die waarborg van ware geloof

Een van die belangrikste aspekte van jou Christelike geloof is dat jou lewe en getuienis mekaar sinvol moet aanvul.

Christene is onvermydelik onder die soeklig en enige struikeling of misstap kan onberekenbare skade aan die koninkryk van die Meester doen. Hoe droewige dat daar baie mense is wat hulle geloof in teorie beoefen, maar wanneer die ware toets kom, skiet hulle ver te kort. En die toets is in die lewe self. Hulle mislukking verskaf waardevolle ammunisie aan dié wat as skerpskutters teen die kerk van Christus optree.

Jy sal telkens ontdek dat jy nie uit eie krag jou geloof in die praktyk kan toepas nie. Vroeër of later sal jy jou in die posisie bevind waar jou eie vermoëns onvoldoende is en jou skromelik in die steek laat. In sulke oomblikke besef jy hoe geheel en al jy van die genade van God en die werk van die Heilige Gees afhanklik is.

Wanneer jy jou onvermoë voor God bely, wend jou na die lewende Christus en stel jou lewe oop vir sy Heilige Gees sodat Hy jou lewe kan binnekom om jou te lei, te help en liefdevol te beheer. Hoe meer volledig jy aan die Gees oorgee is en hoe meer Hy jou lei, hoe meer sal jy 'n nuwe kragbron ontdek wat jou in staat stel om jou geloof en jou werke ewewigtig te koppel en te leef soos Christus dit van jou verwag.

Alleen met Jesus

- Lees Jakobus 2:14-26.
- "Maak soos ek sê, moenie maak soos ek maak nie." Dink na oor hierdie drogredenasie.
- Bid dat die Heilige Gees jou sal help dat jou lewe en jou getuienis klop.
- Dank die Here vir die voorreg om aan sy kragbron gekoppel te wees.

> Geseënd is dié wat weet hoe afhanklik hulle
> van God is, want aan hulle behoort die koninkryk
> van die hemel – Matteus 5:3.

God voorsien in jou behoeftes

Alle mense het behoeftes. In sommige behoeftes word maklik voorsien en in ander nie. Daar is ongelukkig dié wat nooit ware bevrediging leer ken nie. Hierdie mense omlyn nooit hulle behoeftes duidelik nie en leef daarom voortdurend in frustrasie en ontevredenheid. Hulle voel dat die lewe hulle beroof het van iets wat hulle nie kan omskryf nie.

In hierdie ongelukkige toestand verkwis hulle tyd en energie in 'n ydele soektog na ware bevrediging. Hulle bestee baie geld aan weelderige klere en allerlei tierlantyntjies wat vir 'n wyle bevredig, maar spoedig hulle bekoring verloor. En dan bly die pynlik leemte maar weer in hulle lewe sit.

Die belangrike waarheid wat deur so baie mense geïgnoreer of vergeet word, is dat die mens 'n geestelike wese is wat as beeld van God geskep is. Die miskenning van die geestelike en die beklemtoning van die materiële veroorsaak 'n wanbalans. Tensy mense terugkeer na hulle geestelike oorsprong sal hulle nooit bevrediging ken nie. En gevolglik ook nie die vrede en gemoedsrus (Joh 14:27) wat hulle regmatige erfporsie is nie.

Om geestelike vernuwing te ervaar en al hoe meer sensitief te wees vir jou behoeftes, vereis dat jy Jesus Christus onvoorwaardelik as jou Verlosser sal aanneem en jou aan sy diens sal toewy. Hy sal in al jou behoeftes voorsien.

Alleen met Jesus

* Lees Matteus 5:1-12.
* Bepaal biddend voor God jou geestelike rykdom ... of armoede.
* Bely met berou dié dele van jou lewe wat wêreld-gefokus is.
* Loof die Heilige Gees wat jou lei tot die ontdekking van jou afhanklikheid van God.

Ek het jou nog altyd liefgehad, daarom het Ek jou met geduld verdra – Jeremia 31:3.

Die fondament van jou geestelike krag

Moet nooit die kwaliteit of krag van jou geestelike lewe aan jou emosies meet nie. Emosies fluktueer met veranderende omstandighede. Die een oomblik is jy bewus van die nabyheid van jou hemelse Vader en ten volle oortuig dat niks jou verhouding met Hom sal verander nie. Maar net die volgende oomblik voel dit vir jou jou liefde het getaan en dat God nie meer vir jou 'n lewende werklikheid is nie. Jy mag dalk voorgee dat dit jou nie raak nie of jy mag deur berou oorweldig word, maar jy sal so verstrengel raak in jou emosies dat jou gevoelens jou geloof sal ondermyn.

Wanneer jou geloof begin kwyn, is dit noodsaaklik om te onthou dat die krag daarvan nie geleë is in wat *jy* doen of sê nie, maar in *God* se onfeilbare en ewigdurende liefde vir jou. Hy is nie onderworpe aan wisselende buie nie. Hy laat jou nie aan jouself oor wanneer jy iets gedoen het wat teen sy wil is nie. Omdat Hy liefde is, hou Hy vol om jou lief te hê, wat jou gesindheid teenoor Hom of jou gevoelens ook al is.

Ontwikkel 'n sensitiewe bewussyn van God se ewige liefde. Al sou jy dan wisselende buie beleef, sal jou geloof sterker word met die besef dat dit nie van jou eie krag of gevoelens afhanklik is nie, maar van God se konstante, onpeilbare en onsterflike liefde vir jou as sy kind.

Alleen met Jesus

❋ Lees Jeremia 31:1-9 en 1 Johannes 4:7-9.
❋ Dink na oor die geestelike vlak waarop jy leef: teer jy op emosie of op God se liefde?
❋ Bid dat die Heilige Gees jou sal verseker van God se liefde vir jou.
❋ Dank God dat jy deur Jesus Chistus mag deel hê aan sy liefde.

Ek bid nie dat U hulle uit die wêreld moet wegneem nie, maar dat U hulle van die Bose moet bewaar – Johannes 17:15.

In die wêreld, maar nie van die wêreld nie

Baie mense dink verkeerdelik dat om 'n goeie Christen te wees, jy jou moet afsonder van mense wat nie dieselfde mate van toewyding aan die Meester het as jy nie. Dit is onwaar. 'n Studie van Christus se lewe sal bewys dat Hy op elke vlak van die samelewing beweeg het. Dit het aan Hom geen verskil gemaak of Hy by die hiërargie van die tempel was, by sy eenvoudig dissipels of by sondaars nie. Hy het altyd dieselfde Jesus gebly wat aan almal iefde en meegevoel betoon het. Selfs in sy sterwensoomblikke kon Hy vertroostend met sy moeder praat, bid vir dié wat Hom gekruisig het en genade skenk aan die sterwende moordenaar langs Hom.

Dit is hierdie voorbeeld van liefde wat jy as Christen moet navolg. Dit sal nie altyd maklik wees nie, want jy sal deur baie versoekings geteister word. Daar sal tye wees wanneer jy sal wil tou opgooi en jou eie pad sal wil loop. Veral dan moet jy God se hulp gaan soek en om sy genade bid.

Jesus het jou nodig om Hom in die wêreld te dien en sy liefde na ander toe uit te dra. Soos Hy, moet jy omgee vir almal in nood – nie slegs vir 'n paar uitgesoektes nie. Vra Christus om jou met sy Heilige Gees te vervul. Hy sal jou bewaar teen al die aanslae van die Bose en jou toerus vir jou taak in die wêreld wat deur Christus aan jou toevertrou is.

Alleen met Jesus

* Lees Johannes 17:13-26.
* Dink daaraan: Jy is Jesus se gesant in 'n wêreld van nood.
* Pleit dat die Heilige Gees jou sal toerus vir hierdie taak.
* Weet jy van iemand in nood? Doen vandag iets daaraan.
* Dank God dat jy sy verteenwoordiger mag wees.

> Ek sal altyd sing van die Here se liefdesdade,
> sy trou verkondig aan komende geslagte
> – Psalm 89:2.

God se allesomsluitende liefde

Wanneer ons hoor van die probleme wat mense moet hanteer, is dit altyd 'n bron van louter vreugde en versterking om die genade en goedheid van ons liefdevolle God te bepeins. Wanneer enkelinge, maar ook die wêreld, teenspoed en verwarring in die gesig staar, is daar altyd genoeg doemprofete. Dis asof hulle net daarop uit is om hulle troostelose boodskap van wanhoop te verkondig. Vir hulle lyk alles verlore en hopeloos; hulle sien alles deur die donkerste bril. Dis nie verbasend dat so 'n gesindheid swaar rus op die betrokke persoon nie. Dit het ook 'n negatiewe effek op almal met wie hy/sy in aanraking kom.

Maar die Christen weet dat alle dinge van die begin af onder God se almagtige beheer was. Hy waak oor sy skepping, versorg en beskerm dit. Hy het sy kinders lief met 'n liefde wat só groot is dat dit ons verstand laat duisel en nie onder woorde gebring kan word nie (Ps 106:1-2). God is altyd daar wanneer die wêreld Hom nodig het. Hy is nie wispelturig nie. Hy koester nie griewe nie en hou nie op om lief te hê en te vergewe nie. Hy het inderdaad onderneem om tot die einde by ons te wees. Hoe onheilspellend dit dan ook rondom jou mag lyk, moet nooit die grootsheid van God se liefde vir jou en vir die mensdom vergeet nie. Ontvang Jesus Christus in jou lewe en laat sy liefde alle vrees uit jou lewe verdryf.

Alleen met Jesus

✳ Lees Psalm 89:1-11 en ook Psalm 139:5.
✳ Wat is jou antwoord aan die doemprofete van ons tyd?
✳ Bid dat God jou as kanaal van sy liefde sal gebruik.
✳ Dank God vir die liefde wat jy ontvang en die liefde wat jy kan gee.

Die vrug van die Gees, daarteenoor, is ...
selfbeheersing – Galasiërs 5:22-23.

Is jy in beheer van jou lewe?

Mense het dikwels berou oor 'n haastige woord of daad. Baie maak skadelike aanmerkings sonder om te dink. Ander doen in 'n oomblik van swakheid 'n onbesonne daad wat 'n blywende, negatiewe invloed op hulle lewe en op dié van ander het.

Die mens word maklik deur publieke opinie, deur iemand met 'n sterker persoonlikheid, deur wellus, bitterheid en talle ander faktore beheer. Die gevolg is dat veranderende omstandighede 'n momentele verslapping in jou beginsels kan veroorsaak en dat jy 'n vreemde gedragspatroon kan openbaar. Dit lei tot gekrenkte gevoelens, skok en ander newe-effekte wat jou verhoudings met ander ernstige skade kan aandoen.

Gedurende sy aardse lewe moes Jesus Christus onder baie bespotting, verguising, vernedering en afbrekende kritiek gebuk gaan. Dit het uiteindelik uitgeloop op sy grusame kruisiging. Deur dit alles het Hy egter volkome beheer oor sy emosies gehandhaaf en kon Hy dus altyd die liefde van God in sy lewe openbaar.

Wanneer jy in die versoeking kom om aan jou gevoelens vrye teuels te gee, fokus jou totale aandag op Christus en onderwerp jou aan Hom. Laat Hy deur die Heilige Gees beheer oor jou emosies neem, sodat wat jy ook al dink, doen of sê in ooreenstemming sal wees met sy liefde en sy heilige wil. So sal die Gees jou lei tot selfbeheersing op al die terreine van jou lewe.

Alleen met Jesus

* Lees Galasiërs 5:13-26.
* Fokus jou denke op Christus se volmaakte voorbeeld van selfbeheersing.
* Bely voor God enige onlangse onbeheersde optrede.
* Dank God vir elke oorwinning oor impulsiewe woorde of dade.

Weet julle nie dat atlete wat aan 'n wedloop deelneem, wel almal hardloop, maar dat net een die prys ontvang nie? Hardloop dan só dat julle die prys kan wen – 1 Korintiërs 9:24.

Wees 'n wenner!

Vir Christus behoort slegs jou allerbeste goed genoeg te wees. Enigiets minder is 'n swak substituut, onvoldoende en onaanvaarbaar. As 'n moderne navolger van die Meester behoort dit jou doelwit te wees, daarom moet jy jou hele lewe op dié van die lewende Christus modelleer.

Om dit te kan doen, vereis 'n hoë mate van doelgerigtheid en dissipline. Jy sal ontdek dat jy weinig wat die moeite werd is in die lewe sal bereik sonder hierdie eienskappe. Jy sal jou eie begeertes opsy moet sit en na die wil van die Here vir jou lewe moet soek. Wanneer Christus jou roep as getuie of tot die akkers van arbeid, sal dit vir jou van wesenlike belang moet word en jou hoogste prioriteit moet geniet. Jou persoonlike ambisies sal moet verdwyn. Baie van die dinge wat jy geroep word om vir Christus te doen of te onderneem, mag ongerieflik wees in terme van jou lewenswyse, maar Christus se saak moet voorrang geniet bo alle ander dinge.

Sonder die ondersteuning, krag en genade van God sal jy nie die vermoë hê om die versoeking tot kompromie of selfs wanhoop te weerstaan nie. Maar met die Heilige Gees wat jou lewe beheer, sal jy 'n krag ervaar wat jou onverskrokke sal laat koers hou. Deur hierdie krag sal jy in die Naam van Jesus Christus by die wenstreep uitkom.

Alleen met Jesus

✵ Lees 1 Korintiërs 9:19-27 en ook Filemon 4:13.
✵ Neem jy met erns deel aan die Christelike wedloop?
✵ Bely jou swak punte en dank God vir jou kragpunte in jou pogings.
✵ Bemoedig vandag 'n paar medehardlopers wat dreig om te wanhoop.

Elkeen wat die oorwinning behaal, sal dit alles kry, en Ek sal sy God wees, en hy sal my seun wees – Openbaring 21:7.

Uitdaging en beloning

Die uitdagings van Christenskap is vir baie mense te veeleisend. Sommige oorweeg dit nie eens om op Christus se aanbod van verlossing te antwoord nie. Daar is dié wat 'n goeie lewe lei, wat vriendelik, bedagsaam en hulpvaardig is, maar wat dit tog onmoontlik vind om hulle oor te gee aan Christus. Gevolglik dryf hulle al hoe verder weg van sy doel met hulle lewe. Hulle lewe kort die vervulling wat alleen verkry word wanneer Christus sentraal in jou lewe staan.

Niks wat die moeite werd is, word sonder inspanning verkry nie. Elke doelwit wat jy in die lewe wil bereik, verg toewyding, inspanning en oorgawe. Hoe groter jou doelwit is, hoe groter sal die graad van jou toewyding en inspanning moet wees as jy sukses wil bereik. Jy kan miskien mooi prentjies teken, maar alleen totale toewyding en inspanning sal van jou 'n groot kunstenaar maak.

Is daar dan enige rede waarom jy nie die hoogste mate van toewyding en inspanning aan jou pelgrimstog agter Christus aan sal gee nie? Die beloning is God se grootste gawe – die heerlike wete dat God jou Vader is en dat Hy jou innig liefhet. Hiermee saam gaan al die oorvloedige genadegawes uit die skatkamers van God. Soek dus Christus se hulp sodat jy al die versoekings van die wêreld sal oorwin en sodat die Heilige Gees jou in die liefdesfamilie van God kan intrek.

Alleen met Jesus

* Lees Openbaring 21:1-8.
* God my liefdevolle Vader is ook my Vriend! Dink na oor hierdie genadewonder.
* Is jy gewillig om die uitdagings van Christenskap te aanvaar?
* Loof, prys, dank en eer God dat jy sy kind mag wees.

O diepte van die rykdom en wysheid en kennis
van God! – Romeine 11:33a.

Die Christen en God se wysheid

Daar is mense wat die Christelike geloof as ietwat vervelig beskou. Hulle ervaar Bybelstudie as tydmors en nutteloos. Hulle is gewillig om al hulle beslissings te grond op die menslike rede en hulle eie lewenswysheid. Hulle vertrou op hulle eie vindingrykheid om hulle deur elke moeilike situasie te dra. So 'n uitsig op die lewe kan in baie instansies tot sukses lei, maar dit verdryf nie vrees en onsekerheid uit hulle lewe nie. Nog minder verskaf dit 'n antwoord op die probleme wat hulle het.

Enigiemand wat Christus as metgesel op die lewenspad het, ervaar gerustheid en sekerheid in elke problematiese lewensituasie. Kennis van die Skrif gee aan jou 'n dieper begrip van die lewe as enigiets anders op aarde. 'n Persoonlike ervaring met Jesus Christus sal vrede in al jou handelinge bring. Jy sal die gerusstellende wete hê dat jy binne die wysheid van God optree. Die Heilige Gees sal jou inspireer en lei in al jou beslissings.

As jy verkies om op jou eie instinkte en vermoëns te vertrou, moet jy ook gewillig wees om risiko's te loop. As jy egter jou lewe in God se hande plaas en die influisteringe en voorskrifte van die Heilige Gees volg, sal jy met Godgegewe wysheid lewe. Jy sal die gemoedsrus en vrede ondervind van iemand wat in harmonie met die wysheid en kennis van God lewe.

Alleen met Jesus

✻ Lees Romeine 11:33-36.
✻ Weeg die wysheid van die wêreld op teen die wysheid van God.
✻ Dank God vir Christus, die Heilige Gees en sy Woord.
✻ Lewe hierdie dag wat God jou gee volgens sy wysheid.

> Dié God is ons God vir altyd; Hy sal ons altyd lei – Psalm 48:15.

Jou standhoudende anker in die lewe

Dinge in die wêreld is gedurig besig om te verander. Modes verander gereeld; morele standaarde, tegnologie, wetenskaplike en akademiese prestasies ook. Wat gister nog as 'n wonderwerk beskou is, is vandag alledaags en sal môre vergete wees. Die patroon van menslike gedrag varieer feitlik van jaar tot jaar. Dit kan bespeur word in beginselsake en die etiek.

Reggeaarde mense raak al hoe meer bekommerd oor moderne vooruitgang omdat baie van die standaarde wat die toets van die tyd deurstaan het, nou eenvoudig verwerp word. Dít lei tot matelose nadeel van die samelewing. Die ou orde verander en maak plek vir die nuwe. Maar in baie opsigte gaan die nuwe orde mank aan daardie bestanddele wat vereis word om eerlikheid en stabiliteit te handhaaf.

Jy mag miskien dink dat daar nie veel is wat jy hieraan kan doen nie, maar jy kan wel 'n belangrike rol vervul deur vas te hou aan die voorbeeld wat Jesus Christus gestel het. Anker jou lewe in die lewende Christus wat gister en vandag dieselfde is en tot in alle ewigheid (Heb 13:8). Jy kan seker wees dat Hy jou deur die wispelturigheid van die lewe sal lei en jou sal bewaar in hierdie snelveranderende wêreld. Daarby waarborg Hy vir jou sy vrede en gee Hy jou die belofte dat Hy tot die einde toe by jou sal wees.

Alleen met Jesus

* Lees Psalm 48:1-15.
* Geanker in Christus of drywend in 'n veranderende wêreld? Waar staan jy?
* Bid vir genade om in Christus geanker te bly.
* Dank God dat Hy jou onveranderlike anker is.

> Nader tot God en Hy sal tot julle nader
> – Jakobus 4:8.

Ken God en verstaan die lewe

Min mense verstaan die taal van die lewe reg. Hulle doen nie moeite om die optrede van ander werklik te probeer verstaan nie. Daar is 'n verborge emosie agter elke daad en dit kan alleen verstaan word wanneer die motief begryp word. 'n Aggressiewe persoon soek gewoonlik erkenning en waardering; die persoon wat die waarheid oordryf tot op die grens van leuentaal, probeer belangrik wees; die een wat die "siel van die partytjie" is, sê eintlik: Wees lief vir my ter wille van myself. Dis selde dat mense se dade die bron van hulle motivering verraai en dit neem gewoonlik tyd en geduld om dit te ontdek.

Selfs wanneer hulle na God hunker, probeer mense om dit te verberg. Hulle praat en argumenteer oor godsdiens; hulle doen goeie dade – maar weier tog om aan God trou te sweer. In elke mensehart is daar 'n verlange na vrede en vervulling. Dit word alleen verkry deur die doel en betekenis van jou lewe te ontdek. Die mens soek na waarheid en werklikheid en totdat hy dit vind, sal hy sy pogings kamoefleer.

Dit is bemoedigend en vertroostend om te onthou dat God altyd teenwoordig en beskikbaar is. Hy wag om Homself aan jou te openbaar. Bely dat jy Hom nodig het, keer van jou afdraaipaadjies na God toe terug. Jy sal vind dat God reeds vir jou wag. Van daardie oomblik af sal jy 'n helder begrip van die lewe hê.

Alleen met Jesus

* Lees Jakobus 4:1-10.
* Oorweeg in gebed die radikale verskil wat oorgawe aan God in jou lewe gemaak het.
* Jesus is die *weg*. Vra die Heilige Gees om jou te bewaar van afdwaling.
* Ken jy iemand wat agter maskers leef? Bid vir hom/haar.

> God is getrou. Hy sal nie toelaat dat julle bo julle kragte versoek word nie; as die versoeking kom, sal Hy ook die uitkoms gee, sodat julle dit kan weerstaan – 1 Korintiërs 10:13.

Weerstaan versoekings

Christus self is versoek. Waarom sou ons dan versoekings vryspring? Tog is dit deur die oorwinning oor versoekings dat ons geestelik groei en versterk word. Wanneer jy voor 'n versoeking gestel word, dank die Here vir die geleentheid wat Hy jou bied om geestelik te groei.

Versoekings kom altyd in mooi vorme na ons toe. Die genot van die oomblik word oorbeklemtoon, maar die uiteindelike tragedie wat sal volg, is netjies vermom. Niemand kan voorkom dat hy/sy deur versoekings gekonfronteer word nie, maar dit is onwys om die versoeking in jou denke te huisves. Dit is altyd moontlik om 'n verskoning te vind waarom jy aan 'n versoeking moet toegee. Jy dink dit is skadeloos; jy sê jy weet wat jy doen; jy is oortuig dat jy in beheer is van die situasie; dit wat met ander gebeur het, sal nie met jou gebeur nie.

Sulke verskonings is eie aan miljoene wat aan versoekings toegee. Die duiwel is egter 'n meester van vermomming, bedrog en subtiele suggesties wat in aantreklike geskenkpapier toegedraai word. Moet nooit die fout maak om te dink dat jy slimmer is as hy nie. Die veiligste manier om versoekings te hanteer, is om hulle te vermy. As daar selfs die geringste sprake van 'n onwettige wins, 'n ongeoorloofde daad of ontrouheid in enige situasie is, draai onmiddellik weg, sonder verduideliking. Christus sal vir jou die krag gee om dit te kan doen.

Alleen met Jesus

❋ Lees 1 Korintiërs 10:11-22.
❋ Dink ernstig na oor onlangse versoekings in jou lewe.
❋ As jy toegegee het, bely dit in gebed voor Christus.
❋ As jy oorwin het, gee aan Hom die eer en loof en dank Hom daarvoor.

> Jesus het teen die berg opgegaan en dié wat Hy wou hê, nader geroep, en hulle het na Hom toe gekom – Markus 3:13.

Tot koninkryksdiens geroep

Die Evangelieverhale oor dissipelskap en diens hou nooit op om ons te ontroer nie. Die gedagte aan Jesus wat mense uitsoek, hulle roep, hulle toerus om Hom by te staan in sy werk, en dan ná sy hemelvaart met sy werk voort te gaan, is 'n aangrypende en opwindende gedagte. Veral wanneer jy dink oor die enorme taak en verantwoordelikheid wat op hulle gelê word.

Ons durf egter nie ons gedagtes net op die verre verlede vestig nie. Die roepstem van Jesus weerklink deur die eeue heen en kan vandag nog gehoor word. Net soos die vroeë dissipels 'n bomenslike taak gehad het om te vervul, so is daar vandag nog in die koninkryk van God baie werk wat gedoen moet word. Ten spyte van die gevestigde kerk van Jesus Christus, is die magte van die Bose ook aan die werk en is daar oneindig baie wat gedoen moet word om te keer dat Satan God se werk ondermyn.

Die lewende Meester roep vandag nog mense en Hy nooi ook vir jou om jou lewe aan Hom toe te wy sodat Hy jou kan gebruik om sy blye boodskap te versprei. Net soos wat Hy in die vlees sy eerste dissipels geroep het, hulle toegerus en uitgestuur het in sy heerlike diens, so roep Hy ook vir jou. Deur die Heilige Gees sal Hy jou toerus vir die taak wat Hy aan jou toevertrou.

Sal jy op sy roepstem antwoord?

Alleen met Jesus

* Lees Markus 3:13-19.
* Vra die Heilige Gees om jou te help om die betekenis van Handelinge 1:8 te begryp.
* Jou dagtaak is miskien die arbeidsveld waartoe God jou roep. Hoor jy sy stem?
* Dank God dat jy by die opbou van sy koninkryk ingeskakel mag wees.

> Hiéraan weet ons dat ons in Hom bly en Hy in ons:
> Hy het ons sy Gees gegee – 1 Johannes 4:13.

Die werklikheid van die inwonende Christus

Een van die heerlikste heilswaarhede van die Christelike geloof is dat Jesus Christus in die lewe van sy dissipels woon. Van die oomblik dat ons Christus as Verlosser aanneem en Hom as Here van ons lewe erken, maak Hy sy tuiste in ons gees en harte. Hierdie Goddelike okkupasie is nie 'n denkbeeldige of emosionele ervaring nie. Inteendeel, dit kan heel verontrustend wees, want wanneer Christus met jou een word, weier Hy om jou lewe met ander emosies en verbintenisse te deel. Hy tref 'n vlymskerp onderskeiding. Ons durf nie verwag dat Hy 'n lewe moet deel met 'n louwarm gees en tweederangse integriteit nie.

Al deel Christus sy Gees as 'n genadegawe aan ons mee, verskoon dit ons nie van ons verantwoordelikhede nie. Wanneer jy die Gees van God ontvang, moet jy in ooreenstemming met Hom optree. Jou gedagtes moet suiwer en positief wees; jy moet sensitief wees vir die optrede en handelwyse van God in jou lewe; jy moet gretig wees om bewus te wees van Christus se teenwoordigheid en werk in jou geestelike lewe.

Dit mag vir jou lyk asof hierdie Christelike kwaliteite bo jou vermoë is, maar jy word deur die genade van God verseker dat jy deur sy wysheid en krag in staat sal wees om sy inwonende teenwoordigheid te beleef.

Alleen met Jesus

❋ Lees 1 Johannes 4:7-21.
❋ Mediteer oor die heerlike heilswaarheid dat Christus deur sy Gees in jou woon.
❋ Bely met berou wanneer dit dikwels nie by jou 'n werklikheid is nie.
❋ Beroep jou in gebed op die Heilige Gees om jou hieroor sekerheid te gee.

> Laat ons die wedloop wat vir ons voorlê, met volharding hardloop, die oog gevestig op Jesus, die Begin en Voleinder van die geloof
> – Hebreërs 12:1-2.

Vertrou op God

As jy slegs leef vir die goedkeuring van jou medemens sal jy spoedig 'n ernstige probleem hê. Niemand kon nog ooit heeltemal aanvaarbaar wees vir ander nie. As jy probeer om almal tevrede te stel, sal jy niemand tevrede stel nie. Die gemoedstemminge van die samelewing wissel gedurig. Wat verlede jaar aanvaarbaar was, word vandag verwerp. Die veranderende standpunte van hierdie wispelturige geslag word weerspieël in jou eie rustelose denke en die onversadigbare hunkering van jou gees.

Een seker manier om jou lewe te stabiliseer, is deur jou denke op God, sy beginsels en voorskrifte te fokus. Dit beteken nie dat jy so "godsdienstig" word dat die lewe sy sin en betekenis verloor in 'n oseaan van reëls en stellings nie. Dit beteken eenvoudig dat jy jou hemelse Vader toelaat om jou lewe te vul sodat jy iets van sy heerlikheid sal weerspieël.

Om so te kan leef is dit noodsaaklik dat jou sin vir waardes suiwer sal wees; dat jy sal lewe vir die goedkeuring van God en nie vir die verering van jou medemense nie. Jy sal gedurig moet vra: Here, wat wil U hê moet ek doen? Jou energie sal gewy word aan 'n poging om jou Leidsman te weerkaats. En dit vereis 'n hoë mate van toewyding aan Hom. Maar die beloning is so oorvloedig en standhoudend dat jou pogings 'n voorreg en nie 'n las sal wees nie.

Alleen met Jesus

✱ Lees Hebreërs 12:1-13.
✱ Oorweeg biddend die volgende begrippe: "oorgawe" en "toewyding" (*dedication* en *commitment*).
✱ Bid dat hierdie begrippe in jou lewe 'n praktiese werklikheid sal word.
✱ Dank en loof Christus dat Hy jou Leidsman en Gids wil wees.

> Rig julle gedagtes op die dinge wat daarbo is, nie op die dinge wat op die aarde is nie, want julle het gesterwe, en julle lewe is saam met Christus verborge in God – Kolossense 3:2-3.

Kyk boontoe

Die gemiddelde persoon bestee ongelooflik baie tyd aan die dinge van die lewe – finansies, status, ambisie en bevordering, om maar 'n paar te noem. Dit is maklik om só in beslag geneem te word hierdeur dat jy min tyd oor het om aan die werklike waardevolle dinge van die lewe af te staan – dié dinge wat eintlik die meeste tel.

Jesus se opdrag aan ons is dat ons God en ons naaste moet liefhê. Hoe óns ook al probeer om die klem van hierdie opdrag te verskuif, die betekenis daarvan bly altyd glashelder. Gedagtig daaraan dat ons aan God verantwoording sal moet doen, kan jy jou indink hoe belangrik gehoorsaamheid aan die Meester se opdrag is.

In Christus het jy 'n volmaakte voorbeeld van liefde, nederigheid en gehoorsaamheid. Sy beloning was oorwinning oor die Bose en om opgeneem te word in die heerlikheid van God. Wat ook al jou aardse doelwitte en ambisies en hoe aantreklik hulle ook al mag lyk, konsentreer al jou energie en denke daarop om te doen wat God van jou verwag. Fokus dus jou gedagtes op die dinge wat daarbo is en nie op dit wat op die aarde is nie; fokus op dinge wat God behaag en nie net jouself nie. Dan sal jy gemoedsrus, kalmte en 'n lewe van liefde, blydskap en vrede ervaar deur Christus en sy Heilige Gees.

Alleen met Jesus

�֍ Lees Kolossense 3:1-4.
�֍ Dink na oor die betekenis van "die dinge wat daarbo is".
✶ Hoe gaan jy dit prakties uitvoer in jou bedrywige dag?
✶ Dank die Here dat jy die aardse en die hemelse sinvol kan bymekaarbring.

Maar in al hierdie dinge is ons meer as oorwinnaars deur Hom wat vir ons liefhet – Romeine 8:37.

Om deur Christus te seëvier

Dinge lyk in jou lewe dalk die ergste wat dit in jare was. Daar is dalk goeie redes waarom jy ontmoedig voel. Wat help dit tog alles? vra jy. Ek werk so hard en bereik niks wat die moeite werd is nie. Ek kan maar net sowel tou opgooi.

Onthou dat jy alleen in die lewe neerlaag ly wanneer jy dit self erken. Ongelukkig is daar te veel mense in die wêreld wat neerlaag as die norm aanvaar en dan ander mense negatief beïnvloed met hulle pessimisme. Dit is so maklik om met hierdie skare van verloorders een te word en in selfbejammering te verval.

Die letterkunde is vol inspirerende verhale van mense wat neerlaag in die gesig gestaar het, maar tog uiteindelik teen geweldige teenstand in oorwin het. Dit is goed vir die swartgalliges en terneergedruktes om dit te weet. Voordat jy in wanhoop en neerlaag verval, vra jou eers af: Aan wie gee ek oor? Gaan die lewe makliker wees omdat ek my neerlaag erken? Gaan ek my morele verantwoordelikhede en verpligtinge vryspring omdat ek voel dat ek nie verder kan gaan nie?

Die eenvoudig antwoord is: Jy gee oor aan jou vrees! Veg teen jou vrees en oorwin dit in die krag van Jesus Christus. Moed is nie die afwesigheid van vrees nie, moed is die oorwinning van vrees in sy kragtige Naam. Dan alleen sal jy oorwinning in die ware sin van die woord smaak.

Alleen met Jesus

- Lees Romeine 8:31-39.
- Dink 'n oomblik na oor die verskil tussen oorwinning en neerlaag.
- Bely voor God dié dinge wat jy as neerlae aanvaar. Bid vir moed en krag om tot die einde toe te volhard.
- Dank die Here vir elke oorwinning, groot of klein, wat jy behaal.

Februarie 29

Pas op en wees op julle hoede vir elke vorm van
gierigheid, want 'n mens se lewe is nie afhanklik
van die oorvloed van sy besittings nie
– Lukas 12:15.

Waak teen te veel bagasie op jou lewensreis

Ons almal gaan met te veel bagasie op die lewensreis. Ons is so bang om iets waaraan ons verknog geraak het agter te laat dat ons maar die bagasie vermeerder tot ons later dreig om daardeur versmoor te word.

Leer om lig te reis op jou pad na die ewigheid, met slegs die essensiële bagasie. Die bagasie wat ons saamdra, is nie reistasse nie, maar gesindhede wat ons geestelik depressief maak – ongelukkigheid wat veroorsaak word deur sondes wat ons nie wil aflê nie; onvergewensgesindheid; bitterheid teenoor iemand wat ons benadeel het – en dit vernietig ons gemoedsrus. Omdat ons weier om aan God oorgegee te lewe, verloor ons alle lewenskragtigheid. Alles word sware bagasiestukke. As ons dit maar sou aflê, sou dit 'n groot verskil aan ons bestaan maak. Een van die swaarste stukke bagasie wat ons saamdra, is ons egoïstiese gierigheid. Eers wanneer jy deur die liefde van Christus en deur die krag van die Heilige Gees verlos word van die kanker van gierigheid, van die gewoonte van uitstel en afstel, van kwaai-vriendskap, sal jy ware vreugde ontdek.

God het nie bedoel dat jy 'n ondraaglike las met jou moet saamdra nie. Die prys wat jy vir oorgewig betaal, is groot. Raak dus ontslae van alles wat oortollig is. Gee jouself onvoorwaardelik aan Christus oor, reis lig en ervaar vreugde en vrede op jou reis.

Alleen met Jesus

� Lees Lukas 12:13-21.
✳ Bedink al die onnodige laste wat jy met jou saamdra.
✳ Bely teenoor die Here die aardse dinge waaraan jy te geheg is.
   Bid dat die Heilige Gees jou sal help om daarvan afstand te doen.
✳ Loof en dank die Here dat Hy jou op die reis vergesel.

Maart

Verjaarsdae

_____	1	_____
_____	2	_____
_____	3	_____
_____	4	_____
_____	5	_____
_____	6	_____
_____	7	_____
_____	8	_____
_____	9	_____
_____	10	_____
_____	11	_____
_____	12	_____
_____	13	_____
_____	14	_____
_____	15	_____
_____	16	_____
_____	17	_____
_____	18	_____
_____	19	_____
_____	20	_____
_____	21	_____
_____	22	_____
_____	23	_____
_____	24	_____
_____	25	_____
_____	26	_____
_____	27	_____
_____	28	_____
_____	29	_____
_____	30	_____
_____	31	_____

Gebed

Liefdevolle Here,
in u skeppingsalmag het U aan ons die herfs gegee:
die herfs met sy rykdom van rypgeworde volwassenheid
en oorvloed van kleureweelde.
Dankie dat ons ook geestelik kan groei en ryp word sodat
dit in ons lewe uitloop op rustigheid en vervulling.
Dit is ook die tyd van die jaar, o Man van smarte,
wanneer ons U in die gees op u lydenspad volg.
Ja, U het vir die hele wêreld gely, maar ook vir my!
Al u lyding, smaad en smart, elke kruiswoord –
selfs u Godverlatenheid – was om my ontwil.
Laat my dit nooit, maar nooit vergeet nie, Heiland.
U het u lewe vir my gegee ten spyte daarvan dat ek
dit nie werd is nie.
In diepe dankbaarheid wy ek opnuut aan U my lewe:
liggaam, siel en gees.
Maak my u ware dissipel en vreeslose getuie.
Laat my deur die kruis die aakligheid van die sonde
besef, sodat ek daarvan sal wegvlug.
Laat my deur die kruis u liefde in Jesus Christus raaksien,
sodat ek my toevlug na U sal neem.
Lei my ook hierdie maand deur die lig van u vriendelike
aangesig.
Ek bid dit in die Naam van Jesus wat alles volbring het.

Amen

> Berge kan padgee, heuwels kan wankel, maar
> my liefde vir jou sal nooit verdwyn nie, my
> vredeverbond met jou sal nooit wankel nie,
> sê die Here, wat jou liefhet – Jesaja 54:10.

God verstaan

Mense voel dikwels asof die boom van hulle lewe uitgeval het. Hulle gaan deur beproewing, teleurstelling, eensaamheid, siekte, die dood van 'n geliefde en word verlam deur die slag wat die lewe hulle toedien. Baie min mense kan sê dat dit nie die een of ander tyd van die lewe hulle deel was nie. Wanneer dit wel gebeur, voel jy alleen in jou lyding en is oortuig dat niemand jou verstaan, wil vertroos of bystaan nie.

Dit is nie waar nie. Jou hemelse Vader, wat belowe het om jou nooit te verlaat of in die steek te laat nie, wat onderneem het om altyd by jou te wees, weet hoe jy voel. Onthou die hartseer van Getsemane en die lyding aan die kruis, toe die Seun van God die skuld van die wêreld op Hom geneem en vir die sondaar gesterf het.

Jy aanbid 'n God wat alles deurleef het wat jy ooit in jou lewe sal kan deurleef, en veel meer! Hy ondersteun jou met sy vrede in elke opsig en elke omstandigheid. Hy praat nie net ydele woorde nie: dit is die beloftes van 'n Almagtige wat die ware betekenis van lyding en droefheid ken, maar wat ook in staat is om die balsem van genesing en vrede aan jou te skenk en jou te seën met sy onpeilbare liefde.

Gaan na Hom toe met jou probleme en laat Hy deur Jesus Christus jou lewe vul met nuwe hoop en hemelse vreugde.

Alleen met Jesus

✶ Lees Jesaja 54:1-10 en dink aan die wonder van God se heerlike beloftes. Veral in vers 10.
✶ Dank God in gebed vir die troos en krag wat Hy jou skenk.
✶ Vra die Heilige Gees om jou te sterk sodat jy aan sy beloftes kan vashou.
✶ Loof die Here, al wat lewe, wil Hom dank en hulde bring!

> Die aarde en alles wat daarop is, die wêreld en dié wat daar woon, alles behoort aan die Here – Psalm 24:1.

Jy is bewaker van God se skepping

Besoedeling het 'n modewoord in die moderne samelewing geword. Die media konfronteer ons daagliks met voorbeelde van hoe die mensdom deur onverskilligheid en onbetrokkenheid geleidelik besig is om die omgewing af te takel. Ons word vertel van onherstelbare skade aan die seelewe deur riooluitlatings; die suiwer lug word besoedel deur afvalstowwe en gasse van nywerhede; groen velde en kristalhelder riviere word voor ons oë vervuil. Stadig maar seker is ons besig om God se skepping in 'n reuse ashoop te omskep.

Maar besoedeling eindig nie daar nie. Dit word nie beperk tot tasbare dinge nie. Lewenstandaarde is ook aangetas. Met die slagspreuk van "vooruitgang", gaan ons morele gedrag agteruit. Ons dwaal af van die koers wat deur Jesus Christus aangedui is. Die taal van die rioolsloot word algemeen; permissiwiteit en die verlaging van standaarde word as norm aanvaar; eerlikheid en integriteit word as outyds afgemaak.

God het die wêreld en alles daarop geskep ... en dit was goed! Hy het die mens na sy beeld geskep en die wêreld aan die mens toevertrou. Ten spyte van al die mens se mislukkings het God kans gesien om hom te red deur die offerande van sy Seun, Jesus Christus. Jou plig as Christen is om die skoonheid van God se skepping te help bewaar. Bid dat God jou die wil, lus en vermoë sal gee om dit te doen.

Alleen met Jesus

* Lees Psalm 24:1-10.
* Bepeins die toename van besoedeling in ons wêreld.
* Bid ernstig dat die Heilige Geees jou sal lei om 'n bewaker en beskermer van sy skepping te wees.
* Dank God dat jy medebewaker van sy skepping kan wees.

> Aan elkeen afsonderlik word 'n werking van
> die Gees gegee tot voordeel van almal
> – 1 Korintiërs 12:7.

Godsdiens is God in aksie

Daar is baie mense wat hulle met geen godsdiens wil vereensel-wig nie. Hulle wys op die mislukkings van al die godsdienste en op die skynheilige gedrag van dié wat godsdienstig genoem word. Hulle beroep hulle op die verskil tussen die wetenskap en die godsdiens. Hulle hoofverskille en besware is nie teen die Christelike geloof as sodanig nie, maar teen wat die aanhangers daarmee doen en die manier waarop dit aangebied word. Christene se lewenskwaliteit beantwoord nie altyd aan die hoë standaarde van Christus nie. Hulle verklarings en die uitleef van hulle geloof skiet ver te kort en veroorsaak teleurstelling en selfs antagonisme by mense.

God is nóú verbonde aan mense. Hy het ons geskep en onder-steun ons met sy krag. Vir dié wat deur die grense van blote godsdienstigheid gebreek het, is Hy 'n almagtige en lewende Persoon. Omdat Jesus Christus die volmaakte openbaring van God aan die mense was, en omdat Hy vandag nog lewe en Homself manifesteer in die lewe van daardie dissipels wat Hom liefhet en hulle lewe dissiplineer volgens sy volmaakte wil, lewe die Christelike evangelie onsterflik voort. Skares gelowiges het op sy roepstem geantwoord en kruike geword wat sy Heilige Gees kon vul en gebruik. Godsdiens is die lewende God aan die werk in die lewe van sy toegewyde dissipels.

Alleen met Jesus

* Lees 1 Korintiërs 12:1-11.
* Watter soort "godsdiens" openbaar jy aan die wêreld?
* Erken voor God jou onvermoë om uit eie krag sy verteenwoordiger te wees.
* Dank die Heilige Gees dat Hy gewillig is om in jou te woon en te werk.

As julle sê 'n boom is goed, moet julle ook sê sy vrugte is goed; as julle sê hy is sleg, moet julle ook sê sy vrugte is sleg. 'n Boom word tog aan sy vrugte geken – Matteus 12:33.

Ons geestelike voedingsbron

Enige verstandige mens sal saamstem dat as jy nie jou liggaam goed oppas nie, jou gesondheid, geestelike welsyn en verstand daaronder sal ly. Misbruik van die liggaam en versuim om 'n voedsame dieet te volg, sal spoedig lei tot siekte en moegheid en jou lewe sal beroof word van sy sprankel en vreugde.

Jou geestelike liggaam stem hiermee ooreen. Jou volheid en oorvloed hang af van die geestelike voedsel wat jy inneem en die manier waarop jy dit gebruik. Net soos jou natuurlike liggaam sal wegteer deur gebrek aan voedsel, so sal jou geestelike liggaam sterf deur gebrek aan die Woord van God en die leerstellings van Christus.

Verontagsaam die Brood en die Water van die lewe en jy sal spoedig vind dat daar 'n barre woestyn in jou lewe ontstaan wat deur niks anders bevredig kan word as deur 'n intieme verhouding met die lewende Meester nie.

In sy groot genade bied God aan jou as sy kind die geleentheid om in die wêreld sy getuie te wees en die liefde wat Hy aan jou gee, met ander te deel. Om dit effektief te kan doen moet jy geestelik fiks en gesond wees: na liggaam, verstand en gees. Daar is slegs een manier waarop jy dit kan doen – deur jouself onvoorwaardelik aan Christus te gee, om van Hom geestelike voedsel te ontvang en goeie vrugte te dra tot eer van sy Naam.

Alleen met Jesus

✻ Lees Matteus 12:33-37.
✻ Is jy tevrede met die "vrugte" wat jy vir die Meester dra?
✻ Met watter soort voedsel word jou siel gevoed? Roep die Heilige Gees se hulp in met jou geestelike dieet.
✻ Dank Christus dat Hy as die Brood en die Water van die lewe altyd beskikbaar is.

As iemand nie vir sy eie mense en veral nie vir sy huisgesin sorg nie, het hy die geloof verloën en is hy slegter as 'n ongelowige – 1 Timoteus 5:8.

Gesinsverantwoordelikhede

Een van vandag se tragedies is dat mense so behep is met hulle persoonlike belange dat hulle geen of baie min tyd oor het vir ander. Dit is veral waar in die huisgesin. Daar is talle bejaardes wat hunker na liefde en belangstelling. Baie van hulle woon in tehuise, terwyl hulle families as gevolg van so baie verpligtinge skaars tyd het om hulle te besoek.

Liefde is die kernelement van jou Christelike geloof en Christus het ons geleer – en dit self gedemonstreer – dat ons liefde grensloos moet wees. Net soos wat Christus sy alles gegee het om sy liefde vir jou te bewys, so moet jy gewillig wees om 'n hoë prys te betaal om liefde aan ander te gee. Dis belangrik dat liefde nie kunsmatig word nie, want dan verval dit tot blote sentiment.

Ons durf nooit die opofferings wat ouers ter wille van hulle kinders gemaak het uit die oog te verloor nie. Al die opofferings is uit liefde gebore. Só moet ons ook liefde aan ons ouers bewys in die aandskemering van hulle lewe – én aan alle ander gesinslede.

Hierdie opdrag is nie altyd maklik nie. Dit is tydrowend en soms frustrerend, maar die beloning wat jy kry deur liefde aan 'n ander te gee – veral aan familielede – bring 'n vreugde in jou lewe wat moeilik in woorde gesê kan word. Veral as jy weet jy doen dit in die Naam en ter wille van Jesus Christus.

Alleen met Jesus

❖ Lees 1 Timoteus 5:3-16.
❖ Dink na oor die praktiese probleme om aan bejaarde familielede liefde te gee.
❖ Bely voor God jou onvermoë (of onwilligheid) om dit te doen. Dank Hom vir alles wat jou ouers vir jou opgeoffer het.
❖ Besoek of bel vandag 'n bejaarde familielid en bemoedig hom/haar in Jesus se Naam.

> "Mevrou," sê Jesus vir haar, "jou geloof is groot.
> Jou wens word vervul" – Matteus 15:28.

Geloof in gebed

Wanneer hulle hierdie teks lees, sal baie mense beweer dat – ten spyte daarvan dat hulle glo – die Here nie hulle versoeke beantwoord nie. Gevolglik benader hulle gebed met 'n groot mate van skeptimisme en is hulle geneig om te betwyfel of God waarlik hulle gebede hoor – laat staan nog verhoor!

Dit is interessant om te sien dat net voor die Meester se uitspraak en die beantwoording van die vrou se versoek, sy geen spesifieke eise gestel het nie. Sy het net vir Jesus vertel van haar dogter se siekte en toe voor Hom gekniel en uitgeroep: "Here, help my" (v 25). Hierdie vrou se geloof in Jesus is bevestig deur die feit dat sy die Meester vertrou het om op sy manier te antwoord en nie soos wat sy dit wou hê nie.

Ons uitsig op die lewe is baie beperk, terwyl God 'n ewigheidsperspektief het. Hy is alsiende en alwetend en weet daarom baie beter as ons wat vir ons die beste is. Omdat Hy liefde is, wil Hy altyd vir ons net die beste doen.

Wanneer jy voor Jesus kniel om sy hulp te soek of sy leiding af te smeek, lê altyd jou bekommernisse voor Hom neer en onderwerp jou aan sy volmaakte wil. Dit is 'n geweldige toets vir jou geloof om ten spyte van jou diepste begeertes God se wil as die beste vir jou te aanvaar.

Alleen met Jesus

* Lees Matteus 15:21-28.
* "God se wil vir my is altyd die beste." Oorweeg biddend hierdie stelling.
* Bely jou onvermoë om altyd in God se wil te berus.
* Vra die Heilige Gees om jou hierin by te staan.
* Dank God vir al die gebede wat Hy in jou lewe beantwoord het.

> Maar dit is die gees in die mens wat die mens
> insig gee, die gees wat van die Almagtige af kom
> – Job 32:8.

Inspirasie vir elke dag

Daar is mense wat sonder enige emosie leef. Die eentonigheid van so 'n bestaan, lei tot neerslagtigheid. Hulle beskou hierdie toestand as normaal. Omdat hulle niks van die lewe verwag nie, ontvang hulle ook niks nie.

Hierdie droewige stand van sake is die gevolg van die feit dat hulle nooit moeite gedoen het om oomblikke van blydskap en inspirasie te versamel nie. Hulle het nagelaat om die klein maar pragtige dinge van die lewe wat God langs die lanings van hulle lewe geplant het, raak te sien: die varsheid van die vroeë oggend; blomme in hulle lenteprag; die lied van die voëls; die liefde en begrip van vriende; kos om te eet; 'n plek om te slaap. Die erkenning daarvan skep 'n gesindheid wat doel en inspirasie aan die daaglikse lewe gee.

"Tel jou seëninge, tel hulle een vir een; en jy sal verbaas wees oor wat God verleen." Hierdie Hallelujalied is nie net goeie teologie nie, maar ook die sleutel tot 'n suksesvolle en vreugdevolle lewe. Baie mense mag dit as 'n oppervlakkige lewensfilosofie beskou, maar hierdie houding van danksegging is vir God aanvaarbaar. Sien op na God, glo in Hom en verwag net die beste van Hom. Daar sal in jou lewe geen ruimte vir depressie wees nie. Inteendeel, jou dae sal gevul wees met inspirasie en lofbetuiging.

Alleen met Jesus

* Lees Job 32:1-10.
* Dink 'n oomblik na oor die wonderlike ervarings wat God rondom jou plaas.
* Erken met skaamte dat jy hulle dikwels nie raaksien nie.
* Laat die Gees van God jou daagliks inspireer en verbly. "Wees altyd bly in die Here! Ek herhaal, wees bly!" (Fil 4:4).

Mag julle sy liefde ken, liefde wat ons verstand te bowe gaan, en mag julle heeltemal vervul word met die volheid van God – Efesiërs 3:19.

Beweeg verby simboliek

Vandat die mens bewus geword het van sy spiritualiteit was daar godsdienstige mites om die verlange van sy gees te simboliseer en om uiting te gee aan sy behoefte aan 'n ernstiger verhouding met God. So het simboliek ook nog altyd 'n belangrike rol gespeel in die Christen se lewe. Dit het baie toegewyde dissipels gehelp om hulle aanbidding op die essensiële dinge van hulle geloof te fokus.

Ongelukkig steek baie mense vas by die simbool en dring nie deur tot die ware betekenis van wat dit moet weergee nie. Die kruis van Christus, die heiligste van alle Christelike simbole, is gedegradeer tot 'n blote gelukbringer. In die kerk word soms vergeet dat simbole aanbidders moet herinner aan die dieper waarhede wat nie met die menslike oog gesien kan word nie. Dit kan alleen begryp en verstaan word deur 'n sensitiewe en ontvanklike gees wat op God self ingestel is.

Respekteer simboliek, maar beweeg daar verby tot waar God se Heilige Gees in harmonie met jou gees is. Wanneer hierdie eenheid plaasvind, sal jy ontdek dat jou geloof 'n eerstehandse ervaring met God word. Deur Christus word dit 'n werklikheid. Dis alleen wanneer jy by die simboliek verbybeweeg, dat jou geloof werklik deel van jou lewe word en jou bestaan gevul word met liefde, krag en praktiese optrede soos dié van jou Meester.

Alleen met Jesus

✷ Lees Efesiërs 3:14-21.
✷ Dink na oor die gevaar om by Christelike simbole vas te steek.
✷ Dank God vir die positiewe simbole: kruis, doop, nagmaal.
✷ Bid dat die Heilige Gees jou begrip van simbole sal suiwer.

Aan elkeen wat het, sal meer gegee word, en hy
sal oorvloed hê; maar van hom wat nie het nie, sal
ook die bietjie wat hy het, weggevat word
– Matteus 25:29.

Ontduiking van verantwoordelikhede

Volmaaktheid word nie oornag bereik nie. Dit is die kulminasie van konstante groei en strewe. As dissipel van Christus is jy geroep tot 'n volmaakte verhouding met jou lewende Here, deur sy genade moet jy daagliks groei om al hoe meer soos Hy te wees. Hy het vir jou 'n voorbeeld gestel en Hy deel Homself met jou deur die Heilige Gees sodat daar 'n gevoel van eenheid tussen jou en Hom kan bestaan.

In ons strewe na geestelike volwassenheid en Christusgelyk-vormigheid laat sommige dissipels ongelukkig die bewustheid van Christus se teenwoordigheid in hulle lewe verslap. Hulle ignoreer belangrike elemente van hulle geestelike verantwoor-delikhede, veral teenoor hulleself, en ontduik dit deur te betrokke te wees by godsdienstige sake.

Jy het ook 'n verantwoordelikheid teenoor jouself, nie net teenoor die welsyn van ander nie. Moet dit nie ontduik as gevolg van misplaasde prioriteite nie. Indien jy weier om te vol-doen aan die Goddellike opdrag om jouself aan jou geestelike ontwikkeling te wy, sal die tyd gewis aanbreek dat jy sal besef dat jy van Christus verwyder geraak het en baie in jou geeste-like lewe verloor het. Deur jou pligte en verantwoordelikhede te omseil, het jy die realiteit van sy teenwoordigheid in jou lewe verloor. En dit is die grootste verlies wat jy ooit kan ly.

Alleen met Jesus

✻ Lees Matteus 25:14-30.
✻ "Jy kan so besig wees met die dinge van Christus, dat jy die Christus van die dinge verloor." Dink biddend oor hierdie stelling.
✻ Bid dat die Heilige Gees jou sal help om die dinge te onderskei waarop dit werklik aankom (Fil 1:9-11).

Ek weet immers dat die goeie nie in my woon nie, nie in my sondige aard nie. Daar is by my wel die wil om die goeie te doen, maar ek doen dit nie
Romeine 7:18.

Ken jouself!

Daar is mense wat so lank in kamoeflering leef dat hulle al vergeet het hoe hulle werklik lyk. Hulle speel liewer toneel as om na hulle werklike self te kyk.

In die diepste deel van die mens se hart is daar 'n sterk begeerte na eerlikheid; waar skynheiligheid en kamma-kamma plek maak vir waarheid en opregtheid; wanneer die mens opreg kan sê: Dít is hoe ek werklik lyk.

Dié soort eerlikheid en opregtheid kan 'n persoonlike ervaring word indien jy die uitdaging van die lewende Christus aanvaar en gehoorsaam word aan sy wil vir jou lewe. Wanneer Christus in jou lewe inkom, openbaar sy Gees aan jou daardie dinge wat so lank reeds verborge gebly het of onderdruk is – só lank dat, ten spyte van hulle invloed, jy heeltemal vergeet het dat hierdie dinge bestaan.

Die Gees van Christus openbaar jou soms aan jouself op 'n wyse wat baie ontstellend kan wees. Maar wanneer Hy in jou lewe aan die werk is, is Hy altyd positief. Hy openbaar slegs maar jou swakhede en sondes sodat jy daarmee kan handel en dit uitgeroei kan word. Dan vul Hy jou gees met Homself sodat jy besef wat jy in sy krag kan word en in God bedoel is om te wees. Wanneer dít gebeur, word jy wat God wil hê jy moet wees.

Alleen met Jesus

✢ Lees Romeine 7:15-25.
✢ Doen 'n eerlike selfondersoek van jou geestelike lewe.
✢ Bid vir krag om die Bose te weerstaan; noem die spesifieke areas in jou lewe waar hy jou treiter.
✢ Dank die Here vir klein en groot geestelike oorwinnings in sy Naam.

> Toe kom hy tot inkeer en sê: "My pa het wie weet hoeveel dagloners en hulle het almal oorgenoeg kos, en hier vergaan ek van die honger" – Lukas 15:17.

Leer om jouself te aanvaar

Jou liefde en haat, jou vreugde en droefheid het oor die jare saamgevloei om die persoon te skep wat jy vandag is. Omdat jy die produk van hierdie emosies is, is dit dalk vir jou moeilik om jouself te aanvaar. Baie mense is in gedurige konflik met hulleself. Die verlede spook só by hulle dat daar selfs tye kom wanneer hulle hulself verag. Tog kan hulle nie ontvlug van wat hulle is nie en dit lyk ook asof die toekoms niks wat goed is inhou nie.

Die evangelie van Jesus Christus bied aan jou 'n lewenspad wat jou in staat stel om in vrede met jouself te lewe. Jy moet egter eers die realiteite van die lewe aanvaar. Dis onmoontlik om 'n beter toekoms te bou as jy geen gesonde selfbeeld het nie. Vra die Heilige Gees om jou aan jouself te openbaar. Dit mag 'n baie ontstellende ervaring wees, maar dit is noodsaaklik as jy met jouself in vrede wil leef.

Jou opinie van jouself is lewensbelangrik. Jy moet jouself nooit afkraak nie. God het jou na sy beeld geskape en Hy is bekwaam om jou tot volmaaktheid te lei. Hy wil daardie dinge in jou lewe waarvan jy nie hou nie deur die krag van die Heilige Gees verander.

Deur die wysheid van Jesus Christus kan jy 'n positiewe gesindheid teenoor jouself ontwikkel. Respekteer jouself, eer jou Skepper en leef in harmonie met Hom.

Alleen met Jesus

* Lees Lukas 15:11-14.
* Dink na oor die feit dat jy onbewustelik aan jou verlede vasgeketting kan wees.
* Bid om die bevryding wat Christus deur die Heilige Gees aan jou kan gee.
* Dank die Here dat jy jou beter self kan ontdek.

Ook ons sal die Here dien. Hy is ons God
Josua 24:18.

Moenie wegdwaal nie

Die afleidings wat die hedendaagse wêreld bied, kan baie verwarrend wees. Mense neem hulle voor en bedoel opreg om 'n Christelike lewe te lei. Maar sonder dat hulle dit agterkom, beweeg hulle skielik in 'n ander rigting. Omdat die pas van ons tyd so gejaagd is, val mense maklik ten prooi van die versoeking om van die regte pad af te dwaal sonder dat hulle daarvan bewus is.

Om te kan vashou aan jou geloofskoers is dit nodig dat jy 'n ferm standpunt sal inneem en streng selfdissipline sal toepas. Jou denke moet konstant op God gefokus bly. Hy is in Christus jou Verlosser en Saligmaker. Daarom moet jy seker maak dat Hy die middelpunt van jou lewe is. Wanneer jy in die versoeking kom om af te dwaal of om 'n pad te volg wat jy instinktief weet verkeerd is, draai na God toe en soek sy hulp in jou poging om die versoeking te weerstaan.

Om hiertoe in staat te wees het jy hulp nodig, want uit eie krag kan jy dit nie doen nie. God het aan jou die Heilige Gees gegee om jou Leidsman op die regte pad te wees. Die lewende Christus hou altyd jou hand vas en wil jou ondersteun en bemoedig. Bly te alle tye naby Hom en Hy sal jou op die pad van geregtigheid hou. Dit is God se wil vir jou!

Alleen met Jesus

- Lees Josua 24:14-24.
- Dink aan al die versoekings waaraan jy blootgestel is.
- Praat in gebed met God daaroor.
- Dank Hom vir sy genade en vra sy hulp om teen afdwaling te kan stry.

Tog sê Ek vir julle die waarheid: Dit is tot julle voordeel dat Ek weggaan, want as Ek nie weggaan nie, sal die Voorspraak, die Heilige Gees, nie na julle toe kom nie; maar as Ek gaan, sal Ek Hom na julle toe stuur – Johannes 16:7.

Die Meester is nog by ons

Die eerste dissipels het gesien hoe Jesus siekes genees, blindes laat sien, dowes laat hoor en gebreklikes laat loop – ja, selfs hoe Hy dooies opwek! Hulle het Hom hoor leer in die tempel en teen die heuwels van Galilea. Dit moet vir hulle kosbare tye gewees het. Die gedagte dat dit spoedig sou eindig, het waarskynlik nie eens by hulle opgekom nie. Indien hulle wel gewonder het hoe alles eendag sou eindig, kon hulle hulle sekerlik nie indink in die feit dat Jesus van sy klere gestroop, gegesel en saam met misdadigers gekruisig sou word nie. Toe dit wel gebeur, was hulle verslae en verward. Jesus het egter na hulle toe teruggekom soos Hy belowe het – slegs om vir hulle te sê dat Hy weer van hulle af sou weggaan, maar dat sy Gees altyd by hulle sou wees.

Dit is verstommend dat, nadat Jesus na die hemel opgevaar het, sy dissipels sekerder was van sy teenwoordigheid by hulle as toe hulle Hom in die vlees kon sien. Hulle het die innerlike versekering gehad dat waar hulle ook al sou gaan, Hy by hulle sou wees. Met hierdie sekerheid in hulle harte het hulle groot dade in sy Naam verrig. En Christus se Gees het sedertdien nog nooit van sy volgeline gewyk nie. Hy is dieselfde, gister, vandag en vir ewig. Jesus Christus leef vandag nog en is met jou deur sy Gees.

Alleen met Jesus

✶ Lees Johannes 16:5-15.
✶ Dink na oor Jesus se teenwoordigheid by jou deur die Heilige Gees.
✶ Sê in gebed vir God of jy elke dag vanuit hierdie waarheid wil leef.
✶ Dank God dat Hy deur Jesus en die Heilige Gees elke dag met jou is.

Ek wil die Here loof, met alles wat in my is, wil ek sy heilige Naam loof – Psalm 103:1.

Die lewe het 'n sonskynkant

Baie mense raak maklik terneergedruk wanneer dinge in hulle lewe skeef loop. Hulle bekommer hulle oor die toekoms en huisves skuldgevoelens oor die verlede. Wanneer dit moeilik gaan, gee hulle maklik toe aan wanhoop. Hulle kla gedurig oor die las wat hulle dra. Die eindresultaat is natuurlik dat hulle verstandelik, fisiek en geestelik ineenstort. Die lewe verloor sin en betekenis en word 'n eentonige sleurgang wat maar net verduur moet word.

Dit maak nie saak wat jou omstandighede is nie, daar is altyd iets in die lewe om voor dankbaar te wees. 'n Dierbare wie se liefdestrou onfeilbaar is; 'n vriend op wie jy onwrikbaar kan vertrou; jou gesondheid; die skoonheid van God se skepping wat jou omring. Hoe is dit moontlik om 'n enkele oomblik van swartgalligheid te vergelyk met die heerlikheid van die dagbreek of die sonsondergang!

Wanneer die lewe jou platslaan, is dit juis die tyd om te dink aan al die goeie dinge van die lewe. Onthou die gelukkige tye en herleef hulle in jou denke. Deel hierdie herinneringe met ander as dit moontlik is. Dank God vir die wonderlike wyse waarop Hy vir jou voorsien het en vir die gelukkige herinneringe wat niks en niemand van jou kan wegneem nie. Leef in die sonskyn wat God aan jou skenk!

Alleen met Jesus

- Lees Psalm 103:1-22.
- Bepeins al die wonderlike gawes wat God aan jou gee.
- Bid dat die Heilige Gees aan jou die gawe van blydskap sal gee.
- Dink aan twee mense wat jy vandag kan opbeur – en doen dit!

Wat die oog nie gesien en die oor nie gehoor het nie, en wat in die hart van 'n mens nie opgekom het nie, dit het God gereed gemaak vir dié wat Hom liefhet – 1 Korintiërs 2:9.

Leef in harmonie met God se wil vir jou

Daar is twee duidelik onderskeibare persoonlikhede in jou: die persoon wat jy is, en die persoon wat jy graag wil wees. Tensy eersgenoemde harmonies na laasgenoemde toe werk, sal jy net bitter teleurstelling en frustrasie beleef. Om te droom van die hoogtes waartoe jy kan styg, is 'n aangename tydverdryf. Maar jy moet gewillig wees om by jou droom verby te leef. Jy moet beplan en werk om die persoon te word wat God bedoel het dat jy sal wees.

Binne-in jou lê 'n enorme potensiaal vir geestelike groei – so groot dat jy onmoontlik die dieptes daarvan kan peil. Daar was oomblikke toe jy diep ontroer was, toe jy bewus geword het van die kwaliteite in jou lewe waarvan jy eers onbewus was. Maar die oomblik gaan verby wanneer die ou lewe hom herbevestig. Al jou mooi ideale word dan net herinneringe.

Jy kan alleen in geestelike statuur groei wanneer jou lewe in harmonie met God gelewe word; wanneer negatiewe emosies en valse hoogmoed verdwyn; wanneer jou hele wese op God se liefde reageer met wederliefde, vreugde en dankbaarheid. As dit vir jou te goed klink om waar te wees, is dit omdat jou waardes nog bepaal word deur jou onvermoë en jy nog nie die visioen gesien het van wat jou lewe saam met God en deur sy liefde kan word nie. Die toets hiervoor is jou liefde vir en gehoorsaamheid aan Hom.

Alleen met Jesus

✳ Lees 1 Korintiërs 2:6-16.
✳ Dink biddend na oor wie jy *is* en wie God wil hê jy *moet* wees.
✳ Dank die Here dat jy in harmonie met sy wil vir jou kan leef.

Die woord van die Here het 'n tweede keer tot Jona gekom – Jona 3:1.

Die evangelie van die tweede kans

Miskien is jy een van daardie mense wat vroeër naby die Here geleef het. Jy het in alles vir Hom geleef en drome gekoester oor wat jy alles vir Hom kan doen. Dalk was jy bewus van 'n sterk drang om Hom op 'n spesifieke arbeidsveld te dien en was jy so oortuig hiervan dat jy seker was dat dit sy roepstem was. Maar toe gebeur daar iets en die roeping verdoof. Jou verhouding met God het sy glans verloor en jou godsdiens het formeel en oneffektief geword.

Al is jou toewyding vandag nie wat dit moet wees nie, dink jy dikwels nog aan wie jy kon gewees het indien jy jou intieme verbintenis met die Meester behou het. Jy kan dit nie uit jou geheue wis nie. Dit was so besielend en betekenisvol en nou bly daar net uitgebrande asse oor.

God het jou nie verlaat nie. Jy kan die krag van jou geloof en toewyding van vroeër terugkry. Ons God is die God van die tweede kans. Jona, Petrus en talle ander sou nooit geslaag het sonder 'n tweede kans nie. Baie Christene wat hulle visie verloor het, het teruggekeer tot 'n hernude ervaring van hulle geloof en tot 'n besondere verhouding met hulle Meester.

Om 'n tweede kans te benut is nie altyd maklik nie, want dit beteken ook berou en bekering. Maar God vergewe en weerhou nooit sy onbeskryflike genade van jou nie. Dink ernstig aan wat 'n tweede kans in jou geestelike lewe kan beteken.

Alleen met Jesus

✣ Lees Jona 3:1-10.
✣ Waar was jy? Waar is jy nou in jou geestelike lewe. Dink hieroor na.
✣ As jy jou visie verloor het, bid vir die herwinning daarvan.
✣ Loof en dank God vir die tweede kans wat Hy jou bied.

> As iemand sê: "Ek het God lief," en hy haat sy broer, is hy 'n leuenaar – 1 Johannes 4:20.

Gesegdes en gesindhede

'n Groot struikelblok in geestelike vooruitgang en 'n helderder begrip van die Christelike geloof, is die clichés wat dikwels deur mense gebruik word. Met herhaaldelike gebruik klink hulle so geestelik korrek. Indien dié geykte geestelike terme egter deeglik ondersoek word, beteken hulle vir die denkende Christen weinig. Christus het Hom sterk uitgespreek teen oorvroom gesegdes wat deur godsdienstige leiers uitgespreek is. Hulle het maar net as rookskerm gedien vir hulle geestelike armoede en het gewone mense daarvan weerhou om in 'n intieme verhouding met God te lewe. Christus het dit duidelik gestel dat vroomklinkende slagspreuke wat nie deur 'n edele lewe bevestig word nie, vir God onaanvaarbaar is.

'n Geloof wat nie God se wil in die daaglikse lewe en handelinge vertoon nie, kan nie deur Hom gebruik word om die mensdom te dien nie. Wat jy van God glo, sal in jou elkedagse lewe na jou medemense weerkaats word. As jy aan God slegs lippediens bewys, as dit wat jy sê nie uit jou hart kom nie en sonder ware oortuiging is, sal dit skynheilig lyk en vir niemand tot seën wees nie.

Laat jou vroom woorde deur die oortuiging van jou denke en emosies gedra word. Dan sal alles wat jy sê, verstaan word deur dié wat dit hoor, en jou woorde sal ook 'n impak op hulle gees hê.

Alleen met Jesus

❋ Lees 1 Johannes 4:7-21 en ook Psalm 19:15.
❋ Jou woorde en jou dade moet mekaar sinvol aanvul. Dink na oor hierdie stelling.
❋ Bid dat die Heilige Gees die klakkelose gebruik van vroom sinsnedes in jou geestelike lewe aan jou sal openbaar.
❋ Dank die Here dat jy deur jou woorde en dade sy getuie mag wees.

> Die Here is op hierdie plek, en ek het dit nie
> besef nie – Genesis 28:16.

Waar is God?

Wanneer jy begeer om in die heilige teenwoordigheid van God in te beweeg, waar begin jy, waarheen kyk jy? Gaan jy na 'n kerk in die hoop dat jy Hom daar sal kry? Soek jy Hom tussen die bladsye van die Bybel? Verdiep jy jou in teologiese studies? Word jy lid van 'n besprekingsgroep?

Sonder om af te doen aan die waarde van hierdie aktwiteite, is dit nodig dat jy stil sal word en sal dink daaraan dat die lewende Christus op hierdie oomblik by jou is, waar jy ook al mag wees en in alle omstandighede van jou lewe. Dít is een van die groot vreugdes van Christenskap – *die God wat ons aanbid, is altyd by ons!*

Wat jy ook al doen, die opgestane Heiland is met jou. Aanvaar Hom in die geloof as 'n lewende werklikheid. Talle mense bestee baie tyd, somtyds vrugteloos, om na God te soek in die klip- en houtwerk van 'n sierlike kerkgebou of in kunswerke wat hulle met die geloof assosieer. Ander weer, bring hulle tyd deur met geestelike literatuur, terwyl Christus in die harte en denke van sy mense gevind word.

Jesus is op hierdie oomblik by jou! Loof die Here, o my siel! Maak jou hart en lewe vir Hom oop, neem Hom onvoorwaardelik aan en verbly jou in sy vrede en standhoudende teenwoordigheid.

Alleen met Jesus

✳ Lees Genesis 28:10-22.
✳ Wonderwaarheid: *God met ons!* Mediteer oor hierdie heerlike heilsfeit.
✳ Vra die Heilige Gees om jou te lei om Christus op die regte plek te soek.
✳ Dank Christus dat Hy jou gevind het nog voordat jy na Hom gesoek het.

> Hier is 'n seuntjie met vyf garsbrode en twee vissies; maar wat is dit vir so baie mense?
> – Johannes 6:9.

God kan so baie doen met so min

Die seuntjie was verstandig genoeg om kos met hom saam te neem op 'n dag wat baie lank en uitputtend sou wees. Hy het tot heel voor in die skare sy pad oopgedruk sodat hy alles van die Wonderwerker kon hoor en sien. Toe Jesus sy karige kospakkie neem en die skare daarmee voed, het die seuntjie deel van 'n heerlike wonderwerk geword. Ons lees nêrens van sy reaksie nie, maar die miljoene mense wat Jesus oor die eeue heen gevolg het, was verbaas oor hoeveel Hy kan doen met die bietjie wat ons tot sy beskikking stel.

Daar is dissipels van Christus wat hulleself as so alledaags beskou dat hulle dink hulle het niks wat die moeite werd is om aan die Meester te wy nie. Hulle is oortuig dat hulle die gawes en talente kortkom om enigiets vir Hom te beteken. Gevolglik ervaar hulle nie die volle krag en vreugde van 'n lewe wat vanuit die almag van God geleef word nie.

Christus vra nie van jou wat jy nie besit nie, maar Hy vra dit wat jy reeds besit sodat Hy sy wysheid en krag daarby kan voeg en so jou offer kan vermeerder en verryk. Jy sal nooit weet wat God kan doen met dit wat jy het om aan Hom te offer voordat jy dit onvoorwaardelik aan Hom gegee het nie. Moet dus nooit die oorgawe van jouself en jou talente aan die Meester weerhou omdat jy dink dat jy onbelangrik is nie. In sy hande kan 'n ruwe klip 'n skitterende diamant word!

Alleen met Jesus

✳ Lees Johannes 6:1-15.
✳ "Neem my lewe, laat dit, Heer, U gewy wees meer en meer." Maak dit jou tema van bepeinsing vandag.
✳ Bid vir die genade om jou aan te meld vir koninkryksdiens.
✳ Dank die Here dat jy 'n medewerker aan sy wonderwerke kan wees.

> Maak die beste gebruik van elke geleentheid,
> want ons lewe in 'n goddelose tyd
> – Efesiërs 5:16.

Moenie geleenthede verspeel nie

Een van die ernstige gevare waaraan die kerk van Christus blootgestel is, is onverskilligheid. Baie mense beleef hulle geloof as vanselfsprekend. God is beskikbaar wanneer hulle Hom nodig het, maar hulle vergeet Hom wanneer alles met hulle goed gaan. So 'n gesindheid verswak die Christelike geloof.

Niemand sal ontken dat ons in 'n moeilike en gevaarlike tyd lewe nie. Dwarsdeur die wêreld het mense probleme en ervaar hulle die effek van die Bose wat gedurig sy aaklige kop uitsteek. Dikwels word hierdie toestand ooglopend toegelaat om oor te neem omdat mense daaraan gewoond geraak het. Wat hulle vroeër met afgryse sou vervul en totaal onaanvaarbaar sou gewees het, word verdra.

As Christen mag jy nie onverskillig wees in jou benadering tot die probleme en siektes van die wêreld waarin ons leef nie. Christus het 'n standaard van gedrag neergelê en dit in sy eie lewe uitgeleef. Hy verwag dat ons sy voorbeeld sal volg en Hom onder ons medemense sal dien deur so te lewe dat ons God sal verheerlik in alles wat ons doen en sê.

Dit is jou voorreg en plig om elke geleentheid te gebruik om die Christelike geloof uit te leef deur te streef na Christusgelykvormigheid in jou woorde en dade. Doen dit in die krag van die Heilige Gees en dra so by om van die wêreld 'n beter plek te maak.

Alleen met Jesus

✣ Lees Efesiërs 5:6-20.
✣ Mediteer in afsondering oor die toestand van die wêreld waarin ons leef.
✣ Bely teenoor God jou onverskilligheid teenoor dié toestand.
✣ Vra die Heilige Gees om jou te leer om soos Jesus te lewe.
✣ Loof en dank Hom dat jy in ons tyd 'n bydrae het om te lewer.

Dit hang dus nie af van 'n mens se wil of strewe nie, maar van God wat barmhartig is – Romeine 9:16.

Vertrou altyd op God

Ons wonder dikwels waarom ons beste planne soms misluk. Ons bestee baie tyd en energie om 'n projek voor te berei, maar iets loop verkeerd en die eindresultaat is 'n mislukking waarmee ons diep ontevrede is. Dan vra ons die onvermydelike vraag: Waarom? Wat het ek verkeerd gedoen?

Jesus het aan sy volgelinge gesê dat hulle sonder Hom niks kan doen nie (Joh 15:5). Daardie woorde is vandag nog net so van toepassing as toe. Vir elke aspek van jou lewe is jy totaal afhanklik van die Meester. Sonder Hom word die lewe betekenisloos en doelloos. Niks wat die moeite werd is, word sonder Hom bereik nie.

Christus het ook aan sy volgelinge gesê dat alle dinge vir God moontlik is! Dis in hierdie waarheid wat jy die antwoord op al jou vrae sal vind. Maak daarom seker dat alles wat jy onderneem binne God se wil vir jou lewe is en dat jy Hom 'n vennoot maak van elke plan en onderneming.

Deur gebed en oordenking moet jy seker maak dat jy in gedurige kommunikasie met die lewende Christus is. Sy teenwoordigheid sal jou nie alleen in jou werk lei nie, maar sal jou ook op die regte pad begelei. Dit sal jou bewaar van struikeling en mislukking. Alleen só kan jy jou suiwerste doelstellinge bereik.

Alleen met Jesus

* Lees Romeine 9:1-18 en ook Johannes 10:10.
* Dink ernstig na oor God se plek in jou lewensplanne.
* Lewe jy binne sy wil vir jou? Gee aan God in gebed 'n antwoord.
* Dank God vir sy hulp en leiding.

As ek maar geweet het waar om God te vind, sou ek na sy woonplek toe gaan – Job 23:3.

Heimwee na God

Daar is baie toegewyde Christene wat hunker na 'n dieper verhouding met die opgestane Christus. Hulle is goeie mense, maar hulle liefde vir die Meester is lou omdat dit vir hulle moeilik is om hulle verhouding met Hom in stand te hou. Hulle is lief vir hulle Here, maar bedroef omdat hulle lewe so min van sy liefde vertoon en so weinig van sy lewenswyse getuig.

Alle eerlike Christene sal jou kan vertel van hulle ontoereikende gebedslewe. Hulle ken die frustrasie van probeer bid, net om aan die einde van hulle stiltyd ontsteld te voel omdat hulle niks nader aan God beweeg het nie.

Baie mense verlang om te weet hoe hulle hulle gemoed kan kalmeer. As jy jou gebedstyd binnegaan, onthou dat God reeds daar is en wag om jou te ontmoet. Daar is geen rede om met Hom te worstel of om 'n atmosfeer te probeer skep waain jy sy teenwoordigheid kan aanvoel nie. Bevestig net stilweg in jou hart dat jy in die heilige en liefdevolle teenwoordigheid van God is. Dit vereis van jou geloof, nie gevoel nie. Konsentreer jou hele wese op God totdat sy teenwoordigheid 'n verblydende werklikheid word. Dank Hom vir hierdie geloofsgemeenskap. Die besef van sy teenwoordigheid gee aan jou vreugde, vrede en harmonie wat jy op geen ander manier kan bereik nie. Dis nie nodig om vir God te soek nie. Hy het jou reeds gevind en Hy is altyd met jou.

Alleen met Jesus

* Lees Job 23:1-12.
* Oordink met dankbaarheid die heerlike feit dat God by jou is.
* Deel met Hom alles wat dit vir jou moeilik maak om sy teenwoordigheid te ervaar.
* Loof en prys sy Naam, omdat Hy altyd daar is vir jou.

Wanneer Hy kom, die Gees van die waarheid,
sal Hy julle in die hele waarheid lei
– Johannes 16:13a.

Laat los en laat God

Die meeste mense wil hulle sin kry. Hulle weet wat hulle wil hê en ontsien geen moeite om dit te kry nie. Hierdie gesindheid kan prysenswaardig wees en stel mense in staat om struikel-blokke te oorkom. Maar dit kan ook in 'n dwase koppigheid ontwikkel.

Wanneer iemand 'n standpunt inneem wat nie verdedigbaar is nie, en tog weier om daarvan afstand te doen omdat sy trots hom daarvan weerhou om te erken dat hy 'n fout gemaak het, tree hy onverantwoordelik op. In die lewe van elke mens kom daar 'n tyd wanneer hy hom moet afvra: Is dit wat ek doen reg? Is dit wat ek glo reg? Dis nie 'n teken van swakheid om sulke vrae te vra nie, maar van eerlikheid. Die soeke na waarheid styg uit bo opinies wat jy gehandhaaf het – of selfs van tradisies wat jy gehuldig het. In jou soeke na nuwe idees en vars denkge-biede, moet jy gewillig wees om te luister na die influisteringe van die Heilige Gees en om uitgediende idees af te lê as hulle nie meer aan jou behoeftes beantwoord nie. Stel jou denke oop vir die leiding en waarhede wat die Heilige Gees aan jou wil gee. Om te verseker dat hierdie gedagtes van God is en nie maar net jou eie verbeelding nie, meet hulle aan die lewe en leer-stellings van Jesus Christus soos dit in die Nuwe Testament beskryf word.

Alleen met Jesus

* Lees Johannes 16:5-15.
* Dit verg moed om jou aan Christus se leiding oor te gee. Is jy gewillig?
* Dink in jou selfondersoek aan areas van jou lewe waar jy nog jou eie kop volg.
* Nooi opnuut die Heilige Gees in jou lewe in en luister na sy stem.
* Dank die Here vir die voorreg om Hom te mag vertrou.

Die Seun van die mens het immers gekom om te soek en te red wat verlore is – Lukas 19:10.

Christus gee nooit op nie

Dit is maklik om ontmoedig te word oor die verval van iemand wat jy liefhet. As dit lyk asof die persoon elke hoë ideaal en edele doelstelling verwerp; as hy/sy weier om gesonde raad te aanvaar; meng met ongewenste vriende; oormatig drink en onverantwoordelik optree, begin jy wonder of dit die moeite werd is om aan te hou om die persoon lief te hê.

Alle menslike liefde, al is dit hoe sterk gemotiveer, kan wanhopig en ontmoedig raak. Om vol te hou om iemand lief te hê wat met die tyd afstootlik raak, kan hartverskeurend wees. Die versoeking om totaal met so 'n persoon te breek is met tye ontsettend sterk. Al wat jou liefde laat oorleef, is die vrees dat as jy ophou om te gee en uit te reik, die persoon nog verder in die modder sal wegsak.

Onthou egter dat, as jy so skynbaar tevergeefs liefhet, jy nie alleen is nie. Christus het die sondaar inniger lief as waartoe enigiemand in staat is. Deur jou liefde kom Christus se liefde tot openbaring en dit gee jou die krag en moed om aan te hou hoop vir die herstel van die persoon wat jou so aanhoudend teleurstel. Hoe wanhopig en ontnugter jy dus ook al is oor gebroke beloftes en herhaalde teleurstelling, onthou dat jou heilige Metgesel nooit opgee nie. Sy verlossende liefde hou uit en aan. Hou aan om lief te hê; nie uit eie krag nie, maar in die krag van sy Heilige Gees.

Alleen met Jesus

- Lees Lukas 19:1-10.
- Dink ernstig na oor 'n persoon oor wie jy gewanhoop het. Wat verwag Christus van jou?
- Vra genade om in sy krag weer te probeer en 'n instrument in sy hand te wees.
- Dank God dat Hy deur jou tot die einde toe wil liefhê.

Laat ons dan nie moeg word om goed te doen nie, want as ons nie verslap nie, sal ons op die bestemde tyd ook die oes insamel – Galasiërs 6:9.

Doen die regte ding

Dit is 'n onomstootlike feit dat daar vandag 'n ontstellende neiging is om standaarde te verlaag. Bewyse daarvan kan duidelik gesien word in die verslapping van sake-etiek. In sekere groepe word integriteit as uitgedien beskou. Die hartseerste aspek van hierdie toestand is dat kompromieë oor beginsels aangegaan word. Mense wat streng volgens morele integriteit optree, word beskou as outyds en selfs as mislukkings.

Hoe suksesvol jy ook al op materiële gebied is, jy sal nooit gemoedsrus hê tensy jy reg optree nie. Geen hoeveelheid tasbare bates en geen graad van sukses kan aan jou die bevrediging gee wat jy ervaar wanneer jy weet dat jy so optree dat jy alle mense te alle tye in die oë kan kyk nie.

Om dit te kan bereik, is dit noodsaaklik dat jy 'n persoonlike verhouding met Jesus Christus opbou, sodat Hy jou Gids en Mentor kan wees in alles wat jy doen. Oorweeg elke woord en daad in die lig van sy voorbeeld. Wat jou kollegas of mededingers ook al dink of doen, vra jou af hoe jy jou optrede sou regverdig teenoor jou hemelse Vader. Loop die pad saam met Christus en doen die regte ding: dis die enigste pad wat tot ware sukses lei.

Alleen met Jesus

* Lees Galasiërs 6:1-10.
* Dis die moeite werd om in Jesus se teenwoordigheid oor jou "beginsels" en "integriteit" na te dink.
* Bid vir genade om nie aan hierdie wêreld gelykvormig te word nie.
* Sê vir Christus dankie omdat Hy die weg tot sukses is.

> Om die Here te dien, is om onderrig te word
> in wysheid; nederigheid kom voor eer
> – Spreuke 15:33.

Nederigheid is die kennis van ware diens

Wanneer jy in God se diens staan, is nederigheid 'n onmisbare vereiste. As jy dink dat jy selfgenoegsaam is en nie die leiding, wysheid en krag van God nodig het nie, sal jy geestelik oneffektief word. Diensknegte van God kan nie doeltreffend wees as hulle meer bewus is van hulle eie vermoëns as van wat God deur hulle kan doen nie.

Wanneer jy jou verootmoedig voor die aangesig van God, word jou gees geleer en opgelei deur die Gees van God. Dit beteken nie kruiperigheid nie, want God verwag van niemand om voor Hom te kruip nie. Dit vereis egter dat jy die waarheid sal aanvaar dat God alwetend en alomteenwoordig is en dat Hy daar is om die lewe te vul van dié wat gewillig is om Hom in hulle lewe te verwelkom.

Die probleem is dat baie dissipels onwillig is om hulle eie gedagtes en idees te laat vaar sodat God se leiding en wysheid hulle denke in besit kan neem. Hulle plaas 'n hoë premie op hulle eie gedagtes en planne. Maar God wil deur hoër en suiwerder planne hulle lewe deur die Heilige Gees laat vul. As jy jou voor God verootmoedig en aan Hom gehoorsaam is, word jy sy vennoot en die diens wat jy aan Hom en jou medemens lewer, dra die merkteken van sy goedkeuring. Jy sal altyd besef dat dit nie jy is wat die werk doen nie, maar Christus wat deur sy Gees deur jou werk.

Alleen met Jesus

✼ Lees Spreuke 15:28-33.
✼ Galasiërs 5:22 noem nederigheid een van die vrugte van die Heilige Gees. Besit jy hierdie vrug?
✼ Bely die kere toe jou eie wil en eie pad vir jou belangriker was as God se wil. Verbind jou opnuut tot nederige en gehoorsame diens aan Christus.
✼ Dank die Heilige Gees dat Hy jou hiertoe in staat stel.

Vra, en vir julle sal gegee word – Matteus 7:7.

Word jou gebede beantwoord?

Wanneer Christene gesels, word daar dikwels gesê dat God nie gebede beantwoord nie. Jy het dit waarskynlik al self in krisistye gesê. Jy bid dalk om bevry te word van 'n swaar beproewing; dalk is daar iets wat jy hartstogtelik wil hê moet gebeur. Jy stort jou hart voor God uit, maar skynbaar sonder enige sukses. Jou gebede bly onbeantwoord.

Wanneer dit gebeur, kry baie mense se geloof 'n knou. Hulle swig voor die denkfout dat gebed nutteloos is, dat die Here wispelturig en selektief is in die hoor en verhoor van gebede. Niks kan verder van die waarheid af wees nie. Die Skrif is vol van bewyse van God se bekommernis oor sy kinders en van hoe Hy die gebede van ontelbaar baie gelowiges verhoor het.

'n Belangrike aspek van gebed is die vermoë om te onderskei tussen dié dinge wat ons wil hê, en dié dinge wat ons regtig nodig het. Eersgenoemde is dikwels nie tot ons eie voordeel nie, maar kan selfs tot ons nadeel wees. Laasgenoemde is gewoonlik iets wat ons nie wil hê nie, maar Christus weet dit is vir ons die beste.

Jesus het ook gebid dat die kruis by Hom verby sou gaan. Hy het dit in gebed aan sy Vader gesê. Hy het Homself egter aan die wil van God onderwerp. Wanneer jy tot God bid, doen afstand van jouself en jou begeertes en pleit vir sy volmaakte wil vir jou lewe.

Alleen met Jesus

- Lees Matteus 7:1-12 en Jakobus 5:16.
- Dink na oor jou ervarings met gebedsverhoring.
- Modelleer jou gebedslewe op dié van Jesus Christus.
- Prys God vir die verhoring van gebede wat volgens sy wil is.

> Van ouds af het niemand so iets gehoor nie, het niemand so iets verneem nie, het geen oog 'n god gesien wat vir dié wat op hom vertrou, doen wat U doen nie – Jesaja 64:4.

Hoe groot is U!

Wat 'n onoortreflike geloofsbelydenis van Jesaja lees ons hier! Oor die eeue heen het die Christendom van baie kante af in die Satan se spervuur gestaan. Die geldigheid van ons geloof en die bestaan van God is gedurig bevraagteken en uitgedaag. Baie Christene het vervolging en marteling verduur ter wille van hulle geloof. Duisende het die dood verkies eerder as om hulle Here te verloën. Só groot is die krag van God se liefde vir sy kinders.

Terwyl jy jou lewe deur geloof in Jesus Christus leef, word jy al hoe meer bewus van sy heilige teenwoordigheid. Wanneer jy jou lewe onvoorwaardelik aan Hom oorgee en jou vertroue volkome in Hom plaas, word jy al hoe meer bewus van die feit dat Hy sy hand oor jou hou, dat Hy jou lei en bewaar deur die doolhof van die lewe. Hoe inniger jou verhouding met die Meester is, hoe meer word jy bewus van sy Gees wat met jou praat. Deur jou denkprosesse en dade lei Hy jou op sy pad.

'n Lewe wat geleef word in, met en vir Christus sal aan jou 'n gewaarwording van welsynn, vertroue, berusting en vrede verskaf wat geen mens of afgod vir jou kan gee nie. Dit maak die woorde van ons Heiland so verblydend waar: Vir mense is dit onmoontlik, maar vir God is alles moontlik (Matt 19:26).

Alleen met Jesus

* Lees Jesaja 64:1-12.
* Dink aan al die maniere waarop die grootheid van God geopenbaar word.
* Bid dat sy heerlikheid nooit vir jou sal vervaag nie.
* Dank Hom dat jy deur sy krag tot alles in staat is (Fil 4:13).

U leer my hoe om te lewe. By U is daar oorvloedige blydskap. Uit u hand kom net wat mooi is – Psalm 16:11.

Oppas vir 'n doodloopstraat

Dis ontstellend om te sien vir hoeveel mense die lewe geen sin en betekenis meer het nie. Dag na dag, maand na maand, jaarin en jaaruit is hulle lewe net 'n kringloop van sieldodende verveling. Selfs hulle vrye tyd verbreek nie hierdie kleurlose roetine nie. Wanneer hulle nie slaafs werk of slaap nie, het hulle niks positiefs om hulle tyd mee te vul nie.

Die tragedie hiervan is dat dit so totaal onnodig is. Tog laat mense toe dat hulle die prooi word van hierdie apatiese lewenshouding, in plaas daarvan om 'n koers in te slaan wat hulle sal lei tot 'n konstruktiewe en sinvolle lewenstyl.

Wie jy ook al is en wat jy ook al doen, as jy wil "lewe" en nie maar net "bestaan" nie, is dit noodsaaklik dat jy geloof in Jesus Christus sal hê. Deur 'n persoonlike verhouding met Hom leer jy om werklik te lewe. Hy het immers gesê: "Ek het gekom sodat julle die lewe kan hê, en dit in oorvloed" (Joh 10:10).

Bly in alles wat jy aanpak binne die volmaakte wil van God. Wy jou hele lewe aan Hom. Deel met Hom jou vreugde en droefheid, jou sukses en mislukking, jou hoop en frustrasie. Vra Hom om jou elke oomblik van die dag te lei. Hy het belowe om altyd by jou te wees. Leef dan jou lewe in sy teenwoordigheid en ervaar blydskap en alles wat mooi is.

Alleen met Jesus

* Lees Psalm 16:1-11.
* Doen 'n slag biddend ondersoek na die koers van jou lewe.
* Vra van Jesus Christus die genade om binne die wil van God te kan lewe.
* Dank die Heilige Gees dat Hy jou lei en aan jou koers gee.

Kom tog, laat ons die saak met mekaar uitmaak, sê die Here: Al was julle skarlakenrooi van sonde, julle sal wit word soos sneeu. Al was julle purperrooi, julle sal wit word soos wol – Jesaja 1:18.

Berou is meer as 'n emosionele ondervinding

Berou en bekering is 'n essensiële deel van die Christen se lewe. Jy kan nie 'n nuwe lewe saam met Christus binnegaan as jy nie berou het oor sondes van die verlede nie. Vir baie mense is hierdie berou 'n tydperk van geweldige emosionele opwelling, veral wanneer hulle sonde swaar op hulle gemoed lê. Hulle roep in hulle nood tot God om vergifnis en hulp. En God se vergifnis oorspoel die gebrokene se hart en reinig dit.

Vir ander Christene is berou 'n pynlike ondervinding wanneer die Heilige Gees hulle verborge sondes te voorskyn bring. Hierdie sondes was waarskynlik die oorsaak van 'n ongelukkige en verknoeide persoonlikheid. Hierdie soort berou vloei uit die wete dat God húlle vergewe het. God se vergifnis lei tot die suiwering van die berouvolle hart van alles wat onwaardig is in die lewe van iemand wat volkome aan God wil behoort.

Hoofsaak is: jou berou moet opreg wees. Om God se vergifnis te aanvaar en 'n nuwe lewe in die krag van die Heilige Gees te begin, moet jy Christus aanvaar as jou Verlosser en Saligmaker en die wil hê om die sonde finaal af te lê. Dit klink dalk eenvoudig om van jou sonde afstand te doen, maar die toegewyde Christen weet uit ervaring dat sonde jou altyd agtervolg. Die oplossing is om jou geestelike visie op Christus te fokus en nie terug te kyk na die afgryslike pad waarlangs jy gekom het nie. Gaan vorentoe in die krag van die Heilige Gees.

Alleen met Jesus

- Lees Jesaja 1:15-20.
- Is daar in jou geestelike lewe 'n ewewig tussen emosie en realiteit?
- Bekeer jou vandag weer tot God deur skuldbelydenis en berou.
- Ontvang met dankbaarheid sy vergiffenis en leef daarvolgens.

> Laat ons styf vashou aan die hoop wat ons bely, want God is getrou: Hy doen wat Hy beloof het – Hebreërs 10:23.

Die oue en die nuwe

Die tyd waarin ons leef is ontstellend én uitdagend. Ou waardes word met nuwe idees vervang; morele standaarde word aangepas na gelang van persoonlike begeerte; dit wat verkeerd was, word as reg beskou. Veranderde omstandighede vereis dat eeue oue tradisies nuut benader word. Terselfdertyd moet ons daarteen waak om ou konsepte te verwerp net omdat hulle oud is, of omdat die nuwes uitdagend en stimulerend is. Dikwels bevat die "oue" standhoudende kwaliteite wat die "nuwe" nie het nie.

Geen opregte Christen moet huiwer om 'n nuwe idee te ondersoek nie. Maar voordat jy meegevoer word deur 'n opwindende teorie, doen 'n deeglike waardebepaling van dié standpunt wat soveel jare lank aan jou inspirasie verskaf het. As die ou standpunt dan vervaag en sy stimulasie verloor het, lê die fout dalk by jou en nie by die standpunt nie. Miskien was jy jare lank nalatig en onbetrokke, en nou daag 'n nuwe godsdienstige idee jou uit oor iets wat basies goed is, maar waarvan jy die inhoud verwaarloos of afgewater het.

Doen 'n eerlike ondersoek van jou geloof en waardes in die lig van die evangelie en met die hulp van die Heilige Gees. Jy sal vind dat daar kosbare skatte begrawe lê onder ou standpunte en tradisies. Die pad van die Christendom lê besaai met nuwe idees, maar dit is die Skrifgebaseerde geloof in Christus en sy Gees wat in ons lewe die deurslag moet gee.

Alleen met Jesus

* Lees Hebreërs 10:19-25.
* Bid dat die Here jou 'n oop gemoed sal gee vir nuwe uitdagings.
* Bid dat die Heilige Gees jou 'n gesonde ewewig sal gee tussen die "oue" en "nuwe".
* Dank die Here dat die ou-ou tyding altyd kraaknuut is.

April

Verjaarsdae

1
2
3
4
5
6
7
8
9
10
11
12
13
14
15
16
17
18
19
20
21
22
23
24
25
26
27
28
29
30

Gebed

Here, ons Here,
hoe lieflik is u Naam oor die ganse aarde!
Ons aanbid U in hierdie maand as Christus Triomfator!
U het op Golgota die dood oorwin.
U het die Satan en die hel se mag gebreek.
Die graf is leeg! U het waarlik opgestaan!
Laat die hemele u roem verkondig!
Dankie, o Verlosser, dat U tot in die dood gehoorsaam was;
dat U wat nou aan die regterhand van God sit, vir my intree;
en dat U weer sal kom in heerlikheid.
Dankie, Here Jesus, dat U my met U saamneem op u
triomftog deur tyd en ewigheid.
Omdat U uit die dood opgestaan het, het ek die waarborg dat
ek ook uit die dood van sonde kan opstaan tot 'n nuwe lewe.
Omdat U, o Heiland, die opstanding en die lewe is; omdat U
die weg, die waarheid en die lewe is, het ek 'n hemelse tuiste
waarheen ek op pad is.
Laat my nooit vergeet dat U 'n lewende teenwoordigheid is nie.
Verseker my opnuut dat niks en niemand my ooit van u
onpeilbare liefde sal kan skei nie.
Vergewe my, genadige Here Jesus, as ek soms nog lewe asof
U nooit uit die dood opgestaan het nie.
Ek pleit dit alles in die Naam van Jesus die Oorwinnaar.

Amen

> Ek is die brood wat lewe gee. Wie na My toe kom, sal nooit weer honger kry nie, en wie in My glo, sal nooit weer dors kry nie – Johannes 6:35.

God, die goeie herder

God het aan die Israeliete brood uit die hemel gegee (Joh 6:31), maar hulle moes dit daagliks bymekaarmaak. As hulle dit nagelaat het, het hulle niks gekry nie. God is gedurig besig om vir ons ook "brood" te gee, maar ons aanvaar baie van sy gawes nooit, omdat ons nie die waarde daarvan besef nie.

Daar is mense wat roem dat hulle "self-gemaak" is. Deur hulle eie pogings het hulle sukses bereik, maar hulle weet nie dat hulle God dringend nodig het nie. Die een wat grootpraterig sê: "Ek het dit self gedoen," het nog nie diep nagedink nie. Wie het die begeerte om te presteer in sy hart gelê? Wie het aan hom die krag gegee om te dink en te beplan? Wie het aan hom die visie gegee oor wat die lewe vir hom inhou? Die bron van al sy prestasies is die genadige God. Sukses is net soveel groter en sinvoller as ons erken dat ons dit deur God se genade God bereik het.

God gee gedurig, maar dit is jou keuse om sy gawes te aanvaar of te verwerp. Soms gee God aan jou 'n geringe gawe sodat jy dit kan troetel en ontwikkel deur die vermoë wat Hy aan jou gee. In jou is daar dalk 'n verborge talent wat jy deur gebed en toewyding tot eer van God kan ontwikkel. Dit sal 'n diepe bevrediging en groot vreugde by jou lewe voeg. God het aan jou minstens een talent gegee: Maak seker jy gebruik dit.

Alleen met Jesus

* Lees Johannes 6:30-40.
* Dink in stilte na oor die gawes wat God aan jou gegee het.
* Bid dat die Heilige Gees jou geestesoë sal open om jou gawes te ontdek.
* Loof en dank die goeie Gewer vir al die gawes wat Hy aan jou gegee het.

In my nood het ek na die Here geroep, die Here het my gebed verhoor en my bevry – Psalm 118:5.

God is daar vir jou

Daar is min mense, indien enige, wat nog nie 'n skielike skok of terugslag in hulle lewe ervaar het nie. Sonder waarskuwing gebeur iets wat jou hele bestaan skud en jou verlam en kwesbaar laat. Die wesenlike gevaar lê in die feit dat so 'n situasie vernietigende gevolge mag hê op jou emosies en op jou geestelike welsyn. Hoe jy dié situasie hanteer, hang in groot mate van jouself af. Sommige mense probeer om dit uit eie krag te hanteer. Ander vou dubbel daaronder en knak. Hulle gee eenvoudig moed op en versink in die moeras van wanhoop.

As jy gewillig is om God te vertrou om jou deur die lewe met al sy fasette te lei en as jy op sy beloftes bou, sal jy nooit toegee aan die druk van teëspoed nie. Afgesien van wat oor jou mag kom, hou jy nooit op om te kyk na Jesus en die voorbeeld wat Hy vir jou gestel het nie. Hy is gemartel, deur sy vervolgers verneder en deur sy trouste vriende verlaat. Tog het Hy nooit sy vertroue in God laat vaar nie. Daarom het hy uiteindelik geseëvier oor lyding en dood.

Jy is verseker van God se liefde vir jou en van Christus se teenwoordigheid elke oomblik van jou lewe. Hou vas aan hierdie sekerheid en weet elke oomblik dat die lewende Verlosser met jou is om jou te help om enige situasie te hanteer.

Alleen met Jesus

* Lees Psalm 118:1-12.
* Oorweeg of jy jou geloof en vertroue onwrikbaar op God wil plaas.
* Erken met berou die kere dat jy uit eie krag of wysheid opgetree en skromelik misluk het.
* Dank God deur Jesus Christus dat hy jou "verhoor" en "bevry".

> Wie van julle wat 'n gebou wil oprig, gaan nie
> eers sit en die koste bereken, om te sien of hy
> genoeg geld het om die werk te voltooi nie?
> – Lukas 14:28.

Neem tyd om te begin

Daar is mense wat met groot projekte begin sonder om eers die koste te bereken. Hulle begin hulle onderneming met groot geesdrif, maar besef uiteindelik dat hulle hulpbronne uitgeput is en hulle hele onderneming misluk as gevolg van 'n gebrek aan beplanning.

Waak teen die oorskatting van jou hulpbronne. Deur gebed en versigtige beplanning moet jy altyd daarna streef om met jou Meester se planne tred te hou. Een van die algemeenste mislukkings van Christen-dissipels is dat hulle 'n visioen het van wat hulle kan bereik. Hulle beur vorentoe om dit 'n werklikheid te maak voordat hulle daaroor gebid en God se seën daarop gevra het. Hulle bring weinig tyd in afsondering by die Leermeester deur en daarom kan Hy nie vir hulle die koers aandui wat tot sukses lei nie.

Enige planne wat jy as Christen koester, moet uitgedink word in stille afsondering saam met die lewende Christus. Jy kan ook met ander mense daaroor gesels, maar die belangrikste is die leiding wat jy van Jesus ontvang. Jy sal dikwels vind dat sy raad en dié van 'n vertroude mededissipel ooreenstem.

Indien die projek waarmee jy besig is onder druk is en tyd belangrik is, is dit essensieel dat jy tyd in ernstige gebed sal deurbring. Gebedstyd is nooit verkwis nie.

Alleen met Jesus

* Lees Lukas 14:25-33.
* Bepeins hoe jy jou lewensplanne met God kan deel en sy leiding kan ontvang.
* Bid vir genade om gereeld jou planne aan God voor te lê.
* Dank Hom vir sy onmisbare leiding vir verwarde dissipels.

"Maar julle," vra Hy vir hulle, "wie, sê julle, is Ek?" Petrus antwoord hom: "U is die Christus!" – Markus 8:29.

'n Waardige geloofsbelydenis

Dit is ongelukkig dat so baie mense die vreugde van hulle dissipelskap verloor omdat hulle bang is om die Meester openlik as die Here van hulle lewe te bely. By baie is die probleem 'n knaende skuldgevoel; ander voel onwaardig; maar die meerderheid is slegs onwillig om hulle onvoorwaardelik oor te gee aan Christus soos Hy vra.

Daar was in Petrus se tyd baie gerugte in omloop oor die identiteit van Jesus. In hierdie situasie bely Petrus, toe hy met die vraag gekonfronteer word, dat Christus die Here is. Nadat hy dit gedoen het, was daar so 'n groot omwenteling in sy lewe dat, ten spyte van sy verloëning van sy Meester voor die kruisiging, die Christelike kerk op hierdie belydenis gebou is.

Niemand sal ontken dat volkome oorgawe die prys van Christendissipelskap is nie. Terselfdertyd kan niemand die onbeskryflike ekstase en vreugde ontken wanneer jy Christus as jou persoonlike Saligmaker en Verlosser ken nie. Dan is jy die naam "Christen" waardig.

Soek die hulp van die Heilige Gees as jy skuldbelaai, onseker of onwaardig voel. Bely die heerskappy van Jesus in jou lewe en ervaar 'n gevoel van vervulling wat deur niks anders op aarde oortref kan word nie.

Alleen met Jesus

* Lees Markus 8:27-30.
* Kan jy saam met Petrus opreg bely: U is die Christus?
* Bid dat jou belydenis ook 'n belewenis sal wees.
* Dank God dat jy Christus as jou Verlosser kan bely.

Ek sal die Here altyd weer prys, sy lof sal altyd
op my lippe wees – Psalm 34:2.

Maak van lofprysing 'n lewenswyse

Daar is 'n bron van onbeskryflike krag en geestelike versterking
in danksegging en lofprysing aan die almagtige God. As jy jou
danksegging beperk tot die gemeenskaplike aanbidding een of
twee maal per week, kry jy 'n mate van bevrediging omdat jy jou
plig gedoen het. Maar ware lofprysing en danksegging is 'n
gesindheid wat jou hart en denke verhef tot God – die Gewer van
alle goeie gawes!

So 'n gesindheid vereis 'n dissipline wat 'n vreugde is om te
beoefen, want dit bring jou lewende Heiland tot in die daaglikse
roetine van jou lewe. Dit is goed om, wanneer jy wakker word,
die dag te begin met 'n bevestiging van jou dankbaarheid teenoor
God. Doen dit met 'n opheffende Bybelvers soos Psalm 118:24:
"Dit is die dag wat die Here gemaak het, laat ons daaroor juig en
bly wees!" Die Bybel is vol verse wat jou positief sal instel vir die
dag wat voorlê.

Wees gedurig op die uitkyk vir dinge waaroor jy dankbaar kan
wees, veral dinge wat jy gewoonlik as vanselfsprekend aanvaar.
Tel die seëninge wat so oorvloedig uit die hand van die Here in
'n oorvloedige stroom na jou toe kom.

Ware lofprysing is 'n lewenswyse wat, indien dit gereeld beoe-
fen word, groot vreugde en bemoediging in jou lewe van elke dag
kan bring.

Alleen met Jesus

* Lees Psalm 34:1-11.
* Word rustig en dink na oor al God se weldade aan jou.
* Erken voor Hom jou gebrek aan dankbare blydskap.
* Bid dat die Heilige Gees jou sal lei tot ware lofprysing.

> Hoe dikwels wou Ek jou kinders bymekaarmaak
> soos 'n hen haar kuikens onder haar vlerke
> bymekaarmaak, maar julle wou nie!
> – Matteus 23:37.

In Christus is ons een

Mense is ontsteld en vol afgryse oor die grusame bewyse van die teenwoordigheid van die Bose in ons tyd. Die media herinner ons daagliks aan gruweldade en oneerlike praktyke, aan skrikwekkende gebeurtenisse wat by ons en oor die hele wêreld plaasvind. Gevolglik vra baie mense waarom God toelaat dat sulke dinge gebeur. Eintlik behoort hulle die vraag aan hullself te vra.

Terwyl die magte van die Bose in die wêreld aan die werk is, is die kerk van Christus verdeeld oor elke denkbare saak. Besprekings oor kerkeenheid knars tot stilstand oor dogmatiese en finasiële kwessies. Ontwrigting vind in kerke plaas oor politieke aangeleenthede. Jaloesie en kleinklikheid veroorsaak skeuring en ontnugtering.

Daar is 'n dure verpligting op elke Christen wat saamgevat word in die woorde van S J Stone: "Die kerk se fondament is Christus, ons Heer! Dit is derhalwe die plig van elkeen wat homself 'Christen' noem om ons kleinlike verskille opsy te lê en in die Heilige Gees se krag te verenig, sodat ons die duisternis as 'n onverdeelde eenheid kan beveg." Om dit te doen, beteken dat ons opofferings sal moet maak. Maar wat is dit in vergelyking met die opofferings wat Jesus Christus gemaak het! Voordat ons, sy kinders, nie onder sy vlerke bymekaarkom en as 'n eenheid optree nie, bedroef ons sy hart.

Alleen met Jesus

❊ Lees Matteus 23:37-39.
❊ Dink na oor die droewige verskeurdheid van Christus se kerk op aarde.
❊ Vra die Heilige Gees om jou brandend vir kerkeenheid te maak.
❊ Loof die Here vir die onnodige grense tussen kerke wat wel uitgewis word.

Aan God, die Vader van ons Here Jesus Christus, kom al die lof toe! In sy groot ontferming het Hy ons die nuwe lewe geskenk deur die opstanding van Jesus Christus uit die dood – 1 Petrus 1:3.

Ewigdurende hoop

Die belewenis van Christus se kruisiging en dood het 'n dramatiese impak op sy dissipels gehad. Skielik is hierdie groep gelukkige en aktiewe mense in hopelose verwarring gedompel. Hulle vrees die onheilspellende toekoms en voel verlore sonder hulle Meester. Hulle pogings om van die Romeinse gesag en die tempelowerheid te vlug was pateties. Hulle neerslagtigheid kan waargeneem word toe twee van hulle met die opgestane Here gepraat, maar Hom nie herken het nie en toe gesê het: "Ons het so gehoop dat dit Hy is wat Israel sou verlos" (Luk 24:21).

Wanneer ons verder lees, in dié Lukas-Evangelie sien ons die geweldige ommekeer en kontras. Hierdie eens wanhopige en verslane mense word kragtige en effektiewe getuies van Jesus Christus. Hulle oë het oopgegaan en hulle was in staat om die heerlike feit van die opstanding eerstehands te ervaar. Hulle lewe is hierdeur verander. Deur die krag van die Heilige Gees het hulle nuwe mense geword.

Hierdie unieke ondervinding kan ook joune wees. Christus roep jou om na Hom toe te kom, in Hom te glo en Hom in jou lewe toe te laat. Sy doel is dat jou lewe 'n positiewe, vertrouende en betekenisvolle ondervinding sal word wat aan jou doelgerigtheid en momentum sal gee. Antwoord positief op sy roepstem en laat Hom toe om jou bestaan te verander in 'n lewe van ewigdurende hoop.

Alleen met Jesus

* Lees 1 Petrus 1:1-9.
* Sonder jou af in stille bepeinsing oor die wonder van Christus se opstanding.
* Probeer peil die invloed wat hierdie feit op jou lewe het.
* Dank God dat jou wanhoop deur die opstanding in hoop verander is.

Lê julle daarop toe om die eenheid wat die Gees tussen julle gesmee het, te handhaaf deur in vrede met mekaar te lewe – Efesiërs 4:3.

Een kerk, een geloof, een Here

Een van die magtigste wapens wat die Bose gebruik om die kerk van Christus te ondermyn, is verskeurdheid. Met die subtiele slinksheid waarvoor Satan so bekend is, veroorsaak hy tweespalt en wrywing onder Christene wat so besig is om te soek na tekens buite die kerk omdat hulle Christus nie meer in die kerk aan die werk sien nie.

Met die loop van jare het al hoe meer denominasies tot stand gekom. In teenstelling met die verlede, groei die getal aktiewe Christene vinniger as die getal passiewe kerkgangers van weleer. Dis veral die geval onder leke wat hulle standpunte en teorieë vryelik stel met 'n selfversekerdheid wat tot nou toe in Christelike kringe ongekend was. Die ongelukkige aspek hiervan is dat baie Christene so oortuig is van die korrektheid van hulle standpunte, dat hulle nie net met ander verskil nie, maar hulle doen dit op 'n manier waarop die liefde van God verloën word.

Afgesien van aan watter denominasie jy behoort en van jou sterk standpunte, teorieë en interpretasies, mag jy nooit vergeet nie dat alle Christene een God aanbid, dat sy Seun Jesus Christus, vir almal gesterf het, en dat sy Heilige Gees op alle mense uitgestort is. Volg nougeset die leiding van die Gees en lewe in liefde, vrede en eensgesindheid met jou broers en susters in Jesus Christus.

Alleen met Jesus

* Lees Efesiërs 4:1-13.
* Bepeins die verskeurdheid van die kerk van Christus oor die wêreld heen.
* Bid vir die genade om 'n bydrae tot die eenheid van Christene te kan maak.
* Dank die Heilige Gees dat Hy eenheid in die kerk moontlik maak.

As iemand dink hy is godsdienstig, maar hy hou nie sy tong in toom nie, bedrieg hy homself. Sy godsdiens is waardeloos – Jakobus 1:26.

Beheersing van die tong

Ná 'n vuurwarm argument en ná alles gesê is wat gesê kon word, is daar versoening of skeiding, vrede of smeulende bitterheid in die gedagtes van dié wat baklei het. Miskien is daar dinge gesê wat kon gebly het, en nou is daar seergemaakte gevoelens en gedagtes van wraak.

Die Skrif sê vir ons dat dit nie maklik is om die tong te beheer nie (Jak 3). Elke eerlike volgeling van Christus kan met hartseer bely dat daar al harde woorde uit sy/haar mond gekom het. Miskien is 'n kwinkslag of 'n snydende aanmerking gemaak voordat daar aan die gevolge gedink is. Die standpunt dat alles wat binne-in jou is tot uiting moet kom, het nie altyd goeie gevolge nie, want wat in jou is, is dikwels nie tot voordeel van dié wat dit hoor nie.

Die vermoë om die tong te beheers lê in jou gees. As jy 'n trotse, selfsugtige, bitter, arrogante en onvriendelike gees besit, sal hierdie kwaliteite vroeër of later tot openbaring kom in wat jy sê. As jou gees en denke egter gevul is met die liefde van Jesus Christus, is hierdie negatiewe en afbrekende gedagtes nie meer in jou gees nie en kan dit ook nie in jou woorde tot uiting kom nie. As Christus jou Meester en Here word, sal Hy ook jou tong beheer.

Alleen met Jesus

- Lees Jakobus 1:19-27.
- Dink biddend hieroor na: Wie beheer jou tong?
- Vra die Heilige Gees om jou woorde te suiwer.
- Dank die Here vir die goeie wat met die tong bereik kan word.

Wie sal vir ons die klip voor die ingang van die graf wegrol? – Markus 16:3.

Hanteer jou struikelblokke in geloof

Dit mag vir jou baie terneerdrukkend wees om die toekoms in te kyk en net probleme te sien: swaar tye wat jou sal toets, beproewings wat jou geloof in God sal uitdaag. As jy te behep raak met wat kan gebeur, sal jy so ontmoedig word dat jy sal huiwer om enigiets te begin.

Die vroue wat gegaan het om hulle laaste hulde aan die Meester te bewys, het voor 'n ontsaglike probleem te staan gekom: Wie sou vir hulle die klip voor die ingang van die graf wegrol? Hierdie probleem het egter nie veroorsaak dat hulle tuis gebly en in wanhoop versink het nie. Hulle het gegaan, al was dit met groot droefheid en met dié probleem in hulle gedagtes. Maar aan die einde van die pad het hulle groot vreugde leer ken – asook die oplossing vir hul probleem.

Hulle ondervinding word dikwels in die lewe van moderne Christene herhaal. Baie volgelinge van Jesus kyk na die toekoms en word oorweldig deur nagswarte neerslagtigheid wat grens aan wanhoop. Hulle het geen goeie uitsig op die toekoms en geen oplossing vir al hulle probleme nie. Alle hoop sou verlore gewees het as dit nie was dat die almagtige God voor sy kinders uittrek om die struikelblokke uit die pad te rol en aan ons krag en moed vir die stryd te gee nie. Benader die toekoms met sy struikelblokke in hierdie gesindheid en die lewe sal weer vir jou sin en betekenis kry.

Alleen met Jesus

* Lees Markus 16:1-8.
* Kyk weg van jou probleme en dink na oor die almag van God.
* Bely dat jy dikwels self jou probleme probeer oorwin.
* Dank die Heilige Gees vir sy bystand wanneer jy jou probleme moet hanteer.

Ek prys U, Vader, Here van hemel en aarde, dat U hierdie dinge vir slim en geleerde mense verberg het en dit aan eenvoudiges bekend gemaak het – Lukas 10:21.

Spiritualiteit

God het in die mensehart 'n hunkering na Homself weggelê en die mens bly rusteloos totdat daardie honger gestil is. Baie mense probeer hierdie innerlike rusteloosheid deur geleerdheid en besprekings stil. 'n Tyd lank vind hulle bevrediging, maar net totdat 'n nuwe teorie hulle uitdaag. Dan begin die soektog maar weer. 'n Suiwer intellektuele soeke na God is nooit volkome bevredigend nie. Dit is alleen wanneer jou gees in harmonie met die Heilige Gees is dat jy bewus word van jou eenheid en rustigheid in God.

Geestelike sensitiwiteit maak jou bewus van God en verryk jou lewe op 'n besondere wyse. Om te weet dat die Heilige Gees jou gees in besit geneem het en om jou in hierdie waarheid te verbly, sal in jou elkedagse lewe tot openbaring kom. Die vrug van die Gees sal sigbaar in jou lewe groei en 'n nuwe dimensie aan jou geestelike lewe gee.

Spiritualiteit word deel van jou deur 'n daad van geloof. Jy glo met oortuiging dat dit deur Christus joune kan word; jy bevestig deur die Heilige Gees dat jy dit besit; en tree op asof jy dit besit – so word dit onherroeplik joune! Dit is so eenvoudig en tog so wonderlik dat dié met 'n kindergemoed dit ook kan verstaan.

Alleen met Jesus

- Lees Lukas 10:21-24.
- Pleit in jou stiltetyd by God dat Hy aan jou hierdie geestelike persepsie sal gee.
- Maak in jou hart seker dat jou soektog jou by Hom uitgebring het.
- Dank die Heilige Gees dat Hy jou sensitief maak vir jou dors na God.

> Die liefde is geduldig, die liefde is vriendelik; dit is nie afgunstig nie, is nie grootpraterig nie, is nie verwaand nie – 1 Korintiërs 13:4.

Moenie aggressief lewe nie

Baie mense benader die lewe met 'n aggressiewe gesindheid. Hulle omring hulleself met 'n ondeurdringbare muur van suspisie, wantroue en sinisme. En dit maak van hulle eensame mense. Die rede vir hulle strydlustigheid kan verskillende oorspronge hê. Hulle agtergrond kon in hulle 'n weerstand teen die samelewing laat opbou het; aanhoudende mislukkings mag hulle agtervolg het; of hulle is dalk oortuig dat die lewe 'n slagveld is en dat hulle oorwinnaars moet wees.

'n Simpatieke en vredeliewende gesindheid teenoor die lewe moenie as 'n teken van swakheid gesien word nie. Dis gewoon net lewenswysheid om in vrede met jouself en jou medemens te lewe. Dit vrywaar jou teen spanning, stres en maagswere. 'n Persoon wat met hom- of haarself in vrede leef, gaan makliker en gelukkiger deur die lewe as iemand wat strydlustig teen alles in opstand kom.

'n Harmoniese lewenshouding en vredevolle denke is die produk van 'n lewe in Christus. Hy is die Meester van elke situasie. Deur gehoorsaamheid vind jy samewerking met Hom. Lewe vanuit Jesus se liefde en jy sal nie aggressief wees nie. Die lewe breek dan aan alle kante in blommeprag rondom jou uit.

Alleen met Jesus

* Lees 1 Korintiërs 13:1-13.
* Bedink jou gesindheid voor en na jy Jesus leer ken het.
* Bely met berou as jy nog aan aggressie toegee.
* Bid dat die liefde van Christus jou lewe in besit sal neem.
* Dank Hom dat die Heilige Gees hierin jou Leermeester is.

> As iemand My wil dien, moet hy My volg; en
> waar Ek is, daar sal my dienaar ook wees
> – Johannes 12:26.

Christendissipelskap is diens

Daar is uiteenlopende redes waarom mense Jesus Christus begin volg. Die Meester roep sy volgelinge, maar die manier waarop hulle op sy roepstem reageer, verskil. Mense met 'n mistieke geaardheid, identifiseer met die mistieke aard van Christus. Daar is ander wat dit makliker vind om hulle met Hom te vereenselwig op minder gekompliseerde maniere.

Wat ons egter nooit uit die oog moet verloor nie, is die feit dat dit Christus is wat roep en dat dit op sy roepstem is wat mense reageer. Geen voorgeskrewe metode van benadering tot die Here behoort in te druis teen die gemeenskap wat Hy wil deel met sy dissipels en hulle met Hom nie. Christus moet die voorwerp en die trekkrag van ons begeertes wees.

Wanneer ons nadink oor die redes waarom ons Jesus volg, mag dit ons ontstel om ons eie verborge motiewe te ontdek. Baie volg Hom omdat hulle heimlik dink dat hulle finansiële voordeel daaruit sal trek; of dat hulle suksesvol sal wees in alles wat hulle doen. Ander soek die vreugde, vrede en geestelike krag wat Hy aan sy volgelinge bied. Nog ander tas blindelings in die donker rond op soek na daardie onverklaarbare iets wat hulle hoop hulle by Jesus sal kry.

Nie een van die gawes wat Christus aan sy volgelinge belowe het, kan hulle s'n word voor hulle Hom onvoorwaardelik as Verlosser aanneem en onderneem om Hom te gehoorsaam en te dien nie. Vrywillige diens is die merkteken van Christenskap!

Alleen met Jesus

✳ Lees Johannes 12:20-29.
✳ Ontleed in die stilte by Jesus die redes waarom jy Hom volg.
✳ Bid oor die verwagtinge wat jy van dissipelskap koester.
✳ Dank die Here dat jy sy roepstem gehoor en gehoorsaam het.

Wie wysheid het, weet wanneer en hoe hy moet handel. Elke ding het sy tyd en sy manier
Prediker 8:5-6.

Tyd is kosbaar: moet dit nie verkwis nie

Die oorgrote meerderheid mense verkwis 'n aansienlike deel van hulle tyd en daarom ook van hulle lewe. Tyd is die materiaal waarvan die lewe gemaak word. Hierdie mense mag baie bedrywig wees en belangrik lyk, maar hulle mors tyd met onnodige take sodat hulle 'n verskoning kan hê om dít wat gedoen móét word, nié te doen nie.

Baie van ons verantwoordelikhede is nie maklik of aangenaam nie. Al weet ons dat ons hulle die een of ander tyd moet afhandel, stel ons dit uit in die hoop dat hulle sal verdwyn.

Besluit wat die essensiële dinge in jou lewe is en vra jou af watter positiewe stappe jy kan neem om hulle te implementeer. As jy die noodsaaklike nou doen en die onbelangrike laat vaar, sal jy ontdek dat jou lewe hanteerbaar en sinvol word. Maar om dit te kan doen, moet jou prioriteite reg wees. Daar is Christene wat net gelukkg is as hulle vir die kerk werk. Hulle word geïnspireer deur die strukturele en finansiële behoeftes van hulle plaaslike gemeente. Tog besef hulle nie dat Christus hulle inspirasie moet wees nie. Dit is belangrik dat tyd in die stilte by Hom deurgebring word om jou prioriteite te bepaal.

Lê jou prioriteitslys voor die Meestr neer en vra in gebed vir Hom wat eerste gedoen moet word – en doen dit dan!

Alleen met Jesus

- Lees Prediker 8:1-8.
- Stel in die stilte van God se teenwoordigheid jou prioriteitslys op.
- Vra God se vergifnis vir die kosbare tyd wat jy verkwis het.
- Dank Christus dat Hy deur die Heilige Gees vir jou jou prioriteite aandui.

> Hierdie Jesus wat van julle af na die hemel toe opgeneem is, sal net so terugkom soos julle Hom na die hemel toe sien opgaan het
> Handelinge 1:11b.

Maranata ... die Here kom!

Die vooruitsig van 'n geleentheid wat voorlê, kan baie opwindend wees. In die proses van voorbereiding gaan die tyd vinnig verby en voor jy dit besef, is die geleentheid daar!

In jou Christelike lewe is die grootste oomblik waarna jy met verlange moet uitsien die wederkoms van ons Heer en Meester. Die belofte van sy wederkoms is beslis die opwindendste in die lewe van enigeen wat hom/haarself aan die lewende Christus oorgegee het. Ons behoort almal die dae af te tel na hierdie heuglike gebeurtenis.

Terwyl jy wag op sy wederkoms, moet jy jou voorberei deur op jou lewenswyse te let. Daarvoor het Christus vir jou 'n volmaakte voorbeeld gestel. In elke woord en daad moet die liefde en genade van God duidelik weerspieël word. Jou lewe moet elke dag meer gelykvormig word aan die lewe van Christus. Só sal jy in staat wees om die wederkoms van Jesus te verwelkom met volkome vreugde en aanbidding. Dit sal die grootste dag van jou lewe wees!

Dr Bonar het elke dag afgesluit met dié gebed: "Miskien vannag, Here! Miskien vannag!" En hy het elke dag begin met die woorde: "Miskien vandag, Here! Miskien vandag!" Mag so 'n verwagting van die wederkoms in jou hart leef.

Alleen met Jesus

✳ Lees Handelinge 1:1-11.
✳ Dink ernstig of jy met verwagting na die wederkoms uitsien.
✳ Bid vir die genade om nie aardsgebonde te lewe nie.
✳ Dank Christus vir sy Heilige Gees wat jou vir die dag van sy wederkoms voorberei.

> En Tomas sê vir Hom: "My Here en my God!"
> – Johannes 20:28.

'n Geloofsbelydenis

Daar is mense wat 'n probleem het om in die openbaar belydenis van hulle geloof te doen. Die algemeenste redes hiervoor is dat dit hulle verleë laat voel; dat hulle bang is vir spot; dat hulle verwerping en verlies aan gewildheid ervaar. Vir 'n toegewyde Christen mag dit vreemd klink, maar ons moet daaraan dink dat Christenskap in sekere kringe taboe is. Gevolglik raak mense gefrustreerd, skaam of vervul met skuldgevoelens omdat hulle nie gewillig was om van hulle geloof te getuig toe hulle die geleentheid gehad het nie.

Tomas, 'n dissipel van Christus, was met twyfel vervul. Deur te weier om die feit van Christus se opstanding te aanvaar, het hy op homself die wroeging van ontrouheid gelê – totdat die opgestane Heiland aan hom verskyn het. Op daardie oomblik is al sy twyfel finaal oorwin en hy doen sy bevrydende geloofsbelydenis (20:8). Daarna is sy geloof versterk en dit was vir hom moontlik om hom te verheug in die wete dat die opgestane Here altyd by hom sou wees.

Deur sy Heilige Gees is Christus ook altyd by jou. Waar jy is, ongeag jou omstandighede, jy sal Jesus daar vind. Hy gee dan ook aan jou die krag en vermoë om te alle tye jou geloof in Hom te bely.

Alleen met Jesus

* Lees Johannes 20:26-31.
* Doen opnuut by Jesus jou persoonlike belydenis van geloof.
* Het jy miskien toegelaat dat die wêreld jou getuienis verstom? Bely dit aan jou Here en Meester.
* Dank God vir die Heilige Gees wat jou die krag gee om te bely en te getuig.

> Hy wat sy lewe wil behou, sal dit verloor;
> en hy wat sy lewe ter wille van My verloor, sal
> dit vind – Matteus 10:39.

Wanneer oorgawe oorwinning beteken

As daar al ooit 'n stelling was wat teenstrydig klink, is dit hierdie woorde van Christus aan sy dissipels. Dit gaan oor die onderwerp van lewe. Dit klink teenstrydig om te beweer dat deur aan jou lewe vas te hou, jy dit sal verloor, en deur jou lewe prys te gee, sal jy dit behou. Soos wat dit altyd die geval met Jesus se leerstellings is, sal 'n noukeurige navorsing van wat Hy gesê het, duidelik die diepte en belangrikheid van sy bedoeling bewys.

As jy die Here as Verlosser aanneem, verwag Hy van jou dat jy gehoorsaam sal wees aan Hom. Ware dissipelskap vereis gewilligheid om volgens sy wil te lewe, nie volgens jou eie wil nie. So 'n roeping vra 'n opoffering, wat die oorgawe van jou vorige lewenstyl behels indien dit in botsing was met sy doel vir jou lewe. Baie mense vind dít uiters moeilik en verlang terug na ou vriende en gewoontes. Hulle probeer 'n kompromie met die ou lewe aangaan. Maar, jy is geroep om alles af te lê wat teenstrydig is met die wil van God. En dit is ook waar dat, as jy alles aan sy heerskappy onderwerp, die verandering wat in jou lewe plaasvind, ongekende vreugde vir jou sal gee. Dan verstaan jy wat Jesus bedoel het toe Hy gesê het: "Ek het gekom sodat julle die lewe kan hê, en dit in oorvloed" (Joh 10:10).

Alleen met Jesus

❊ Lees Matteus 10:34-42.
❊ Dink oor die blye dag toe jy jouself onvoorwaardelik aan Christus gegee het.
❊ Bely dit as daar areas in jou lewe is wat nog nie sonder meer aan Hom oorgegee is nie.
❊ Loof en dank die Heilige Gees wat jou op oorwinningsgrond laat lewe.

Kyk, Ek staan by die deur en Ek klop. As iemand my stem hoor en die deur oopmaak, sal Ek by hom ingaan en saam met hom die feesmaal hou, en hy saam met My – Openbaring 3:20.

Nooi Jesus in

Die meeste van ons beleef by tye 'n geestelike insinking. Die gevolge hiervan is dat jou geloof verswak. In die barre woestyn van hierdie ongelukkige toestand voel dit asof dit ekstra moeilik is om God te vind. As jy só voel, is dit belangrik om te besef dat dit nie die Here is wat jou verlaat het nie. Hy het immers beloof om jou nooit te verlaat nie (Heb 13:5) en om altyd by jou te wees (Matt 28:20). Aan hierdie beloftes moet jy onverbiddelik vashou, want dit is die eerste stap om terug te keer na geestelike stabiliteit en vrede met jouself en met God.

Daarna volg dit vanselfsprekend dat jy die lewende Christus in jou lewe moet innooi. Dit mag met die eerste oogopslag na 'n eenvoudige taak lyk, maar net deur ernstige gebed en bepeinsing sal jy al hoe meer bewus word van sy teenwoordigheid terwyl jy omvou word met sy liefde en vrede.

Onthou dat dit 'n proses is wat tyd neem. Jesus Christus mag nie misbruik word as 'n onmiddellike wonderkuur vir alles wat in jou lewe verkeerd loop nie. Hy vra jou volgehoue toewyding en oorgawe. En Hy belowe sy verlossende liefde en teenwoordigheid aan jou. Kan jy dit bekostig om Hom langer by die deur te laat staan en klop?

Alleen met Jesus

* Lees Openbaring 3:14-22.
* Dink oor wat dit ten diepste beteken om jou hart vir Christus oop te maak.
* Christus breek nie die deur oop nie – jy moet self oopmaak. Het jy al?
* Dank Christus vir die feesmaal wat sy teenwoordigheid in jou lewe kenmerk.

> Julle behoort aan God, liewe kinders, en het
> die vals profete klaar oorwin omdat Hy wat in julle
> is, groter is as die duiwel, wat in die wêreld is
> 1 Johannes 4:4.

Moenie jou opposisie onderskat nie

Op elke terrein van die lewe sal jy opposisie teekom. Hierdie feit vul baie mense met vrees of wanhoop. Wat hulle vergeet, is dat opposisie jou kan versterk om jou doelwit te bereik, indien dit in 'n positiewe gees aanvaar word. Dis net dooie visse wat met die stroom saamdryf; 'n lewende vis veg gedurig teen die stroom. Moenie altyd opposisie as 'n bron van ergernis beskou nie; maak daarvan 'n uitdaging tot groter dinge en die versterking van jou geloof.

Dalk stem jy heelhartig saam met hierdie gedagtes, maar tog is jy ook bewus van jou onvermoë om opposisie wat mag opduik, te hanteer. Dalk is dit tyd dat jy ophou konsentreer op die teenkanting en dit uit verband te ruk. Ondersoek liewer jou innerlike hulpbronne. As jy bang is dat hulle onvoldoende sal wees, is dit duidelik dat jy God buite rekening gelaat het – want geen situasie is te moeilik vir God om te hanteer nie.

Wanneer jy gekonfronteer word met venynige opposisie, bevestig eers God se oppergesag daaroor en sê vir jouself dat alles ten goede sal meewerk omdat Hy jou Vader en jy sy kind is. Gebruik hierdie teenkanting as 'n geleentheid om toegerus te word om ander probleme meer doeltreffend te hanteer. Vertrou dat God alle opposisie tot jou voordeel kan gebruik. Moet egter nooit die opposisie se krag onderskat, of jou eie krag óórskat nie. Vertrou altyd op God se almag!

Alleen met Jesus

* Lees 1 Johannes 4:1-6.
* Bedink die heilsfeit dat God ook opposisie tot jou voordeel kan gebruik.
* Ondersoek in gebed jou metodes om opposisie te hanteer.
* Vra die Heilige Gees om jou die regte metode te leer om dit te hanteer.

As julle My liefhet, sal julle my opdragte uitvoer – Johannes 14:15.

Die vreugde van gehoorsaamheid

Gehoorsaamheid kan uit vrees gebore word – of uit getrouheid en liefde. Hardvogtige dissipline sal jou vervul met vrees vir die straf wat volg op ongehoorsaamheid. Gevolglik gehoorsaam jy blindelings, al is dit teensinnig, sodat jy die pynlike gevolge van ongehoorsaamheid kan ontvlug.

Pligsgetrouheid sal mense ook noop om 'n bevel te gehoorsaam omdat hulle lojaliteit wil bewys aan die persoon wat die bevel gee. Hierdie soort gehoorsaamheid kan, na gelang van omstandighede, gekoppel wees aan weerstand. Pligsgevoel is egter sterker as persoonlike gevoelens, en die bevel word uitgevoer.

Vir die Christen is dit ondenkbaar dat gehoorsaamheid aan die opdragte van Christus uit vrees of pligpleging gebore kan word. Dit word uit wedersydse *liefde* gebore. Bewus van die offer wat Christus vir jou gebring het en sy onmeetlike liefde vir jou, wil jy jou liefde vir Hom betuig deur gehoorsaam te wees aan sy opdragte.

Christus vra van jou niks meer as wat Hy gewillig was om self te doen nie: om liefde te betoon in alles wat jy onderneem. Volg sy voorbeeld, en maak jou lewe oop vir die invloed van sy Heilige Gees. Dan sal jy vreugde vind in elke opdrag wat jy vir Hom uitvoer.

Alleen met Jesus

- Lees Johannes 14:15-31.
- Dink oor die vraag of jy buite die liefde van God kan gehoorsaam.
- Bid vir die soort liefde wat jou tot gehoorsaamheid sal lei.
- Vra die Heilige Gees om daagliks jou liefde vir die Meester te versterk.

> Dra mekaar se laste, en gee op dié manier
> uitvoering aan die wet van Christus
> – Galasiërs 6:2.

Uit voeling met God?

Dis nie ongewoon om van tyd tot tyd Christene te ontmoet wat hulle rigting in die geestelike lewe verloor het nie. Hulle was mense wat 'n lewende en blymoedige geloof besit het, maar skielik lyk dit asof hulle in 'n geestelike woestyn verdwaal het. Hoe hard hulle ook al probeer, hulle kan net nie hulle vroeëre vreugde in Christus terugvind nie. Gevolglik word hulle lewe kleurloos en neerdrukkend. Hierdie toestand kan uiteenlopende oorsake hê, maar belangriker as die oorsake, is die soeke na 'n oplossing.

Jesus het gesê: "As julle My liefhet, sal julle my opdragte uitvoer. Ek sal die Vader vra, en Hy sal vir julle 'n ander Voorspraak stuur om vir ewig by julle te wees, naamlik die Gees van die Waarheid" (Joh 14:15-16). Deur die hele Skrif heen maak Christus dit baie duidelik dat ons mekaar onvoorwaardelik moet liefhê, soos Hy ons liefhet. Hierin lê die oplossing van die probleem vir dié wat voel dat hulle met God uit voeling geraak het.

As jy gewillig is om onder die leiding van die Heilige Gees jou medemens te help, sal jy self die teenwoordigheid en gemeenskap van ons lewende Meester ondervind. En moenie vergeet nie dat ons Meester gesê het: "Vir sover julle dit aan een van die geringste van hierdie broers van My gedoen het, het julle dit aan My gedoen" (Matt 25:40).

Alleen met Jesus

* Lees Galasiërs 6:1-10.
* Dink na oor die geestelike woestyn waarin jy kan ronddwaal.
* Bid dat God jou sal gebruik om mede-Christene te bemoedig.
* Dink aan twee kennisse wat jou ondersteuning nodig het. Bid vir hulle en as dit moontlik is, gaan besoek en bemoedig hulle.

Ek noem julle nie meer ondergeskiktes nie, want 'n ondergeskikte weet nie wat sy baas doen nie. Nee, Ek noem julle vriende, omdat Ek alles wat Ek van my Vader gehoor het, aan julle bekend gemaak het – Johannes 15:15.

Christus vertrou ons

Ware vriendskap met Christus lê verantwoordelikhede op jou. Deur die krag van sy liefde word jy na Hom toe getrek, jy vereenselwig jou met sy verlossende bediening en jy maak jou lewe oop vir die genadige invloed van die Heilige Gees.

As vriend van Christus word jy sy medewerker en neem jy deel aan sy sending van verlossing. Die bediening om mense met God te versoen, behoort uitsluitlik aan Jesus Christus, maar Hy het vriende nodig wat in daardie bediening sal deel binne die lewensituasie waarin Hy hulle geplaas het. Juis díit vind soveel van sy volgelinge moeilik om te doen. Hulle praat grootdoenerig oor Christus wat die wêreld verlos, maar hulle laat Hom nie toe om die verborge sondes in hulle *eie* lewe uit te wis nie. Hulle weier om sy gehoorsame dienaars te wees sodat Hy deur hulle in die wêreld konkrete gestalte kan vind.

Christus voorsien sy gewillige dissipels met wat Hy van hulle verlang. Hy gee aan hulle hoop wanneer wanhoop dreig; Hy vervang hulle swakheid met sy krag; Hy vernuwe hulle gees sodat die visie wat verdof het, weer helder kan brand. Hy sê deur sy Gees aan hulle dat Hy op hulle vertrou om sy heerlike werk op aarde voort te sit.

Alleen met Jesus

�֍ Lees Johannes 15:9-17.
✖ Bepeins die wonder om 'n "vriend van Jesus" genoem te word.
✖ Het jy al hierdie vriendskap aanvaar, of is jou visie verdof?
✖ Prys en dank die Heilige Gees vir sy genadige invloed op jou lewe.

"Die Here" beteken hier "die Gees", en waar die
Gees van die Here is, is daar vryheid
– 2 Korintiërs 3:17.

God is alomteenwoordig

Voor die koms van Jesus Christus in die vlees het die gewone mens geen toegang tot God gehad nie behalwe deur priesters. Gevolglik het Hy 'n gevreesde God geword en mense was bang om sy toorn te ontketen.

Gedurende sy aardse lewe het Jesus Christus probeer om sy Vader aan die mense voor te stel as 'n God van liefde. En mense het met hulle nood en probleme 'n persoonlike ontmoeting met Jesus gesoek om vrede te vind.

Die diepste sin van die hemelvaart en die uitstorting van die Heilige Gees is die Here se genadige daad om dit moontlik te maak om enige tyd en op enige plek met Hom in aanraking te kom. Jy kan Hom ontmoet in die gemeenskap van gelowiges en in openbare aanbidding, maar ook in die afsondering van jou binnekamer, by jou werkplek, in die klaskamer, voor jou lessenaar, in die besige straat of in die rustigheid van jou tuin. Waar jy ook al mag wees, God is in Christus daar by jou. Hy is altyd gereed om jou noodroep te hoor en jou gebede te beantwoord.

Dis nie meer nodig om alleen of ver van die Here af te voel nie. Christus maak dit deur sy Heilige Gees nou moontlik om Hom enige tyd en op enige plek te ontmoet en die seën van sy vrede te ontvang.

Alleen met Jesus

✳ Lees 2 Korintiërs 3:1-18.
✳ Dink 'n oomblik na oor die wonder van die Drie-eenheid.
✳ "Het julle die Heilige Gees ontvang toe julle gelowig geword het?" (Hand 19:2). Het jy?
✳ Dank God dat Hy deur Christus en die Heilige Gees toeganklik is vir jou.

Die Here is getrou; Hy sal julle versterk en julle van die Bose bewaar – 2 Tessalonisense 3:3.

Jou toevlug in versoeking

Daar kom tye wanneer jy magteloos en onbeskermd voel teenoor die versoekings en beproewings wat oor jou pad kom. Jy bevind jou in 'n situasie wat jy moeilik kan hanteer. Of omstandighede verwar jou en jy voel weerloos. Dit gebeur ook soms dat jy in reaksie teenoor die omstandighede jouself in nog groter moeilikheid dompel – met rampspoedige gevolge.

Christus het nooit gesuggereer dat jou Christelike pelgrimskap sonder probleme of moeitevry sou wees nie. Inteendeel, Hy het juis sy volgelinge gewaarsku teen die gevare en probleme wat hulle dissipelskap sou meebring. Jy self het heel waarskynlik al in meerdere of mindere mate ondervind wat dit kos om 'n Christen te wees.

Wat die Meester egter wel belowe, is dat Hy in elke omstandigheid van die lewe by jou sal wees om jou te help om elke versoeking en probleem te hanteer. Die bemoediging wat jy uit hierdie versekering put, is dat, omdat Jesus as mens onder mense geleef het en self versoek is, Hy al jou probleme verstaan. Hy self het met soortgelyke probleme geworstel en dit oorwin.

Wat van jou gevra word, is dat jy jou lewe vir Jesus sal oopstel sodat Hy as jou konstante metgesel vir jou kan help. Dit is jou waarborg van gemoedsrus en krag in jou stryd teen versoekings.

Alleen met Jesus

❋ Lees 2 Tessalonisense 3:1-5.
❋ Dink biddend na oor die betekenis van Christus se teenwoordigheid by jou.
❋ Probeer jy om uit eie krag jou versoekings te weerstaan? Bely jou onvermoë.
❋ Bid dat die Heilige Gees jou sal vul met die krag wat spruit uit opregte geloof in Jesus Christus.

> Hy het ons gered en ons geroep om aan Hom toegewy te wees. Dit het Hy gedoen, nie op grond van ons dade nie, maar op grond van sy eie besluit en die genade wat Hy van ewigheid af in Christus Jesus aan ons geskenk het – 2 Timoteus 1:9.

Jy kan dit nie verdien nie

Daar is mense wat huiwer om 'n persoonlike verhouding met die Meester aan te knoop omdat hulle onwaardig voel. Iets het in hulle lewe gebeur wat in botsing met Jesus se leerstellings is. Daarom voel hulle dat hulle nie sy liefde en belangstelling verdien nie. Miskien het hulle van die geloof afvallig geword en wanneer hulle Christus dan werklik nodig het, kan hulle hulself nie daartoe bring om Hom te nader nie, omdat hulle nie waardig genoeg voel nie.

Anders as die kleinlike gesindhede van mense, is die Goddelike liefde só dat dit totaal onafhanklik is van ons gedrag of gesindheid. Jesus Christus het ons sonde op Hom geneem en sy lewe vir ons afgelê. Hy het ons plek aan die kruis ingeneem en hierdie daad van genade kan nie verdien word nie. Ons kan so 'n liefde nooit waardig wees nie. Die verlossing van God deur Christus word uit genade gegee aan dié wat glo.

Om 'n lewe van vrede en vervulling te leef, moet jy die genade-aanbod van verlossing aanneem. Hierdie genade is gebore uit die allesomsluitende liefde van God en nie uit iets wat jy kan doen nie. Jesus Christus het mens geword en sy lewe gegee sodat jy die gawe van ewige hoop, liefde en ewige lewe uit die hand van God sonder verdienste kan ontvang.

Alleen met Jesus

✳ Lees 2 Timoteus 1:3-12.
✳ Geloof is die bewende sondaarshand wat ek uitsteek om die verlossing wat Jesus Chrsitus bewerkstellig het, uit God se hand aan te neem. Bepeins hierdie stelling.
✳ Dank God dat Christus alles gedoen het vir jou verlossing.
✳ Loof die Here vir sy genade en liefde vir jou.

Soos 'n wildsbok smag na waterstrome, so smag ek na U, o God – Psalm 42:2.

Heimwee na God

Van kindsbeen af word ons geleer dat God liefde is en altyd bereid is om die berouvolle sondaar te vergewe. Al is hierdie feite waar en bekend, loop ons gevaar dat dit ons gewete kan paai in plaas daarvan om 'n uitdaging tot nuwe lewe te wees.

Wat baie navolgers van Christus kortkom, is 'n konstante en opregte verlange om God meer intiem te ken. Hierdie verlange word nie deur wensdenkery vervul nie, maar deur effektief stiltetyd te hou met God en deur die innerlike geloof dat dit wel moontlik is om 'n intieme en sinvolle verhouding met die Meester te hê.

Baie van God se kinders het reeds so 'n verhouding met Hom. Getuienis bevestig egter dat van Christus se grootste dissipels besiel was met 'n brandende begeerte om Hom meer intiem te ken, maar dat hulle tog tydperke in die geestelike wildernis deurgebring en van God verlate gevoel het. Tog het hulle aan hulle geloof vasgehou en eindelik het daar 'n deurbraak na die teenwoordigheid van God gekom.

In sekere sin bly die Christelike lewe 'n raaisel: Enersyds is dit die bevredigendste lewenswyse wat jy kan ervaar, andersyds bly dit 'n diepe hunkering na 'n ryker en voller lewe in Christus. Die sleutel tot hierdie raaisel is 'n geloof wat jou staande sal hou en jou telkens sal teruglei na die teenwoordigheid van God.

Alleen met Jesus

- Lees Psalm 42:1-12.
- Dis goed om na te dink oor jou heimwee na God.
- Bid dat jou stiltetyd sal bydra om hierdie hunkering te stil.
- Dank die Here dat al jou heimwee by Hom bevredig word.

Wysheid begin met die dien van die Here; almal wat dit doen, het ware insig – Psalm 111:10.

Deur God te ken, groei jy in wysheid

Om 'n opgevoede mens te wees, het besliste voordele. Hoe hoër jou opleiding is, hoe breër is jou uitsig op die lewe en hoe dieper jou begrip van sy geheimenisse. Dit is egter moontlik om hoogs geleerd te wees en tog aan geestelike armoede te ly. Dis 'n bemoedigende feit vir die kinders van die Here wat om die een of ander rede nie geleerd is nie. Jy mag geregverdigde spyt hê oor jou gebrek aan geleenthede om opgelei te word en minderwaardig te voel teenoor mense wat meer geleerdheid het as jy. Onvermoë om in die akademiese wêreld te presteer mag jou egter nie daarvan weerhou om geestelik te groei nie. 'n Persoon wat geestelik groei, is nader aan die hart van God as iemand wat intellektueel briljant is maar God nie ken nie, of wat sy Naam verloën.

'n Geestelike mens het die ware geheim van die lewe ontdek: om God te dien. Hy of sy het vrede en krag wat gebore word uit gemeenskap met God of die Vader. Hulle lewe met wysheid, diepe bevrediging en geïnspireerde doelstellings.

Maak tyd om alleen by God uit te kom; nie net om jou versoeke aan Hom voor te lê nie, maar sodat die atmosfeer van God jou lewe binnedring sodat jy sy wysheid, vrede en krag vind wat jou in staat stel tot sinvolle diens aan Hom.

Alleen met Jesus

✶ Lees Psalm 111:1-10.
✶ Dink na oor hoeveel tyd jy kreatief by God deurbring.
✶ Vra God om jou in jou stiltetyd te laat groei in wysheid en diens.
✶ Prys en loof God omdat Hy altyd beskikbaar is.

> As jy met jou mond bely dat Jesus die Here is, en met jou hart glo dat God Hom uit die dood opgewek het, sal jy gered word – Romeine 10:9.

Het jy 'n probleem met jou geloof?

Geloof is vir baie Christene ietwat van 'n paradoks. Dit kan so gekompliseerd maar tog ook so eenvoudig wees. Ontelbare boeke is al oor die onderwerp geskryf en miljoene woorde is daaroor uitgespreek. Dit alles in 'n poging om mense te help. Die geloofsheld Paulus som dit egter vir ons in 'n enkele sinsnede op wanneer hy ons oproep tot oorgawe en geloof om verlossing ons eie te maak. Dít is tog die doelwit van alle Christene.

Om te glo in die opstanding van Jesus Christus uit die dood behoort vir die gemiddelde Christen geen probleem op te lewer nie. As jy nie die opstanding van Jesus Christus aanvaar nie, "is julle geloof waardeloos en is julle nog gevange in julle sondes" (1 Kor 15:17). So 'n toestand sou lei tot die ontkenning van jou geloof.

Dit is vir baie mense 'n probleem om hulle aan Christus te onderwerp, want dit vereis totale oorgawe. Christus duld geen kompromieë nie en het dit duidelik gestel deur in gehoorsaamheid aan God sy lewe vir ons te gee. Die verleidinge van die lewe maak hierdie graad van oorgawe uiters moeilik. Maar deur die krag van die Heilige Gees is dit tog moontlik. Gee aan die lewende Christus volle beheer oor jou lewe. Wanneer Hy deel vorm van jou lewe, sal 'n ongekende vreugde en vrede jou lewe ingedra word.

Alleen met Jesus

✳ Lees Romeine 10:1-13.
✳ Bepeins die paradoks van die eenvoud én verwikkeldheid van geloof.
✳ Bely met opregte berou die ontoereikendheid van jou geloof.
✳ Bid ernstig dat die Heilige Gees jou sal lei tot volle oorgawe aan Christus sodat jou geloof versterk kan word.

Die ewige God is 'n skuilplek, sy arms is altyd onder jou – Deuteronomium 33:27.

God die onveranderlike in 'n veranderende wêreld

Mense wat hulle middeljare bereik het, is baie bewus van die veranderende wêreld rondom hulle. Toe hulle jonk was, het hulle in 'n wêreld met vaste waardes geleef. Daar was 'n duidelike skeidslyn tussen reg en verkeerd en die lewe was meer ordelik en geborge as wat dit vandag is. Nou lyk dit asof ou waardes verdwyn het en waardes wat niks werd is nie, hulle vervang. Die rekenaar het 'n nuwe taal en verskuifde gesigseinders geskep. Ouers kan hulle kinders nie meer met hulle huiswerk help nie, want leermetodes het radikaal verander.

Afgesien van hoe die moderne samelewing verander het en hoe slim die mens geword het, kan hy nog nie sy verlange na God stil nie. Onder die moderne tyd lê 'n diepe verlange om God te ken – omdat Hy die bron van alle ware wysheid en kennis is.

In die toenemende verwarring van ons tyd is dit vir jou moontlik om God te ken en die rykdom van sy genade te beleef. Daar sal nog altyd baie dinge wees wat jy nie verstaan nie, maar as jy die heerskappy van God in jou lewe bely, sal jy 'n sin vir die ewigheid ontwikkel wat jou in staat stel om in hierdie tye jou ewewig te behou. Om God te vertrou en vir Hom te leef, neem die spanning en frustrasie uit die lewe weg. Jy weet jy het 'n onveranderlike skuilplek en sy ewige arms is onder jou.

Alleen met Jesus

✳ Lees Deuteronomium 33:22-29.
✳ Oordink die teenstelling van 'n onveranderlike God in 'n veranderende wêreld.
✳ Dank God dat jy 'n vaste Anker in Hom het.
✳ Loof en dank God vir die onveranderlikes wat Hy in jou lewe bring.

"Here, hoeveel keer moet ek my broer vergewe as hy iets verkeerds teen my doen? Selfs sewe keer?" Jesus antwoord hom: "Ek sê vir jou, nie sewe keer nie maar selfs sewentig maal sewe keer" – Matteus 18:21-22.

Bevry jouself van griewe

Dis baie moeilik om te vergewe en dan nie gevoelens van wrewel te koester wanneer jy onbillik en onregverdig behandel is nie. Wanneer jy onderwerp is aan iemand se vlymskerp tong, of wanneer daar met jou gespot word – veral in die teenwoordigheid van ander mense – is dit feitlik onmoontlik om net maar te dink aan 'n vergewensgesinde hart. Wanneer jy aan die ontvangkant van ruwe behandeling was, kom daar instinktief gevoelens van woede in jou op wat dwing om kookpunt te bereik. As dit egter oorkook, kan jy in nog groter moeilikheid beland. Krop jy dit egter op, word dit soos 'n gewas wat jou hele gestel sowel as jou denke vergiftig.

Hoe moeilik dit ook mag lyk, is daar net een manier om so 'n situasie te hanteer: vergewe! In jou hart en in jou denke moet jy gedurig jou vergifnis bevestig teenoor die persoon wat aan jou 'n onreg gedoen het. Dissiplineer jou denke om daardie persoon te vergewe. Die gemoedsrus wat jy sal ervaar, sal jou in staat stel om te seëvier en jy sal uiteindelik in vrede leef met God, met jou vervolger en met jouself. En dit maak die sewentig maal sewe oor en oor die moeite werd.

Alleen met Jesus

- Lees Matteus 18:21-35.
- Bepeins in stilte die bevrydende wonder van vergifnis.
- Ontbloot in belydenis voor God al die griewe wat jy teen mense dra.
- Vra die Heilige Gees om jou hart daarvan te suiwer.
- Dank God dat jy in Christus Jesus vergifnis ontvang het.

Mei

Verjaarsdae

_____ 1	_____
_____ 2	_____
_____ 3	_____
_____ 4	_____
_____ 5	_____
_____ 6	_____
_____ 7	_____
_____ 8	_____
_____ 9	_____
_____ 10	_____
_____ 11	_____
_____ 12	_____
_____ 13	_____
_____ 14	_____
_____ 15	_____
_____ 16	_____
_____ 17	_____
_____ 18	_____
_____ 19	_____
_____ 20	_____
_____ 21	_____
_____ 22	_____
_____ 23	_____
_____ 24	_____
_____ 25	_____
_____ 26	_____
_____ 27	_____
_____ 28	_____
_____ 29	_____
_____ 30	_____
_____ 31	_____

Gebed

Ewige en genadige God,
u Seun, ons Verlosser, Jesus Christus het ons verseker:
"Ek sal die Vader vra, en Hy sal vir julle 'n ander
Voorspraak stuur om vir ewig by julle te wees, naamlik die
Gees van die waarheid" (Joh 14:16).
Ons roep hierdie maand die vervulling van daardie
belofte in dankbare herinnering.
Soos altyd het U, die Getroue, u beloftes gestand gedoen:
U het vir ons die ander Trooster gestuur om ons te
ondersteun in ons diepste droefheid; om vir ons 'n
Leidsman te wees wanneer die pad vir ons onseker lyk;
om ons Leermeester te wees sodat ons u wil vir ons lewe kan
verstaan; om ons te leer hoe om U lief te hê en te dien.
Stuur u Gees, o Here, as vlam om my te suiwer van alle
onreine motiewe; stuur u Gees as dou om nuwe krag en
groei in my lewe te bring; stuur u Gees as duif om die vrede
van God vir my te verseker; stuur u Gees as water om my
witter as sneeu te was en my geestelik te laat groei sodat
ek vrugte sal dra wat by my bekering pas.
"Herskep, o Gees, laat leef, o Gees, laat kom die
koninkryk met mag.Laat mense tot aanbidding kom, oorreed
deur u
oortuigingskrag" (Ges 216:1).

Amen

Ek was bly toe hulle vir my gesê het: "Kom ons gaan na die huis van die Here toe" – Psalm 122:1.

Die ryke seën van kerk toe gaan

Baie mense soek verskonings om nie kerk toe te gaan nie. Die een sê die prediker beïndruk hom nie, hy kry niks uit die diens nie; 'n ander sê omdat hy gedwing is om as jong kind kerk toe te gaan, het dit 'n weersin in die kerk by hom gewek. Baie wat kerk toe gaan, dink dat dit 'n lukrake funksie is om God te bevredig en sy seën te ontvang. Wanneer dit gedoen is, kan dit maar tot die volgende keer vergeet word.

Ware aanbidding is egter 'n plegtige geloofsdaad waardeur jy in gemeenskap met ander gelowiges jou hart ophef tot God. Dis om 'n offer van lof en danksegging aan God te bring. Jy mag die liedere van buite ken; die gebede mag vrome clichés wees; die boodskap mag jou nie raak nie – maar die onderliggende beginsel van kerkgang bly dieselfde.

Waar kinders van God bymekaarkom in 'n geloofsgemeenskap en aanbidding, is Hy reeds daar om hulle te ontmoet en Homself aan hulle te openbaar. Om saam met medegelowiges op geestelike kragte te konsentreer, het groot terapeutiese waarde. Jy mag moeg en ontsteld wees, maar wanneer jy saam met ander wat die pyn, mislukking en droefheid van die lewe ken, by God uitkom, weet jy dat jy nie alleen op jou pelgrimstog agter Christus aan is nie. Jy vind troos en krag in die ondersteuning van ander en veral by Hom wat al jou geestelike behoeftes kan vervul.

Alleen met Jesus

- Lees Psalm 122:1-9.
- Ondersoek die motiewe waarom jy kerk toe gaan met 'n biddende hart.
- Wees eerlik in jou oordeel oor die dinge wat jou negatief beïnvloed.
- Dank die Here vir die voorreg van die gemeenskap van die gelowiges.

> Ons lewe deur die Gees; laat die Gees nou ook ons gedrag bepaal – Galasiërs 5:25.

Laat die Gees jou lei

Daar is mense wat die sin en doel van hulle lewe bevraagteken. Hulle wonder of dit regtig die moeite werd is om aan te hou lewe. Ander, weer, gaan deur al die fases en bestaan van dag tot dag in 'n eentonige kringloop. Die droefheid daarvan is dat hulle hulself die oorvloed van die lewe ontsê, dié oorvloed wat Christus so heerlik in hulle lewe wil bring (Joh 10:10).

Jesus die lewende Christus bied aan jou sy Heilige Gees om jou Mentor en Gids te wees. Te veel mense redeneer en glo dat die Heilige Gees tot die kerk beperk moet wees, omdat hulle glo dat die kerk die enigste plek van aanbidding moet wees.

Die ware kerk van Christus bestaan egter nie uit geboue, banke en boeke nie. Die kerk bestaan uit mense – God se mense! Sonder die invloed en leiding van die Heilige Gees beroof jy jouself van 'n ware lewegewende krag.

Laat die Heilige Gees toe om elke aspek van jou daaglikse lewe te beheer. Nooi Hom in om die instaatstellende faktor in jou sake-, ontspannings- en geestelike lewe te wees. Volg sy leiding en jy sal geestelike vervulling, vreugde en vrede ervaar wat jou wildste drome oortref.

Alleen met Jesus

❖ Lees Galasiërs 5:13-26.
❖ Bedink die wonderlike werk van die Heilige Gees in jou lewe.
❖ Dink of daar areas in jou lewe is waar Hy uitgesluit is – bely dit.
❖ Dank Christus dat Hy vir jou 'n Mentor en Gids voorsien het.

> Die dinge waarmee die sondige natuur van die mens hom besig hou, loop uit op die dood, maar die dinge waarmee die Gees Hom besig hou, bring lewe en vrede – Romeine 8:6.

Die keuse is joune

God het aan jou die groot verantwoordelikheid gegee om self te kies hoe jy jou lewenspad gaan loop. Jy mag dink dat jy deur omstandighede gedwing word – in sekere sin is jy reg – maar die finale keuse van die pad waarop jy gaan loop, lê by jou. Ongelukkig ignoreer baie mense die waarheid dat die mens verantwoordelikheid vir sy eie lewe moet neem. Hulle weier om 'n positiewe keuse te maak en dryf besluiteloos deur die lewe en bereik niks konstruktiefs nie.

Die keuse wat jy maak, is van die allergrootste belang. As jy net aan suiwer materiële dinge dink, is dit dwaas en onbevredigend. Jy bedrieg jouself. In jou gejaag na rykdom en status ontwyk die ware waardes van die lewe jou en jy raak moreel en geestelik bankrot.

Omdat jy 'n geestelike wese is, geskep na die beeld van God, kan slegs geestelike waardes en gedagtes jou gees finaal bevredig. Besittings is noodsaaklik en armoede op sigself is nie 'n deug nie, maar Christus moet sentraal staan in hierdie dinge, sodat jou standaarde en prioriteite aan sy wil sal voldoen.

Om Christus as jou Here te aanvaar is 'n wilsdaad. As jy jou lewe vrywillig en blymoedig tot sy beskikking stel, sal jy te alle tye in staat wees om die regte keuses te maak. So sal jy op sy pad bly en jou geluk en sukses verseker.

Alleen met Jesus

✣ Lees Romeine 8:1-17.
✣ Dink na oor die mens se Godgegewe reg tot keuses.
✣ Bely in gebed die verkeerde keuses wat jy gemaak het.
✣ Pleit om die leiding van die Heilige Gees wanneer jy besluit moet neem.
✣ Loof die Here vir die feit dat jy sý pad kon kies.

Iemand wat in versoeking kom moet nooit sê:
"Ek word deur God versoek" nie; want God kan
nie verlei word nie, en self verlei Hy niemand nie
– Jakobus 1:13.

Vermy versoekings

'n Versoeking is iets wat die duiwel in jou lewe bring om die slegte in jou na vore te bring. 'n Beproewing is iets wat die Here in jou lewe bring om die beste in jou uit te bring.

Dis altyd moontlik om 'n verskoning te vind waarom jy toegee aan 'n aanloklike versoeking. Alle versoekings is aanloklik, anders sou hulle nie versoekings gewees het nie. Dit vereis egter insig om die gevolge van toegee aan 'n versoeking te voorsien.

Die effektiefste manier om versoekings te oorkom, is deur hulle te vermy wanneer dit nog maar net in jou denke en gees wil posvat. Dis onwaar om te sê: Ek is skielik in die versoeking gedompel. Alle sondes het 'n voorbereidingsperiode. In dié stadium mag jy oortuig wees dat jy die saak onder beheer het, maar die onverwagte gebeur. Die geleentheid om die prentjie wat in jou verbeelding posgevat het konkreet te beleef, staan skielik voor jou en jou verborge gedagtes word geopenbaar. Jy word maklik die prooi van 'n versoeking wat jy in jou hart en denke vertroetel het.

Die sekerste manier om te voorkom dat jy in die versoeking val, is om jou denke te vul met opbouende en kreatiewe gedagtes wat deur die Heilige Gees geïnspireer is en deur sy krag uitgevoer word.

Alleen met Jesus

* Lees Jakobus 1:12-18.
* Dink in stilte na oor die verskil tussen versoeking en beproewing.
* Bely met berou die geleenthede toe jy aan versoekings toegegee het.
* Nooi die Heilige Gees om jou by te staan in oomblikke van versoeking.
* Dank Christus vir sy wapenrusting teen versoeking (Ef 6:10-20).

Stel julleself op die proef en ondersoek julleself
of julle in die geloof lewe. Besef julle dan nie
self dat Christus Jesus in julle is nie?
– 2 Korintiërs 13:5.

Hoe sien jy jouself?

Op die een of ander tydstip moet elkeen van ons eerlik na ons eie lewe kyk. Regerings, instellings, ondernemings, organisasies is almal gedurig besig om na hulleself te kyk en hulle situasie te evalueer, hulle vooruitgang of agteruitgang te ontleed en te vra watter voordelige aanpassings hulle kan maak. Net so behoort die Christen na homself te kyk en te vra: Is daar in my geestelike lewe ruimte vir verbetering? Leef ek binne God se wil? Kan ander Jesus in my sien?

Dis verleidelik om op jou louere te rus en maar net op 'n vaste patroon in dieselfde groef voort te lewe. Dan opereer jy in die "gemaksone" en raak jy spoedig geneig om teen enige vorm van verandering te stry – selfs al sou die verandering tot jou voordeel strek.

Dit sal tot jou geestelike groei bydra om periodiek na jou eie lewe te kyk. Indien nodig, kan jy die advies of opinie inroep van 'n persoon met integriteit wat jy vertrou. Op dié manier kan jy van tyd tot tyd jou Christenskap evalueer. Dit mag wees dat jy aanpassings sal moet maak wat pynlik is. Doen dit dan biddend. Die Here sal op sy tere wyse die pad vir jou aandui en maklik maak. En wanneer die Gees jou lei, sal jou getuienis meer effektief wees en jou geloof sal versterk word.

Alleen met Jesus

✳ Lees 2 Korintiërs 13:1-10.
✳ Lees en bepeins ook Psalm 139:23-24.
✳ Maak die aanpassings wat die Heilige Gees van jou verwag.
✳ Prys die Naam van Christus omdat Hy alles nuut maak (Op 21:5).

Soos die Vader My liefhet, het Ek julle ook lief.
Julle moet in my liefde bly – Johannes 15:9.

Bly in die liefde van Christus

Dis 'n ontstellende gedagte dat 'n mens jou bewussyn van Christus se liefde kan verloor. Dis 'n belangrike waarheid dat die Meester sy dissipels liefhet, maar hoeveel maal word jy in die oggend wakker en dank Hom vir sy liefde deur vir Hom te sê hoe lief jy Hom het? Dis 'n besieling en inspirasie om, wanneer jy wakker word, te sê: "Ek het U hartlik lief, o Heer!" Dan begin jou dag op 'n hoë noot.

Die Meester het belowe dat, as jy jou afhanklikheid van Hom bely, jy dinge sal kan doen wat gewoonlik bo jou vermoë is. Jy kan nooit jou volle potensiaal bereik voordat jy in liefde met Christus verenig is nie. Jesus herinner jou dat jy sonder Hom niks kan doen nie (Joh 15:5), maar deur in Hom te bly, word jou visie verbreed en jou kragte meer.

Dis 'n tragedie dat daar mense is wat nie die liefde het wat hulle vir die Here moet hê nie. Hulle is aktief in Christelike werksaamhede betrokke, maar kom die inspirasie kort wat gebore word uit liefde vir Jesus en hulle medemense. Oor sulke mense spreek Jesus 'n harde oordeel uit: hulle skei hulle af van Christus as gevolg van hulle gebrek aan liefde (Matt 7:21).

Vra die hulp van die Heilige Gees om elke dag 'n groter liefde vir Jesus te ontwikkel. Dan beweeg jy al hoe nader totdat jy in Hom lewe en Hy in jou.

Alleen met Jesus

✳ Lees Johannes 15:9-17.
✳ Mediteer ernstig oor die graad van jou liefde vir Christus Jesus.
✳ Ontwikkel jou liefde deur gebed en Woord.
✳ Dank die Here vir sy liefde en verseker Hom weer van jou liefde vir Hom.

> 'n Geduldige mense is baie verstandig; een wat kort van draad is, stel sy dwaasheid ten toon
> – Spreuke 14:29.

Die deug van selfbeheersing

Die lewe loop 'n hele tyd lank rustig en jou menseverhoudinge is onverbeterlik. Maar skielik word dié rustige atmosfeer aan flarde ruk en jy word só opstandig en kwaad dat jy beheer oor jou emosies verloor. Jou reaksie is hoegenaamd nie dié van normale omstandighede nie. Wanneer jy onder hierdie emosionele spanning besluite neem, sal hulle waarskynlik verkeerd wees. Wanneer jou humeur kalmeer, vind jy met berou uit dat jy verkeerd besluit het.

Die vermoë om jou humeur te beheer is 'n voorvereiste vir 'n volwasse en ewewigtige lewe. Die klem moet op "beheer" val. As jy jou humeur geheel en al uit jou lewe verban, mag jy die vermoë verloor om verontwaardig te wees. En dít verswak jou vermoë om geregtigheid te laat plaasvind.

Om jou humeur te verloor is om afstand te doen van jou kontrole oor jou gedagtes, woorde en dade. Om verontwaardig te wees is om diep aangeraak te word oor onreg en nog meester te bly van jouself en jou gevoelens. Jesus het die betekenis van heilige verontwaardiging geken toe Hy die tempel gereinig het. As sy dissipel sal jy dit ervaar in die aangesig van onreg, wreedheid en bedrog – veral wanneer 'n onskuldige persoon die prooi is. Niemand kan beweer dat hy die Gees van Christus besit sonder om geroer te word deur die hartseer en lyding van ander nie. Maar deur die krag van die Heilige Gees kan jy altyd in beheer van jouself en jou gevoelens bly.

Alleen met Jesus

✽ Lees Spreuke 14:27-35.
✽ Dink na oor die wesenlike verskil tussen woede en verontwaardiging.
✽ Evalueer jou eie woedeplafon en plaas dit onder Jesus se beheer.
✽ Pleit dat die Heilige Gees jou in hierdie area van jou lewe sal lei.

> Die arm van die Here is nie te kort om te help
> nie en sy oor is nie te doof om te hoor nie
> – Jesaja 59:1.

Gebed is jou persoonlike verantwoordelikheid

Ons leef in 'n tyd van wêreldwye geweld en anargie. Alle reg-denkende mense word geskok deur gruweldade, onsinnige moorde en die verminking van onskuldige mense. Baie mense wonder waar dit alles gaan eindig, of God nog in beheer is en of Hy werklik omgee.

In hierdie omstandighede is die eerste reaksie om tot God te bid vir genesing van die nasies waar geweld hoogty vier; vir sy leiding aan leiers en mense in gesagsposisies. Die land word aan God opgedra en daar word gevra vir wysheid vir die regeerders. Dit is noodsaaklik en prysenswaardig, maar ons durf nie so konsentreer op hierdie dinge dat ons persoonlike tekortko-minge nie die aandag kry wat hulle verdien nie.

As jy waarlik vrede in die wêreld en in ons land wil sien, is dit van die allergrootste belang dat jy jou *eie* lewe ook sal ondersoek. Dink aan jou gesindheid teenoor jou medemens. Soek versoening met jou naaste en betoon liefde en ver-draagsaamheid teenoor almal. Bid vir die vermoë om ander se standpunte te respekteer. En onthou dat alle mense na die beeld van God geskape is.

Leef jou lewe soos Christus dit vir jou gedemonstreer het. Jy sal in vrede met ander leef, en sy vrede in jou eie hart ervaar. Bid daarom getrou hiervoor.

Alleen met Jesus

* Lees Jesaja 59:1-8.
* Dink na oor jou persoonlike verantwoordelikheid ten opsigte van vrede.
* Vra die Heilige Gees om jou te leer om vir vrede te bid en te werk.
* Loof God dat jy in vrede met Hom, met jou naaste en jouself kan lewe.

Maar wie tot die einde toe volhard, sal gered word – Matteus 10:22.

Moenie tou opgooi nie

Miskien gaan jy nou deur 'n moeilike tyd. Jy voel dat almal en alles – ook jou godsdiens – jou gefaal het. Moontlik vra jy jou af of dit die moeite werd is om goed en ordentlik te wees. Dalk is jy in die versoeking om tou op te gooi en die gevolge te verduur. Maar waarom alles prysgee as gevolg van korstondige terneergedruktheid of omdat iemand op wie jy vertrou het, jou teleurgestel het?

Die toekoms strek voor jou uit en jou hemelse Vader kan jou teleurstellings, frustrasies en hartseer as 'n bouproses in jou lewe gebruik. Om nou oor te gee as gevolg van knoue wat die lewe jou toedien, is slegs 'n bewys van gebrek aan vertroue en geloof in God. Dit sou dwaas wees om nie uit hierdie negatiewe oomblikke verrykende voordele te haal nie!

As jy in die moeilikheid is of 'n tydperk van diepe depressie deurgaan, neem jou lewe in oënskou en probeer die redes vir jou gedrag bepaal. Dit vereis van jou eerlikheid sonder verskonings. Hiervoor sal jy die hulp van die Heilige Gees nodig hê. Maar as jy jou probleme met God deel, sal Hy jou swakhede aan jou openbaar en terselfdertyd aan jou 'n visioen gee van wat jy onder sy leiding kan word.

Moenie moed opgee omdat dit vir jou lyk asof jy voor 'n toe deur staan nie. Deur die genade en leiding van Christus sal die deur oopgaan en jou na 'n nuwe opwindende lewe lei. Behou net jou onwrikbare geloof in jou hemelse Vader.

Alleen met Jesus

- Lees Matteus 10:16-25.
- Oorweeg eerlik of dit die moeite werd is om moed op te gee.
- Bid vir krag om te volhard. Lees Openbaring 2:10.
- Dank die drie-enige God vir ondersteuning in donker tye.

Ek begryp self nie wat ek doen nie, want wat ek wil doen, dit doen ek nie, maar wat ek haat, juis dit doen ek – Romeine 7:15.

'n Onaangename werklikheid

Elke Christenpelgrim ondervind dat hy of sy op die een of ander tydstip van die lewensreis te doen kry met 'n konflik tussen wat reg en verkeerd is. Hoe jy op hierdie uitdaging reageer, hang af van die kwaliteit van jou geestelike lewe, die diepte van jou liefde vir Christus en die krag van die versoeking wat in jou pad kom staan.

As jou toewyding aan die Here halfhartig of swak is, sal jy die versoeking om die verkeerde te doen baie aantreklik vind. Jou gedagtes sal vir jou voorskryf dat jy liewer jou eie wil bo die wil van God moet gehoorsaam. En wanneer jy eers begin om kompromieë aan te gaan oor dit wat jy instinktief weet reg is, word die eerste saad van neerlaag reeds in jou gemoed gesaai.

As jy twyfel oor die besluit wat jy moet neem, moet niks doen voordat jy in stilte by God uitgekom het nie. Soek sy aangesig en sy wil in gebed, Bybelstudie en bepeinsing. Dis veiliger om nie oorhaastig te beweeg nie, as om 'n vinnige besluit te neem wat jy later gaan berou.

As jy besluit het om die regte ding te doen, laat vaar alle gedagtes aan kompromieë en laat niks jou daarvan weerhou om te doen wat jy glo die wil van God is nie. Om met sonde te heul, is 'n uitnodiging tot rampspoed.

Alleen met Jesus

✣ Lees Romeine 7:12-24.
✣ Dink biddend na oor die realiteite van goed en kwaad.
✣ Vra dat God vir jou 'n sensitiewe hart sal gee om sy wil te ken.
✣ Dank die Heilige Gees dat Hy jou Gids en Leidsman in versoeking is.

> Ja, nog meer: ek beskou alles as waardeloos, want om Christus Jesus, my Here, te ken, oortref alles in waarde. Ter wille van Hom het ek alles prysgegee en beskou ek dit as verwerplik sodat ek Christus as enigste bate kan verkry en een met Hom kan wees – Filippense 3:8-9.

'n Opoffering wat die moeite werd is

Die entoesiasme van hulle bekering begin by baie Christene kwyn wanneer daar eise aan hulle gestel word en hulle hul geloof prakties moet uitleef. Hulle is gewillig om hulself te verloor in lof en aanbidding, maar die gedagte om hulself te verloor in diens aan ander, is nie so aantreklik nie.

Nie Christus of een van sy toegewyde volgelinge het ooit gesê dat die Christelike lewe glansryk en romanties sou wees nie. Gedurende sy aardse bediening het Jesus mense in 'n verskeidenheid van omstandighede gedien. Soms was dit gevaarlik, uiters onaangenaam en onaantreklik. Maar Hy was gewillig om die opoffering te maak om die insluitende liefde van God aan die ganse mensdom te demonstreer.

Toe jy jou lewe aan Christus oorgegee het, was daar geen voorwaardes aan hierdie daad gekoppel nie. Jy het jou onvoorwaardelik aan Hom gegee om jou te gebruik soos en waar Hy dit sou goeddink en waar dit tot eer van God sou wees.

Dit beteken dat daar op jou tyd en krag beslag gelê sal word, sodat jy iemand in nood kan help. Jy sal dalk ongerief moet verduur om 'n taak in sy Naam te verrig. Moet egter nooit vergeet dat die Meester dit en veel meer om jou ontwil gedoen het nie. Hy het nie net sy tyd en kragte gegee nie, maar ook sy lewe. Wanneer Hy jou tot diens roep, kan jy inspirasie put uit sy offerande. Laat dit joune die moeite werd maak.

Alleen met Jesus

* Lees Filippense 3:7-16.
* Wat kos jou Christenskap jou? Dink ernstig hieroor na.
* Bely dit voor God as jou roeping vervaag het sedert jou bekering.
* Loof Jesus Christus vir sy offerande en volg sy voorbeeld na.

Die Here is goed, Hy is 'n toevlug in tyd van nood, Hy sorg vir dié wat by Hom skuil
– Nahum 1:7.

Seëvier oor jou probleme

Daar is so baie mense wat deur hulle probleme oorweldig word. Hulle probeer om dit op hulle eie manier en uit eie krag op te los, maar word spoedig deur vrees, bekommernis en angs verteer. Terwyl hulle in hulle eie vindingrykheid hulle probleme probeer oplos, vou hulle dubbel onder die las daarvan.

Jou geloof in God is nie 'n waarborg dat jy nooit met probleme te kampe sal hê nie. Maar dit is sonder twyfel die enigste beproefde manier om oor jou probleme te seëvier. Vertrou volkome op God. Een van die mees algemene wanopvattings by baie mense is dat al hulle probleme onmiddellik sal verdwyn as hulle maar net in God glo. Indien hulle probleme dan nie onmiddellik verdwyn nie, word hulle geloof geknou en kla hulle dat God nie hulle gebede beantwoord nie.

Om jou probleme doeltreffend te hanteer, is dit nodig om te aanvaar dat God jou innig liefhet en baie vir jou omgee. Hy is altyd gereed om jou smeekgeroep te hoor en jou te beskerm teen die volle aanslag van jou probleme. Hy sal jou die nodige selfvertroue en versekering gee wat voortvloei uit die krag van die Heilige Gees. Dan ervaar jy, te midde van jou probleme, God se vrede en gemoedsrus ... en uiteindelik oorwinnig volgens God se heilige en volmaakte wil.

Alleen met Jesus

- Lees Nahum 1:1-11.
- Mediteer oor jou reaksie wanneer jy voor probleme te staan kom.
- Bid dat jy God volkome sal vertrou met jou probleme.
- Loof Christus vir sy Heilige Gees wat jou bystaan in elke situasie.

Alles wat vooraf in die Skrif opgeteken is, is tog opgeteken om ons te leer sodat ons deur die standvastigheid en bemoediging wat die Skrif ons gee, vol hoop kan wees – Romeine 15:4.

So sê die Here

Vir 'n groot getal mense is Bybelstudie 'n sware verpligting. Hulle beskou die Bybel as outyds en oninteressant, heeltemal uit voeling met wat hulle as die realiteit van die moderne lewe beskou. Niks kan verder van die waarheid af wees nie.

Afgesien van die feit dat geen boek in die wêreld 'n wyer sirkulasie geniet nie, is daar geen ander boek wat soveel gelees en nagevors word, self op doodsgevaar af nie. Indien jy onbevooroordeeld hierdie feite wil oorweeg, is dit nie moeilik om te sien waarom die Bybel 'n merkwaardige boek is nie.

Vanaf Genesis tot by Openbaring is die Bybel 'n ryke bron van kennis. Die werklikheid van die ervarings van die geloofs-reuse en die praktiese wyse waarop hule deur God gelei is, spreek boekdele. Profesieë word vandag nog bewaarheid en tog word hulle gekoppel aan die boodskap van hoop wat in digter-like skoonheid uit die Psalms voortvloei. Die Nuwe Testament, vanaf die Evangelies wat die verhaal van Jesus Christus vertel, reg deur die Geesgeïnspireerde geskrifte van al die Bybelse outeurs, vorm 'n maatstaf waaraan jy met vertroue jou lewe kan meet.

As jy strewe na 'n lewe van vervulling en vrede, is die pad om dit te vind deur die Woord van die Here. Dit het die toets van die eeue deurstaan.

Alleen met Jesus

✳ Lees Romeine 15:1-9.
✳ Bepeins die impak wat die Bybel op jou geestelike lewe het.
✳ Vra vergifnis as daar tye was toe jy die Woord verwaarloos het.
✳ Dank die Here dat Hy sy wil op so 'n tasbare wyse geopenbaar het en dank die Heilige Gees wat die Woord vir jou uitlê.

> Almal was baie verbaas, en hulle raak aan die praat en vra vir mekaar: "Wat vir 'n woord is dit dat hy met gesag en mag die onrein geeste gebied, en hulle gaan uit?" – Lukas 4:36.

Die stem van gesag

Daar is tye wanneer 'n prediker se woorde jou aangryp en jy oortuig is dat 'n hemelse gesag hom oorskadu. Sy elokusie mag onvolmaak wees, maar daar is geen twyfel oor die waarheid van wat hy verkondig nie. Om die vermoë te besit om, ten spyte van jou menslike tekortkominge, geestelike waarhede te kan uitspreek, is 'n Goddelike gawe.

Toe Hy op aarde was, het Jesus Christus geweet hoe veranderlik die menslike natuur is, want Hy het geweet wat die mens is. Hy het geweet van die skynheiligheid van sommige van die godsdienstige leiers, maar Hy het ook die diepste verlangens en onuitgesproke begeertes geken wat diep in die harte van nederige mense verborge was. Jesus het die mens beter geken as wat hy homself ken.

Soos in die dae van sy aardse omwandelinge, beoefen Christus vandag nog dieselfde intuïtiewe bediening. Hy ken jou deur en deur en jy kan vir Hom niks verberg nie. Dis 'n ontstellende gedagte, maar as jy besef dat die lewende Christus vir jou net die beste begeer, behoort jou dankbaarheid jou steeds nader aan Hom te trek. Hy werk met jou tot jou tydelike en ook jou geestelike voordeel. Deur hierdie ervaring word jy bewus van alles in jou lewe wat in stryd is met sy heilige wil. Lê hierdie dinge af en Hy sal ook in jou lewe met die stem van gesag praat.

Alleen met Jesus

❋ Lees Lukas 4:31-37.
❋ Hoe sensitief is jy vir Jesus se stem? Dink en bid hieroor.
❋ Bely dit met berou as jy in die jongste tyd van Hom weggedraai het.
❋ Laat die Heilige Gees toe om jou tot 'n steeds dieper liefde vir Jesus te lei.

> Trek uit jou skoene, want die plek waarop jy staan, is gewyde grond – Eksodus 3:5.

Heilige grond

Moses was besig om sy oom Jetro se skape in die woestyn op te pas. Dit moet 'n barre toneel gewees het en Moses was waarskynlik moeg toe God Homself op so 'n wonderlike manier aan Moses geopenbaar het. Moses het die braambos-wêreld betree; dit was heilige grond en God was daar teenwoordig.

Dis onwaarskynlik dat Moses so 'n openbaring van God verwag het. Dit was seker 'n doodgewone dag. Die plek waar hy gestaan het, was net soos baie ander plekke. Maar die blote feit dat God daar met hom gepraat het, het daarvan 'n buitengewone plek gemaak.

Die lewe mag vir jou vaal en eentonig lyk en die dae mag met eentonige reëlmaat verbygaan. Jy het dalk lankal moed opgegee dat God jou in jou alledaagse lewe sal ontmoet. Gevolglik verdwyn Hy uit jou bewussyn omdat jy alle sensitiwiteit vir sy teenwoordigheid verloor het. Jy sien nie meer sy grootheid in die natuur rondom jou nie; jy waardeer nie meer die feit dat Hy jou Vriend en Metgesel wil wees nie; jy beoefen nie met Hom sinvolle gemeenskap in die stilte van afsondering nie. Maar dit is juis wanneer alles so alledaags lyk dat God Homself aan jou wil openbaar.

Waar jy nou sit, staan of kniel – dit is gewyde grond as jy net bewus wil word van die teenwoordigheid van God. Sit alles net vir 'n wyle neer en vra Hom of Hy iets het wat Hy vir jou wil sê. Die resultaat sal jou verras.

Alleen met Jesus

* Lees Eksodus 3:1-10.
* Oordink die wonder van die teenwoordigheid van God in jou lewe.
* Bely dat jy dikwels in 'n barre geestelike woestyn sonder God is.
* Werk ernstig aan jou bewussyn van die teenwoordigheid van God.

Waar die wil van die Here nie bekend gemaak word nie, verwilder 'n volk – Spreuke 29:18.

Verbreed jou visie

Deur die Woord van die Here te versprei, word sy wil aan die mense bekend gemaak. Dit bring verdraagsaamheid mee. Die groot seën van 'n geestelike lewe wat gegrond is op die Woord van God en op sy wil, is dat dit jou grense van waarneming verbreed en jou bewus maak van die waarde van alledaagse dinge.

Vriendskap, wat as vanselfsprekend aanvaar is, word dan gekoester as 'n kosbare gawe van God. 'n Blymoedige hart, wat die produk is van ware spiritualiteit, word 'n positiewe invloed op jouself en op almal met wie jy in aanraking kom. Iemand wat sy inspirasie uit die wil van God put, is gebalanseerd en beheers en nie geneig tot fanatisme of snydende kritiek nie.

Denke wat gefokus is op die wil en die Woord van God is breed in lewensuitsig en begrypend vir die sienswyses van dié wat ander standpunte huldig. As jou geloof sterk is, kan jy dié liefhê van wie jy op teologiese gebied verskil en met hulle geloofsgemeenskap deel.

Dis verbasend hoe jou liefde vir Christus jou visie verbreed en jou liefde vir jou medemens verdiep. Om opreg lief te hê in die krag van die Heilige Gees, is om onvoorwaardelik lief te hê en 'n visioen te besit wat alle mense insluit – en om aan hulle die wil van die Here bekend te maak.

Alleen met Jesus

✳ Lees Spreuke 29:12-23.
✳ Mediteer in afsondering wat die wil van God vir jou beteken.
✳ Ondersoek jou hart en kyk of jou liefde nie aan tonnelvisie ly nie.
✳ Bid dat die Heilige Gees jou sal lei tot liefde vir alle mense.
✳ Loof die Here dat jy binne sy wil kan lewe.

Die hemel en die aarde sal vergaan, maar
my woorde nooit – Lukas 21:33.

'n Onveranderlike waarheid

Die meeste van ons sal saamstem met die stelling dat ons in 'n tydperk van asemrowende veranderinge leef. Oor die afgelope twee dekades het die wêreld radikaal verander ten opsigte van standaarde, morele gedrag, lewenspatrone en beginsels. Op wetenskaplike gebied en in die sakewêreld is veranderinge so vinnig en uitgebrei dat die gemiddelde persoon nie kan bybly nie. Jy het net gewoond geraak aan een spesifieke patroon, dan oorval 'n nuwe een jou.

Dit is 'n bron van groot vertroosting om te weet dat in ons veranderende wêreld en samelewing daar 'n onwankelbare konstante is: die Almagtige God wat gesê het: "Ek, die Here, het nie verander nie" (Mal 3:6). In hierdie versekering lê die Christen se hoop. Ons weet dat ten spyte van alles wat rondom ons verander, die Here onveranderd bly.

Om voor die hand liggende redes moet 'n mens noodwendig aanpas by sekere veranderinge. Maar dit is noodsaaklik dat jy ferm gegrond bly op die Woord van God, want dit is die fondament waarop jy moet bou wanneer jy 'n standvastige en sinvolle lewe van vervulling wil leef. Hou vas aan Christus wat gister en vandag dieselfde is, tot in alle ewigheid (Heb 13:8). Ten spyte van al die onsekerhede en veranderinge in die wêreld rondom jou, sal jy in jou lewe standvastigheid ken omdat jy rus op die Rots van die eeue.

Alleen met Jesus

* Lees Lukas 21:29-33.
* Bepeins die onveranderlikheid van God se Woord.
* Maak in eerlike selfondersoek seker dat jou lewe op sy Woord gegrond is.
* Vra die Heilige Gees om die Woord vir jou uit te lê.
* Loof en dank die Here vir sy Woord. Lees Psalm 19:8-12.

Die Here is my sterkte en my beskermer, op Hom het ek vertrou. Hy het my gehelp. Daarom is ek bly en wil ek Hom loof met my lied – Psalm 28:7.

Ons veilige vesting

Ten spyte van die bewerings van sommige mense bly die feit onwankelbaar staan dat geen mens selfgenoegsaam kan wees nie. Daar kom 'n tyd in die lewe wanneer jy iemand dringend nodig het, wanneer jy van iemand anders afhanklik is.

Die voorreg en vreugde van Christene is dat hulle nie hulp hoef te gaan soek nie. Jy hoef jouself nie te bekommer oor wie in staat sal wees om in jou besondere nood te voorsien nie. Jy hoef jou ook nie te vermoei met die keuses wat jy moet maak nie. As Christen het jy 'n standvastige Skrifbelofte: God is vir jou 'n toevlug en 'n beskerming; Hy was nog altyd bereid om te help in nood (Ps 46:2).

Die Here sal jou nooit in die steek laat of alleen laat worstel met jou probleme nie. Hy wag dat jy na Hom toe sal draai sodat Hy die las van jou skouers kan afhaal.

Al wat van jou gevra word, is om jouself en jou probleme aan Hom oor te gee. Vertrou Hom wanneer Hy jou op sy pad wil lei. Aanvanklik mag dit moeilik wees, maar moenie aan die versoeking toegee om te probeer om uit eie krag jou probleme te hanteer nie. Glo onvoorwaardelik in Christus en weet dat sy wil vir jou volmaak en goed is. Hy is in alle omstandighede vir jou 'n veilige vesting.

Alleen met Jesus

- Lees Psalm 28:1-9.
- Dink aan hoe jy onlangs probleme in jou lewe gehanteer het.
- Vra vergifnis as jy dit uit eie krag probeer doen het.
- Dank die Here vir die versekering dat Hy jou Sterkte en Beskermer is.

'n Mens beplan sy pad, maar die Here bepaal hoe hy loop – Spreuke 16:9.

Ons teleurstellings ... God se bestellings

Beleef jy op die oomblik 'n tydperk van bittere teleurstelling? Dalk het iets waarvoor jy hard gewerk het, misluk; 'n groot droom is verpletter deur omstandighede waaroor jy geen beheer het nie; die eentonigheid van die lewe is besig om jou ideale te vernietig. Soveel dinge kan skielik oor jou kom wat jou terneerdruk en teleurstel.

Wat ook al die rede vir jou teleurstelling mag wees, vervang die woord "teleurstelling" met die woord "bestelling" – God se bestelling! Hou in jou droefheid en teleurstelling vas aan God. In elke terugslag en teleurstelling lê die saad van 'n dieper en ryker lewe in Christus verborge. 'n Teleurstelling kan jou alleen permanent skade aandoen as jy dit toelaat. Dis jou prerogatief en voorreg om die konstruktiewe element in elke teleurstelling te ontdek en daarop te begin bou.

Wanneer jy hierdie ontdekking gemaak het, het jy 'n stewige fondament om jou toekoms op te bou. Daar is oneindig baie mense wat hulle lewe bou op God se wil vir hulle. Hulle vind dat – omdat hulle hulself volkome deur God se Gees laat lei – daar nuwe geleenthede in hulle lewe ontstaan.

Hou getrou jou afsprake met God en laat Hom toe om jou uit jou teleurstellings tot 'n nuwe lewe te laat groei.

Alleen met Jesus

❋ Lees Spreuke 16:1-10.
❋ Peins oor die heerlike feit dat God jou teleurstelling tot sy bestelling kan omskep.
❋ Laat jy Hom toe om dit vir jou te doen? Dis jou verantwoordelikheid.
❋ Loof die Here vir sy genade wat wanhoop in hoop laat verander.

Die verstandige mens samel sy oes in as dit ryp is; 'n mens wat die oestyd deur slaap, verdien veragting – Spreuke 10:5.

Moenie jou geleenthede verspeel nie

Moet nooit so behep raak met die vooruitsigte van die verre toekoms dat jy teenwoordige geleenthede verspeel nie. Wat jy vandag doen, bepaal wat jy môre sal wees. Dis selde dat geleenthede in herkenbare vorme voor jou kom staan. Dit kom dikwels onverwags op jou af, en as jy nie daarvoor gereed is nie, sal dit by jou verbygaan. Selfverwyt en berou sal dan jou deel wees.

Hoe kan jy wakker en verwagtend bly te midde van die alledaagse sleur van die lewe, tussen roetinetake wat alle inisiatief smoor? Kan jy gedurig in gespanne afwagting leef om elke moontlike geleentheid wat na jou toe kom, aan te gryp? Dit is inderdaad moontlik om in die "hede" te lewe. Die hede is al wat jy het: die verlede is onherroeplik verby, en die toekoms moet nog gebore word. Herken die geleenthede wat vandag oor jou pad kom en kry 'n stewige greep daarop.

Dit is in hierdie situasie dat 'n lewende geloof van die allergrootste belang is, want so 'n geloof veronderstel 'n bewustheid van die lewende Christus. Hy bevredig nie alleen jou sielsbehoeftes vir die ewigheid nie, maar rus jou ook toe vir die taak van vandag. As jy geestelik sensitief is, sal jy die geleenthede herken wat aan jou lewensdeur kom klop. Dis waarom Christus aan jou die Heilige Gees geskenk het.

Alleen met Jesus

* Lees Spreuke 10:1-10.
* Wees eerlik: Droom jy oor die toekoms, of gryp jy dit vandag aan?
* Bely met berou al die geleenthede wat jy verkwis het.
* Dank die Heilige Gees dat Hy jou sensitief hou vir elke geleentheid wat God in jou lewe stuur.

> Kom julle alleen saam na 'n stil plek toe en rus
> 'n bietjie – Markus 6:31.

Die wysheid van afsondering

As jy 'n bedrywige persoon is, het jy seker al ontdek dat, hoe hard jy ook al werk, daar altyd nog werk is wat wag om gedoen te word. Jy soek nie altyd nog werk nie, dis asof die werk jou soek en jou aandag opeis. Al sou hierdie toestand jou 'n tyd lank bevredig, is dit ook baie uitputtend en neem dit sy fisieke, emosionele en geestelike tol aan jou lewenskwaliteit.

Die gevaar bestaan dat jy jouself dryf vanweë die eise wat aan jou gestel word, totdat jou persoonlikheid begin disintegreer. Hierdie proses mag geleidelik en ongemerk wees. Maar soos daar in die natuur tye van intense groei en ook stille rusperiodes is, het die menslike persoonlikheid behoefte aan tye van rus en bepeinsing.

Jesus Christus is van die begin af die Meester van lewenskuns. Hy het gereeld van sy bedrywige bediening onttrek om alleen te wees met sy hemelse Vader, en Hy het sy volgelinge aangemoedig om dieselfde te doen.

Jy is 'n eietydse dissipel van Christus en Hy nooi ook vir jou om Hom op 'n stil plek te ontmoet en met Hom die ervarings van jou lewe te deel en van Hom krag te kry vir jou taak. Ter wille van jou fisieke, intellektuele en geestelike welsyn, ontwikkel die dissipline om jou van jou alledaagse bedrywighede te onttrek en op 'n stil plek tyd by Christus deur te bring.

Alleen met Jesus

* Lees Markus 6:30-34
* Bid vir wysheid om sinvolle stil tye by God te ontwikkel.
* Doen selfondersoek en vra jou af of bepeinsing en stille afsondering 'n plek in jou lewe het.
* Bely dit as jy so verstrengel raak in jou sake dat jy die Here vergeet.
* Loof die Here vir verkwikkende tye van afsondering, gebed, bepeinsing en Bybelstudie.

Kyk watter groot liefde die Vader aan ons bewys het: Hy noem ons kinders van God, en ons is dit ook – 1 Johannes 3:1.

Hou jou kop hoog

Voel dit vir jou asof die lewe vir jou 'n ondraaglike las geword het, asof alle toekomsverwagtinge in jou gees gesterf het en daar geen hoop meer vir jou bestaan nie? Dan word jy dalk bedreig deur 'n oorweldigende gevoel van selfbejammering en voel jy oortuig dat niemand meer vir jou lief is nie. In sulke oomblikke is dit noodsaaklik om die krag van Christus se geloof vir jou te herontdek. Slegs dan sal jy doelgerig en oorwinnend kan lewe.

Hoe jy ook al oor jouself voel, onthou dat God se liefde vir jou nie fluktueer nie. Sy liefde is ewig – soos God self! Al is jou liefde vir God die een dag warm en opreg en enkele dae later koud en kragteloos, is sy liefde vir jou altyd sterk en volmaak. Hou vas aan die sekerheid dat God jou liefhet. Sê hierdie waarheid weer en weer vir jouself totdat die krag daarvan deur jou terneergedruktheid breek en jou gees ophef sodat daar 'n loflied uit jou hart opstyg.

In God se liefde vir jou lê die geheim van die unieke verhouding wat tussen julle bestaan. Jy is sy kind! Wanneer hierdie verhouding 'n lewende ervaring word, word jou lewe hervorm. Dan is die lewe nie meer 'n sieldodende las wat jy saamsleep nie, maar 'n heerlike en eindelose avontuur. Dan kan jy elke uitdaging aanvaar vanuit die inspirasie dat jy God se kind is.

Alleen met Jesus

- Lees 1 Johannes 3:1-10.
- Kind van God! Dis 'n waarheid wat te groot is vir ons begrip. Dink daaroor na.
- Erken met berou die tye wanneer jy nie leef as kind van God nie.
- Dank die Here dat jy met hierdie wete die uitdagings van die lewe kan aanvaar.

Skep vir my 'n rein hart, o God, vernuwe my gees en maak my standvastig – Psalm 51:12.

Die genesende krag van vergifnis

Min mense besef die belangrike verband tussen vergifnis en goeie gesondheid. Ervaring het egter bewys dat 'n onvergewensgesinde gees 'n verbitterde persoonlikheid skep. Dit vergiftig jou karakter en skei jou van God.

Dis 'n Bybelse waarheid dat God jou vergewe het. Daarom moet jy ook dié vergewe wat teen jou gesondig het. Dis gesonde verstand om te weet dat, indien jy jou vergifnis weerhou, dit vir jou baie gevaarliker is as vir die een wat vergewe moet word. Jy koester miskien kwade gevoelens teenoor iemand wat jou benadeel het en vertroetel die onreg wat jou aangedoen is. Jy is so diep gekrenk of seergemaak dat onvergewensgesinde emosies jou gevoelens beheers. Dit is raadsaam om te besef dat die prys wat jy betaal vir opgekropte onreg aan jou, baie hoog is. Om bevry te word van jou bitterheid, is dit noodsaaklik om te vergewe.

Miskien voel jy dat die onreg wat jou aangedoen is, te groot is om te vergewe, dat die pyn maar altyd daar sal wees. As dit jou uitgangspunt is, dink net 'n slag aan al die kere wat jy die Meester pyn aangedoen het. Tog is Hy gewillig om jou weer en weer te vergewe en aan jou sy Heilige Gees te gee om jou te help, sodat jou seerkry vervang sal word met die versoenende Gees van die lewende God. Wat 'n wonderlike transaksie! Jy gee jou gewonde en gepynigde gees vir God, en Hy gee aan jou die vertroostende Heilige Gees.

Alleen met Jesus

❉ Lees Psalm 51:1-21.
❉ Dis moeilik om onvoorwaardelik te vergewe. Bepeins hierdie stelling.
❉ Is daar nog mense wat jy nie vergewe het nie? Bely dit voor God.
❉ Vra die Heilige Gees om jou hart te suiwer van alle onvergewensgesindheid.

> Selfs die suiwerheid van goud word met vuur getoets, en die egtheid van julle geloof moet ook getoets word ... – 1 Petrus 1:7.

In die donkerste nag skyn die sterre die helderste

Dank die Here wanneer jou lewe glad verloop en daar niks gebeur wat die ewewig van jou daaglikse roetine versteur nie. Deur danksegging versterk jy jou geloof en skep jy 'n afhanklikheid van God wat van onberekenbare waarde is wanneer die onheilspellende storms oor jou lewe losbreek.

Wanneer jy gedurende die sonskyndae in jou lewe 'n lewende geloof in God gevestig het, sal jy niks hoef te vrees wanneer stormwolke oor jou saampak nie. Deur jou vasgelegde vertroue in die lewende Christus sal jy nie sy wil bevraagteken wanneer die reispad moeilik word nie. Wanneer jy deur twyfel aangeval word, sal jy die vermoë hê om die werklikheid en goedheid van God te bevestig. Wanneer mense in woede en onkunde teen Hom in opstand kom, sal jy kalm en vertrouend bly. Jy weet dat ten spyte van die skyn van die teendeel, alles ten goede meewerk vir dié wat Hom liefhet. Deur jou onwrikbare geloof sal sy heilige wil in jou lewe ontvou. Geloof bereik sy edelste klimaks wanneer die druk van die wêreld daarteen opbou en alles om jou onseker en donker lyk.

Hou jou geloof lewend en kragtig wanneer die lewe vir jou glimlag. Dit sal jou anker wees wanneer die storms losbreek. Dan sal jy jou geloof aan die werk sien, omdat dit helder skyn in die donkerste oomblikke van jou lewe.

Alleen met Jesus

* Lees 1 Petrus 1:1-9.
* Bepeins die feit dat jou geloof deur beproewings gelouter word.
* Bid dat die Here jou geloof sal versterk.
* Dank die Here vir die feit dat wanneer dit donker word rondom jou, jou geloof helder brand.

> Julle is 'n volk wat aan die Here julle God gewy
> is. Hy het julle uit al die volke op die aarde
> uitgekies om sy eiendomsvolk te wees
> – Deuteronomium 14:2.

Die moed om anders te wees

Mense huiwer om te verskil van die populêre opinie. Hulle mag sterk gevoelens koester oor die saak wat bespreek word, maar as gevolg van 'n heimlike vrees, spreek hulle dit nie uit nie. Hulle is bang dat hulle as dwaas bestempel kan word, of dat ander mense nie sal hou van dít wat hulle sê nie. Hierdie soort argumente word aangevoer as verskoning waarom hulle hulle onttrek aan die gesprek oor 'n betwisbare saak. Hulle bydrae gaan verlore omdat hulle nie wou waag om anders te wees nie.

So 'n benadering kan ongelukkige gevolge hê, en waar die geestelike lewe betrokke is, kan dit rampspoedig wees. Christene behoort altyd bekend te staan as "God se mense". As jy trou gesweer het aan Jesus Christus, word sy wil vir jou van die hoogste belang. Niks anders maak dan meer saak nie. Omdat jy vir Hom wil leef en werk, word jy nie meer beïnvloed deur wat ander mense sê of doen nie.

Wanneer jy God se Heilige Gees vrymagtig in jou lewe opereer, sal jy "anders" wees as dié wat net vir hulself lewe. Deur jou gesindheid, woorde en algemene gedrag kan jy, al is dit in geringe mate, die gesindheid van Jesus Christus weer-spiëel. Jy kan nie "geheime" Christen wees nie; óf jou Christenskap vernietig die geheim, óf die geheim vernietig jou Christenskap!

Alleen met Jesus

* Lees Deuteronomium 14:1-8.
* Deur ondersteuning en bekragtiging deur die Heilige Gees kan Christene anders wees! Dink ernstig hieroor na.
* Bely die geleenthede toe jy skaam was om vir Christus te getuig.
* Dank Jesus vir die voorreg om ter wille van sy Naam anders te wees.

Die lewe wat ek nou nog hier lewe, leef ek in die geloof in die Seun van God wat sy liefde vir my bewys het deur sy lewe vir my af te lê
– Galasiërs 2:20.

Geloof of gevoel?

Vir die Christen is dit gevaarlik om sy emosies toe te laat om sy geloof te oorheers. Wanneer dit gebeur, wissel jou geestelike toestand volgens die bui waarin jy op daardie oomblik is. Jou geloof kom dan die krag en stamina kort om jou te ondersteun wanneer jou omstandighede negatief is.

Baie weergebore Christene is diep teleurgestel omdat hulle bekering nie gepaardgegaan het met 'n dramatiese openbaring van emosie nie. Dit is so dat baie mense 'n diep emosionele bekering ervaar. Hulle beskryf dit as 'n stap uit die dood na die lewe; uit die duisternis na die lig. Baie toegewyde volgelinge van Christus voel dan dat daar iets by hulle skort omdat dit nie met hulle gebeur het nie.

Indien jy 'n diep emosionele ondervinding gehad het toe jy Christus as jou Verlosser aangeneem het, moet jy innig dankbaar wees. Moet egter nooit die egtheid van jou geloof betwyfel as jy in die geloof Jesus as jou Verlosser en die Here van jou lewe aangeneem het, as jy jouself onvoorwaardelik aan Hom oorgegee het, maar geen groot emosionele ervaring gehad het nie. Moet nooit dink dat die Here jou dan nie aangeneem het nie.

Emosie het min te doen met jou verlossing. Geloof in Jesus Christus is die hoeksteen van jou geloof. Dis sy reddende genade wat jou aan Hom verbind – wat jou gemoedstemming ook al is.

Alleen met Jesus

* Lees Galasiërs 2:15-21.
* Mediteer oor die noodsaaklikheid van ewewig tussen emosie en geloof.
* Bespreek jou bekering met 'n vertroude vriend ... en met Jesus.
* Dank Jesus vir sy Woord wat sê: "Glo in die Here Jesus en jy sal gered word" (Hand 16:31).

Soek julle krag in die Here en in sy groot mag – Efesiërs 6:10.

Aanvaar jou verantwoordelikhede

Hoe dikwels het jy nie al 'n verantwoordelikheid probeer ontduik omdat jy jou vermoë om dit te hanteer betwyfel het nie? 'n Taak moet afgehandel word; 'n beslissing moet gemaak word; iets moet gesê word – en jy het daarvan weggedraai omdat jy bang was dat jy jou verantwoordelikheid nie sou kon nakom nie. Het jy dit al ervaar? Wees verseker dat talle ander mense dieselfde pad geloop het.

Indien jy jou verantwoordelikhede op die regte manier wil nakom, is daar vir jou net een pad om te loop – sien alle sake deur die oë van Christus. Oordink die saak met die wysheid wat Christus aan sy kinders gee en hanteer dit dan in die liefde van die Meester. Daar is natuurlik ook ander maniere van optrede, maar hulle sal waarskynlik vir jou pyn en mislukking meebring.

In enige saak waartoe jy geroep is, is dit nodig dat jy dit eers aan God sal voorlê. Dan kan jy dit maar in die geloof by Hom laat. Vra dat Hy jou deur die Heilige Gees sal lei om die saak volgens sy wil te hanteer. As jy intiem saam met die Here die pad loop, sal Hy vir jou die koers aandui. Jy sal die bevrediging smaak om te weet dat jy nie alleen jou verantwoordelikhede uitgevoer het nie, maar dat jy dit volgens God se wil en in sy krag gedoen het.

Alleen met Jesus

✳ Lees Efesiërs 6:10-20.
✳ Oorweeg biddend hoe jy jou verantwoordelikhede as Christen nakom.
✳ Is daar pligte wat jy uit vrees probeer omseil? Bely dit voor die Here.
✳ Dank Jesus vir sy almag waarmee Hy jou bystaan.

Hy het self ons sondes in sy liggaam aan die kruis gedra. Daardeur is ons vir die sondes dood en kan ons lewe in gehoorsaamheid aan die wil van God. Deur sy wonde is julle genees – 1 Petrus 2:24.

Oorwin jou skuldgevoelens

Daar is baie mense wat voel dat hulle lewe aan bande gelê word deur die negatiewe invloed van skuld en berou. Iets het in die verlede gebeur waaroor hulle skaam is en gevolglik gaan hulle gebuk onder 'n las van skuld. Dit beïnvloed hulle só dat hulle 'n negatiewe gesindheid teenoor die lewe openbaar en gevolglik word hulle geestelike groei gestuit.

Wanneer jy 'n skuldkompleks van hierdie aard ontwikkel, sal jy uitvind dat dit verreikende gevolge op jou eie lewe het en ook op dié van ander met wie jy in 'n verhouding staan. Dit kan maklik veroorsaak dat jy jou onttrek en aanleiding gee tot neerslagtigheid, ontevredenheid en ongelukkigheid.

Om hierdie aftakelende invloede op jou lewe te voorkom, is dit nodig dat jy sal onthou dat Christus jou sonde op Hom geneem het en in jou plek na die kruis gegaan het. Hy het sy eie kosbare lewe geoffer sodat jy vergifnis en verlossing kan ontvang.

As jy toelaat dat gevoelens van skuld en selfbejammering jou oorweldig, is jy inderdaad besig om Christus se groot offergawe ter wille van jou te verloën: Die lewe van Jesus Christus is om jou ontwil geoffer! Moet nooit die krag van die liefde van God onderskat nie (Joh 3:16). Aanvaar hierdie heerlike feit en leef oorwinnend vir Hom en deur sy genade. God het jou vergewe – vergewe nou ook jouself.

Alleen met Jesus

❊ Lees 1 Petrus 2:18-25.
❊ Mediteer oor die offerdood van Jesus Christus om jou ontwil.
❊ Bely dit as jy soms lewe asof Hy nie vir jou gesterf het nie.
❊ Loof die Here wat jou sonde vergewe en jou sy kind gemaak het.

> Om hierdie rede word ons nie moedeloos nie.
> Al is ons uiterlik besig om te vergaan, innerlik word
> ons van dag tot dag vernuwe – 2 Korintiërs 4:16.

Die wonderwerk van vernuwing

Een van die heel grootste gevare in ons geestelike lewe is stagnasie. Dit bekruip jou op 'n verraderlike manier. Jy is nie bewus daarvan totdat jou geloof sy krag verloor het en jy nie meer die liefde en krag van die Meester ondervind nie. Hierdie geestelike stagnasie wat die fort van jou geestelike lewe bedreig, begin met belangeloosheid in gebed en Bybellees.

Christene durf nie hulle waaksaamheid verslap nie. Dit beteken nie jy moet wagstaan oor uitgediende wagwoorde nie – hoe edel hulle ook mag klink; ook nie dat jy die een of ander vorm van ortodoksie moet verdedig wat sy betekenis vir die moderne mens verloor het nie. Maar dit is noodsaaklik dat geloof, soos dit weerspieël word in 'n persoonlike verhouding met Jesus Christus, met ywer bewaak moet word. Om op die herinnering van 'n geestelike ervaring in die verre verlede te roem as die basis waarop jy jou verhouding met die drie-enige God bou, is 'n seker aanduiding dat jou geloof tekortskiet en nie aan die eise van die hede kan voldoen nie.

Om jou Christelike oorgawe lewend te hou, moet dit dag na dag vernuwe word. Die wonderwerk is dat jy op enige oomblik 'n nuwe begin kan maak. Maak daarom seker dat jy elke dag by Jesus uitkom met 'n vreugdevolle verwagting. Hy het immers gesê: "Kyk, Ek maak alles nuut" (Op 21:5).

Alleen met Jesus

* Lees 2 Korintiërs 4:16-5:10.
* Verwaarloos jy jou stiltyd by Jesus? Doen nou iets daaraan.
* Dink ernstig na oor jou geestelike toestand. Praat met Jesus daaroor.
* Dank Christus omdat Hy jou elke dag wil vernuwe.

> Hom het julle lief, al het julle Hom nie gesien nie. Deur in Hom te glo, al sien julle Hom nou nie, het julle reeds deel aan die saligheid wat die einddoel van julle geloof is – 1 Petrus 1:8-9.

Ver bo ons begrip

Daar is mense wat gedurig bewyse soek vir die bestaan van God. Tog sal geen bewys hulle ooit tevrede stel nie. Hulle is net besig om die uitdaging van geloof te systap. Dis maklik om ongeloof te bely wanneer God aan jou eise stel.

Wetenskaplike bewyse vir God se bestaan is gelukkig nie 'n voorwaarde om met Hom in 'n verhouding te staan nie. Daar is wel baie mense wat tot geloof gekom het deur 'n ernstige studie van die wetenskappe, maar die oorgrote meerderheid het hulle geestelike pelgrimstog begin deur die aanname van die verstommende feit dat God is. Hulle vra geen besondere bewyse nie, want hulle weet intuïtief dat Hy bestaan. Hulle het Hom nog nooit gesien nie, maar ondervind sy liefde en leiding in hulle daaglikse lewe. Hulle gebede is só beantwoord dat dit geen toeval kon wees nie. Vir baie beteken die ontwaking van hulle denke en gees tot die werklikheid van God se bestaan, 'n totaal nuwe lewe. Wat in hulle lewe gebeur, maak dit vir hulle onmoontlik om sy bestaan te ontken.

Een van God se besondere genademiddels aan dié wat sy bestaan en heerskappy erken, is die gawe van sy Heilige Gees. Wanneer Hy in jou kom woon, het jy die innerlike sekerheid dat God jou liefhet en leer jy Hom op 'n besondere manier ken. Dit is hierdie sekerheid wat 'n geloof in God meebring wat ver bo jou begrip is, want dit is 'n gawe van God aan dié wat nie gesien het nie, en tog glo (Joh 20:29).

Alleen met Jesus

* Lees 1 Petrus 1:1-9.
* Dink na oor die heerlike sekerheid dat God bestaan.
* Moet jy soms bid: Here, kom my ongeloof tot hulp? Doen dit gerus.
* Dank God dat Hy Homself deur Jesus Christus aan jou geopenbaar het en bid dat Hy 'n toenemende werklikheid in jou lewe sal word.

> Moenie bang wees nie, dit is Ek, die Eerste en die Laaste, die Lewende. Ek was dood en, kyk, Ek lewe tot in alle ewigheid – Openbaring 1:17-18.

'n Lewende Verlosser!

Tydens die kruisiging het die dissipels van Christus 'n diep emosionele ervaring deurgemaak. Hulle het geweet dat Jesus dood was en hulle is met droefheid, selfverwyt en berou vervul. Hulle het Hom in sy uur van nood in die steek gelaat. Toe kom die aankondiging en die blye ontdekking dat Jesus lewe! Uit die dieptes van wanhoop, onsekerheid en twyfel het hulle uitgestyg na die hoogtes van onuitspreeklike vreugde.

Hoe hard moderne Christene ook al probeer om die gees van die eerste Kersfees te beleef, het ons tog 'n agterstand. Vanaf ons kinderdae is Kersfees 'n gereelde gebeurtenis en familiariteit met hierdie groot wonderwerk demp tog ons entoesiasme. Ongepaste Kerskaarte, gekommersialiseerde Kersliedere, duur geskenke en ander niksseggende bykomstighede doen af aan die wonder van die Kind in die krip.

Die feit dat Jesus triomfantlik lewe, is waar! Ons, sy dissipels wat vandag lewe, kan sy teenwoordigheid slegs ervaar as ons die Heilige Gees in ons lewe verwelkom. Anders sal die opstanding, soos Kersfees, sy diepste betekenis verloor. Christus het sy Gees belowe aan almal wat Hom as Verlosser aanneem. Dit is sy inwonende Gees wat van die Christelike geloof 'n kragtige en lewende ondervinding maak. Sonder die Heilige Gees mag die Christelike geloof 'n volmaakte etiese kode wees, maar dit sal die lewe en vitaliteit kortkom wat alleen die Heilige Gees kan gee.

Alleen met Jesus

* Lees Openbaring 1:9-20.
* Bepeins die wonder van die opstanding, dat Jesus leef!
* Ondersoek jouself en kyk of die Heilige Gees vir jou 'n lewende werklikheid is.
* Loof en prys die Here dat Hy deur die Heilige Gees in jou leef.

Junie

Verjaarsdae

1 _____

2 _____

3 _____

4 _____

5 _____

6 _____

7 _____

8 _____

9 _____

10 _____

11 _____

12 _____

13 _____

14 _____

15 _____

16 _____

17 _____

18 _____

19 _____

20 _____

21 _____

22 _____

23 _____

24 _____

25 _____

26 _____

27 _____

28 _____

29 _____

30 _____

Gebed

Heilige Skepper-God,
u Woord leer vir ons: "So lank as die aarde bly bestaan,
sal saaityd en oestyd nie ophou nie, somer en winter,
dag en nag" (Gen 8:22).
Dit is nou winter, Here, en die winter het sy eie bekoring,
maar ook sy eie bekommernisse.
Dankie vir bloeisels in die winter, al is hulle
fratsbloeisels, Meester.
Dit herinner ons aan hoe byna onmoontlik u liefde vir ons is.
Dankie vir reën en koue en tyd om te lees en te gesels;
vir die natuur wat sluimerend wag op nuwe groei.
Leer my deur die winter om vir U tyd te maak: om te bid,
u Woord te lees, u genade te bepeins.
Vertraag my pas sodat ek tyd sal vind vir die wesenlike
dinge van die lewe.
Daar is baie vir wie die winter 'n groot bekommernis is, Here:
bejaardes en armes wat van ontbering sterf terwyl ek knus en
warm voor my kaggel sit; werkloses wat nie weet waar môre
se brood vandaan sal kom nie; hongeres wat met smekende oë
by my verbystap; dakloses wat die koue daarbuite moet
verduur sowel as die ysige koue van gevoellose mense.
Help my, veral in die winter, om liefde te gee en
barmhartigheid te bewys.
Verwarm ons winterwêreld met die gloed
van Kersfees in Juniemaand.
In die Naam van die groot Barmhartige.

Amen

> Moenie bang wees nie, Ek is by jou, moenie bekommerd wees nie, Ek is jou God. Ek versterk jou, Ek help jou, Ek hou jou vas, met my eie hand red Ek jou – Jesaja 41:10.

Jou hemelse beskermer

Wanneer teenspoed of onheil ons tref, is dit asof daar 'n donker wolk oor die gemeenskap of nasie toesak. Dit is veral merkbaar in ons wêreld waar daar soveel tekens van geweld, hongersnood, siekte en vernietigende elemente soos vuur, droogte, orkane, tifone en vloede is. Ontelbare getalle mense ly as gevolg van hierdie rampe en baie mense gee alle hoop op die toekoms op.

Dit is in tye soos hierdie dat dit vir jou nodig word om te put uit al die reserwes van jou geloof. Jy moet in staat wees om nie net jouself nie, maar ook ander te bemoedig en aan te spoor om vas te staan; om hulle vertroue in God te plaas; om te glo dat Hy jou deur jou beproewinge sal dra en veilig in sy hande sal hou.

Keer op keer in die verlede het die Here sy kinders gered uit rampe en teenspoed. Omdat jy aan Hom behoort en Hy jou innig liefhet, sal Hy jou ook red uit die beproewinge of rampspoed wat jou nou in die gesig staar. Moenie een oomblik daaraan twyfel nie, want Hy is die almagtige God van liefde. Hy het die wêreld geskep en jou gemaak. Wees gerus dat Hy jou nooit in die steek sal laat nie. Daarom: "Werp al julle bekommernisse op Hom, want Hy sorg vir julle" (1 Pet 5:7).

Alleen met Jesus

* Lees Jesaja 41:8-20.
* Oordink die wonderlike wyse waarop God sy kinders beskerm.
* Vertrou jy God met jou bekommernisse en probleme? Vra van Hom die geloof om dit doen.
* Loof God met 'n blye hart vir sy onverdiende liefde en beskerming.

> Bedags sal dit nie die son wees wat vir jou lig
> gee nie, snags sal dit nie die maan wees wat oor
> jou skyn nie: die Here sal vir jou 'n ewige lig wees,
> en jy sal roem in jou God – Jesaja 60:19.

Ons onfeilbare God

Die mens is sensitief vir atmosferiese of gemoedsveranderinge. 'n Betrokke dag is dikwels die oorsaak van terneergedruktheid of depressie, terwyl helder sonskyn gemoedere opkikker. 'n Nasionale ramp kan so maklik 'n doodskleed oor 'n gemeenskap werp, en ekonomiese insinkings veroorsaak dat individue ongemaklik en bekommerd raak.

So dikwels word mense se denke beheer deur invloede van buite en hulle soek na menslike oplossings vir hulle probleme. Hierdie oplossings is egter nie onfeilbaar nie en dit is 'n feit dat 'n mens nie ongereserveerd daarop kan vertrou nie.

Die ewige God is die enigste Een op wie ons volkome kan vertrou, want Hy is in alle omstandighede konstant en betroubaar. Hy is die Here wat nie verander nie, en alleen op Hom kan jy vertrou om oor jou te waak en jou te lei in elke situasie waarin jy jou mag bevind.

As jy strewe na 'n lewe van vrede, gemoedsrus en vervulling, neem die Here op sy Woord, gee jouself oor aan Jesus Christus en laat Hy beheer oor jou lewe neem. As Christus in jou lewe aan die werk is, sal jy spoedig besef dat jy in die lewende Christus 'n onfeilbare bron van vertroue en gemoedsrus het.

Alleen met Jesus

* Lees Jesaja 60:13-22.
* Mediteer die onfeilbaarheid van God in alle omstandighede.
* Bely aan Hom as jy jouself nog nie volkome aan Hom oorgegee het nie.
* Loof God omdat jou oorgawe aan Christus jou oopstel vir sy vrede en gemoedsrus.

> Aan Hom wat deur sy krag wat in ons werk,
> magtig is om oneindig meer te doen as wat ons
> bid of dink, aan Hom kom die eer toe
> – Efesiërs 3:20-21.

Ver bo ons hoogste verwagtinge

Ons bepaal gewoonlik ons vermoë volgens ons opinies van onsself. As jy glo dat jy iets kan doen, doen jy dit gewoonlik reg; maar wanneer jy hoor dat iets onmoontlik is, probeer jy nie eens om dit te doen nie. Omdat sekere mense onseker is van hulle eie vermoë, onderskat hulle hulself en bereik daarom nooit hulle volle potensiaal nie.

Christene leef volgens twee standaarde: Dít wat hulle glo hulle self kan doen, en dít wat hulle weet hulle met God se hulp en genade kan doen. Dit is wanneer ons bo ons eie vermoë uitstyg en besef wat ons in die krag en wysheid van die almagtige God kan doen, dat ons 'n nuwe en opwindende geloofswêreld betree. Met ons huiwerige geloof probeer ons die onmoontlike en vind dit nie meer onmoontlik nie. Terwyl nuwe horisonne en moontlikhede voor ons oopgaan, word ons bewus van 'n verdieping in ons geestelike lewe.

Saam met hierdie steeds groeiende geloof kom die besef van volkome afhanklikheid van God. As jy vind dat jy dinge kan doen wat jy vroeër as onmoontlik beskou het, besef jy dat dit nie jy is wat dit doen nie, maar Christus wat deur jou werk. En wanneer jy 'n instrument in sy hand word, betree jy 'n nuwe verhouding met Hom. Jy verstaan sy metodes beter en ontwikkel die moed en durf om vir Hom te werk en dinge te doen wat jy nooit uit eie krag sou aangedurf het nie.

Alleen met Jesus

✱ Lees Efesiërs 3:14-20.
✱ Dink in stilte na oor die betekenis van volle oorgawe aan Christus.
✱ Probeer jy nog om uit jou eie onvolmaakte krag dinge doen? Bely dit.
✱ Loof die Here dat Hy jou ver bo jou grootste verwagtings wil gebruik deur die krag van die Heilige Gees wat in jou werk.

> Daarom het God Hom ook tot die hoogste eer verhef en Hom die Naam gegee wat bo elke naam is, sodat in die Naam van Jesus elkeen wat in die hemel en op die aarde en onder die aarde is die knie sou buig ... – Filippense 2:9-11.

Die oppergesag van Jesus Christus

In die onheilspellende tyd waarin ons lewe, lyk dit asof daar 'n georkestreerde poging is om mense van hoë aansien se karakters en name te beswadder. Gewetenlose joernaliste snuffel die swakhede van belangrike mense uit en gee daaraan 'n beklemtoning en blootstelling wat hulle eer en prestige aftakel.

Jesus Christus is nie uitgesluit van hierdie afbrekende behandeling nie. In die letterkunde en op die verhoog word Hy dikwels gestroop van sy Goddelikheid, bespot en gehoon. Voor sy kruisiging het hulle Hom van sy klere beroof. Vandag nog probeer mense Hom beroof van die eer wat sy regmatige deel is.

Mense wat neerhalende dramas, boeke en artikels skryf, probeer om die reinheid en eer van God te skend. In elke geslag was daar mense wat dét onder die dekmantel van die waarheid en modernisme probeer doen het. Wanneer bose magte dít wat jy as heilig en onskendbaar ag, bedreig en selfs God se heilige Naam belaster, moet jy vertroosting skep uit die waarheid dat – ten spyte van alle skyn – die finale oorwinning aan Christus behoort en dat elke knie voor Hom sal buig. Erken sy oppergesag in jou lewe. Hou daaraan vas en daar sal geen negatiewe krag wees wat jou kan beïnvloed nie.

Alleen met Jesus

✳ Lees Filippense 2:5-11.
✳ Die finale oorwinning behoort aan Christus! Oordink hierdie stelling.
✳ Besluit om jou nie deur negatiewe bose magte te laat beïnvloed nie.
✳ Vra die Heilige Gees om jou sensitief te maak vir Satan se aanslae.

> Onderhou dus die sabbat. Dit moet vir julle 'n gewyde dag wees – Eksodus 31:14.

Kom tot stilstand

Oor die jare heen het vurige argumente opgevlam oor die onderhouding van die Dag van die Here. Sommige mense beweer dat, omdat Sondag nie deur alle godsdienstige groepe erken word nie, dit nie as 'n heilige dag geklassifiseer moet word nie. Ander, sonder om godsdienstige implikasies in ag te neem, hou vol dat mense vir hulself oor dié dag moet besluit, dat dit nie deur wetgewing afgedwing moet word nie.

Afgesien van jou godsdienstige oortuigings, bly die feit staan dat God, nadat Hy in ses dae die skepping voltooi het, op die sewende dag gerus het. Hierin is 'n Goddelike wysheid verborge ver verby die inagneming van Sondag volgens menslike begrip. Dit dui op die behoefte van alle mense – veral in hierdie oorlaaide en veeleisende tye – om tyd te maak vir rus en stille bepeinsing.

Die menslike liggaam kan net sóveel doen. As dit te ver gedryf word, knak dit onder spanning. Jou verstand en emosies vereis 'n tyd van rus en vernuwing. Dit geld ook vir jou geestelike welsyn. Daar kom 'n tyd wanneer 'n verposing in jou roetine belangrik is sodat jy jou liggaam kan verfris en so jou lewe optimaal kan benut. Dis net so belangrik om jou rusdag te beplan as wat jy jou werksdag beplan. Jesus het gereeld sy roetine verbreek en alleen by sy Vader uitgekom om krag en sterkte te vind vir die werk wat Hy moes doen. Behoort ons dan nie dieselfde te doen nie?

Alleen met Jesus

✻ Lees Eksodus 31:12-18.
✻ Dink na oor jou persoonlike benadering tot die rusdag.
✻ Is jy dalk te besig om tyd te maak vir die Here? Bely dit met berou.
✻ Dank Jesus dat jy 'n rusdag het om jou te vernuwe en te versterk.

> Maar vir julle wat eerbied het vir my Naam, sal die son van redding skyn met genesing in sy strale
> – Maleagi 4:2.

God se pad is altyd die beste

Te dikwels hoor ons mense kla dat hulle gebede nie verhoor word nie. Hulle beweer ontsteld dat hulle hul behoeftes, begeertes en probleme voor die troon van genade uitgespreek het, maar verniet. Hulle glo dat daar geen waarheid is in die stelling dat God gebede hoor of verhoor nie.

Die belangrike waarheid omtrent gebed is dat – nadat jy jou versoeke aan God voorgelê het – jy Hom volkome moet vertrou en moet wag totdat Hy op sy volmaakte manier en tyd jou gebede sal verhoor. Dit vereis geloof en gehoorsaamheid. God sal sy pad vir jou aandui en sy volmaakte wil vir jou lewe sál ontvou.

Wanneer jy raad en leiding van 'n professionele persoon vra, volg jy die instruksies getrou en verwag jy dat dit aan jou behoeftes moet voldoen. So moet dit met jou verhouding met Jesus Christus wees. Wanneer jy sy hulp gevra het, moet jy wakker en sensitief wees vir enige aanduiding van sy Heilige Gees se leiding. Volg dan waar Hy jou lei en moenie probeer om jou eie begeertes te bevredig nie.

Wanneer jy in volkome geloof jou gebedsversoeke aan God voorlê, loop in gehoorsaamheid aan Hom die pad wat Hy vir jou aandui. Die genesende son van redding sal vir jou opgaan en jy sal met vrede in jou hart in sy sonskyn kan wandel.

Alleen met Jesus

✿ Lees Maleagi 4:1-6.
✿ Bepeins die onbeskryflike voorreg om met God te kan praat.
✿ Gebed is nie net praat nie ... dit is ook luister wat God vir jou wil sê.
✿ Dank die Here met 'n opregte hart vir die wonder van gebed.

> Dít verseker Ek julle: Wie in My glo, sal ook die dinge doen wat Ek doen; en hy sal nog groter dinge as dit doen, omdat Ek na die Vader toe gaan
> – Johannes 14:12.

Jy kan groter doen as wat jy dink

Is jy miskien een van daardie mense wat dink dat jy van weinig belang is, dat jy geen rol in die koninkryk van God kan speel nie? Vir solank as wat jy kan onthou, het jy aan jouself gesê dat alles wat jy doen of sê van weinig belang is. Miskien het jy al 'n minderwaardigheidsgevoel ontwikkel wat jou dwing om jou aan dienswerk vir Christus te onttrek.

Een van die heerlike vrugte van verlossing wat die lewende Christus vir jou aanbied, is dat dit jou van jouself red. Jou belange is nie meer op jouself gefokus nie, maar op die Meester. Wanneer jy Hom waarlik liefhet en dien, word jy bevry van die selfgesentreerdheid wat jou so lank reeds gevange hou.

As verloste kind van God kan jy die selfversekerdheid besit om ander na die beste van jou vermoë en potensiaal te dien. Jy kan uitstyg bo die kleinlikheid, innerlike verwarring en stryd wat jou gees en jou uitsig so lank geknel het. Jy gaan 'n nuwe dimensie van die lewe binne. Jy sien die lewe in al sy grootsheid en jy word tot groot dade in staat gestel deur die Gees van Christus wat in jou woon.

Deur geloof in Christus word die onmoontlike moontlik!

Alleen met Jesus

✳ Lees Johannes 14:1-14.
✳ Dink rustig en ernstig na oor jou waarde as kind van God.
✳ God vertrou jou om groot dinge in sy Naam te doen. Vertrou jy Hom?
✳ Prys en dank die Heilige Gees dat Hy in jou woon en werk en jou in staat stel tot groot dinge in Christus se Naam.

Kom ons val in eerbetoon voor Hom neer, kom ons buig, kom ons kniel voor die Here ons Skepper! – Psalm 95:6.

Laat jou aanbidding sinvol wees

Ware en opregte aanbidding van die almagtige God kan 'n ontroerende ervaring wees. Wanneer jou gees en gemoed voor Hom stil word en jou hart uitbreek in lofprysing en dankbaarheid, word jy na die hoogtes opgehef en voel jy sy heilige teenwoordigheid aan. Om met so 'n geleentheid onaangeraak te bly, getuig van 'n onsensitiewe gees wat totaal uit harmonie met die lewende God is.

Dis 'n drogredenasie wat deur baie gehuldig word dat 'n mens alleen 'n erediens moet bywoon wanneer jy daarna voel. 'n Aanbidding wat afhanklik is van jou wisselende buie, is nie ware aanbidding nie, maar slegs 'n vorm van geestelike self-bevrediging. Dit mag vir jou aanvaarbaar wees, maar nie vir God nie. Jy behaag jouself in plaas van om God te vereer.

Ware aanbidding is 'n kombinasie van gees en denke. Dis die aanvaarding van 'n dissipline wat bo alle ander dinge daarop gerig is om gemeenskap met God te behou en jou gees oop te stel vir die invloei van sy Heilige Gees. Die mens se soeke en God se liefdevolle antwoord maak aanbidding 'n inspirerende en bevredigende ervaring.

As jy gemeenskaplike aanbidding in 'n gees van verwagting benader en glo dat, ten spyte van menslike onvolmaakthede, jy 'n ryke seën van God sal ontvang, sal Hy jou nie honger en dors van Hom af wegstuur nie.

Alleen met Jesus

❉ Lees Psalm 95:1-11.
❉ Oorweeg die kwessie van jou aanbidding van God met erns en gebed.
❉ Bely aan Christus indien jy oppervlakkig dink oor aanbidding.
❉ Dank God onophoudelik indien aanbidding 'n verrykende ervaring vir jou is.

En wat julle ook al sê of doen, sê en doen dit alles in die Naam van die Here Jesus en dank God die Vader deur Hom – Kolossense 3:17.

Leef met 'n doel

'n Lewe sonder 'n doel bereik niks nie. Dit kom 'n motiverende krag kort en het nie die visie om uit te styg bo die alledaagse nie. Maar hoe is dit moontlik om 'n doel of visie te hê as jy heeldag by 'n werksbank staan en jou taak met sieldodende eentonigheid uitvoer, as daar niks meer van jou verwag word as om dieselfde taak oor en oor te doen nie?

Jesus Christus het 'n *sakrament* van die lewe en van werk gemaak. Elke positiewe, konstruktiewe gedagte en liefdevolle daad was 'n offerande aan sy hemelse Vader. Hy het sy hele lewe geleef tot eer van God.

Die konsep van lewe en werk as 'n sakrament verhef die nederigste taak en maak van die hele lewe een groot daad van lofprysing aan God. Wanneer alledaagse take verrig word tot eer van God en aan Hom gewy word, keer jy terug na die rede vir jou bestaan: om God die Skepper te dien, te loof en te verheerlik.

Jesus het ons geleer dat, as die lewe enigsins doel en betekenis moet hê, alles tot eer van God en in sy krag gedoen moet word. Wanneer die alledaagse take van die lewe dan uitgevoer word in 'n gesindheid van lof en danksegging, word jy geïnspireer, bemoedig en verhef deur die Heilige Gees. Dan het die geringste taak of handeling in jou lewe besondere betekenis.

Alleen met Jesus

✼ Lees Kolossense 3:5-17.
✼ Oorweeg biddend wat die hoofdoel van jou lewe en werk is.
✼ Verheerlik jy God in alles wat jy doen? Indien nie, bely dit met berou.
✼ Dank Jesus Christus dat Hy vir ons die Heilige Gees gegee het om ons doelgerig te maak.

Vandag as julle sy stem hoor, moet julle nie hardkoppig wees nie – Hebreërs 3:15.

Leer om God se stem te hoor

God praat met jou op verskillende maniere. 'n Gedeelte van die Bybel mag vir jou 'n uitdaging of 'n vermaning wees. Iemand se vlugtige opmerking mag in jou gedagtes bly vassteek tot jy gedwing voel om daarop te reageer. Die gevaar bestaan ook dat jy reeds behendig geraak het om God se stem te smoor. Jy maak vinnig jou ore toe wanneer Hy jou uitdaag en jy probeer vergeet wat Hy vir jou gesê het.

Die omstandighede waarin jy jou bevind, mag meer van jou vereis as waartoe jy in staat is en jy roep onmiddellik tot God om hulp. Wanneer Hy reageer, beskou jy dit as die ingryping van 'n hoër Hand in jou lewe. En tog beskou jy ander gebede wat deur God verhoor word as "toeval" en dank jy Hom nie vir die wonderlike wyse waarop alles vir jou uitwerk nie.

Dag na dag is daar mense wat 'n dowe oor na God draai en daarom worstel met 'n godsdiens wat ontoereikend is, en dit net omdat hulle weier om na God se stem te luister of om sy handewerk in hulle lewe raak te sien. Wanneer God Homself op 'n besondere wyse aan jou openbaar deur met jou te praat, wees verstandig – luister, begryp en gehoorsaam. Wanneer jy aandagtig luister en gretig is om sy wil te doen, sal sy plan vir jou lewe vir jou duidelik word en sy teenwoordigheid sal jou pad verlig.

Alleen met Jesus

✳ Lees Hebreërs 3:7-19.
✳ Bepeins die wonder dat die almagtige God met jou wil praat.
✳ Bid dat jy sensitief sal wees vir sy stem en dit sal gehoorsaam.
✳ Loof Hom omdat Hy veral deur sy Woord en Gees met jou praat.

Ek is nie 'n God wat net naby is nie, sê die Here, Ek is 'n God wat ook ver weg is. Niemand kan in 'n geheime plek wegkruip sonder dat Ek hom sien nie, sê die Here. Ek is oral in die hemel en op die aarde, sê die Here – Jeremia 23:23-24.

Die alomteenwoordige God van liefde

Daar is tye in baie mense se lewe dat hulle eensaam en alleen in die wêreld voel, dat dit vir hulle lyk asof hulle selfs van God verlate is. Hulle glo selfs verkeerdelik dat God van hulle af weggedraai het ... Hulle besef nie dat dit juis húlle is wat inderwaarheid van God af weggedraai het nie. Dit mag wees as gevolg van 'n te bedrywige lewe, skuldgevoelens, of as gevolg van ontnugtering. Die oorsake is eindeloos, maar die bittere gevolge bly altyd dieselfde: Jy is net nie in staat om te glo dat daar 'n God is wat jou op daardie oomblik liefhet nie.

Afgesien van wat die omstandighede in jou lewe mag wees, jy kan altyd seker wees van die feit dat God jou liefhet. Het Hy dan nie in Christus Jesus al jou skuld op Hom geneem en in jou plek gesterf nie? Die ander heerlike waarheid van die Christelike geloof is dat God alomteenwoordig is, dat sy liefde allesinsluitend is. Wat ook al jou toestand mag wees, die opgestane Christus se liefde vir jou is onvoorwaardelik.

Moet nooit voel dat jy alleen of verwerp is nie. Jesus het jou uitgekies om sy vriend te wees omdat Hy jou liefhet en vir jou omgee. Aanvaar sy liefde en deel dit met ander. Sodoende sal jy weet dat die God van liefde altyd en oral by jou is.

Alleen met Jesus

* Lees Jeremia 23:19-29.
* Mediteer die heerlike waarheid dat die God van liefde alomteenwoordig is.
* Erken met berou as jy soms van Hom af wegdryf.
* Jubel in die wete dat God jou liefhet en altyd deur die Heilige Gees met jou is.

Christus het ons vry gemaak om werklik vry te wees. Staan dan vas in hierdie vryheid en moet julle nie weer onder 'n slawejuk laat indwing nie – Galasiërs 5:1.

Die kosbare gawe van vryheid

Die volk van Israel was maar alte bewus van die betekenis van die juk van slawerny. In hulle geskiedenis is hulle keer op keer verslaan en in ballingskap weggevoer. Ten tyde van Christus se geboorte was hulle onder heerskappy van die magtige Romeinse Ryk. Maar ook in hulle geestelike lewe was hulle slawe: vasgevang in die streng en liefdelose voorskrifte van die wet van Moses en die priesterowerhede se interpretasie daarvan. Hulle het meer klem geplaas op 'n vertoning van skynvroomheid en skyn-heiligheid as wat hulle werklike vroomheid en heiligheid in die praktyk uitgeleef het.

Met die koms van Christus het 'n praktiese liefde vir God in die harte van mense ontstaan. Sy dood het aan hulle die versekering gegee van vergifnis en verlossing. Sy opstanding het die belofte van 'n ewige lewe verseël vir almal wat in Hom glo.

Ons durf so 'n ryk erfenis nie verontagsaam nie. Aanvaar met opregte dankbaarheid die offerande en beloftes van die lewende Christus. Glo altyd in Hom en in sy krag. Weerstaan die aanslae van Satan wat die saad van ongeloof in jou gedagtes wil saai. Skep 'n persoonlike en groeiende verhouding met jou Verlosser en ervaar die vreugde van vryheid in Christus. 13/6/2005

Alleen met Jesus

- Lees Galasiërs 5:1-12.
- Bepeins die prys wat Christus vir jou vryheid betaal het.
- Ondersoek jou lewe en kyk of daar nog dele is wat in slawerny is.
- Loof en dank die Here vir die vryheid wat Hy aan jou gee.

Ek skaam my nie oor die evangelie nie, want dit
is 'n krag van God tot redding van elkeen wat glo
– Romeine 1:16.

'n Voorskrif vir ware lewe

Daar is baie mense wat beweer dat hulle Christene is. Tog aanvaar hulle nie die onfeilbaarheid van die Woord van God nie. Dit mag ietwat na 'n veralgemening klink, maar dit word bevestig deur daardie geleenthede wanneer gedeeltes van die Woord onder verdenking geplaas word, of só verklaar word dat dit by iemand se persoonlike sienswyse kan aanpas. Oor die eeue heen het baie mense probeer om die Woord te manipuleer, soms tot op die punt van Godslastering en dwaling.

Indien 'n geneesheer vir jou 'n besondere medisyne voorskryf, gee jy nie aan die apteker instruksies om sekere van die bestanddele uit te laat nie. Wanneer jy in jou sakeonderneming professionele advies soek en dan dele van dié raad verontagsaam, soek jy slegs jou eie ondergang. Die situasie is niks anders wanneer jy daaraan dink dat die Woord van God jou gids tot 'n oorvloedige geestelike lewe is nie.

Wanneer jy die Woord by jou eie sienswyse en denke probeer aanpas, loop jy gevaar om so ontwrig te word dat wanhoop jou bedreig. Volg die Woord getrou en stiptelik en jy sal krag ontvang om elke lewensituasie te hanteer, want jy doen dit in die krag van God self.

Alleen met Jesus

✽ Lees Romeine 1:1-17.
✽ Dink na oor die plek wat God se Woord in jou lewe inneem.
✽ Die hele Skrif is deur God gegee! Glo jy dit onwrikbaar?
✽ Dank en loof die Heilige Gees wat vir jou die Skrif verklaar.

> In die tyd dat Ussia na die wil van die Here gevra het, het God dit goed laat gaan met hom
> – 2 Kronieke 26:5.

Die geheim van sukses

Die oorgrote meerderheid van mense beplan hulle lewe om hulleself tevrede te stel, en dit is verstaanbaar. Wat hulle egter nie altyd besef nie, is die belangrikheid daarvan om ware motivering vir sukses te hê. Om aan sukses te dink bloot in terme van besittings, geld of prestige, is om die diepste betekenis daarvan mis te kyk. Sukses besit geestelike komponente, en dit is alleen deur hierdie komponente te erken dat jy kan word wat God van jou verwag.

Ervaring het geleer dat 'n suiwer materialistiese gesindheid teenoor die lewe nie daarin kan slaag om die vreugde en bevrediging te verskaf wat van die lewe verwag word nie. Dit is omdat God geïgnoreer word in materialisme en waardes ontaard en verdraaid kan raak. In plaas daarvan om God lief te hê en die beheer van jou lewe aan Hom oor te gee, beheer en dryf geld jou. Jy ontwikkel in 'n harde en ongenaakbare persoon.

Wanneer God nie erken word nie, is dit onmoontlik om bewus te wees van sy Vaderskap. Dit beteken dat die unieke verhouding wat tussen jou en Hom bestaan, verbreek word en dat jy nie die inspirasie het wat nodig is vir ware sukses nie.

Soek God se leiding vir jou lewe en bly aan Hom gehoorsaam. Word sy vennoot en ervaar sukses en voorspoed wat op geestelike waardes gebou is. Jou lewe sal bruisend wees, met 'n doel, betekenis en sukses.

Alleen met Jesus

* Lees 2 Kronieke 26:1-8.
* Sukses is gebou op geestelike waardes. Dink ernstig hieroor na.
* Toets en ondersoek die waardes wat jy dink jou na sukses gaan lei.
* Dank God dat sy liefde jou waarborg vir sukses is.

Moenie wanhoop nie

Dit gebeur so dikwels in die lewe dat 'n mens op die grens van wanhoop huiwer. Jy het jou allerbeste probeer – tog het jy misluk; jy het jou planne noukeurig en sorgvuldig uitgelê – tog het alles skeef geloop; jy was so entoesiasties – tog is jou geesdrif deur siniese kritiek gedemp. En jy begin wonder of dit die moeite werd is om aan te hou.

Met die versoeking om alles in wanhoop op te gee in die aangesig van teenspoed en terugslae, moet jy altyd die voorbeeld wat Jesus Christus gestel het, onthou. Hy het wonderwerke verrig, goeie dade gedoen, Hy was barmhartig, Hy het mense geleer, genees en liefgehad. Tog was Hy die prooi van kritiek, haat en opposisie. Die Seun van die allerhoogste God is volgens die profeet Jesaja "verag en deur die mense verstoot, 'n man van lyding wat pyn geken het" (53:3). Maar Hy het nooit opgehou om tot die Vader te bid, om God se wil te volbring of om die uitdagings en versoekings wat oor sy pad gekom het, te hanteer nie.

Christus het aan ons sy Heilige Gees gegee om ons te ondersteun en Hy is in elke omstandigheid by ons. Bid gedurig dat Hy jou sal lei deur moeilike en gevaarlike tye. Voordat jy 'n nuwe plan van aksie aanpak, lê alles aan Hom voor in gebed. Jy sal nuwe energie en geestelike krag ondervind, selfs wanneer dit lyk asof alles en almal teen jou is.

Alleen met Jesus

✳ Lees 1 Tessalonisense 5:12-28.
✳ Mediteer oor die dun lyn tussen hoop en wanhoop en die plek van geloof hierin.
✳ Daar is geen situasie wat jy nie saam met God kan hanteer nie. Glo jy dit?
✳ Dank die Heilige Gees dat Hy altyd daar is om jou by te staan.

> Voor alles was Hy al daar, en deur Hom bly alles in stand – Kolossense 1:17.

God is permanent in beheer

In jou sakeonderneming, in jou politieke bedrywighede, op die sportveld en in jou private lewe, kom daar tye wanneer dit lyk asof alles skeef loop. Die toekoms lyk skielik vir jou duister en onseker, die hede is wankelrig en laat veel te wense oor. Dit is in sulke omstandighede dat jy in die versoeking is om met nostalgie terug te dink aan "die goeie ou dae".

Kyk 'n slag terug tot heel aan die begin. Jy sal opmerk dat nasies en enkelinge ook vroeër deur moeilike tydperke gegaan het wat vergelykbaar is met die hede. Hulle het rampe, swaarkry en gevaar beleef. Hulle het ook droefheid en pyn geken wat gelyk is aan enigiets wat ons vandag beleef. Tog het hulle in die wêreld staande gebly en ongeskonde deurgekom.

Voordat jy toegee aan verlammende neerslagtigheid, erken 'n slag teenoor jouself die almag en grootheid van God. Hy het die wêreld en die mensdom geskep en Hy waak daaroor. Hy het oor die eeue heen vir ons gesorg en Hy bewaar ons elke dag van die Bose. Deur sy groot liefde het God sy Seun vir ons gegee sodat ons wat in Hom glo nie verlore sal gaan nie, maar die ewige lewe sal hê (Joh 3:16). Hou vas aan sy heerlike beloftes en vertrou op die lewende Christus. Deur die drie-enige God – Vader, Seun en Heilige Gees – sal jy in alle omstandighede elke teenspoed oorwin.

Alleen met Jesus

* Lees Kolossense 1:15-20.
* Oorpeins die gerusstellende wete dat God volkome in beheer is.
* Indien jy dikwels optree asof Hy nie in beheer is nie, bely dit met skaamte en berou.
* Loof die drie-enige God vir elke oorwinning oor negatiewe denke.

Jesus het gehuil – Johannes 11:35.

Trane: swakheid of krag?

Daar is by baie mense die neiging om in tye van droefheid en verlies vir ander te sê: "Jy moet sterk wees!" Daar is geen twyfel daaraan dat hulle raad goed bedoel word nie. Nogtans is hierdie "dapper wees"-gesindheid nie noodwendig die verstandigste manier om die situasie te hanteer nie. Opregte meegevoel en liefdevolle ontsteltenis moet nie gereken word as swakheid nie.

Jesus Christus was geestelik, fisiek en verstandelik sterk van karakter. Sy krag word geopenbaar in die oorwinnende lewe wat Hy gelei het en deur die triomfantelike manier waarop Hy gesterf en uit die dood opgestaan het. Ten spyte van dit alles kon sy liefde en meegevoel sy gemoed in 'n tranevloed laat oorvloei. Dit was altyd trane van simpatie en meelewing. Sy krag het egter altyd geseëvier en mense het daarom op sy liefde gereageer.

Wanneer jy geroep word om iemand te troos of om te simpatiseer met iemand wat probleme het, moet nooit skaam wees vir trane nie ... solank dit deur die liefde van Christus gemotiveer word en nie oppervlakkige sentimentaliteit is nie. Dikwels sal deernis en simpatie wat sigbaar is in jou emosies luider en meer effektief spreek en meer troos bring aan die bedroefde hart van 'n medemens as 'n duisend woorde.

Alleen met Jesus

❊ Lees Johannes 11:33-44.
❊ Oorweeg biddend die krag van opregte trane.
❊ Dank God vir hierdie meganisme wat Hy vir jou ingebou het sodat jy jou medemens kan help en troos.
❊ Loof die Here vir die feit dat wanneer woorde nie meer troos nie, trane kan getuig van innige meelewing.

Abraham het in God geglo, en God het hom vrygespreek – Romeine 4:3.

Moet God nooit betwyfel nie

Een van die afbrekendste invloede in ons geestelike lewe is dat ons dikwels probeer om God se beloftes aan ons menslike verwagtings ondergeskik te maak. Indien ons verstand vir ons sê dat iets nie gedoen kan word nie, aanvaar ons dit soms sommer net so sonder om te dink. Gevolglik word jou geloof beperk en jy verloor die feit uit die oog dat niks vir God onmoontlik is nie.

Wanneer jy met 'n skynbaar onoplosbare probleem gekonfronteer word of jy gaan gebuk onder 'n ondraaglike las wat volgens jou nooit verlig sal word nie ... word 'n wyle stil en vra jou af uit wie se hoek jy daarna kyk – jou eie of God s'n?

Baie toegewyde mense verklaar vroom dat hulle oor 'n sekere saak gebid het, maar sodra hulle van hulle knieë af opstaan, buk hulle weer onder die las in, in plaas daarvan om dit af te gee aan die almagtige Vader. Abraham het verkies om alles te trotseer en die waarheid te aanvaar dat God wonderlike dinge vir en deur hom kan doen – hy het God onwrikbaar vertrou.

As jy soek om die wil van God te doen en 'n kanaal van sy liefde wil word, aanvaar die Bybelse waarheid dat jy 'n Meester dien wie se grootheid en almag al jou verwagtings en drome ver oortref.

Alleen met Jesus

- Lees Romeine 4:1-12.
- Dink na oor die wonderwerkende almag van God wat alle rede oortref.
- Sê vir God dat jy jammer is oor die kere dat jy sy almag betwyfel het.
- Dank die Here dat sy almag jou tot die onmoontlike in staat stel.

Glo in die Here Jesus, en jy sal gered word, jy
en jou huisgesin – Handelinge 16:31.

Ek moet Christus persoonlik aanneem

Baie van die vroom frases wat dikwels deur Christene gebruik word, verloor met die jare hulle trefkrag. Nie-Christene voel nie aangetrokke tot die oproep om Christus te volg nie, omdat dit in stereotiepe wartaal gedoen word. Hulle draai weg voordat die volle impak van Christus se uitdaging deur al die oorbekende clichés gedring het.

Wanneer die Christelike evangelie oorgedra word, moet ons probeer om die lewende Christus te verkondig, en nie ons eie siening van die Christelike geloof nie. Christus moet voorkeur geniet bo al ons eie leerstellings, dogmas en credo's. Dis moontlik dat jou kring van bekendes wat 'n dieper geestelike ervaring met Christus soek, reeds 'n sterk Christelike tradisie besit. Al het hierdie tradisie sy glans verloor en al soek hulle iets nuuts wat lewend en opwindend is, moet daar gewaak word teen 'n blote verandering van dogmatiese standpunt. Dis kan slegs 'n tydelike nuwigheid of 'n momentele opflikkering van emosie wees. Die kern is dat Christus self aangeneem en gedien moet word.

As Christen-dissipel is dit nie jou taak om mense se geloof oor God te verander nie. Jy is geroep om hulle by Christus uit te bring en hulle aan Hom voor te stel, om hulle te lei om Christus as Verlosser en Saligmaker aan te neem. Sy Gees sal die res doen.

Alleen met Jesus

✳ Lees Handelinge 16:25-34.
✳ Dink na oor proseliet-jagtery en jou roeping as getuie van Christus.
✳ Is jy geneig om jou persoonlike voorkeure te bevorder onder die dekmantel van Christelike getuienis? Vra die Heilige Gees om jou perspektief te herstel.
✳ Prys en dank die Here dat jy vandag sy medewerker en getuie mag wees.

Onthou die woorde van die Here Jesus. Hy het self gesê: Om te gee, maak 'n mens gelukkiger as om te ontvang – Handelinge 20:35.

Die geheim van ware geluk

Baie mense verwag meer van die lewe as wat hulle gewillig is om daarin te sit. Alles moet tot húlle voordeel geskied. Ontevrede met wat hulle reeds het, ongelukkig met wat hulle deur hulle ambisie bereik het, verkwis hulle hul tyd en energie in die strewe na die onbereikbare. Hulle eindig gewoonlik in frustrasie en teleurstelling.

Anders as die populêre filosofie om soveel te neem as wat jy kan kry; om alles te probeer behou wat jy het; om nie om te gee wie in die proses seerkry nie, is die geheim van geluk en 'n suksesvolle leefwyse om aan die lewe meer te gee as wat jy ontvang. Jesus Christus – die Meester van die lewenskuns – het dit geleer. Sy filosofie was uitdagend en eenvoudig: "Gee en vir julle sal gegee word: 'n volle maat, ingestamp en propvol, sal hulle in julle hande gee. Met die maat waarmee julle meet, sal ook vir julle gemeet word" (Luk 6:38).

Dit mag idealisties en onprakties klink, maar het jy al ooit iemand ontmoet wat volgens hierdie eenvoudige dog uitdagende filosofie leef en wat inhalig of gemeen is? Hierdie ingesteldheid reik ver verby finansiële verpligtinge en omsluit liefde vir dié wat dit nie verdien nie; deel in die probleme van verwardes en wanhopiges; en deel met ander wat hulp nodig het. Hierdie kultuur van "gee" kulmineer in die gee van jouself aan God. Dít is die hoogste gawe en die een handeling wat jou ganse lewe verryk.

Alleen met Jesus

✳ Lees Handelinge 20:28-38.
✳ Deur jouself aan Christus te gee, oes jy 'n ryk en bevredigende lewe. Bepeins hierdie stelling biddend en in stilte voor God.
✳ Is daar iets in jou lewe wat jy nog terughou? Praat met Jesus daaroor.
✳ Loof God dat Hy jou deur die Heilige Gees gelei het tot die geheim van geluk.

Wie die Seun het, het die lewe; wie nie die Seun van God het nie, het ook nie die lewe nie
1 Johannes 5:12.

Geniet volkome lewensvervulling

Dis nie 'n veralgemening om te sê dat baie mense ontevrede is met hulle lot nie. Vir hulle het die lewe geen ware sin of betekenis nie. Hulle vind geen bevrediging in hulle dagtaak nie en weet nie wat om met hulle vrye tyd te maak nie. Hulle word die prooi van 'n kleurlose bestaan sonder enige opwinding. Hulle het geen besondere doel of ambisie nie en bereik selde iets betekenisvol. Hierdie mense is ongelukkig, ontevrede, ontnugter en selfbejammerend omdat hulle voel dat die lewe hulle iets skuld.

Dit maak nie saak wat jou omstandighede is nie, dit is onnodig dat jy hierdie gevoelens van hopeloosheid en onwaardigheid moet deurmaak. As Christen het jy die uitnodiging van die Seun van God om deur Hom die lewe vir mense in al sy oorvloed te geniet (Joh 10:10). Hy het dit self ook in sy aardse omwandelinge geopenbaar. Hy het uit 'n eenvoudige agtergrond gekom, maar Hy het die lewe vir mense so mooi en indrukwekkend gemaak dat dit die hele menslike geskiedenis sedertdien beïnvloed het.

Maak vandag 'n oorgawe van jou lewe aan Christus en laat sy Heilige Gees toe om vir jou die pad na die ware "lewe" aan te dui. Só sal jy die lewensvervulling smaak wat Jesus aan almal bied wat Hom as Heer en Meester van hulle lewe aanvaar.

Alleen met Jesus

- Lees 1 Johannes 5:1-12.
- Dink biddend na oor die heilsfeit dat ware lewe alleen deur Christus kom.
- Bely dit met droefheid as jy soms nog van Hom af wegdwaal.
- Dank God dat Hy deur Christus jou lewe onmeetlik verryk en daaraan sin en betekenis gee.

> Sorg daarenteen dat julle steeds toeneem in die genade en kennis van ons Here en Verlosser, Jesus Christus – 2 Petrus 3:18.

Meer as wedergeboorte is nodig

Christelike wedergeboorte het vele fasette. Sommige mense beleef dit in die ontroerende atmosfeer van 'n opwekkings-diens; ander met die viering van die heilige nagmaal; en party hoor die stem van Christus in die stilte en reageer daarop. Hoe jy tot bekering kom, is God se werk; hoe jy daarop reageer, is jou eie verantwoordelikheid.

Wedergeboorte is maar die vertrekpunt van die Christen se pelgrimstog. Om dít te ontken beroof die Christendissipel van die rykdom, bevrediging en avontuursin wat op die Christelike pad op hom wag. Miskien is een van die grootste tragedies die getal Christene wat kan terugkyk en die dag en datum onthou waarop hulle 'n positiewe besluit vir Christus geneem het, maar toe nie daarin geslaag het om in die geloof verder te groei nie en geestelike suigelinge gebly het.

Op jou wedergeboorte moet 'n verandering van gesindheid teenoor die lewe volg, omdat die Gees van God jou lewe kom vul het. Bekering beteken nie dat jy van versoeking gevrywaar is nie. Al behoort jy nou aan die Meester, sal die duiwel jou nie so maklik uitlos nie. Daarom moet jy gereeld en met dissipline sinvol stilword by God. Jou geestelike welstand hang hiervan af. Want om die Bybel te verwaarloos en te bid slegs wanneer jy lus voel, is die grootpad na geestelike armoede en uiteindelike bankkrotskap. Gereelde en getroue afsondering by God sal jou geloof laat gedy; jou laat groei en vrugte dra wat by jou bekering pas.

Alleen met Jesus

* Lees 2 Petrus 3:12-18.
* Bepeins die waarheid dat dit wat jy nie geestelike gebruik nie, kwyn en uiteindelik sterf.
* Bely voor God indien daar by jou 'n gebrek aan groei is. Begin jouself dissiplineer.
* Dank die Heilige Gees vir groei wat in jou geestelike lewe waarneem-baar is.

Dan sal die lig vir jou deurbreek soos die rooidag ... Hy wat jou red, sal voor jou uit gaan, die mag van die Here sal agter jou aankom – Jesaja 58:8.

Put krag en inspirasie uit die verlede

Die lewe is soos 'n kaleidoskoop: soos jy leef, verander die kleure gedurig. Soms is alles stralend helder, en dan oorweldig die donker wolke van terneergedruktheid jou weer.

As jy terugkyk op die pad waarlangs jy gekom het, sal jy in alles wat met jou gebeur het 'n vaste patroon sien. Daar sal baie tye wees waarvan jy kan sê: "Waarlik, die Here was by my.

Gelukkig is dié persoon wat die leidende hand van God in sy verlede kan raaksien. Om na die verlede te kyk gee dikwels vir ons die moed om die toekoms aan te durf. Indien jy in die verlede die leiding van God as "toeval" bestempel het en nie aan Hom die lof en dank gegee het wat Hom toekom nie, begin vandag om Hom te dank vir al die "toeval" wat in jou lewe plaasgevind het. Jy sal dit begin herken as wonderwerke.

Of jy op die oomblik opgeruimd of terneergedruk voel; as jy moet voortploeter soos jy dit jare lank reeds doen – kom tot stilstand en bring dank aan jou hemelse Vader. Jy kan begin deur te sê: "Dankie, Vader ..." Want Hy is nou by jou. Dié wete behoort jou gees te inspireer en jou in staat te stel om die lewe met vertroue aan te durf. Dank Hom vir seëninge van die verlede en sê vir Hom dat jou lewe oop is vir wat Hy ook al in die toekoms mag stuur. Loof Hom vir die verlede, aanbid Hom in die hede, vertrou Hom met die toekoms.

Alleen met Jesus

✳ Lees Jesaja 58:1-14.

✳ Mediteer oor die feit dat God die grootste Kragbron van jou lewe is.

✳ Die woord "toeval" bestaan nie in die Christen se woordeskat nie. Bestaan dit dalk in joune?

✳ Hemelse Vader, ek put krag uit u seëninge van die verlede en ek beweeg die toekoms in met toenemende selfvertroue.

Ons weet dat God alles ten goede laat meewerk vir dié wat Hom liefhet, dié wat volgens sy besluit geroep is – Romeine 8:28.

God wil vir jou net die beste hê

Hoe dikwels het daar al dinge in jou lewe of in dié van mense na aan jou gebeur waarin jy geen doel of sin kon sien nie? 'n Konsensieuse persoon verloor sy werk; 'n spaarsamige persoon verloor sy spaargeld van 'n leeftyd; iemand wat 'n goeie lewe lei, word deur ernstige siekte geknak; 'n onskuldige persoon word die prooi van sinlose geweld. In sulke omstandighede is dié vraag op die meeste mense se lippe: Waarom? Waarom het dit gebeur? Waarom het God dit toegelaat?

Een van die basiese beginsels waarop jou geloof gebou is, is dat God 'n doel het met alles. Te midde van Job se verskriklike lyding sê sy vriend Sofar: "Kan jy begryp wie God werklik is? Kan jy die Almagtige ten volle verstaan?" (11:7). Net soos met Job, so sal dit wees met dié wie se geloof in die goedheid van God onwrikbaar is. Op sy eie goeie tyd sal God sy wil openbaar en ons sal sien dat wat Hy gedoen het, tot ons voordeel is.

As jy nou deur 'n moeilike tyd gaan, mag hierdie woorde na 'n oorvereenvoudiging van jou probleem klink. Dink egter 'n oomblik aan die gevangeneming, marteling en kruisiging van Jesus Christus. Wie sou ooit enige goeie doel daarin kon sien? Maar op Christus se lyding is die Christen se hoop op verlossing en die ewige lewe gebou. So word God se goeie bedoelings in elke situasie van die lewe bewys.

Alleen met Jesus

- Lees Romeine 8:18-30.
- Word stil en bepeins die stelling dat alles vir ons ten goede meewerk.
- As jy al hieraan getwyfel het, verbind jou nou daartoe om dit heeltemal te aanvaar.
- Bid dat die Here jou geloof sal versterk om dit in alle omstandighede te glo.

Die Here is my lig en my redder, vir wie sou ek bang wees? Die Here is my toevlug, vir wie sou ek vrees? – Psalm 27:1.

Geloof verdryf vrees

Vrees is vandag die dominante faktor in die lewe van talle mense. Soos vooruitgang gekom het, so het die gevare vermeerder. Nou leef die mens in vrees vir kernrampe; bakteriologiese oorlogvoering; internasionale misdaad; terrorisme ... Die ysige vinger van vrees klem al hoe stywer om ons harte. Mense probeer om uit al hierdie onsekerheid te ontvlug deur hulle toevlug na dwelms en alkohol te neem – tot nadeel van hulle gesondheid en welwese.

As jy oor die geskiedenis terugkyk na die dae van die psalmis, val dit jou op dat mense in daardie tyd ook in onsekerheid en vrees geleef het. Hulle was geneig tot bygelowigheid. Baie is in gevangenskap weggevoer. Die onbuigbaarheid van die wet van Moses het hulle lewe beheer in teenstelling met die wet van die liefde wat Christus vir ons voorgehou het. Tog vind die psalmis sy hoop en verlossing in God.

Wanneer jy skuiling soek teen die gevare van die lewe; wanneer jy 'n lig soek om die duisternis rondom jou te verhelder; wanneer jy beskerming soek teen die storms wat dreig: *draai na Christus toe!* Hy sal jou voorsien van die skuilplek wat jy nodig het en die moed om die lewe vreesloos aan te durf, omdat jy dit in sy krag en liefde doen.

Alleen met Jesus

✳ Lees Psalm 27:1-14.
✳ Geloof verdryf vrees. Bepeins hierdie diepgrypende stelling.
✳ Moet jy ook soms bid: Here, versterk my swak geloof? Doen dit gerus.
✳ Dank die Heilige Gees wat die geloof in jou hart versterk.

> Maar 'n mens moet gelowig bid en nie twyfel nie, want iemand wat twyfel, is soos 'n brander in die see wat deur die wind aangejaag en heen en weer gedryf word – Jakobus 1:6.

Gebed is nie 'n dobbelspel nie

Geloof is die fondament van jou gebedslewe. Indien jou geloof in Jesus Christus swak is, kan jy Hom onmoontlik glo en vertrou; en as jy nie in Hom glo en Hom nie vertrou nie, sal jou gebedslewe ondoeltreffend en betekenisloos wees. Dit sal lei tot 'n ongelukkige en rustelose bestaan waarin jou besluiteloosheid jou gefrustreerd, onseker en doelloos laat.

Die Skrif is vol oproepe tot gelowiges om God te vertrou en hulle nood in gebed aan Hom op te dra. Tegelykertyd verseker die Woord ons gedurig dat God in sy groot genade ons gebede sal verhoor en in Jesus Christus voorsiening sal maak vir ons behoeftes. Dit is nie ydele beloftes nie – dis beloftes van 'n God wie se liefde vir jou in sy Seun se soendood aan die kruis van Golgota bewys is.

Bestudeer die Woord van God en neem kennis van die redding wat geloof in God bring. Let op die wyse waarop God die gebede van gelowiges beantwoord het – en ook in ons tyd nog doen. Maak dan seker, terwyl jy bid, dat jy 'n pleidooi by die opgestane Heiland lewer om aan jou geloof te gee sodat jy sal ophou twyfel en sal glo dat die alsiende, alwetende en liefdevolle God in alle dinge vir jou sal voorsien omdat jy deur geloof onlosmaaklik aan Hom behoort.

Alleen met Jesus

* Lees Jakobus 1:1-8.
* Evalueer in die stilte by God die omvang van jou gebedsgeloof.
* Dank God vir al die besielende gebede wat in sy Woord opgeteken is.
* Dankie, Here Jesus, vir die versekering dat U die gebede van gelowiges verhoor. Laat u Heilige Gees my Leermeester in gebed wees.

Hy is nie ver van enigeen van ons af nie, want deur Hom lewe ons, beweeg ons en bestaan ons Handelinge 17:27b-28.

Christus staan sentraal

Christene moet altyd onthou dat Christus die sentrale punt van hulle geloof en bestaan is. Geloofsbelydenisse en dogmas is noodsaaklik, maar die oomblik wanneer jy besef dat die lewende Christus nie meer daarby is nie, gaan die kernwaarheid van ons Christelike geloof verlore.

Christus moet in die sentrum van jou geloof en lewe staan. Om dit moontlik te maak moet jy 'n persoonlike verhouding met Hom hê. Dit is waar: Hy is die Koning van alle konings en die Heer van alle here; Hy is die beliggaming van die ewige God en om Hom as Verlosser en Vriend te ken, is die grootste van alle menslike ervaringe. Dit impliseer nie 'n bloot emosionele benadering tot die Verlosser wat jou beter verstaan as wat jy jouself verstaan nie, maar die besef dat jy deur Christus in 'n ryker verhouding met die ewige God staan.

Om 'n volgeling van Christus te wees, behels dat jy sekere verpligtinge vrywillig sal aanvaar. Hierdie verpligtinge behoort nie 'n las te wees nie, maar die manier waarop jy jou liefde be-tuig teenoor Hom wat jou eerste liefgehad het. Deur gebed word jou lewe verryk, geestelike waarhede word praktiese werklikhede en die almagtige God word jou Beskermer en Gids. Gee jou onvoorwaardelik aan Hom oor en word sy besit-ting. Christus sal in jou woon en sy wil sal in jou lewe geskied. Dan sal jy verstaan wat dit beteken om een met Christus te wees.

Alleen met Jesus

✴ Lees Handelinge 17:21-34.
✴ Lewende Christus, wees die Middelpunt van my lewe, sodat elke gedagte en daad deur U gemotiveer mag word.
✴ Oordink die waarheid dat Christus sentraal in jou lewe moet staan.
✴ Dank God dat Hy deur Christus en die Heilige Gees in jou wil bly.

> Gee aandag en kom na My toe, luister, en julle sal lewe – Jesaja 55:3.

Bestaan jy of leef jy?

Enige lewende wese wat nie voedsel inneem nie, sal uiteindelik sterf. Die menslike liggaam kan nie die aftakeling van onophoudelike honger en dors teenstaan nie. Die liggaam verswak totdat die dood intree. Só sal 'n plant of boom sonder water en bemesting ook geleidelik kwyn en sterwe.

Jou geestelike lewe is ook onderworpe aan die wrede gevolge van honger en dors. Indien dit nie behoorlik versorg en vertroetel word nie, sal dit kwyn en sterf. Net soos jou fisieke liggaam afhanklik is van voedsel en water vir oorlewing, so moet ook jou geestelike lewe gevoed word sodat dit kan lewe en groei.

Jesus Christus, die brood en water van die lewe, nooi jou om na Hom toe te draai. Hy gee jou die versekering dat elkeen wat na Hom toe kom, nie honger of dors sal wees nie (Joh 4:14). Maak jou hele lewe vir Hom oop sodat sy Heilige Gees dit kan oorneem en vir jou die pad kan aandui wat jy elke dag moet volg.

Die uitdaging aan Christus se volgelinge is vandag nog net so waar as toe Hy gesê het: "Julle ondersoek die Skrif omdat julle dink dat julle die ewige lewe daarin kry. En dit is juis die Skrif wat oor My getuig. Tog wil julle nie na My toe kom sodat julle die lewe kan kry nie" (Joh 5:39-40). Gee jouself aan Christus en jy sal waarlik *lewe*, nie net bestaan nie.

Alleen met Jesus

✳ Lees Jesaja 55:1-13.
✳ Mediteer oor die waarheid dat ware lewe by Jesus begin en eindig.
✳ Pleit dat die Woord jou telkens weer by Christus sal uitbring.
✳ Dank Christus vir sy belofte in Johannes 10:10.

En om Hom lief te hê met jou hele hart en met jou hele denke en met al jou krag en om jou naaste lief te hê soos jouself is van meer belang as al die brandoffers en ander diereoffers – Markus 12:33.

Geen substituut vir die lewe nie

Om Christus lief te hê bevry jou van 'n veroordelende gesindheid. Hierdie bevryding skep 'n begrip vir die menslike natuur wat gebaseer is op Christelike liefde. Omdat jy bewus is daarvan dat jou sondes vergewe is, huiwer jy om oor ander 'n oordeel uit te spreek. Hierdie liefde en begrip beteken nie dat jy sal weier om hulle foute en tekortkominge raak te sien nie, maar met die twee pilare van liefde en begrip as die onderbou van jou menslike verhoudinge, sien jy hulle bedoeling sowel as die resultaat raak. Om alles te weet is om alles te vergewe. Dieper kennis en insig stel jou in staat om by die sonde verby te kyk en die sondaar om Christus se ontwil lief te hê.

Wanneer die Heilige Gees in jou woon, sien jy nie net ander se tekortkominge nie, jy sien ook wat hulle deur die verlossende genade van Christus kan word. Al moet iemand self verantwoordelikheid vir sy sonde aanvaar, sien God die sondaar apart van sy sonde. En wanneer jy iemand sien soos Christus hom sien, besef jy dat daar dikwels onder die ruwe en onaantreklike voorkoms 'n gees is wat pleit om verlos te word tot die volle vryheid wat alleen Christus kan gee. Dan ontwikkel jy 'n liefdevolle begrip wat vir God aanvaarbaar is, wat vir 'n afgedwaalde mens verlossing kan beteken, en vir jou bevrediging as getuie van God se liefde kan meebring.

Alleen met Jesus

* Lees Markus 12:28-34.
* Dink na oor die plek wat liefde in al jou verhoudinge speel.
* Indien liefde in jou lewe op 'n syspoor gerangeer is, kry dit deur gebed weer op die spoor.
* Dank en loof die Heilige Gees wat die vrug van liefde in jou hart laat groei.

Elkeen wat in julle kring groot wil word,
moet julle dienaar wees; en elkeen wat onder julle
die eerste wil wees, moet julle slaaf wees
– Matteus 20:26-27.

Ware grootheid

Belangrike persone word altyd omring deur aanhangers en amptenare. In baie lande word hulle prestige, posisie en belangrikheid gemeet aan die grootte van hulle gevolg.

Toe Jesus geleer het dat konstruktiewe en geïnspireerde diens van groter belang as is sosiale status, het Hy die mens se begrip oor belangrikheid gerevolusioneer. Ná meer as 2 000 jaar van Christelike onderrig, begryp mense nog nie die volle impak van hierdie waarheid nie. Prestige, posisie en status word nog aanbid en daar is steeds 'n gestoei om hoë gesagsposisies – ongelukkig selfs in die kerk van Christus.

God se waardes het nog nie gemeenskappe binnegedring nie. Omdat Christus hierdie waardes nie herroep het nie, moet hulle nog van krag wees. Christelike diens veronderstel geensins kruiperigheid nie. 'n Dissipel is terdeë bewus van sy unieke verhouding met God deur Christus en al is daardie verhouding tussen hom en God, raak dit die hele mensdom. Dis onmoontlik om God lief te hê en te glo dat Hy jou liefhet, sonder om ook vir jou medemens om te gee.

Hierdie soort omgee vir jou medemens word geïnspireer deur die liefde van God wat deur jou diens tot openbaring kom. Wanneer jy omgee en dien tot sy eer en in die gesindheid van Jesus Christus, ontdek jy wat ware grootheid beteken.

Alleen met Jesus

* Lees Matteus 20:20-28.
* Nederigheid is 'n vrug van die Heilige Gees. Dink na hieroor.
* Leef jy soms nog selfgesentreerd? Bely dit voor God en vra die Heilige Gees om jou te help om 'n voetewasser te word.
* Prys die Here vir die bevryding wat liefdevolle diens meebring.

Julie

Verjaarsdae

	1	
	2	
	3	
	4	
	5	
	6	
	7	
	8	
	9	
	10	
	11	
	12	
	13	
	14	
	15	
	16	
	17	
	18	
	19	
	20	
	21	
	22	
	23	
	24	
	25	
	26	
	27	
	28	
	29	
	30	
	31	

Gebed

Heilige en liefdevolle Vader,
ek aanbid U as die Almagtige wat ook die seisoene geskep het.
Daarom weet ek dat U ook in die wintertyd met my is.
Wil U in die winterkoue van ryp en sneeu sorg vir dié wat
geen heenkome en geen warm slaapplek het nie.
Ontferm U oor die armes en die hongeres vir wie die
winter vreesaanjaend en lewensgevaarlik is.
Here van lewe en oorvloed,
daar is baie mense wat deur 'n wintertyd in hulle
geestelike lewe worstel.
U het gekom sodat hulle die lewe in oorvloed kan hê.
Gee dat daar in die geestelike winters van u kinders
lentebloeisels sal uitbreek ... so onmoontlik as wat dit klink.
Lei ons almal tot 'n geestelike winterrus in u liefde sodat ons
gereed kan wees vir die opwellende lentelewe.
Meester, hier midde-in die winter lyk die somer en
Kersfees nog so ver.
Gee aan ons geloof sodat ons ook in die koue van die winter
die somerwarmte van die Son van geregtigheid mag geniet.
Laat ons ook in die winter Kersfeesvreugde ondervind in
die blye wete: Immanuel – God met ons!
Ons bid dit in die onsterflike Naam van Jesus Christus wat
gekom het om al ons winters in lentevreugde te omskep.

Amen

En nou gaan ek Jerusalem toe, daartoe gedring deur die Gees. Wat dáár met my sal gebeur, weet ek nie – Handelinge 20:22.

In die geloof vorentoe

Mense se gesindhede teenoor geloof is uiteenlopend. Daar is dié wat glad nie glo nie; en daar is dié wat 'n roekelose en blinde geloof verkies. Ander, weer, dink dat geloof beteken om al jou probleme aan God voor te lê en dan agteroor te sit en wag dat Hy dinge moet laat gebeur.

Ware geloof vereis gebed, oorgawe en aksie. Om hieraan uitvoering te gee, moet jy te alle tye sensitief wees vir die Heilige Gees. Dit is Hy wat jou in staat sal stel om jou geloof in die praktyk toe te pas.

Nadat jy in gebed God se leiding gesoek het, is dit belangrik om jou dit waaroor jy gebid het aan Hom oor te gee. Dit is sinloos om God se leiding te vra en dan jou eie pad te volg en uiteindelik God se seën daarop te verwag. Die eerste tree in geloof is om op die Here te wag, want so erken jy dat Hy volkome in beheer is en dat sy wil en sy tydsberekening vol-maak is.

Op die regte tyd sal die Heilige Gees jou dring tot aksie. Dan begin jou volgende stap in die geloof: om te doen wat God jou deur die Heilige Gees beveel. Indien jy 'n intieme verhouding met Christus handhaaf, sal jy weet wanneer Hy jou in 'n beson-dere rigting lei. Dan kan jy volle trefkrag aan jou geloof gee deur sy wil vir jou lewe te aanvaar en uit te voer.

Alleen met Jesus

✳ Lees Handelinge 20:17-38.
✳ Geloof is nie 'n sprong in die duister nie! Bepeins hierdie stelling biddend.
✳ Bely dit as jy dikwels die pad van jou eie blinde hart wil volg.
✳ Loof en prys die Here dat jy nie aan die noodlot oorgelaat is nie, maar aan 'n liefdevolle God wat sy kinders lei.

Ek self gee jou die opdrag. Wees sterk, wees vasberade. Moenie skrik nie, moenie bang wees nie, want Ek, die Here jou God, is by jou oral waar jy gaan – Josua 1:9.

Geloof groei uit geringe dinge

Al weet jy nie wat hierdie maand of dag vir jou inhou nie, kan jy dit met vertroue tegemoetgaan omdat jou hemelse Vader alomteenwoordig is. Niks is vir Hom verborge nie. Jy kan jou volle vertroue in Hom plaas in die wete dat, as jy Hom vertrou en met Hom saamwerk, Hy jou op sy volmaakte pad sal lei.

Dit is nie vir jou nodig om bang te wees of om deur oomblikke van wanhoop te worstel nie, want al is die pad vir jou onbekend, is dit wel aan God bekend. Hy het belowe om jou getroue Gids, Raadgewer en Reisgenoot te wees. Jy kan jou volle vertroue in Hom plaas en vir seker weet dat Hy jou nooit sal teleurstel nie.

As jy vind dat dit moeiliker is as wat jy gedink het om jou vertroue in God te plaas, begin deur Hom in die geringe en nietige dinge van die lewe te vertrou. Versterk jou geloof met klein dade wat aan jou sal bewys hoe getrou God is. Wees dankbaar wanneer God in jou lewe werk en moet nooit sy volmaakte tydsberekening of beantwoorde gebede as "toeval" of vanselfsprekend beskou nie.

Dank Hom en laat sy positiewe aksie jou geloofsreserwes opbou sodat, wanneer groot struikelblokke opduik, jy jou krag daaruit kan put en die struikelblokke kan oorwin.

Alleen met Jesus

- Lees Josua 1:1-9.
- Verlustig jou in die gerusstellende waarheid dat God alomteenwoordig is.
- As jy God nie in die klein dingetjies kan vertrou nie, hoe sal jy dit met die grotes kan doen? Maak hierdie saak in gebed met God uit.
- Dank die Here vir die krag tot aksie wat Hy deur die Heilige Gees gee.

Loof die Here, want Hy is goed, aan sy liefde is daar geen einde nie! – Psalm 106:1.

Wanneer jy terneergedruk is: Loof die Here!

Mense raak maklik ontmoedig. 'n Terugslag, 'n teleurstelling of mislukking – dit alles skep gou 'n atmosfeer van swartgalligheid. Hulle beskou die situasie vanuit die oogpunt van wat kón gewees het. Hoeveel aandag word egter gegee aan die goeie dinge wat God hulle wél in die lewe skenk? Wat van die elkedagse seëninge wat so onverdiend uit sy hand vir hulle toeval?

Dit maak nie saak wat in jou lewe gebeur nie, die een groot, onveranderlike feit is dat God liefde is en dat Hy jou liefhet. Dié Christus in wie jy glo en wat jy aanbid, het sy lewe geoffer om die diepte van sy liefde vir jou te bewys. Niemand sal dít doen tensy hy/sy vir wie die offerande gemaak word, baie kosbaar is nie: "Niemand het groter liefde as dit nie: dat hy sy lewe vir sy vriende aflê" (Joh 15:13).

Wanneer jy terneergedruk is en dit vir jou lyk asof niks in jou lewe reg uitwerk nie, onthou dan die onpeilbaarheid van God se liefde vir jou – 'n liefde wat jou nooit sal laat los nie. Onthou en waardeer die vele seëninge waarmee Hy jou oorlaai – dié dinge wat jy soms as vanselfsprekend aanvaar.

Jy word geseën met die liefde van God jou Vader, wat altyd deur Jesus en die Heilige Gees by jou is. Hy sal jou lei, versorg en beskerm en in elke nood voorsien. Dis onmoontlik om in die lewe vir meer as dít te vra. Loof die Here!

Alleen met Jesus

✳ Lees Psalm 106:1-12.
✳ Verbly jou in die waarheid van Psalm 23:1: "Die Here is my herder, ek kom niks kort nie."
✳ Het lof en dankprysing by jou 'n lewenswyse geword? Antwoord God hierop.
✳ "Ek wil die Here loof en nie een van sy weldade vergeet nie" (Psalm 103:2).

Moenie bang wees nie, Ek verlos jou, Ek het jou
op jou naam geroep, jy is Myne – Jesaja 43:1.

Om aan Iemand te behoort

Daar is mense wat om verskeie uiteenlopende redes voel dat hulle alleen in die wêreld is. Vir party is dit 'n permanente toestand, terwyl dit vir ander net 'n wisselende emosionele gevoel is. Dit maak nie saak wanneer en hoe jy hierdie alleenheid beleef nie, die feit bly: dit laat jou terneergedruk en eensaam voel omdat jy alles alleen moet aandurf.

Indien jy jou in so 'n posisie bevind, is dit van die uiterste belang om te onthou dat jy as kind van God nooit werklik alleen is nie. Jy behoort aan jou hemelse Vader en Hy gee vir jou om met 'n liefde wat geen grense ken nie. Sy Seun, Jesus Christus, het selfs om jou ontwil aan die kruis op Golgota gesterwe.

Wanneer jy deur 'n dor en barre landskap van die gees reis; wanneer dit vir jou lyk asof jy doelloos voortploeter in 'n verlate vallei – onthou dat jy nie alleen is nie. Omdat jy God se kind is, sal Hy jou versorg soos Hy beloof het.

Neem jou eensaamheid en probleme in gebed na die Here en ontlaai jou hart by Hom. Hy hoor jou noodroep en verstaan jou diepste behoefte. Vra vir sy hulp – en wanneer Christus jou las verlig, sal jy 'n vrede beleef wat alle verstand te bowe gaan. Mag die wete dat God vir jou omgee, jou hart met hoop, blydskap en vrede vul.

Alleen met Jesus

�֍ Lees Jesaja 43:1-9.
✖ Probeer weer eens begryp wat dit beteken om kind van God te wees!
✖ Bid dat Hy deur sy Gees jou gedurig bewus sal maak van sy teenwoordigheid.
✖ Loof die Here vir die hoop, blydskap en vrede wat Hy gee.

> In my nood het ek tot die Here geroep, en Hy
> het my gebed verhoor – Jona 2:2.

Hulp is byderhand

Ons het almal op die een of ander tydstip op ons lewensreis hulp dringend nodig. Die pad loop selde oor 'n lang tyd ononderbroke gelyk. Dit is onvermydelik dat daar onbegaanbare dele sal wees, tye wanneer ons dit nie alleen kan maak nie. Dan word ons gedwing om hulp in te roep.

Hierdie nood mag die gevolg wees van siekte, 'n groot droefheid in jou lewe, fisieke of verstandelike beproewing, gesins- of huishoudelike probleme, werkloosheid. Wat die aard ook al mag wees, jou nood is wesenlik en 'n hulproep dwing na jou lippe in 'n versugting dat jou nood gelenig sal word.

Wanneer jy die Skrif bestudeer, veral die Evangelies, sal jy telkens lees van insidente waarin mense wat siek of fisiek gestremd, bedroef, bekommerd of bang was, na Jesus gekom het vir hulp – selfs as 'n laaste toevlug -- en Hy het hulle noodroep gehoor en hulle met hulle probleem gehelp.

Indien jy in die moeilikheid verkeer, draai nou in gebed na Jesus toe en maak jou nood aan Hom bekend, hoe groot dit ook vir jou mag lyk. Wag dan op Hom en wees dankbaar in die wete dat Hy op sy eie volmaakte tyd vir jou 'n antwoord sal hê. Hy het beloof om niemand weg te wys wat na Hom toe kom nie. Hulp is altyd byderhand solank Christus in jou lewe sentraal staan (Matt 11:28).

Alleen met Jesus

* Lees Jona 2:1-10.
* God is net 'n gebed van jou af! Mediteer oor hierdie onwrikbare feit.
* Soek jy soms jou hulp buite God om? Erken dit met droefheid aan Hom.
* Dank die Here dat jy in tye van nood jou vertroue in Hom kan plaas.

> Luister tog, gee tog ag op die gebed wat ek, u dienaar, sonder ophou tot U bid – Nehemia 1:6.

Om vir ander te bid

Tensy ons baie waaksaam is, kan ons gebedslewe ontaard in 'n versoeklys wat ons aan God voorlê ter wille van ons eie belange. Dit is waar dat Jesus ons uitnooi om met al ons probleme na Hom toe te kom, maar ware gebed behels veel meer as dit. Een van die mees geseënde genadegawes wat God aan ons gegee het, is die vermoë om namens ander mense sy troon te nader.

Die Here eis van ons dat ons mekaar sal liefhê (1 Joh 4:7). Dit is logies dat ons liefde almal moet insluit, nie net dié vir wie ons lief is nie. Dit sluit ook mense in van wie ons nie hou nie – ja, selfs dié vir wie ons verag. So 'n vorm van liefde vereis konstante selfdissipline. Met die hulp van die Heilige Gees sal jy vind dat dit gedoen kan word, as jy gewillig is om die Here te vertrou en te gehoorsaam.

Die mees effektiewe manier om almal lief te hê, is om vir mense in gebed by God in te tree. Jesus roep ons op om ons vyande te seën, nie te vervloek nie (Matt 5:44; Rom 12:14). Bid vir hulle wanneer jy nood of behoefte in hulle lewe waarneem. Dra hulle aan God se liefde op. Wanneer jy bewus word van kommer, droefheid of probleme – bid vir daardie persoon, ongeag wie dit is.

Wanneer jy só 'n gebedslewe aankweek, sal jy spoedig vind dat vrede en liefde in jou eie lewe gestalte vind.

Alleen met Jesus

✳ Lees Nehemia 1:4-11.
✳ Dis moeilik om van jouself weg te kyk en vir ander te bid. Dink hieroor na.
✳ Bely dit aan God as jou gebedslewe nog té selfgerig is.
✳ Laat die Heilige Gees jou lei in jou voorbidding vir ander.
✳ Dank die Here vir die wonder van intredende gebed.

As jy aan God 'n gelofte gedoen het, moet jy nie versuim om dit te betaal nie. Hy hou nie van ligsinnige mense nie. Wat jy beloof het, moet jy betaal – Prediker 5:3.

Betaal jou geloftes

Die kans is groot dat jy al in die een of ander stadium van jou lewe aan God 'n gelofte gemaak het. Dit mag tydens 'n ernstige siekte gewees het; in 'n oomblik van groot vrees en angs; of toe jy probleme en hartseer deurgemaak het. Dalk het jy toe belowe dat, indien Hy jou sou help, jy vir Hom iets sou doen wat jy seker was vir Hom aanneemlik sou wees. Maar toe die krisis verby was en die lewe weer sy normale gang gegaan het, het jy van jou gelofte vergeet. Om te vergeet bevry jou egter nie van jou geloftes nie. Jy is nog onder 'n ernstige verpligting teenoor God.

Jy mag redeneer dat 'n gelofte wat onder druk gemaak is, nie bindend kan wees nie. Gevolglik voel jy onder geen verpligting teenoor jou Helper nie. Dit is waar dat God sy heelal sonder jou hulp of samewerking kan hanteer, maar jy kan nie 'n lewe wat vir God aanneemlik is, leef op gebroke geloftes nie.

Elke gebroke gelofte verswak jou morele en geestelike lewe. Moontlik vra die gelofte wat jy gemaak het na jou mening 'n té groot opoffering, maar as jy jou verpligting teenoor God nie nakom nie, impliseer dit dat jy sake van sekondêre belang toelaat om voorrang bo God in jou lewe te verkry.

Die geskiedenis bewys dat as jy jou geloftes aan God nakom, jy deur Hom geëer word. Oor hierdie waarheid kan jy nie redeneer nie, maar dit slegs ervaar deur jou geloftes aan God na te kom.

Alleen met Jesus

- Lees Prediker 5:1-6.
- Oorpeins die erns daarvan om aan God geloftes te doen.
- Kan jy dink aan geloftes aan God wat jy nie nagekom het nie? Doen nou iets daaraan.
- Dank God vir al sy geloftes wat Hy so getrou nakom.

Al sit ek in die donker, die Here is my lig
– Miga 7:8.

Laat geloof jou leefwêreld verhelder

Die geskiedenis sal bevestig dat die wêreld oor die eeue heen donker tye geken het. Ekonomiese krisisse; nasies wat deur oorloë geteister is; mense wat in hul miljoene gesterf het deur pessiektes, hongersnood en ander rampe. Ten spyte van die asemrowende tegnologiese vooruitgang van ons dag, is daar nog baie tye waarin mense oor die wêreld heen in vrees en angs lewe en deur 'n donker wolk van wanhoop oordek word.

Om in hierdie omstandighede te kan oorleef en neerslagtigheid te oorwin, is dit noodsaaklik dat jou geloof in die liefde en almag van die opgestane Heiland sterk sal wees. In sulke tye moet jy kan terugkyk en sien hoe die majesteit en almag van God van die begin af alle duisternis oorwin het. Bestudeer die Woord van God. Die bewyse van sy almag wat aan die werk is in wêreldgebeure, sal vir jou aandui hoe Hy teëspoed en rampe in heerlike oorwinning omskep het; hoe Hy die swakkes sterk gemaak het en die duisternis in nagverdrywende lig omskep het.

In tye van terneergedruktheid moet jy Golgota onthou. Niks kon meer negatief gewees het as Jesus se kruisiging nie – en tog was daar in die geskiedenis geen groter triomf as sy opstanding uit die dood nie. Plaas jou geloof en vertroue in God en sy krag, en ook jou donker wêreld sal verhelder word.

Alleen met Jesus

- Lees Miga 7:1-10.
- Mediteer oor die feit dat geloof in God jou in staat stel om teëspoed te oorkom.
- Bid vir 'n geloof in dié God wat sterk genoeg is om jou deur donker tye te dra.
- Loof die Heilige Gees vir sy troos in donker dae.

> Laat jou lewe aan die Here oor en vertrou op
> Hom; Hy sal sorg – Psalm 37:5.

Die noodsaaklikheid van 'n doelwit

'n Lewe sonder doelwitte is soos 'n skip sonder kaart en kompas; dit vaar oor oseane maar bereik nooit die begeerde hawe nie. Om suksesvol te lewe, moet jy koers hê sowel as doelwitte wat die moeite werd is. As jy 'n verhewe doelwit in die lewe het en God se seën daarop ervaar omdat jy volgens sy wil daarna streef, ervaar jy satisfaksie en werk jy met vertroue.

Daar is gelukkige mense wat van kleins af geweet het wat hulle ambisie is. Aan die einde van hulle lewe het hulle teruggekyk en met vreugde gesien dat hulle ambisies bewaarheid is. Ander is nie so gelukkig nie. Hulle is gekonfronteer met baie keuses en het verward en onseker geraak. Die jare is by hulle verby sonder dat hulle gekies of 'n doel bereik het.

'n Vaste geloof in God skep 'n positiewe en opbouende gesindheid teenoor die lewe. Om geloofsekerheid te besit impliseer dat jy strewe om in gehoorsaamheid aan God te lewe. So 'n harmonie kan nooit in doelloosheid verval nie.

Dit is so dat al wandel jy met God, jy tye van barheid en onsekerheid ervaar, veral wanneer jy moet wag op sy leiding. Hierdie tye is egter tye van toetsing voordat Hy jou voortlei op die pad wat Hy vir jou beplan het. Voordat jy vir God vra wat Hy wil hê jy moet doen, maak seker dat jy wil hoor wat sy antwoord is, dat jy sal volg waar Hy lei. Dan het jy 'n doelwit wat lei na sukses.

Alleen met Jesus

✻ Lees Psalm 37:1-11.
✻ Dis 'n uitdaging om jou lewe aan God oor te laat en Hom daarmee te vertrou. Bepeins hierdie stelling en bid daaroor.
✻ Watter dele van jou lewe hou jy nog terug? Bid vir volle oorgawe.
✻ Dank die Here dat Hy onderneem wanneer jy Hom vertrou.

Dieselfde gesindheid moet in julle wees wat daar ook in Christus Jesus was – Filippense 2:5.

Die gesindheid van Christus Jesus

Een van die heerlikste dinge wat met jou kan gebeur, is dat jou denke gevul sal raak met die gesindheid van Jesus Christus. Indien dit vir jou onrealisties en onprakties lyk, is dit slegs omdat jy tot dusver geweier het om die moontlikhede te ondersoek van wat jou lewe kán wees wanneer jy deur die gesindheid van Christus beheer word.

Om jou denke te laat lei en inspireer deur die Gees van God is 'n opwindende ervaring. Jy word spoedig daarvan bewus dat jou lewe beheers word deur 'n Goddelike plan. Dis nie meer 'n probeer-en-tref-onderneming wat deur elke veranderende emosie heen en weer geslinger word nie. Soos hierdie gesindheid al hoe meer in jou groei, kom daar 'n diepe bevrediging wat alle frustrasies verdryf. Jy vra nie meer na die sin en betekenis van die lewe nie, jy begin soek na 'n voller harmonie met God sodat jy Hom meer effektief kan dien.

Wanneer die gesindheid van Christus jou beheers, is daar doelgerigtheid, inspirasie en vervulling in jou daaglikse lewe. Jy is tevrede en gelukkig om tyd in sy teenwoordigheid deur te bring; om jouself te dissiplineer om te hoor en te gehoorsaam wat Hy wil hê jy moet doen. Hierdie dissipline is nie irriterend nie, want in sy geselskap vind jy die ware lewe, en dit in oorvloed.

Alleen met Jesus

✳ Lees Filippense 2:1-11.
✳ Deur 'n dieper ervaring met God ontwikkel jy die gesindheid van Christus Jesus. Oordink hierdie stelling biddend en selfondersoekend.
✳ Prys en dank die Here vir doelgerigtheid, inspirasie en vervulling wat Hy in jou lewe bring.

> Hy is uit die dood opgewek, en Hy gaan julle
> vooruit na Galilea toe. Daar sal julle Hom sien
> – Matteus 28:7.

Jesus Triomfator!

Sentraal in die wêreldgeskiedenis staan die feit dat Iemand wat amptelik dood verklaar is, die graf oorwin en Homself lewend geopenbaar het aan sy volgelinge in sy opstandingsheerlikheid. Nie in die skemerdonkerte van 'n grafkelder nie, maar in die helder lig van 'n openbare pad na Emmaus. Ook in die stralende oggendson by die meer van Galilea het Hy na sy dissipels gekom en saam met hulle geëet, die misteries van die Skrif vir hulle uitgelê. Soms het Hy aan enkelinge verskyn, soms aan groepe en selfs aan 'n skare bymekaar. Vir hulle het daar hoegenaamd geen twyfel bestaan oor Christus se opstanding nie, want hulle het Hom ontmoet.

Indien die opstandingstriomf van Jesus beperk was tot daardie uitgesoekte groep, sou dit reeds wonderlik gewees het. Sy opstanding behoort egter nie aan 'n oomblik in die geskiedenis nie, maar aan álle geslagte van álle tye. Hy wat triomfantelik uit die leë graf voortgekom het, behoort aan vandag! Hy leef vandag! Ons hande kan Hom wel nie aanraak nie en ons oë kan sy heerlikheid nie sien nie – maar deur sy Gees praat Hy nog met ons verwarde harte: "Vrede vir julle!" En ons ontvang sy vrede! In oomblikke van stille aanbidding ontvang ons verwagtende en hunkerende gees die versekering: "Moenie bang wees nie; dit is Ek!" Alle vrees en verwarring en twyfel verdwyn en die opgestane Heiland daal met vrede in ons harte neer.

Alleen met Jesus

* Lees Matteus 28:1-10.
* Bepeins die feit dat wanneer ons stil word by Christus, ons sy teenwoordigheid en vrede aanvoel.
* Laat die Heilige Gees daagliks in jou hart die feit bevestig dat Christus leef.
* Loof die opgestane Heiland wat vir ons intree by die Vader.

Die trots van jongmanne lê in hulle krag; die versiering van oumense is hulle grysheid
– Spreuke 20:29.

Daar is plek vir almal

Van die vroegste tye af het mense geredeneer oor die voor- en nadele van jeug en ouderdom. In die sakewêreld moet die oues plek maak vir die jonges. Selfs in die diereryk word die ou leiers uitgeskop om plek te maak vir jonger en sterker opvolgers. Op tegnologiese gebied word ou metodes en toerusting vervang deur meer gesofistikeerde en moderne tegnieke. Dit lei dikwels tot wrywing, gekrenktheid en frustrasie. Gevolglik ly werk en vooruitgang onder seergemaakte gevoelens.

Ons mag nooit vergeet dat elke mens 'n Godgegewe doel in die lewe het nie. Elke mens is geseën met een of meer talente en die verpligting rus op hom of haar om dit optimaal te gebruik. Om die beste resultate in die lewe te verkry, is dit noodsaaklik dat jy jou talente met ander deel sodat julle gesamentlike pogings die beste resultate kan lewer. So word die wysheid en ervaring van die ouderdom gekoppel met die vaardigheid en entoesiasme van die jeug. Dan bereik ons meer as wanneer ons ons individuele talente fragmenteer en mekaar opponeer.

Jy en al die Christene op aarde vorm saam die liggaam van Christus. Om volmaakte samewerking te bereik, is dit nodig dat mense mekaar sal respekteer en volgens elkeen se talente sal saamwerk tot die eer van die Meester.

Alleen met Jesus

✢ Lees Spreuke 20:22-30.
✢ Dink na oor die rol wat God jou geroep het om te vervul.
✢ Gee jy altyd jou samewerking wanneer dit om die eer van God gaan?
✢ Bid: Om my beste vir U te bereik, Here Jesus, sal ek my medewerkers respekteer en in harmonie met hulle saamwerk.

Op 'n vriend wat jou seermaak, kan jy reken;
iemand wat jou haat, is oordadig met sy soene
– Spreuke 27:6.

Die waarheid wat seermaak kan ook genees

'n Opregte vriend is iemand wat jou ken en verstaan. Hy waardeer jou sterk punte en put krag uit sy verhouding met jou. Hy waardeer jou vir wie jy is en het jou lief ten spyte van jou swakhede. Omdat hy bewus is van jou onvolmaakthede mag jou vriend by tye, ter wille van julle vriendskap, vir jou dinge sê wat jy liewer nie wil hoor nie. As hy by jou 'n karakterswakheid openbaar deur reguit en met liefde daaroor te praat, sal jy jouself waarskynlik verdedig in plaas daarvan om sy stelling te ondersoek en te bepaal of dit nie dalk waar is nie.

Iemand wat vir jou slegs 'n bekende is, mag oor hierdie swakheid glimlag, jou vlei en selfs met jou saamstem, al weet hy wat jy doen, is verkeerd. Só 'n gesindheid streel jou ego, maar uiteindelik lei dit tot jou vernietiging.

Leer om die eerlike opinie van 'n opregte vriend te waardeer, al maak dit aanvanklik seer; uiteindelik sal dit konstruktief wees. Dank die Here dat Hy aan jou so 'n opregte vriend gegee het.

Een van die uitdagings van die Christen se lewe, is om dinge te hoor wat jy liewer nie wil hoor nie. Die Heilige Gees en die Woord praat dikwels reguit en pynlik met jou, maar as jy luister en optree, bring dit altyd genesing en vrede in jou gemoed.

Alleen met Jesus

* Lees Spreuke 27:1-10.
* Staan vir 'n wyle in verwondering voor God oor die wonder van vriendskap.
* Is jy oorsensitief vir die waarheid wat 'n vriend praat? Vra by Jesus hulp.
* Dank God vir die wonder dat Jesus ons sy vriende noem (Joh 15:15).
* Heilige Vader, leer my om die waarheid omtrent myself met nederigheid en dankbaarheid te aanvaar.

Ek het vir julle 'n voorbeeld gestel, en soos Ek vir julle gedoen het, moet julle ook doen
Johannes 13:15.

Die regte voorbeeld is belangrik

Of jy nou daarvan bewus is of nie – jy stel vir ander 'n voorbeeld. Daarvolgens vorm mense 'n opinie oor jou en jou gedragspatrone. Hulle mag jou opwindend of neerdrukkend vind; sterk of swak; bemoedigend of teleurstellend. Jy raak onwillekeurig die lewe van ander mens, ten goede of ten kwade, en laat jou merk op hulle.

Indien jy 'n verantwoordelikheidsin het, sal jy deur jou voorbeeld aan ander mense wil toon wat goed, edel en die moeite werd is. Daar is al gesê dat een ons praktyk meer werd is as een ton teorie. Teologiese diskussie en godsdienstige teorie praat nie so hard en duidelik van Jesus se liefde as wat 'n opregte, nederige en toegewyde lewe doen nie. Wat jy doen en hoe jy optree, is van lewensbelang vir ander mense, veral vir dié wat nog in hulle vormingsjare is en maklik beïndruk word. 'n Siniese gesindheid mag vir jou slim en byderwets voorkom, maar dit verknoei die denke van ander en is dwaas en selfsugtig.

As Christendissipel is Christus jou volmaakte Voorbeeld. Jou lewe behoort aan Hom en jy moet jou allerbeste doen om soos Hy te wees. Dan sal stel jy 'n voorbeeld van Christenskap aan dié met wie jy saam leef en werk. Om toe te laat dat Christus Homself deur jou openbaar, is een van die hoogste vorme van diens aan die Meester.

Alleen met Jesus

- Lees Johannes 13:1-17.
- Bepeins die feit dat jy 'n voorbeeld stel sonder om daarvan bewus te wees.
- Vra nou en hier dat die Heilige Gees jou voorbeeld sal heilig.
- Loof die Here dat jy Hom deur jou voorbeeld mag dien.

Verder sê hy: "Jesus, dink aan my wanneer U in u koninkryk kom." Jesus antwoord hom: "Ek verseker jou: Vandag sal jy saam met My in die paradys wees" – Lukas 23:42-43.

Dit is nie té laat nie

Die desperate pleidooi van die berouvolle rower spreek boekdele oor die geduldige liefde van God. Ons kan slegs aanvaar dat dié man 'n wettelose lewe van diefstal, roof en plunder gelei het, waarin daar geen plek vir die aanbidding van God en geen meegevoel vir sy medemens was nie. Hy het 'n bose pad gevolg waarvoor hy nou die prys moes betaal. Op die laaste oomblik van sy lewe wil hy nou vrede maak met God.

Die normale menslike reaksie sou wees om sy pleidooi te verwerp as té laat; om sy versoek van die hand te wys op grond van die feit dat hy totaal onwaardig is om te kwalifiseer vir enige simpatie of troos nadat hy 'n leeftyd verkwis het op 'n bandelose lewe, en nou net voordat hy sterf om simpatie roep.

Nietemin, soos die geval toe was en vandag nog is, is dit nooit té laat om na Christus te draai vir verlossing nie. Afgesien van wie jy is en wat jy gedoen het, Jesus wag vir jou met uitgestrekte arms om aan jou vergifnis te bied wanneer jy dit met opregte berou in jou hart vra, jou sonde bely en jou lewe onvoorwaardelik aan Hom oorgee.

Daar is geen graad van verdienstelikheid en geen tydsbeperking wat op Christus se vergifnis gelê word nie. Draai nou na Hom toe en ervaar die genesende balsem van sy vergifnis, vrede en liefde.

Alleen met Jesus

✳ Lees Lukas 23:33-43.
✳ Dis nie té laat nie. Hierdie stelling plaas 'n geweldige verantwoordelikheid op jou. Bepeins dit biddend voor God.
✳ Alleen wanneer jy dood is, is genadetyd verby. Kry jy die boodskap?
✳ Net soos ek is, so vuil en snood, kom ek tot U, Heer, in my nood.

Moenie vir julle skatte op aarde bymekaarmaak waar mot en roes dit verniel en waar diewe inbreek en dit steel nie – Matteus 6:19.

Is jy 'n gaarder?

Baie mense is kompulsiewe opgaarders. Alles wat voorkom, word opgegaar "vir die dag wanneer ek dit gaan nodig kry". Leë dose, papiersakke, ou toekennings – noem maar op. Dié goed neem kosbare plek in beslag en word dikwels die woonplek van stof en ongediertes. Baie van die opgegaarde goed word nooit gebruik nie, of raak oorbodig en uitgedien. Maar hoe meer die gaarder het, hoe erger word die drang om bymekaar te maak.

Indien opgaardery beperk was tot nuttelose artikels sou daar nie veel skade aangerig word nie, behalwe vir dié wat met die rommel moet saamleef. Maar ongelukkig vul baie mense hulle denke en emosies ook só met rommel dat hulle karakter en persoonlikheid daaronder ly. Ander gaar weer griewe op totdat dit later buite alle proporsie in hulle bitter harte gegroei het. Om 'n grief te vertroetel en te laat groei, doen onberekenbare skade aan jou gees en denke.

Gekoppel aan gegriefdheid is 'n onvergewensgesinde gees. Dis een van die gevaarlikste en afbrekendste kragte wat enigiemand kan koester. Om te weier om te vergewe, is om van God afgesonder te raak. Dis 'n elementêre Christelike waarheid dat ons ander moet vergewe soos God ons vergewe het. Die opgaar van griewe en onwilligheid om te vergewe voorkom dat jy God se vergifnis vir jou kan neem. Gevolglik loop jy sy vrede en krag mis. Dit vernietig alles wat mooi en die moeite werd is in jou lewe.

Alleen met Jesus

✳ Lees Matteus 6:19-21.
✳ Bepeins hierdie Skrifdeel biddend en probeer hoor wat die Here vir jou wil sê.
✳ Is jy 'n gaarder van griewe? Raak vandag nog by God daarvan ontslae.
✳ Loof en dank die Here vir die skatte wat jy in die hemel kan bymekaarmaak.

Ek dring daarop aan dat daar in die eerste plek met smeking, voorbidding en danksegging gebid moet word vir alle mense – 1 Timoteus 2:1.

Bid vir almal

Daar is 'n stukkie spotdig wat vertel van 'n man wat gebid het vir homself, sy vrou en sy twee kinders: "net ons vier – niemand meer". Hierdie soort gebed kom algemeen voor wanneer mense intree vir dié vir wie hulle lief is of van wie hulle hou. Dis bloot onnadenkend en as gevolg van onbetrokkenheid dat hulle ander mense ignoreer.

Die modelgebed wat Christus ons geleer het, bevat 'n duidelike onderwysing oor genade, liefde en vergifnis wat altyd in gedagte gehou moet word wanneer jy in gebed voor God kom. Jesus het alle mense liefgehad en sy bekommernis vir almal getoon, vriend of vyand. Sy eie gebede tot die Vader het alle mense ingesluit en was nooit eensydig, selfgesentreerd of selektief nie. Sy betrokkenheid by mense was totaal, want "God het *die wêreld* so liefgehad ..." (Joh 3:16).

As dissipel van Christus is dit jou plig om die Meester se voorbeeld te volg deur vir *alle* mense om te gee. Dit beteken dat jy vir mense sal bid van wie jy miskien nie hou nie; selfs dat jy Christus se opdrag sal uitvoer om vir jou vyande te bid en hulle nie te vervloek nie (Matt 5:44).

Net soos liefde oor haat geseëvier het op Golgota, so sal jou liefdevolle gebede vir ander mense die Bose oorwin wat so hoogty vier in ons wêreld. Maak hiervan 'n proefneming – om Jesus ontwil!

Alleen met Jesus

* Lees 1 Timoteus 2:1-7.
* Dis 'n uitdaging om "almal" in jou gebede in te sluit. Dink hieroor na.
* Besluit dat jy deur die krag van die Heilige Gees die uitdaging sal aanvaar.
* O Heilige Gees, lei my om in my gebedslewe Jesus se voorbeeld te volg.

> Wie ag gee op die woorde van die Here, sal voorspoed geniet; wie op die Here vertrou, met hom gaan dit goed – Spreuke 16:20.

Jy besluit self hoe gelukkig jy wil wees

Sommige mense vertroetel hulle ellende en maak 'n gewoonte daarvan om ongelukkig te voel. Hulle is deskundiges om rampspoed te voorspel en is oortuig dat elke wolk 'n geweldige storm bevat. Hulle denke is permanent gerig op alles wat negatief is. Hulle is nie met hierdie gesindheid gebore nie, maar oor die jare het hulle dit aangeneem en ontwikkel tot 'n fyn kuns.

Dis 'n eenvoudige dog verstommende waarheid dat jy kan kies om gelukkig óf ongelukkig te wees. As jy voel dat omstandighede teen jou is, dat dit vir jou onmoontlik is om gelukkig te wees, gee jy toe dat daar invloede is wat kragtiger is as die Gees wat in jou is. Jy ignoreer die waarheid dat die lewende Christus gewillig is om jou gees en denke deur sy Heilige Gees in besit te neem. Jy het in Hom geestelike kragte tot jou beskikking wat magtiger is as al die negatiewe invloede wat teen jou opgestel is.

Geluk word verkry deur jou gees en denke volkome aan Christus oor te gee in die wete dat Hy in beheer is van elke afdeling van jou lewe. Dit gee aan jou vrede en gemoedsrus. Dis dwaasheid om terneergedruk deur die lewe te gaan en te weier om die sonskyn van die lewe te geniet. Jy is so gelukkig of ongelukkig as wat jy jou voorneem om te wees.

Die keuse is joune ... maar ook die verantwoordelikheid.

Alleen met Jesus

❖ Lees Spreuke 16:20-32.
❖ Mediteer oor die feit dat jy jou eie geluk bepaal.
❖ Bely met droefheid voor God dat jy dikwels kies om ongelukkig te wees.
❖ Dank die Heilige Gees dat Hy die bron van jou geluk wil wees.

Laat hulle aan U toegewy wees deur die waarheid. U woord is die waarheid. Soos U My na die wêreld toe gestuur het, het Ek hulle ook na die wêreld toe gestuur – Johannes 17:17-18.

Woordelose preke

Preke beïnvloed mense op verskillende maniere. Party inspireer, amuseer, stimuleer en besiel. Ander is vervelig of veroorsaak kontroversie en onmin. Daar is ook preke wat die moeite werd is om na te luister, maar wat tog nie hulle doel bereik nie omdat mense nie luister na wat gesê word nie.

Die oordra van die Christelike boodskap deur die gesproke woord het by die Meester begin. Uittreksels van sy kragtige, sielsdeursoekende boodskappe vind ons in die Nuwe Testament en die kerk bewaar dié boodskappe omdat dit die waarheid bevat wat essensieel is vir verlossing. So onmisbaar as wat hierdie waarhede is, was dit die Persoon van die Meester self wat daaraan betekenis en waarde gegee het. Sonder Hom sou die waarhede pragtige leerstellings vir die lewe gewees het, maar sonder geestelike krag.

Vir jou as Christen gee die blye boodskap van Jesus Christus diepe bevrediging en vreugde. Jy weet wat jy glo en verheug jou daarin om dié waarhede met ander te deel. Jy beskou jouself dalk nie as 'n prediker nie en jy is dalk huiwerig om te getuig, maar elke maal wanneer jy jou kennis van Christus met iemand deel, verkondig jy die evangelie. En wat baie Christene vergeet, is dat hulle hul geloof verkondig selfs wanneer hulle nie daaroor praat nie. Die geestelike kwaliteit van jou lewe is die belangrikste getuienis wat jy vir die waarheid van die Woord kan lewer.

Alleen met Jesus

✱ Lees Johannes 17:13-26.
✱ Die wêreld lees nie soseer die Bybel as die *lewe* van dié wat hulself Christene noem nie. Oorweeg hierdie stelling biddend voor God.
✱ Wat is die evangelie volgens die beskrywing van jou lewe?
✱ Heilige Meester, mag die kwaliteit van my lewe die waarhede weerspieël wat ek in u ewige Woord ontdek het.

> Gaan sy poorte binne met dankliedere, sy tempel met lofgesange, dank Hom, prys sy Naam
> Psalm 100:4.

Ons het 'n roeping tot danksegging

'n Lewe sonder opregte waardering is kleurloos. Om geen oog te hê vir die skoonheid van die natuur nie; om nie te reageer op liefde wat jy ontvang nie; om nooit die bevrydende skaterlag te ken nie; die onvermoë tot spontane waardering van vriendskap en goeie dade; om nooit vir God te sê: "Dankie, Vader!" vir sy onfeilbare liefde en goedheid nie – dit alles beroof die lewe van inhoud en betekenis.

Waardering is 'n kuns wat almal kan aanleer. Dit verryk die lewe van die een wat die waardering betuig, sowel as die lewe van dié met wie jy in aanraking kom. Dis onmoontlik om waardering uit te spreek sonder om geluk te versprei na mense rondom jou.

Die hoogste vorm van waardering is dankbaarheid en lofprysing teenoor die drie-enige God. Dit verryk nie alleen jou eie lewe en ook dié van die mense saam met wie jy leef en werk nie, maar dit stel ook geestelike krag in jou daaglikse lewe vry. Iemand wat vervul is met waardering en lofprysing, ly nooit 'n blywende geestelike neerlaag nie. Hy of sy vind in elke situasie redes vir lofprysing en dit skep weer inspirasie en versterk hul lewe.

As jy die lewe moeilik en onaangenaam vind vanweë mense se onnadenkendheid; as alles wat met jou gebeur, dreig om jou terneergedruk te maak, vind iets waarvoor jy God kan dank. Jou hele uitsig op die lewe sal verhelder.

Alleen met Jesus

* Lees Psalm 100:1-5.
* Ons het 'n heilige roeping tot lofprysing en dankbaarheid. Dink hieroor na.
* Het hierdie deel van jou geestelike lewe miskien verarm? Praat met God daaroor en luister wat Hy deur die Heilige Gees vir jou wil sê.
* Begin vandag met 'n lewe van danksegging in sy Naam.

Maar Hy het dadelik met hulle gepraat en vir hulle gesê: "Wees gerus, dit is Ek. Moenie bang wees nie" – Markus 6:50.

Die genesende krag van vrede

Ons is gewoond daaraan om van verskillende kwale, siektes en beproewings te hoor en van die verskillende geneesmiddels en behandelings om dit te genees. Daar is egter een kwaal wat skynbaar as "ongeneeslik" beskou word – vrees, bekommernis, angs en verwante toestande. Dit affekteer die liggaam, denke, gees en emosies en kan verwoestende gevolge hê.

Afhanklikheid van mensgemaakte geneesmiddels kan tot op 'n punt help, maar die mens se kennis is nie onfeilbaar en onbeperk nie. Net Jesus, die Prins van vrede, is onfeilbaar en Hy nooi almal wat moeg en oorlaai is om na Hom toe te kom, sodat Hy vir hulle rus kan gee in hulle stormgejaagde harte (Matt 11:28).

Deur die hele Skrif heen lê bewyse van daardie hemelse vrede en kalmte wat Hy in die lewe van mense gebring het toe hulle daarvoor na Hom toe gekom het – selfs in die heel moeilikste omstandighede. Gedurende sy lyding aan die kruis het Christus woorde uitgespreek wat aan 'n boetvaardige sondaar vrede gegee het. Christus Jesus bied vandag nog aan jou sy vrede in jou lewenstryd met al jou probleme en moeilikhede. Sy liefdevolle teenwoordigheid is met jou en verseker jou van sy belofte: "Ek sal hom wat na My toe kom, nooit verwerp nie" (Joh 6:37). Maak jou hart en lewe oop vir die lewende Christus en ervaar sy vrede wat alle verstand te bowe gaan.

Alleen met Jesus

- Lees Markus 6:45-52.
- "Vrede" is ons erfporsie van Christus (Joh 14:27). Dink biddend hieroor na.
- Eis jy jou deel van vrede gereeld op? Praat biddend met God hieroor.
- Loof en prys die Here vir die vrede wat Hy selfs te midde van die storm gee.

Die openbaring geld vir 'n bepaalde tyd; dit sal gou kom en sal sekerlik gebeur. Jy moet net geduldig bly wag as dit nie gou kom nie, want dit kom beslis, dit sal nie uitbly nie – Habakuk 2:3.

Wees geduldig

Een karaktertrek wat algemeen, selfs onder Christene, gevind word, is ongeduld. Ons kan nie wag vir dinge om te gebeur nie. Planne word gemaak en ons wil sien dat hulle dadelik uitgevoer word. Iemand onderneem om iets vir ons te doen en onmiddellik vra ons: "Wanneer? Hoe gou?"

Hierdie feit is veral waar van ons gebedslewe. Daar is min mense wat dinge in God se hande kan laat en geduldig kan wag op sy tyd. Ons kan nie wag op God se antwoord nie en spoed dan voort op paaie wat ons eie blinde hart beplan – dikwels met rampspoedige gevolge.

Vertroue en geduld staan hoog op die prioriteitslys van geloof. God weet van jou behoeftes en verstaan dit. Maar Hy het nie jou hulp nodig om jou gebede te verhoor nie. Sy tydsberekening is altyd volmaak omdat Hy jou hele lewe oorskou terwyl jy net met die oomblik besig is. Hy weet die beste wanneer en hoe om op te tree sodat alles vir jou volgens sy volmaakte plan sal uitwerk.

Wanneer jy gekonfronteer word met 'n behoefte of 'n probleem, lê dit in gebed voor God neer en leer dan die les van geduldige vertroue by Jesus self. Deur sy hele aardse lewe heen, afgesien van hoe dringend of veeleisend die situasie was, het Hy altyd op die leiding van sy Vader gewag. Volg sy voorbeeld en ondervind sy vrede.

Alleen met Jesus

✳ Lees Habakuk 2:1-4.
✳ Dit vra geduld om binne God se wil te lewe. Bepeins hierdie waarheid.
✳ Vra vergifnis vir dié tye toe jy in ongeduld God vooruitgeloop het.
✳ Dank die Heilige Gees vir die wondergawe van geduld.

Ten slotte: Wees almal eensgesind, medelydend, liefdevol, goedhartig, nederig – 1 Petrus 3:8.

Vredevolle harmonie

Daar is baie mense wat kla dat ons wêreld vandag gevul is met bitterheid en haat. Wanneer ons rondom ons kyk, is daar volop bewyse dat hulle moontlik reg kan wees: onreg, verdrukking, misdaad, geweld en armoede is aan die orde van die dag. Dit lei tot gevoelens van bitterheid en haat. Belangriker nog as dít, is die uitdaging tot Christene om iets positiefs te doen aan hierdie kommerwekkende toestand.

Toe Jesus Christus sy aardse bediening beoefen het, was hierdie verskynsels net so algemeen as wat dit nou is. Wreedheid, verdrukking, onreg en armoede het hoogty gevier. In die normale loop van sake sou dit vir een mens onmoontlik wees om oor hierdie omstandighede te seëvier – tog het Christus dit gedoen. Maar dit was nie deur mag of geweld dat Hy oorwin het nie, nee, dit was deur die voorbeeld van sy liefde. Deur sy simpatie, deernis en nederigheid het Hy alle struikelblokke oorkom en in volmaakte harmonie met sy medemens gelewe.

Dit is alleen wanneer jy saam met mede-Christene oor die wêreld heen toelaat dat die lewende Christus jou lewe beheer, dat jy dit sal regkry om in vredevolle harmonie met ander te leef. Dan sal alle bitterheid, haat en jaloesie verdwyn en vervang word met die volmaakte liefde van Jesus Christus.

Alleen met Jesus

* Lees 1 Petrus 3:8-12.
* Hierdie wêreld sal alleen vrede en harmonie ken wanneer Christus sentraal staan in die lewe van sy kinders. Bepeins hierdie stelling in gebed.
* Is jy deel van die probleem, of deur God se genade deel van die oplossing?
* Here Jesus, deur u voorbeeld te volg, kry ek dit reg om in harmonie met ander te leef. Ek loof u Naam en dank U daarvoor.

> Maar moenie net aan die vroeëre dinge dink en by die verlede stilstaan nie. Kyk, Ek gaan iets nuuts doen, dit staan op die punt om te gebeur, julle kan dit al sien kom – Jesaja 43:18-19.

Behou 'n oop gemoed

Dit is baie maklik om in 'n groef te verval. Jy klou vas aan ou bekende metodes en patrone, dikwels om geen ander rede as dat jy senuweeagtig of bang is om iets nuuts te beproef nie. Dit kan lei tot koppige eiesinnigheid wat 'n negatiewe invloed op jou lewe en groei kan hê.

Terwyl jy nooit verandering net ter wille van verandering moet soek nie, kom daar tog in jou lewe tye wanneer Christus jou op 'n nuwe pad wil lei. Met sy ewigheidsuitsig op die lewe weet Hy wat vir jou die beste is en hoe jy dit op die beste manier kan bereik. So begin sy werk van vernuwing in jou lewe.

'n Voorbeeld hiervan is ons gebruik van die Bybel. Dekades lank het mense aan die Hollandse Bybel vasgeklou. Hulle het hulle verlustig in die loutere skoonheid van die taal, alhoewel dit vir die gemiddelde leser onverstaanbaar was. Net geleerdes kon dit werklik verstaan. Toe kom die vertalings in byderwetse, soepel Afrikaans wat die Woord binne die bereik en begrip van gewone mense gebring het. So is God se doel bereik en het Hy 'n nuwe pad na die harte van mense gebaan.

Voordat jy verandering verwerp, soek eers die leiding van die Heilige Gees. Pleit om die gawes van wysheid en onderskeiding sodat jy 'n helder begrip sal hê van wat van jou verwag word op jou pelgrimsreis.

Alleen met Jesus

* Lees Jesaja 43:14-21.
* Daar is net 'n diepteverskil tussen 'n groef en 'n graf. Dink hieroor na.
* Is jy gewillig om God op nuwe paaie te volg? Bid om genade hiervoor.
* Dank die Heilige Gees wat aan ons wysheid en onderskeiding gee om keuses te maak.

Niemand kan sê: "Jesus is die Here" nie, behalwe deur die Heilige Gees – 1 Korintiërs 12:3.

Jesus is die Here!

Om te bevestig dat Jesus Christus die Here van jou lewe is, is 'n belydenis van jou verbintenis tot 'n Christelike lewenswyse. Dit beteken dat jy jouself volkome aan Christus oorgegee het; dat jy Hom onwrikbaar vertrou; dat jy Hom onvoorwaardelik gehoorsaam en deur geloof in Hom lewe.

Om onder die heerskappy van Christus te lewe, vrywaar jou nie van mislukking, struikeling of sonde nie. Jy mag jou op een oomblik verlustig in jou gemeenskap met die Here en onmiddellik daarna blootgestel word aan brandende versoekings.

Dis 'n oorweldigende gedagte dat Jesus, wanneer Hy in jou lewe heerskappy voer, nie net jou trou aanvaar nie, maar Hom ook aan jou verbind deur te belowe dat Hy in jou sal bly (Joh 15:14) en jou nuut sal maak (Op 21:5). Hy vernuwe jou karakter en sy liefde kom deur jou persoon tot uitdrukking. Ten spyte daarvan dat Hy die Here is, verhef Hy jou tot sy vriend (Joh 15:15).

So 'n Goddellike aanvaarding van jou oorgawe en toewyding, gee aan jou die heerlike versekering van God se liefde en sy daaglikse teenwoordigheid in jou lewe. Jy kan heeldag bevestig: "Jesus is die Here! Ek behoort aan Hom!"

So word sy koninklike heerskappy in jou lewe 'n werklikheid.

Alleen met Jesus

✳ Lees 1 Korintiërs 12:1-6.
✳ Laat die Gees jou hart met verwondering vul terwyl jy bely: "Jesus is die Here!"
✳ Is daar ander dinge wat soms jou lewe beheers? Bely dit in gebed.
✳ Laat jou lofprysing vandag gaan oor die heerskappy van Jesus die Here.

Waarom is ek so in vertwyfeling en waarom kerm ek so? Vertrou op God! Ja, ek sal weer vir Hom 'n loflied sing. Hy is my helper en my God!
– Psalm 43:5.

Terneergedruk

Daar moet 'n oorsaak wees vir jou terneergedruktheid. Miskien is dit 'n liggaamlike belemmering wat swaar op jou hart lê en jou ontstem; dalk het jy die ambisie verloor wat vroeër die motiverende krag in jou lewe was. Wat ook al die rede mag wees, jy verkeer verstandelik en geestelik op die laagwatermerk, want wanneer jou gees met God in harmonie is, sal terneergedruktheid jou nie aanhou teister nie.

Terneergedruktheid word nie net veroorsaak deur 'n reeks onverwagte gebeurtenisse waarvoor jy nie gereed was nie, maar kan ook die gevolg wees van 'n selfgesentreerde en onvriendelike gesindheid teenoor die lewe.

Die eerste stap om neerslagtigheid te oorkom, is om jouself te vergeet deur betrokke te raak by 'n projek wat jou onverdeelde aandag sal opeis. Daar is baie dinge wat om jou betrokkenheid en lojaliteit roep, maar die belonendste van almal is die begeerte na 'n dieper en ryker ervaring met God. Dit vereis tyd, geduld, ernstige Bybelstudie en 'n toenemende liefde wat godsdienstige teorie in die praktyk toepas.

Soos jy oefen om 'n bewussyn van die teenwoordigheid van God in jou lewe te ervaar, sal jy ontdek dat jou neerslagtigheid opklaar. Jy sal vreugde vind in die bereiking van prestasies wat die moeite werd is. En jy sal leef in die wete dat jy bestaan om God te verheerlik en sy wil te doen – en dan is daar geen tyd of plek vir neerslagtigheid nie.

Alleen met Jesus

✳ Lees Psalm 43:1-5.
✳ Deur diens aan God en ander seëvier jy oor neerslagtigheid. Dink hieroor na.
✳ God leef, daarom is daar geen rede vir neerslagtigheid nie. Glo jy dit?
✳ Loof en dank die Here dat jy deur diens vreugde ondervind.

Hy het die stormwind stilgemaak, en die golwe van die see het bedaar – Psalm 107:29.

Die lewe het sy winters

Daar is mense wat op die bergtoppe van geestelike optimisme lewe. Dit lyk asof hulle nooit terneergedruk raak nie, asof probleme en beproewings hulle nie moedeloos maak nie. In die Nuwe Testament lees ons dat ook Jesus deur omstandighede terneergedruk is - byvoorbeeld in Getsemane (Matt 26:36-46). Tog was Hy in die donkerste oomblikke seker van die teenwoordigheid van sy hemelse Vader.

Moenie ontmoedig en verslae voel wanneer jou geestelike lewe 'n laagtepunt bereik nie. Onthou altyd twee groot waarhede: Jou Meester se liefde vir jou word nie deur jou buie bepaal nie. Hoe jou emosies ook mag fluktueer, sy liefde vir jou bly konstant. Dank die Here ook dat Hy besef dat jy 'n moeilike tyd beleef. Hierdie bewustheid kan jou geestelike en verstandelike vermoëns op God fokus, anders gaan jy gedurig in 'n toestand van ongelukkigheid verkeer. Die feit dat God jou liefhet en jou bewus maak van jou afhanklikheid van Hom, versterk en bemoedig jou in tye van ontmoediging en teleurstelling.

Wanneer dit winter is in jou geestelike lewe en alles lyk koud, donker en bar en jy wonder of jy ooit weer 'n lewende geloof sal hê, onthou dat jy 'n kind is van die onveranderlike Christus. Hy is jou Vriend, Verlosser en Gids in die triestigheid van die winter sowel as in die koesterende sonskyndae van die somer. Verheug jou in die vreugde en sekerheid van sy teenwoordigheid.

Alleen met Jesus

* Lees Psalm 107:23-32.
* Verbly jou in die waarheid dat God ons nie in die winter verlaat nie.
* Bely dit wanneer jy dikwels vergeet van sy teenwoordigheid by jou.
* Loof en prys die Here dat Hy 'n God van al die seisoene is.

> ... dat Christus deur die geloof in julle harte sal woon – Efesiërs 3:17.

Jou mees geëerde Gas

Die voorstelling dat Christus by die deur van jou hart staan en klop, het al so alledaags geword dat dit gevaar loop om sy appèl op ons te verloor. In die kategese het ons reeds daarmee te doen gekry en gehoor dat Christus nooit deure oopbreek om toegang te verkry nie. Dit is natuurlik volkome waar, maar tog moet ons altyd onthou dat Jesus Christus nie as 'n smekeling na jou toe kom nie, maar as Iemand wat volkome reg van toegang tot jou lewe het.

Christus kom nie as 'n opsionele ekstra na jou toe nie, maar as die Een wat jou lewe kan hervorm en motiveer. Die belangrikste ding wat jy ooit kan doen, is om jou lewe oop te stel aan Christus se beheer – nie as 'n tydelike, emosionele ondervinding nie, maar as 'n geloofsdaad wat met vreugde die dissipline aanvaar wat Christus se inwoning in jou lewe meebring.

Wanneer Christus jou denke en emosies in besit neem, ondervind jy 'n lewensverandering wat jy op geen ander wyse kan beleef nie. Jou lewe word deur Christus beheer en al sal jy nog foute maak en Hom dikwels teleurstel, verlaat Hy jou nooit nie en gaan sy vernuwende en opbouende werk in jou voort. So sal jy steeds 'n dieper ervaring van hierdie geëerde Gas in jou lewe ondervind.

Alleen met Jesus

* Lees Efesiërs 3:14-21.
* Oorweeg die woorde van Openbaring 3:20 en praat in gebed met Christus daaroor.
* Het jy die deur van jou lewe reeds onvoorwaardelik vir Hom oopgegooi?
* Dank die Here dat Hy deur geloof in jou hart wil woon.

> Toe het ek my sonde bely, my oortreding nie
> weggesteek nie – Psalm 32:5.

Die bevryding van belydenis

Daar is toegewyde Christene wat na 'n verdieping van hulle geestelike lewe verlang, maar in hulle diepste binneste die las van sonde wat nie bely is nie, saamdra. Daardeur probeer hulle die onmoontlike doen, want alhoewel hulle opreg is in hulle liefde vir die Meester, word hulle diens aan Hom belemmer deur die verborge sondes wat nog nie bely is nie.

Die verlange van elke Christenpelgrim is die begeerte na 'n dieper en betekenisvoller wandeling met God. Aan die begin van hierdie reis moet daar skuldbelydenis en berou wees, waartydens alle sondes afgelê word. Die Heilige Gees begin in jou hart werk en help jou om lankvergete sondes te herroep. Indien jy verstandig is, sal jy daarvoor om vergifnis pleit by God (1 Joh 1:9). Die Heilige Gees sal hierdie verborge struikelblokke vir geestelike groei uit jou binneste verwyder. Dan sal jy geestelik gesond wees.

Dié woorde mag vir jou soos 'n interessante godsdienstige teorie klink, maar dit is oneindig meer as dit. Dis die bevryding van jou gees tot die wonderbaarlike vryheid wat God gee aan almal wat Hom opreg liefhet en dien. In hierdie Godgegewe vryheid word ook jou persoonlikheid bevry en daar is nuwe doelgerigtheid; jou verhoudings word verryk en jy word bewus van 'n onlosmaaklike band tussen jou en die Meester.

Alleen met Jesus

* Lees Psalm 32:1-11.
* Dink ernstig na oor die begrippe "sondebelydenis", "vergifnis" en "bevryding".
* Is daar nog verborge sondes wat jy nie bely het nie? Doen dit nou.
* Bring lof en dank aan die Here wat jou sondes uitdelg en vergewe.

> Hy het nie in ongeloof begin twyfel aan die belofte van God nie, maar hy is in sy geloof versterk en het aan God die eer gegee
> – Romeine 4:20.

Leef in vertroue

Keer op keer kom jy in aanraking met mense wat afgunstig is op 'n ander persoon se vermoë om kalm te bly te midde van krisisse en wat die probleme en moeilikhede van die lewe met skynbare gemak en vertroue kan hanteer. In soortgelyke omstandighede sou die afgunstiges tob en hulle bekommer en verteer word deur angs en vrees. Hulle word maklik oorweldig deur omstandighede en kan probleemsituasies nie met self-vertroue hanteer nie.

Om in staat te wees om die lewe met vertroue te leef, is dit noodsaaklik dat jy God sal vertrou om jou te lei. Hy het belowe om altyd by jou te wees en Hy sal jou nie begewe of verlaat nie (Heb 13:5). Dis absoluut noodsaaklik vir jou gemoedsrus dat jy dít sal glo en dat jy God sal vertrou om sy beloftes te vervul in al die omstandighede van jou lewe.

Soos wat jy intiemer met die lewende Christus saamleef, sal die Heilige Gees jou al hoe meer bewus maak van sy teenwoordigheid in moeilike tye. Hoe meer bewus jy is van sy nabyheid in jou lewe van elke dag, hoe meer vertroue sal jy openbaar in die hantering van jou probleme en in die maak van belangrike maar korrekte beslissings.

Saam met Jesus op jou lewenspad, word die lewe 'n fees!

Alleen met Jesus

* Lees Romeine 4:13-25.
* Oorpeins die wonder dat geloof jou in staat stel om jou probleme te hanteer.
* Bely met berou dat jy té dikwels op jou eie insig vertrou.
* Ek maak my hart en lewe vir U oop, Here Jesus, en aanvaar u vrede wat alle verstand te bowe gaan.

> Of hy 'n sondaar is, dit weet ek nie. Een ding
> weet ek wel: ek was blind, en nou sien ek
> – Johannes 9:25.

Prioriteit nommer een is om Christus te ken

Wanneer Jesus Christus 'n lewende werklikheid in jou lewe is, moet jy die genadegawe goed bewaar, want daar is baie negatiewe en afbrekende kragte wat jou van hierdie kosbare besitting wil beroof. Vreemd genoeg is baie van die bose magte wat jou geestelike vesting wil binnedring, geklee soos engele van die lig. Jy is onbewus van die invloed wat hulle op jou gees het, totdat jy skielik besef dat Christus nie meer vir jou 'n lewende werklikheid is nie. Jou innerlike vrede word geknou deur twyfel en onsekerheid sodat jy later nie meer weet wat jy werklik glo nie. Dan gryp jy na enige leerstelling of jy draai in teleurstelling en ontnugtering van Christus se pad af weg.

Daar is altyd mense wat gereed is om heftig te redeneer oor dogmatiese standpunte. Dit gebeur dat hulle in hulle verdediging van dit wat hulle glo, al die sagmoedigheid en liefde van 'n Christusgevulde lewe verloor. Die kernfeit van jou geloof is Jesus Christus se plaasvervangende sterwe. Hieruit groei jou geloof. Wanneer jy jou eie standpunte aan ander oordra, word dit leerstellige dogma. Om enige persoon te probeer indruk in jóú sienswyse, is geestelike hoogmoed en dwaasheid. Stel hulle aan Christus voor en vertrou die Heilige Gees om sy werk in hulle lewe te doen. Só sal hulle op hulle eie wyse Christus se liefde en genade kan ervaar. Dan staan Christus sentraal.

Alleen met Jesus

* Lees Johannes 9:24-34.
* Oorweeg die feit dat Jesus sentraal staan in ons getuienis vir Hom.
* Bely dit met spyt as jóú leerstellings belangriker as Christus is.
* Help my, o Heilige Gees, om mense aan Jesus voor te stel en dit verder in u hande te laat.

Augustus

Verjaarsdae

———————————— 1 ————————————
———————————— 2 ————————————
———————————— 3 ————————————
———————————— 4 ————————————
———————————— 5 ————————————
———————————— 6 ————————————
———————————— 7 ————————————
———————————— 8 ————————————
———————————— 9 ————————————
———————————— 10 ————————————
———————————— 11 ————————————
———————————— 12 ————————————
———————————— 13 ————————————
———————————— 14 ————————————
———————————— 15 ————————————
———————————— 16 ————————————
———————————— 17 ————————————
———————————— 18 ————————————
———————————— 19 ————————————
———————————— 20 ————————————
———————————— 21 ————————————
———————————— 22 ————————————
———————————— 23 ————————————
———————————— 24 ————————————
———————————— 25 ————————————
———————————— 26 ————————————
———————————— 27 ————————————
———————————— 28 ————————————
———————————— 29 ————————————
———————————— 30 ————————————
———————————— 31 ————————————

Gebed

Hemelse Vader,
ons aanbid U in u majesteit, heerlikheid en liefde.
Dit is nog winter rondom ons; bewaar ons daarvan dat dit
in ons geestelike lewe winter sal bly; dat ons in 'n geestelike
winterslaap sal verval; dat daar geen stuwing tot lentelewe in
ons barre harte sal tintel nie.
Rondom ons waai die Augustus-winde en dis vir baie 'n
frustrasie. Laat ons vrede maak met die wind, want: "Die wind
waai waar hy wil. Jy hoor sy geluid, maar jy weet nie waar hy
vandaan kom en waar hy heen gaan nie. So gebeur dit met
elkeen wat uit die Gees gebore is" (Joh 3:8). Waai dan, o
Geesteswind, en suiwer ons harte en lewe.
Ons wag in hierdie dae met opwinding in die hart op die
koms van die lente. Laat ons ook hunker na nuwe geestelike
lewe en lentegroei sodat ons kan weet dat U gekom het, Here
Jesus, sodat ons die lewe kan hê, en dit in oorvloed.
Lei ons gedurende hierdie tussenin-maand sodat ons nie lou
sal wees in ons ywer nie, maar deur die vlam van u Heilige
Gees brandend gemaak sal word om U op u triomftog deur
die eeue te volg.
Ons vra dit in die Naam van Jesus Christus, ons Verlosser en
Saligmaker.

Amen

> Jesus Christus is gister en vandag dieselfde en tot in ewigheid – Hebreërs 13:8.

Gister, vandag en môre

Dit is onvermydelik om – wanneer jy Jesus Christus voor jou geestesoog sien – 'n beeld te vorm van Hom as Palestyn teen die agtergrond van die Romeinse Ryk wat die gebied destyds bestuur het. Dit was gedurende hierdie tydperk dat God Homself aan die mensdom geopenbaar het en deur al die jare heen dink die mense aan Christus in terme van die gebruike en kultuur van daardie tydperk. Omdat hulle Hom vasgepen het in 'n tydperk van die geskiedenis, het hulle 'n bewussyn van die tydloosheid van Christus verloor.

Christus kan in jou lewe effektief werk net as jy Hom in die konteks van die moderne samelewing sien. Omdat Hy ewig is, lewe Hy vandag. Hy is vandag 'n heerlike werklikheid in jou lewe en Hy wag om jou te lei en om jou te oorlaai met gawes en seëninge net soos Hy dit vir sy eerste dissipels gedoen het.

Ongelukkig is ons visie van sy vermoë om te help en te seën verdof deur probleme van ons tyd. Ons dink egter maar dat ons in 'n nuwe tydvak lewe. Die probleme wat die mensdom geteister het toe Jesus op aarde gewandel het, is vandag nog probleme. Gierigheid, wellus, selfgesentreerdheid, kleinlikheid, haat en bitterheid is vandag nog magtige invloede in ons lewe.

Die lewende Christus het die vermoë om al hierdie probleme te hanteer: gister, vandag en môre. Hier in die tweede helfte van die jaar is dít 'n bemoedigende en gerusstellende wete.

Alleen met Jesus

* Lees Hebreërs 13:7-18.
* Oorweeg of Christus in moderne tye vir jou 'n lewende werklikheid is.
* Bely jou onvermoë om Hom te vertrou met gister, vandag en môre.
* Loof die Here omdat Hy onveranderlik bly in 'n veranderende wêreld.

> Dit is die Here wat die wysheid gee, uit sy mond
> kom die kennis en die insig – Spreuke 2:6.

Kreatiwiteit

Sommige mense probeer nooit iets oorspronklik uitdink nie. Hulle is oortuig dat enigiets wat die moeite werd is om te sê, reeds gesê is. Wanneer 'n gedagte in hulle kop kom, verwerp hulle dit omdat hulle glo dat as dit enige waarde gehad het, iemand dit lankal reeds sou gesê het. Om dít te doen, is om jou denke te sluit vir die kreatiwiteit van die Heilige Gees.

Alle kreatiewe denkers probeer gedurig om die alledaagse dinge van die lewe te peil in die besef dat die finale woord nog nie gespreek is nie en volmaaktheid nog nie bereik is nie.

Dit lyk asof God mense roep tot 'n taak waarvoor hulle opgelei is. Hy sal nie 'n gekwalifiseerde skrynwerker roep om 'n mediese sendeling te word nie. Maar as jy jou talente en opleiding op sy altaar lê, sal Hy vir jou werk hê in sy koninkryk.

Bring tyd in stilte by God deur. Dit vereis dissipline, maar die voordele weeg veel swaarder as die inspanning wat dit verg. Hy sal jou lei, want Hy het belowe om dit te doen. So baie kreatiewe en geïnspireerde idees gaan verlore omdat die mense wat dit ontvang, niks daaromtrent doen nie.

Indien jy voel dat jy so 'n kreatiewe gedagte het, stel dit op die proef. Dit is beter om te misluk en deur die mense as 'n dwaas beskou te word as om 'n Godgegewe, inspirerende en kreatiewe gedagte verlore te laat gaan.

Alleen met Jesus

* Lees Spreuke 2:1-11.
* Die Heilige Gees staan gereed om ons te vul met kreatiewe gedagtes. Bepeins hierdie gedagte.
* Bely dit indien jy bang is om dit uit te waag na die diep waters, en vra die Heilige Gees om jou te help.
* Loof die Heilige Gees vir elke opwindende gedagte wat Hy in jou laat ontwaak.

"Is U die Een wat sou kom, of moet ons 'n ander een verwag?" Sy antwoord aan die boodskappers was: "Gaan vertel vir Johannes wat julle gesien en gehoor het" – Lukas 7:19, 22.

Dade praat harder as woorde

Toe Johannes se dissipels Jesus nader met die vraag in Lukas 7:19, het Hy Homself nie probeer verklaar deur Ou-Testamentiese Skrifaanhalings wat op Hom betrekking het nie, maar net gesê: "Gaan vertel vir Johannes wat julle *gesien* en *gehoor* het ..."

Jy mag die evangelie van liefde met groot gebaar aanvaar, maar as die liefde nie in jou lewe geopenbaar word nie, wat is die nut van jou geloof? Jy mag in die genade van Jesus Christus glo, maar as jy ander mense steeds genadeloos seermaak onder die dekmantel van "reguit praat", is jou geloof nutteloos. Geloof en aksie is 'n wisselverhouding. En tensy dit wat jy glo Christus-gesentreer is, is dit onmoontlik om 'n effektiewe Christelike getuienis te handhaaf.

Jesus is die krag en inspirasie vir 'n Christelike leefwyse en sonder sy Heilige Gees kan jy nie 'n ware verteenwoordiger van sy koninkryk wees nie. Die Heilige Gees is nie die voorreg van 'n uitgesoekte groep mense nie, Hy is 'n genadegawe van God aan almal wat hulle hart en denke oopmaak vir sy teenwoordigheid en invloed. Om die Heilige Gees op elke terrein van jou lewe te aanvaar is die grootste en heerlikste ervaring wat jy ooit kan smaak. Dan gaan mooi woorde oor tot kragtige dade tot eer van God.

Alleen met Jesus

✳ Lees Lukas 7:18-28.
✳ Mediteer in gebed en ootmoed oor die stelling: Wat ek *doen*, is belangriker as wat ek *sê*.
✳ Wat doen jy daaraan wanneer jou woorde en lewe mekaar nie sinvol aanvul nie?
✳ Heilige Gees van God, ek stel my lewe vir U oop sodat die liefde, genade en krag van Christus in my lewe sigbaar kan word.

> Elia het voor die hele volk gaan staan en gesê:
> "Hoe lank hou julle aan met hink op twee gedagtes?
> As die Here God is, volg Hóm; maar as dit Baäl is,
> volg hóm" – 1 Konings 18:21.

Die swakheid van besluiteloosheid

Daar is dié wat altyd 'n probleem het om te besluit. Wanneer hulle met hierdie uitdaging gekonfronteer word, stel hulle uit en hoop dat iemand anders die besluit vir hulle sal neem. Die lewe gee sy skatte aan dié wat positiewe beslissings maak. Dis mense wat vasberade bly en nie heen en weer geslinger word deur elke wisselende gedagte of omstandigheid nie. En wanneer hulle 'n beslissing gemaak het, staan hulle onwrikbaar daarby.

Die vrees om 'n verkeerde besluit te neem, veroorsaak traagheid, senuweespanning en onsekerheid. Maar dis beter om 'n verkeerde besluit te neem en daaruit te leer, as om besluiteloos te bly. Tensy jy die moed het om op uitdagings te reageer, sal jy altyd deur besluiteloosheid gefrustreer word.

As jy die Here aangeneem het as jou Verlosser en Saligmaker, besit jy 'n Bron van wysheid wat by die dag doeltreffender en betroubaarder word. Lê elke besluit wat jy moet neem aan Hom voor. Bring tyd in sy heilige teenwoordigheid deur, praat met Hom oor die alternatiewe en wees dan sensitief vir die leiding van sy Heilige Gees. Wanneer Hy vir jou 'n rigting aandui, beweeg vorentoe in sy teenwoordigheid. Dan sal besluiteloosheid jou geestelike groei nie meer kortwiek nie.

Alleen met Jesus

* Lees 1 Konings 18:16-24.
* Dis beter om 'n verkeerde besluit te maak en daaruit te leer as om besluiteloos te wees. Mediteer oor hierdie stelling in die teenwoordigheid van die Heilige Gees.
* Gaan jy deur sy genade iets doen aan jou besluiteloosheid?
* Heilige Gees, help my om onder u leiding verstandige besluite te neem.

By U, Here, skuil ek. Laat my tog nooit teleurgestel staan nie! – Psalm 31:2.

'n Veilige vesting

Wanneer 'n storm skielik op die oop vlakte oor jou losbars, is jou eerste reaksie om skuiling te soek. Hoe dikwels moes jy dit nie al in jou lewe doen nie? En wanneer jy 'n plek van beskerming sien, vlug jy haastig daarheen om die geweld van die storm te ontduik.

Niemand is gevrywaar teen die storms van die lewe nie. Hulle sak gewoonlik onverwags op ons toe en het uiteenlopende verskyningsvorme: siekte, dood, finansiële verliese, gebrek aan sekuriteit, vrees, skuldgevoelens en 'n hele skare van ander ondervindings wat lyk asof hulle die fondamente van jou lewe skud en jou gemoedsrus vernietig.

In hierdie tye soek jy dalk desperaat na 'n toevlug. Weet dan vandag, wat ook al jou omstandighede, dat die lewende Christus met uitgestrekte arms wag om jou te ontvang en jou beskermend met sy liefde te omvou. Hy is jou veilige vesting teen elke storm wat jou bedreig.

Wanneer jy 'n intieme wandeling met God handhaaf en 'n persoonlike verhouding met Hom opbou deur gebed, Skrifstudie en bepeinsing, sal jy 'n veilige vesting hê waar jy kan gaan skuil wanneer teëspoed of rampe toeslaan. Christus sal reeds by jou wees om jou na veiligheid te begelei sodat jy vrede kan geniet.

Alleen by Jesus

❋ Lees Psalm 31:1-9.
❋ Oorpeins die heerlike waarheid dat God 'n toevlug in die nood is.
❋ Het jy vrymoedigheid om in tye van nood by Hom skuiling te soek omdat jy dit ook in tye van voorspoed gedoen het?
❋ Prys sy Naam omdat Hy vir sy kinders 'n veilige vesting is.

Geduld is beter as hoogmoed – Prediker 7:8.

Wees geduldig met jouself

So baie van God se kinders is geneig om ongeduldig met hulself te wees. Hulle voel instinktief dat hulle meer vooruitgang in hulle geestelike lewe behoort te toon. Hulle betreur die armoede van hulle gebedslewe en hulle gebrek aan Skrifkennis. Hulle het 'n opregte begeerte om 'n sinvolle ervaring met Christus te hê, maar dit lyk asof hulle nooit die doel bereik wat hulle vir hulself gestel het nie. Hulle hunker om God beter te ken en getrouer te dien en besef nie dat juis hierdie hunkering 'n gebed is wat vir die hemelse Vader aanneemlik is nie. Hy begryp in sy liefde dat jy na Hom te verlang en dit wys deur ongeduldig met jouself te wees.

Enigiets wat die moeite werd is, neem tyd om te kry. 'n Baba kruip eers voordat hy kan loop; dit neem baie oefening om 'n musiekinstrument baas te raak. So is dit ook met ons geestelike lewe: volwassenheid word nie onmiddellik bereik nie. Dis die resultaat van 'n lewe wat met God in harmonie is, van 'n gedissiplineerde geestelike lewe.

Jy kan van tyd tot tyd jou vordering bepaal. Bring in stilte tyd aan die voete van Christus deur en laat sy Heilige Gees toe om jou aan jouself te openbaar. Die gevolge is altyd voordelig. Moet nooit ongeduldig word met jou geestelike groei nie. Wandel intiem met Christus, wees geduldig en laat die resultate aan Hom oor.

Alleen met Jesus

✽ Lees Prediker 7:1-10.
✽ Oorweeg biddend die feit dat jy met jou geestelike groei en met jouself geduldig moet wees.
✽ Identifiseer die redes vir jou ongeduld met jouself en bid daaroor.
✽ Vra die Heilige Gees om jou te lei tot volgehoue geestelike groei.

Ek het u Naam aan hulle bekend gemaak ...
sodat die liefde wat U aan My bewys het, in hulle
kan wees en Ek ook in hulle – Johannes 17:26.

Hoe identifiseer jy 'n Christen?

Mense raak dikwels verward, verwilder of ontnugter wanneer 'n gesiene Christen tot 'n val kom. Iemand is bekend vir sy/haar betrokkenheid by die kerk van Christus en word dan skielik die middelpunt van gerugte en tweespalt. Daar ontstaan dan 'n krisis oor die geloofwaardigheid van die persoon of die groep mense met wie hy/sy geïdentifiseer word. Dit laat die vraag ontstaan: Hoe ken 'n mens 'n ware Christen uit?

Christus het midde-in die mensdom kom staan as die verpersoonliking van die ware liefde. Vandag sit Hy sy genadewerk voort deur die Heilige Gees. Hy bied aan om jou lewe oor te neem, indien jy dit vir Hom aanbied en sy heerskappy oor jou lewe erken en bewys. Deur sy Heilige Gees stel Hy jou in 'n persoonlike verhouding met die God van liefde.

As jy twyfel aan die opregtheid van iemand se Christenskap, kry jou antwoord in die algemene gedrag en gesindheid van dié persoon teenoor ander. Indien dit vol selflose liefde, deernis en medelye is wat die eer slegs aan God wil gee, kan jy daarvan seker wees dat jy te doen het met 'n dissipel van Jesus Christus.

Die belangrikste van alles is dat Jesus Christus in Christene se lewe gesien moet word deur die liefde wat hulle betoon. Hierin staan die Heilige Gees ons by.

Alleen met Jesus

✳ Lees Johannes 17:17-26.
✳ Bepeins die stelling dat dit ons roeping is dat die wêreld ons as dissipels van Jesus sal herken.
✳ Moenie wanhoop wanneer jy Christus soms faal nie. Hy is vir jou baie lief.
✳ Loof die Heilige Gees wat jou help tot gelykvormigheid aan Christus.

> Die Here God het toe die mens gevorm uit stof van die aarde en lewensasem in sy neus geblaas, sodat die mens 'n lewende wese geword het
> – Genesis 2:7.

God skenk aan jou die gawe van lewe

God het aan jou die kosbare gawe van lewe geskenk. Jy kan dit verkwis as iets met weinig waarde, of jy kan dit koester en konstruktief gebruik tot sy eer. Jy is in 'n groot mate wat jy wil wees, want die standaarde wat jy gekies het, word in die kwaliteit van jou lewe weerspieël. Wanneer jy verstrengel raak in stoflike waardes en so jou gees verwaarloos, sal jy onsensitief wees vir die hoër waardes van die lewe. Die balans van jou lewe sal versteur wees en wat jy ook al bymekaar maak, sal nie keer dat jy van die diepe bevrediging van 'n gebalanseerde lewe ontneem word nie.

Omdat jy na die beeld van God geskape is, is jy primêr 'n geestelike wese en kan jy slegs die maksimum van jou potensiaal bereik as 'n gebalanseerde gees jou lewe beheers. Baie mense glo dat 'n lewe wat geestelik ingestel is, van hulle iets vereis waaraan hulle nie kán voldoen nie. Hulle wys op Christene wat misluk het en het geen begeerte om soos hulle te word nie. Wat hulle egter nie verstaan nie, is dat ware lewe 'n proses van harmonie met die Bron van alle geestelike krag is: die lewende Christus! Hulle ervaar gevolglik nie die liefde, vreugde, vrede, geduld en selfbeheersing wat kom deur in vriendskap met Christus te leef nie. Die geestelike benadering van die lewe, deur die teenwoordigheid van Christus, is die enigste verstandige en aanvaarbare manier om te leef.

Alleen met Jesus

✳ Lees Genesis 2:4-17.
✳ Die lewe is ons kosbaarste gawe van God. Oordink dit in gebed.
✳ Laat jy soms nog toe dat stoflike dinge Hom uit jou lewe sluit? Bely dit in gebed en vra vir krag om waarlik te leef.
✳ Verheerlik sy Naam omdat Hy deur sy Gees in jou woon.

> As die byl stomp word en nie geslyp word nie, moet jy meer krag gebruik. Dit betaal om jou verstand te gebruik – Prediker 10:10.

Wees verstandig en beplan

Daar is mense wat deur die lewe voortploeter van die een krisis na die volgende. In bitterheid en frustrasie blameer hulle ander mense of omstandighede vir hulle mislukkings, terwyl die basiese fout lê by hulle gebrek aan konstruktiewe beplanning. Wanneer jy misluk om te beplan, beplan jy jou eie mislukking. Sonder beplanning skep jy net chaos in die lewe.

Baie toegewyde mense verklaar vroom dat hulle hulle toekoms aan God toevertrou en hulle laat al die beplanning aan Hom oor. Hierdie mense bly altyd in die agterhoede van God se leërmag en kan nie vertrou word met posisies van geestelike verantwoordelikheid nie. Hulle weier die dissipline wat noodsaaklik is om hulle vir hoër diens toe te rus. Entoesiasme is belangrik in die geestelike lewe, maar dit moet gepaardgaan met kennis. Dan word dit 'n instrument wat God op 'n besondere manier kan gebruik.

As jy vir die volgende dae en weke beplan, neem die uitsoekgawes wat God aan jou gegee het en ontwikkel dit sover dit binne jou vermoë is. Jy sal ontdek dat Hy vir 'n spesifieke doel aan jou 'n gawe gegee het en dat Hy slegs wag vir jou om dit op 'n meer effektiewe wyse aan Hom terug te gee.

Beplanning is onontbeerlik vir geestelike bruikbaarheid.

Alleen met Jesus

* Lees Prediker 10:1-15.
* Wie misluk om te beplan, beplan om te misluk. Oordink dié stelling biddend.
* Leef jy sonder geestelike doelwitte? Doen vandag iets daaromtrent.
* Loof en dank die Here dat jy deel is van sy beplande skepping.

Daarom, liewe broers, wees standvastig, onwankelbaar, altyd oorvloedig in die werk van die Here, omdat julle weet dat julle inspanning in diens van die Here nie tevergeefs is nie – 1 Korintiërs 15:58.

Moenie moed verloor nie

Ontmoediging is iets wat die meeste mense die een of ander tyd beleef: goedbedoelde optrede word misverstaan; versigtige planne word gedwarsboom; ernstige voorstelle wat jy gemaak het word summier van die tafel gevee. Die gevolg is – jy dreig om moed te verloor en tou op te gooi.

Dit kan in jou sekulêre sowel as in jou geestelike lewe gebeur, maar die frustrasie bly dieselfde. Ontmoediging is een van die instrument van die Satan se werkswinkel wat die meeste gebruik word in sy volgehoue poging om die opbou van Christene se geestelike lewe te probeer dwarsboom. Dit probeer hy veral met die entoesiaste in die koninkryk van God.

Om hierdie aanval te weerstaan, is dit uiters belangrik dat Christus die fokuspunt van jou lewe sal bly. Voordat jy enige projek aanpak, soek eers na die wil van die Meester vir jou in hierdie besondere omstandighede. Bid dat Hy jou in jou beslissing sal lei en dat sy wil vir jou duidelik sal word. So word jy deur die Gees vernuwe en verrig jy jou taak in die wete dat jy binne die wil van God is.

Jy sal steeds struikelblokke ervaar, soos mense wat probeer om jou pogings te ondermyn. Daar sal nog tye wees wanneer jy sal dreig om moed te verloor. Roep egter gedurig die hulp van die Heilige Gees in. As wat jy doen tot sy eer is, sal jy vind: "Ek is tot alles in staat deur Hom wat jy krag gee" (Fil 4:13).

Alleen met Jesus

�֑ Lees 1 Korintiërs 15:50-58.
✤ Bepeins die waarheid dat jy deur Christus tot alles in staat is.
✤ Word jy dikwels die prooi van ontmoediging? Praat met Christus!
✤ Loof die Heilige Gees dat Hy jou wil help om standvastig in die werk van die Here te wees.

> Ek sal julle 'n nuwe hart en 'n nuwe gees gee
> – Esegiël 36:26.

Die vernuwing wat God gee

Daar is baie mense wat die persepsie koester dat God outyds is. Hulle ken Hom vir so lank as wat hulle kan onthou, maar soos hulle die toekoms inbeweeg het, het Hy in die verlede gebly. Baie probeer nooit sedert hulle volwasse geword het, om 'n oorspronklike gedagte oor God te waag of 'n dieper ervaring met Hom te begeer nie.

God is tydloos, hoewel sommige mense Hom sien as die Oue van dae en nooit aan Hom dink as die God van die teenwoordige tyd nie. God is net so modern as wat ons is en Hy wil hê dat ons Hom met die toekoms moet vertrou; dat ons in harmonie en vrede met Hom sal wandel. Om dit te laat gebeur, moet jy jou gesindheid verander en 'n nuwe uitsig op die lewe kry. Alleen dan herstel jy jou verhouding met die lewende God. Deur berou en sondebelydenis smee jy 'n totaal nuwe verhouding met Hom. Hierdie verandering in jou denke en gees stel jou in staat om die lewe in 'n nuwe perspektief te sien. Jou uitsig word positief en jy glo dat God alles ten goede laat meewerk (Rom 8:28).

God gee vir jou hierdie nuwe verstandelike en emosionele uitsig op die lewe sodat jy jou lewe meer vreugdevol en konstruktief kan beleef. Dan leef jy om God te verheerlik en jy ervaar 'n vrede en vreugde in Christus se teenwoordigheid deur die vervulling met sy Heilige Gees.

Alleen met Jesus

* Lees Esegiël 36:16-27.
* Dink vir 'n wyle ernstig na oor jou beeld van wie God is.
* Is jou God beperk tot die Bybel? Bid dat Hy 'n lewende werklikheid sal word.
* Loof die Here vir die vernuwing wat Hy deur die Heilige Gees vir jou gee.

Onderwerp julle daarom in nederigheid aan die kragtige hand van God, sodat Hy julle kan verhoog op die tyd wat Hy bestem het – 1 Petrus 5:6.

Dissipelskap vereis dissipline

Wanneer jy 'n dissipel van Jesus Christus word, kan jy nie meer leef om jouself te behaag nie. Jou lewe is nou volkome aan God oorgegee en jou dissipline hierin bepaal die kwaliteit en erns van jou geestelike, Godgewyde lewe.

Jou toewyding aan God vereis 'n gewilligheid om dissipline toe te pas verby emosies en 'n bloot verstandelike benadering tot God. Sonder dié dissipline kan jou geloof nie gedy nie en kan jy God nie effektief dien nie.

Vir baie mense is die moeilikste dissipline om hulle liefde vir God te bewys sonder emosionele demonstrasies. Dis maklik om te verklaar dat jy God liefhet wanneer godsdienstige emosies deur musiek of geïnspireerde prediking opgewek word. Maar om in 'n onsimpatieke, wêreldsgesinde omgewing nog jou liefde vir God uit te leef en te bevestig, vereis 'n dissipline wat bo emosie uitstyg.

Dissipline eis van jou om te bid wanneer jy nie daarna "voel" nie. Dit is onwaar om te beweer dat God slegs gebede verhoor wat in 'n gebedstemming tot Hom opgaan. Dis juis wanneer jy nie daarna voel om te bid nie dat jy wel moet bid. 'n Vaste tyd moet opsy gesit word om God te ontmoet. Moet nooit toelaat dat iets jou van hierdie tyd beroof nie. Dis slegs deur geestelike dissipline dat jy 'n waardige dissipel word.

Alleen met Jesus

* Lees 1 Petrus 5:5-11.
* Bepeins die feit dat dissipline die kwaliteit van ons geestelike lewe bepaal.
* Is daar in jou lewe 'n ewewig tussen emosie en intellek? Ondersoek jouself.
* Prys die Here dat Hy deur die Heilige Gees jou in staat stel om gedissiplineerd te lewe.

Want om te lewe, is vir my Christus
– Filippense 1:21.

Om vir Christus te lewe

Daar is talle mense wat sonder 'n doel lewe. Dae word maande en maande word jare sonder dat hulle die doel van hulle lewe bepaal. Hulle mikpunte is dikwels oppervlakkig en onrealisties: hulle streef na rykdom en prestige en dinge wat nooit ware bevrediging gee nie. Om tevrede en vreugdevol te lewe, is dit noodsaaklik om 'n doel te hê wat die moeite werd is en wat die goedkeuring van Christus sal wegdra.

Indien jy Christus opreg liefhet, het jy reeds 'n lewensdoel en daarby die krag en inspirasie om hierdie doel te verwesenlik. Jou doel sal dan wees om elke oomblik tot eer van Christus te lewe. Daar sal in jou lewe nie ruimte wees vir sporadiese geestelike ervarings nie. Jy sal nie meer godsdienstig voel net wanneer jy in die bui daarvoor is nie. Jou geloof sal konstant bly te midde van jou wisselende buie.

Om vir Christus te leef beteken die toewyding van jou gees, liggaam en denke aan Hom as jou Verlosser en Saligmaker. Wanneer jy vir Christus leef, sal Hy in jou leef en jy sal die ekstase ken van 'n lewe vir Christus. Moenie jou onvolmaaktheid vergelyk met sy volmaaktheid nie. Aanvaar sy gawe van Homself in jou lewe en laat Hom toe om vryelik deur jou te werk. Leef vir Christus en leef optimaal.

Alleen met Jesus

- Lees Filippense 1:12-26.
- O Here, leef deur u Gees in my sodat ek in U kan leef!
- Kry jy jou krag en inspirasie vir elke dag by Christus?
- Loof die Here dat Hy in jou wil woon sodat jy vir Hom kan leef.

Hou aan om die gelowiges aan hierdie dinge te herinner en vermaan hulle ernstig voor God om op te hou stry oor woorde. Dit het geen nut nie en is net skadelik vir die hoorders – 2 Timoteus 2:14.

Soek steeds na die waarheid

Daar is Christene wat net kan floreer wanneer hulle kan debatteer. Hulle stry oor teologiese kwessies en Skrifinterpretasie. Hulle ontleed die Skrif in hulle soektog na punte waaroor hulle kan redeneer. En voor hulle dit besef, het hulle die eenvoud van Christus se basiese leerstellings omskep tot stellings wat gekompliseerd en kontroversieel is.

Terwyl 'n dors na kennis altyd aan te beveel is, moet dit veroordeel word wanneer dit jou geloof in Christus nadelig beïnvloed. Baie mense wat Christus in eenvoudige geloof wou navolg, is afgeskrik deur die teenstrydige stellings en standpunte wat so dikwels die gevolg is van hierdie debatte. Die diskussies word soms so heftig dat dit ons weinig herinner aan hoe Christene oor die koninkryk van God behoort te redeneer.

Wanneer jy in so 'n situasie vasgevang raak, is die eerste waarvoor jy moet soek die liefde. Wanneer liefde vervang is deur bitterheid moet jy weet dat hierdie leerstelling nie van God is nie. Verwerp dit dan. Lê ook jou dilemma of verwarring aan God voor en bid ernstig om sy leiding. Sy Gees van waarheid sal jou omvou en jou op die pad van waarheid en liefde lei. Dis die enigste manier om jou twyfel, verwarring of vrees te besweer.

Alleen met Jesus

✳ Lees 2 Timoteus 2:14-26.
✳ Dink na oor die eenvoud van Christus se boodskap en dank Hom daarvoor.
✳ Is jy soms geneig om "oor woorde te stry"? Wat kan jy hieromtrent doen?
✳ Help my, o Heilige Gees, om die waarheid van Christus te onderskei.

> As broers moet julle mekaar altyd liefhê
> – Hebreërs 13:1.

Die krag van die liefde

Met sy bespreking van die wonderlike vrug van die Heilige Gees in Galasiërs 5:22-23, bevestig Paulus onteenseglik dat die liefde die oorkoepelende *vrug* van die Gees is, en trouens ook die grootste van al die *gawes* van die Gees (1 Kor 13:13). Oorlewering wil dit hê dat, toe die bejaarde apostel Johannes deur sy volgelinge gevra is waarom hy altyd oor liefde preek, hy geantwoord het dat daar niks anders ís om oor te preek nie – net liefde. Jesus Christus het ons geleer dat liefde al die gebooie oorkoepel: "Ek gee julle 'n nuwe gebod: *julle moet mekaar liefhê*" (Joh 13:34).

Wanneer ons ons samelewing ondersoek en 'n studie maak van al die rampe in die wêreld, is dit duidelik dat *liefdeloosheid* en onwilligheid om Christus se gebod te gehoorsaam aan die wortel van al die kwaad lê. As mense sou liefhê soos Jesus liefhet, sou die afgryslikheid van oorlog, geweld, terreur en moord nie kon bestaan nie. Jy kan tog nie 'n misdaad pleeg teenoor iemand vir wie jy lief is nie. Opregte liefde sou nie onverdraagsaamheid, kleinlikheid, jaloesie, klasseverskille, onreg en verdrukking verdra nie. Alles wat in die lewe gebeur wat in stryd is met Christus se lering, word veroorsaak deur 'n gebrek aan liefde.

Jy mag jou rol as nietig en onbelangrik beskou, maar onthou dat 'n klein klippie 'n rimpeleffek wat geen einde ken nie, op 'n dam veroorsaak. Laat jou liefde daarom uitreik tot in die oneindige.

Alleen met Jesus

✳ Lees Hebreërs 13:1-6.
✳ Hy wat sy medemens liefhet, bewys daarmee sy liefde vir God. Stem jy saam?
✳ Ondersoek in die lig van die Skrif die kwaliteit van jou liefde.
✳ Dank God vir die liefde wat jy ontvang – en wat jy kan gee.

Galileërs, waarom staan julle so na die hemel en kyk? – Handelinge 1:11a.

Oproep tot diens

Ons sal nooit ten volle die emosies van Jesus se dissipels kan begryp tydens die hemelvaart nie. Hulle het diepe droefheid geken toe Hy gekruisig is; daarna het hulle ekstase ervaar toe Hy as die opgestane Heiland aan hulle verskyn het; hulle het sy intieme vriendskap sedertdien met blydskap geniet: en nou, met nostalgie, verwondering, oorstelping en verbasing, sien hulle hoe hulle Meester na die hemel opvaar.

Terwyl hulle daar staan en staar na die hemel, herinner die Engel van die Here hulle daaraan dat hulle werk het om te doen. Die Meester se laaste opdrag was dat hulle die evangelie oor die ganse aarde moes gaan versprei (Matt 28:19-20). Daar was nie tyd om te dagdroom nie. Deur die Heilige Gees bekragtig, het hulle in die Naam van Jesus uitgegaan om sy werk te gaan doen.

Daar is tye wanneer ons vasgevang word deur ons emosies en ons ook geneig is om te staan en droom. Ons raak verlore in verwondering, ekstase, liefde en lofprysing. Ons móét tyd deurbring in die teenwoordigheid van Christus: dis noodsaaklik. Maar ons moet ook onthou dat ons 'n opdrag het om uit te voer. Soek die Here se leiding in gebed en gaan pas dit toe in die praktyk. Word so 'n medewerker in die opbou van sy koninkryk en 'n instrument deur wie Hy sy bediening onder die mense van die wêreld kan voortsit.

Alleen met Jesus

✳ Lees Handelinge 1:1-11.
✳ Ons hoogste roeping is om betroubare getuies vir Christus te wees. Oordink biddend hierdie uitdaging.
✳ Het jy al gehoor gegee aan jou oproep tot diens?
✳ Dank die Here vir die voorreg om sy medewerker te kan wees.

Wat gaan hier aan? Dit is 'n nuwe leer, en dit kom met gesag! Hy gebied selfs die onrein geeste, en hulle gehoorsaam hom – Markus 1:27.

Aan Hom behoort die mag en die majesteit

Ons durf nooit die mag van Jesus Christus onderskat nie. Baie mense, ook Christene, is geneig om geloof as 'n gemakstoel te beskou waarop hulle te eniger tyd behaaglik agteroor kan sit en ervaar hoe die spanning van die moderne lewe uit hulle wegvloei. Dit is wel waar dat Christus vir ons vrede gee, maar dit is hoegenaamd nog nie die einde van die saak nie.

Die almagtige God is die grootste Bron van krag in die skepping en dit was so van die begin af. Daarom moet sy kerk 'n lewende, invloedryke krag in die wêreld wees. Te dikwels, wanneer sterk standpunte ingeneem moet word, bly die kerk en die individuele lede passief. Wanneer dit nodig is om te praat, bly ons stil. Daar was geleenthede toe die kerk mislei is om die verkeerde doelwitte na te streef, doelwitte wat ver verwyder was van die leerstellings van Christus en die dinge waarvoor Hy gesterf het.

In jou Christelike pogings is dit noodsaaklik dat jy in noue voeling met die lewende Christus sal bly en sy Heilige Gees sal uitnooi om jou lewe volkome oor te neem en daaraan rigting te gee. Hy sal sy wysheid en krag aan jou oordra en jou daardeur in staat stel om in gehoorsaamheid sy wil te doen en ook om te sê net dit wat God van jou verwag.

Alleen met Jesus

* Lees Markus 1:21-28.
* Word stil by God en bepeins sy grootheid en almag.
* Doen selfondersoek of jou God groot en magtig genoeg is om groot dade deur jou te doen.
* Kom, o Heilige Gees, en reinig my hart sodat ek een kan wees met U en so God se wil kan doen.

> Die liefde moet opreg wees. Verafsku wat sleg is en hou was aan wat goed is – Romeine 12:9.

Liefde – die motiverende krag tot diens

Die begeerte om goed te doen, het soms verborge motiewe. Ons almal ken mense wat goed doen aan soveel mense as moontlik. Hulle vervul 'n belangrike funksie in die samelewing en sonder hulle sou die lewe armer gewees het. Die dryfkrag agter hulle goedheid word weerspieël in die kwaliteit van hulle goeie werke. Ander sit hulle goeie werke voort net so lank as wat hulle deur waardering aangevuur word. Hulle kan slegs funksioneer as hulle gedurig bedank word. Daarsonder kwyn en sterf hulle entoesiasme.

Ander weer help hulle medemense net om hulle eie belange te bevorder. Hoe meer komitees daar is waarop hulle kan dien, hoe belangriker voel hulle. Hulle is net gelukkig as hulle in 'n uitvoerende hoedanigheid dien. Ons moet hierdie mense egter nie minag nie. Hulle maak wel die lewe van dié wat hulle dien, makliker en vreugdevoller.

Vir die Christendissipel is die enigste motiverende krag van diens egter liefde. Liefde vir Jesus Christus en vir die medemens. Omdat die Christen se diens in liefde uitgevoer word, is dit altyd konstruktief. Selfverheerliking word uitgesluit deur die begeerte om God te verheerlik. Om Christelike liefde te ervaar wat geopenbaar word in diens, is dit noodsaaklik om die Heilige Gees te ken en deur Hom te lewe. Dan werk Hy deur jou en is jou diens geïnspireerd.

Alleen met Jesus

* Lees Romeine 12:9-21.
* Kan 'n mens sê dat alle diens sonder liefde toneelspel is?
* Word stil by God en doen selfondersoek na jou motiewe vir diens.
* Dank die Heilige Gees dat Hy deur jou wil werk en jou diens heilig deur sy liefde.

Ek het daarop ag geslaan dat jy in jou hart geraak is deur die woorde wat jy gehoor het en dat jy jou klere geskeur en gehuil het voor My – 2 Konings 22:19.

Wees sensitief vir God se stem

Baie mense assosieer teerheid en sensitiwiteit met swakheid. En hulle het geen begeerte om as swakkelinge be-kend te staan nie. Daarom onderdruk hulle elke gevoel van sensitiwiteit. Hulle tree hard op om hulle ware gevoelens te kamoefleer.

Sensitiewe mense voel die pyn, teleurstellings en mislukkings van ander diep aan. Jou hartseer word dikwels verinnig wanneer jy niks kan doen om vir 'n ander verligting te bring nie. Om egter intiem by die lyding van mense betrokke te wees, is om op 'n baie besondere manier in die lewe van Christus te deel. Hy ontmoet mense op hulle vlak; Hy deel hulle droefheid; Hy verstaan hulle teleurstellings; Hy versterk hulle hoop en geloof wanneer hulle besef wat hulle deur die genade en krag van hulle hemelse Vader kan word.

Om sensitief en teer van hart te wees mag vir jou pyn meebring, maar wanneer jy jou met Christus vereenselwig, sal jou lyding 'n bevrydende doel dien. Jy sal groter liefde, simpatie en begrip ontwikkel en dit sal jou begeerte word om die nood van ander te verlig.

Christene wat weier om die beproewings van 'n sensitiewe hart te beleef, beroof hulself van 'n manier om 'n faset van die karakter van God te verstaan wat uiters noodsaaklik is om Christelike volwassenheid te bereik.

Alleen met Jesus

- Lees 2 Konings 22:11-20.
- "Dra mekaar se laste en gee op die manier uitvoering aan die wet van Christus" – Galasiërs 6:2. Oorpeins hierdie teks biddend en selfondersoekend.
- Here Jesus, ek aanvaar gewillig die las wat 'n sensitiewe hart op my lê. Help my om dit getrou te doen.

> Dit het vir ons gevoel asof die doodvonnis klaar oor ons uitgespreek is. Maar dit het gebeur, sodat ons nie op onsself sou vertrou nie, maar op God ... – 2 Korintiërs 1:9.

As die slag toegedien word

Die lewe kan ons bittere slae toedien wanneer ons dit die minste verwag. Jy leef dalk stil en tevrede en skielik breek die orkaan van teëspoed los. Jou lewe se roetine word omvergewerp. Wanneer dit gebeur, kan jy óf konstruktief óf negatief optree. As jy die negatiewe benadering volg, sal jy spanning en stres beleef. Jy sal by almal raad vra en niemand s'n aanneem nie. Gebeurtenisse en omstandighede sal buite beheer raak. Ons veroorsaak soveel van ons probleme self. As jy lui en onverskillig geraak het; as jy jou gebedslewe en Bybelstudie verwaarloos en jy jou van God verwyder – word jy die slagoffer van jou eie dwaasheid en sonde.

Dit is nie altyd jou skuld as die lewe jou hardhandig behandel nie. Die dood van 'n dierbare mag 'n donker wolk oor jou lewe werp; 'n afgedwaalde kind breek jou hart; finansiële bekommernisse waaroor jy geen beheer het nie, veroorsaak angs en spanning en takel jou geestelike lewe geleidelik af. Eksterne invloede maak hulself deeglik voelbaar in jou lewe.

In elke situasie kan ons egter iets van God leer. God sal jou nooit in die steek laat nie. Vertrou Hom daarom. Jy gaan dalk deur diep waters; jy ondervind die wrange bitterheid van neerlaag en die pynlikheid van eensaamheid. Indien jou geloof in God standvastig bly en sterker is as die nagatiewe kragte wat jou lewe teister, sal jy dit in sy Naam triomfantelik oorwin.

Alleen met Jesus

❋ Lees 2 Korintiërs 1:1-11.
❋ Hoe reageer jy wanneer die lewe jou platgeslaan het? Praat met Jesus hieroor.
❋ As jóú geloof en vertroue op God nie sterk genoeg is om jou deur te dra nie, weet dan dat *God* sterk genoeg is!
❋ Leer my, o Heilige Gees, om moeilike tye in tye van seën en triomf te verander.

> Nadat Hy almal rondom Hom aangekyk het, sê Hy vir die man: "Steek jou hand uit." Hy het dit gedoen, en sy hand was gesond. Maar hulle het rasend van woede geword – Lukas 6:10-11.

Liefde kry voorrang bo godsdienstige wette

Dis ongelooflik dat mense woedend kon word omdat 'n man met 'n gebreklike hand genees is. Tog was dié wat kwaad geword het godsdienstige mense. Hulle was trots op hulle afkoms en gedetermineerd om hulle tradisies te handhaaf en nie toe te laat dat enigiets verander nie. Selfs liefde en medelye was van sekondêre belang in die handhawing van die status quo.

So 'n ongelukkige situasie ontstaan wanneer wette belangriker word as liefde. Om nie bly te kan wees saam met iemand wat genees is nie omdat die een of ander wet verbreek is, bewys dat die wet vir jou belangriker is as die liefde.

Jesus was altyd by mense betrokke en vanweë sy liefde vir hulle het Hy dikwels met die kerklike owerhede oor hulle wettisisme gebots. Daar was egter tye toe Hy hulle geleer het om die wet te onderhou. Toe die jongman na Hom toe kom en vra wat hy moet doen om die ewige lewe te verkry, het Jesus geantwoord dat hy die wet moet onderhou.

Christus se woorde en dade het altyd sy kommer oor mense se welstand weerspieël. Hy het hul welstand hoër geag as die nakoming van wette, al was dit hoe sterk gewortel in tradisie. Geestelike wette word 'n las wanneer dit voorkeur geniet bo Goddelike liefde. Wanneer geloof uitgedruk word in betekenislose godsdienstige clichés en die spontaneïteit van liefde verloor, dien dit geen godsdienstige doel nie.

Alleen met Jesus

* Lees Lukas 6:6-11.
* Dink na oor die feit dat die liefde van primêre belang is in jou geloofslewe.
* Is jy geneig om die wet soms liefdeloos toe te pas? Soek hulp by God.
* Loof die God van liefde vir sy genade en deernis met sondaars.

> Julle, geliefdes, moet egter voortgaan om julle
> lewe te bou op julle allerheiligste geloof
> – Judas :20.

Geloof skep sekerheid en vrede

Die meeste van ons is bewus daarvan dat die lewe hoogte- en laagtepunte bevat. Die een oomblik verloop dinge glad, maar skielik ervaar jy 'n terugslag. Die een oomblik is daar hoop in jou hart, die volgende oomblik word jy bedreig deur wanhoop. Drome wat op die punt gestaan het om vervul te word, is skielik verpletter. Wie van ons het dit nie al persoonlik ervaar nie?

Niemand kan waarborg dat jy 'n rustige vaart oor die lewensoseaan sal hê nie. Alles sal nie altyd tot jou voordeel of volgens jou begeertes uitwerk nie. Niemand kan voorspel wanneer terugslae jou sal tref nie. Die enigste wyse hoe jy jou kan voorberei om teëspoed te hanteer, is deur 'n intieme verhouding met die lewende Christus te handhaaf. Wandel met Hom op jou pelgrimstog deur die lewe en laat Hy jou Leidsman wees in alles wat jy onderneem. Lê jou bekommernisse aan Hom voor en deel jou vreugdes met Hom. Soek sy wyse raad sodat jou planne en beslissings op sy wil gefundeer is.

Jy dink dalk dat dit bo jou menslike vermoëns is, maar as jy jou hart en lewe oopstel vir die invloed van die Heilige Gees en Hom toelaat om jou te lei, sal jy spoedig 'n sekerheid en vrede ondervind in die geloofswete dat Christus jou deur jou hele lewe bystaan en ondersteun.

Alleen met Jesus

❋ Lees Judas :17-25.
❋ Bepeins die feit dat geloof in Christus ons waarborg teen wanhoop is.
❋ As jy gedreig het om te wanhoop, soek nou die hulp van die Heilige Gees.
❋ Loof die Here, wat jou telkens weer lei tot geloof en vrede.

> Kom ons gaan dan met vrymoedigheid na die genadetroon, sodat ons barmhartigheid en genade ontvang en so op die regte tyd gered kan word
> Hebreërs 4:16.

God se genadige uitnodiging

Dikwels, wanneer 'n probleem ons in die gesig staar, is ons geneig om onder die gewig van die beproewing dubbel te vou. Wanneer iemand dan voorstel dat ons moet bid, sê ons dikwels dat ons te onwaardig is om voor God te kom, of dat ons om verskeie redes sy liefde en genade nie verdien nie.

Wanneer jy so 'n gesindheid aanneem, is jy geneig om alle hoop op te gee en word jy oorweldig deur die situasie waarin jy jou bevind.

Jou waardigheid of verdienste is nie 'n faktor om in aanmerking te neem wanneer God se liefde ter sprake is nie. Ons almal is sondaars en kom kort aan die heerlikheid van God. Daarom het Christus versoening gedoen vir ons sondes deur sy lewe af te lê. Ons is vergewe. As jy dan nog skuldgevoelens herberg wat verhoed dat jy voor die aangesig van God mag kom, verloën jy God se genadehandeling wat vir jou die deur na Hom toe oopgemaak het. Jy is immers seker van sy liefde en genade.

Wat ook al die aard van jou probleem mag wees, moet jouself nie van die geleentheid beroof om tot die troon van God te nader nie. God het uit genade en deur die verdienste van Jesus Christus hierdie reg aan jou toegesê. Hy nooi jou om na Hom toe te kom. Doen dit en jy sal sy volmaakte vrede ondervind.

Alleen met Jesus

* Lees Hebreërs 4:14-5:10.
* Oorweeg biddend die wonderwaarheid dat ons deur Christus vryelik na God se troon mag gaan.
* Bely met berou in jou hart as jy Christus se werk soms verloën.
* Ek loof en dank U, Here, dat die deur wyd oopstaan en dat ek enige tyd na die Vader mag gaan.

Maar ek vertrou op U, Here, ek sê: U is my God.
My tye is in u hand – Psalm 31:15 -16.

God se tydsberekening is altyd volmaak

Daar kom tye wanneer ons die hand van God probeer forseer. Ons sal dit nooit doelbewus probeer doen nie, maar as die situasie wat ons konfronteer baie ernstig word, is ons soms geneig om vir God daarvan te vertel en Hom te vra om iets daaromtrent te doen – en gou ook!

Dit is nie God se wil dat jy in so 'n situasie sal beland nie. Jy mag self daarvoor verantwoordelik wees of dalk nie, maar jy moet nooit wag tot omstandighede só versleg het dat jy paniekerig God se hulp inroep nie. Wanneer jy jou lewe aan Hom toegewy het en in harmonie met Hom leef, sal jy 'n bewussyn ontwikkel van die heilige harmonie met Hom wat die polsslag van elke aspek van jou lewe is.

God se tydsberekening is altyd volmaak en Hy sal nooit 'n situasie skep waar noodmaatreëls nodig is nie. Daar mag tye kom wanneer jy wonder of God nog enigsins in jou belangstel en jy ongeduldig sal word oor wat jy beskou as sy traagheid om jou te help. Jy dink dalk selfs dat Hy jou teleurgestel het deur nie aan jou versoeke te voldoen nie. Maar wanneer jy eendag in die toekoms terugkyk, sal jy sien dat wat toe 'n dringende situasie was, God tog tot jou beswil gebruik het.

Moet nooit van God verwag om by jou tydsberekening of begeertes aan te pas nie. Onderwerp jou aan sy wil vir jou totale lewe. Dan sal alles in volmaakte harmonie en tydsberekening vir jou ten beste uitwerk.

Alleen met Jesus

* Lees Psalm 31:10-19.
* "My tye is in u hand." Mediteer oor hierdie gerusstellende wete.
* Bely die tye toe jy God se hand wou forseer en vra vergifnis daarvoor.
* Dank die Here dat jy in sy liefdevolle, versorgende en deurboorde hande is.

> Bedaar en erken dat Ek God is, hoog bo die nasies, hoog bo die aarde – Psalm 46:11.

Die allergrootste ervaring

Die mag van gedagtes is van groot belang. As jy positief dink, kan dit jou tot groot hoogtes aanspoor en jou gees stimuleer. As positiewe denke egter geïgnoreer word, kan dit tot die dieptes van depressie ly. Dit is dus van die allergrootste belang om 'n positiewe en kreatiewe gedagtewêreld te ontwikkel.

Wanneer jy die belangrikheid van positiewe denke erken, moet jy ook besef dat dit as 'n wetenskap van die denke gebruik kan word sonder 'n sweem van spiritualiteit daarin. 'n Agnostikus kan ook 'n positiewe denker wees. Daar moet dus 'n duidelike onderskeid gemaak word tussen die evangelie van Jesus Christus en die blote verstandelike vermoë van positiewe denke.

'n Lewende en opregte geloof in Jesus Christus kan positiewe en kreatiewe gedagtes voortbring, maar voeg 'n *ekstra kwaliteit* daarby wat onverkrygbaar is by enige ander bron. Dit is die allergrootste ervaring in die lewe. Hierdie ervaring word by verskillende name genoem: Christus-bewussyn; beoefening van die teenwoordigheid van God; die realisering van God; sekerheid van God. Christus het dit genoem: "Bly in My."

Om te weet dat God in jou lewe teenwoordig is, is die hoogste ervaring waartoe die mens se gees in staat is. Om bewus te wees van Christus is nie 'n emosionele ervaring nie, maar die beoefening van geloof. Elke keer wanneer jy bely dat Hy teenwoordig is, sal jy weet: Christus is hier!

Alleen met Jesus

* Lees Psalm 46:1-12.
* Dit verg opregte spiritualiteit om Christus-bewus te lewe. Bid hieroor.
* Verwar jy soms godsdienstige emosie met Christus-bewustheid? Doen hieroor selfondersoek.
* Maak my bewus van u heilige teenwoordigheid, o Here, sodat ek die allergrootste ervaring van my lewe mag beleef.

Soos die Here julle vergewe het, moet julle mekaar ook vergewe – Kolossense 3:13.

Die bevryding wat vergifnis bring

Om gewillig te wees om te vergewe is net so kosbaar as wat dit moeilik is. Net soos wat 'n vergewensgesinde hart jou kan ophef, so kan 'n gebrek aan vergifnis jou geestelike en emosionele lewe vernietig. Hierdie feit is só belangrik dat dit van toepassing is op die gewer én die ontvanger van vergifnis. Albei word deur die gevolge beïnvloed.

Wanneer jy voel dat jy veronreg is, sal jy jouself verstandelik en emosioneel straf wanneer jy weier om te vergewe. Onthou ook die gevoel van verligting wat jy kan bring aan dié een wat jou vergifnis verlang en diep ongelukkig is oor sy of haar optrede.

Die manier waarop Christus die afgryslikheid van sy marteling verduur het, is nog altyd vir ons 'n misterie, maar dit is gebaseer op sy genadige vergifnis van sy vervolgers. Sy hele wese was so gevul met liefde dat Hy daaruit krag geput het om die boosheid van bitterheid en haat te oorwin en om uit die donker dieptes van sy lyding uit te styg tot die heerlike hoogtes van vergifnis in sy suiwerste vorm.

Vergewe ander soos Christus jou vergewe en jy sal ervaar hoe jou gees bevrydend verhef word wanneer sy liefde jou hele wese vul. Wat 'n ongekende vreugde en bevryding is daar in onvoorwaardelike vergifnis.

Alleen met Jesus

- Lees Kolossense 3:5-17.
- Oordink die eis dat ons moet vergewe soos God ons vergewe het.
- Is daar iemand aan wie jy nou dink wat jy nog nie vergewe het nie? Vra God se genade om dit nou te doen.
- Loof Christus omdat Hy ook ten opsigte van vergifnis vir ons 'n voorbeeld gestel het.

> As iemand beweer dat hy in die lig is, maar hy
> haat sy broer, is hy nog steeds in die duisternis
> – 1 Johannes 2:9.

Wees verstandig

Daar is baie mense wat dit moeilik vind om verdraagsaam te wees teenoor dié wat van hulle verskil. Hulle liefde word beperk deur hulle kleinlikheid en haatdraendheid en so bederf hulle dikwels hulle menseverhoudings. So 'n liefdelose gesindheid beperk geestelike groei en verhoed dat die Meester raakgesien word in jou lewe. Dis onmoontlik om die waarheid in Jesus Christus te leer ken wanneer kleinlikheid en haat jou gees verduister en verhoed dat jy ander opreg kan liefhê.

Daar is hoegenaamd geen bevrediging in haat nie. As jy een van daardie ongelukkige mense is wat verklaar dat jy 'n onreg aan jou nie kan vergewe nie, is dit hoog tyd dat jy weer ernstig besin. Vir wie maak jy werklik seer? Dit is moontlik dat die persoon vir wie jy haat, sy oortreding reeds vergeet het of nie eens omgee daarvoor nie. As jy volhard om ou wonde oop te krap, sal jy vind dat jou eie gees so bitter word dat mense jou sal vermy omdat jy nie goeie geselskap is nie.

Hoe ernstig jy ook al seergekry het, al voel jy dat dit te ernstig is om te vergewe, kan jy nie bekostig om vergifnis te weerhou nie. Die prys van onvergewensgesindheid is té hoog. Die prys wat jy betaal, is 'n vergifte persoonlikheid en 'n gebroke verhouding met God en met jou medemens. Hieruit vloei net ongelukkigheid en rampe voort. Volg die verstandige weg en vergewe onvoorwaardelik.

Alleen met Jesus

✳ Lees 1 Johannes 2:7-17.
✳ Ook met vergifnis is Christus ons rolmodel. Dink na oor hierdie waarheid.
✳ Doen selfondersoek in jou lewe en kyk of jy in die duister wandel.
✳ Prys en dank die Heilige Gees wat jou in staat stel om te vergewe.

Wees my genadig, o God, in u troue liefde, wis my oortredings uit in u groot barmhartigheid – Psalm 51:3.

Oorwin die versoeking

In hierdie uiters kompeterende eeu waarin ons leef, met die klem op prestasie, bestaan die versoeking om kompromieë aan te gaan oor standaarde en beginsels. Dit geld vir die maatskaplike of sakewêreld; vir die akademie of die sportveld. Die verborge gevare wat agter versoekings lê, kan vernietigende gevolge hê. Die een wat hieraan toegee, word gewoonlik gestroop van integriteit en selfrespek en sy reputasie kry 'n ernstige knou.

Die probleem is dat versoekings meestal op 'n subtiele wyse verskyn. Dit lyk onskuldig en sonder gevaar. 'n Sogenaamde noodleuen; 'n onskuldige opkikkerpilletjie; 'n geringe afwyking van die aanvaarbare praktyk – al dié dinge lyk onskuldig, maar hulle is slegs die begin van die afdraande pad. Geleidelik en byna ongesiens word die versoeking groter en die graad van kompromie en toegewing word ernstiger – totdat jy vasgevang is in 'n situasie waaruit dit onmoontlik lyk om te ontsnap.

Daar is egter 'n manier om hierdie situasies te vermy. Die oplossing van die probleem lê daarin om na God se hulp te soek. Draai na Hom toe, bely jou vrees en mislukkings en laat die Heilige Gees beheer oor jou lewe neem. Daar is geen ander manier om versoekings te oorwin nie.

Alleen met Jesus

- Lees Psalm 51:1-14.
- Word stil by Jesus en oorweeg hoe jy versoekings gaan oorwin.
- Vra jou eerlik af of jy die regte prosedure volg om dit te doen.
- Dank die Here vir elke versoeking wat jy in sy krag oorwin.

> Sy Goddelike krag het ons alles geskenk wat ons nodig het om te lewe en Hom te dien. Dit kom deurdat ons Hom ken wat ons geroep het deur sy heerlikheid en mag – 2 Petrus 1:3.

Om 'n lewe van vervulling te leef

Jy hoor dikwels hoe mense in selfbejammering kla dat die lewe hulle onregverdig behandel. Mislukking om sukses te behaal word gewyt aan gebrek aan geleenthede. Terugslae en teenspoed word toegeskryf aan die tekortkominge van ander. In hierdie omstandighede vertoon die sogenaamde slagoffers maar treurig, want hulle het geen inisiatief of dryfkrag nie. Hulle lê gedurig hulle skynbare hulpeloosheid voor die deur van ander mense.

Toegegee, in sekere omstandighede ís terugslae onvermydelik en ongelukkig, maar die reël bly steeds dat die lewe is wat jy daarvan maak. As jy geen poging aanwend om struikelblokke en teëspoed te oorwin nie, sal jou bestaan spoedig kleurloos en kragteloos word. As jy egter besluit om die beste van jou omstandighede te maak, sal jy vind dat die lewe 'n opwindende en uitdagende ondervinding word.

Jesus het gekom sodat jy die lewe in al sy volheid kan geniet. Deur sy voorbeeld het Hy vir jou die pad aangedui. Hy het elke struikelblok, teleurstelling en terugslag oorkom deur geloof in en gehoorsaamheid aan sy Vader. In sy bediening van drie jaar het Hy meer bereik as enige ander mens in 'n leeftyd.

Volg Christus deur die leiding van die Heilige Gees en jy sal 'n lewe van volkome vervulling lei.

Alleen met Jesus

✳ Lees 2 Petrus 1:3-15.
✳ Die lewe is wat jy deur God se genade daarvan maak. Oordink hierdie woorde in gebed.
✳ Besluit nou en hier om deur sy krag die beste uit die lewe te haal.
✳ Loof en dank God vir die leiding van die Heilige Gees.

Waarheen sou ek gaan om u Gees te ontvlug? Waarheen sou ek vlug om aan u teenwoordigheid te ontkom? – Psalm 139:7.

Dit is onmoontlik!

Wat 'n bemoedigende gedagte dat al sou jy ver van God af wees, Hy nooit ver van jou af is nie. Die gevoel van isolasie lê by jou, nie by Hom nie; dis jou skepping, nie Syne nie.

Dit is die moeite werd om dit te onthou wanneer jou lewe op 'n laagwatermerk is en jou liefde vir jou hemelse Vader nie so helder en warm as vroeër brand nie. Wanneer die vonkel uit jou geloof verdwyn het, wanneer jou geloof nie meer 'n hulp is nie maar eerder 'n struikelblok tot vervulling of 'n kreatiewe lewenswyse, behoort jy ernstig selfondersoek te doen om te sien wat jou liefde vir God vervang het. Wanneer God ingedruk word in 'n sekondêre plek in jou geestelike lewe, moet jy nie verbaas wees as jou geloof nie meer lewendig en kragtig is nie.

Wanneer jou geloof begin verswak, het jy dalk vir God uit jou lewe en denke geskuif. Jy bedrieg jouself deur te beweer dat jy die godsdiens en bygeloof van gister ontgroei het. So maklik raak jy nie van God ontslae nie. Hy is nog met jou, al sou jy Hom beledig deur sy teenwoordigheid te ontken. Dit is onmoontlik om God en sy onpeilbare liefde vir jou te ontvlug. Omdat Hy vir jou net die beste begeer, is dit verstandig om sy liefde en goedheid te aanvaar en die vol en ryk lewe te geniet wat Hy vir jou wil gee.

Alleen met Jesus

- Lees Psalm 139:1-12.
- Dink ernstig na oor die feit dat dit onmoontlik is om van God weg te vlug.
- NP Van Wyk Louw het gesê: "Ek het van Hom weggevlug omdat ek Hom wou vind." Wat sê jy?
- Liefdevolle Meester, ek dank U dat ek nie meer van u liefde en genade probeer wegvlug nie. Ek wil altyd naby U bly.

> Maar aan God die dank! Hy voer ons altyd saam
> in sy triomftog omdat ons een is met Christus
> – 2 Korintiërs 2:14.

Deur Hom triomfeer ons

In teenstelling met die bewering wat baie dissipels van Jesus Christus maak, kan ons in ons geestelike lewe oomblikke van neerslagtigheid en mislukking hê. Sulke tye kan vernietigende gevolge hê as ons toelaat dat dit ons geestelike visie verduister. Wanneer die lofliedere stil geword het en die bewustheid van Christus se teenwoordigheid vervaag sodat dit nie meer 'n heerlike werklikheid is nie, word ons nie geïnspireer of gemotiveer deur ons geloof nie.

Hoe donker en moeilik dit ook al op die oomblik mag wees, hou jou oog gevestig op Jesus Christus. Onthou steeds dat jy in sy krag jou swakhede kán oorwin. Deur sy almag is die finale oorwinning joune. Dis belangrik om te onthou dat God vir jou algenoegsaam is. Moenie op jou gevoelens of emosies vertrou nie, maar op jou geloof in sy vermoë om jou vas te hou en jou te laat triomfeer ten spyte van jou emosies.

Wees dankbaar dat jou geloof nie afhang van hoe jy voel nie, maar van wat jy van Jesus Christus glo. Wanneer jy glo dat Hy is wie Hy is – die Seun van die lewende God – dat Hy gesterf en opgestaan het; dat Hy vandag nog lewe en die toekoms in sy hande hou, het jy reeds getriomfeer oor die magte wat jou wil neerdruk en oorwin.

Onthou aan Wie jy behoort en leef triomferend in sy Naam.

Alleen met Jesus

* Lees 2 Korintiërs 2:12-17.
* In Christus is ons meer as oorwinnaars. Heerlike stof tot nadenke.
* Steun jy nog te dikwels op jou gevoelens en emosies? Wat gaan jy daaromtrent doen?
* Loof God se heilige Naam vir elke groot en klein oorwinning.

September

Verjaarsdae

1
2
3
4
5
6
7
8
9
10
11
12
13
14
15
16
17
18
19
20
21
22
23
24
25
26
27
28
29
30

Gebed

Ewige God,
wat telkens weer nuwe lentelewe skenk,
laat ons in hierdie lentedae U opnuut leer ken as die Lewe
van dié wat U opreg liefhet, en die Krag van dié wat U met
toewyding dien.
Help ons om U só te ken dat ons U waarlik sal liefhê;
U só sal liefhê dat ons U met ons hart sal dien en deur ons
diens ware vryheid sal leer ken.
Ons dank U vir al die tekens van nuwe lewe om ons heen:
die teer groen van nuwe blare teen die asuurbloue hemel;
die ploegvore en die geskeurde aarde wat wag om die saad
te ontvang; u genade in uitbrekende knoppe en blare;
die nederigste blommetjie wat gereed maak om te ontluik;
die lammers wat by die dam huppel; die lentegeure in die
lug wat dreig om ons lighoofdig te maak.
Skenk aan my 'n hart wat ontvanklik is vir al u
skeppingskoonheid, ook in my eie hart en lewe wat
soms winter-dor is.
Bewaar my daarvan om blind en doof te wees vir die
nuwe lewe wat U gee.
Dankie vir die lente met nuwe geleenthede tot nuwe lewe.
"Here, ons Here, hoe wonderbaar is u Naam oor die
hele aarde, hoe glansryk alles wat U in die hemelruim
geplaas het" (Ps 8:2).

Amen

Ek kom om u magtige dade te prys, Here my
God, die verlossingswerk wat net U kan doen
Psalm 71:16.

Dae met groot moontlikhede

Ons leef in tye van angs en botsende emosies wat maklik aan-
leiding kan gee tot vrees. En as vrees eers ons denke oorheers,
kan ons geen opbouende gedagte bedink of enige edele daad
doen nie.

Die lente bied 'n uitdaging aan almal wat intellektueel en
geestelik groot genoeg is om dit te verstaan. Dis net iemand met
beperkte visie en vrees in sy hart omdat hy kleingelowig is, wat
deur die tyd waarin ons leef oorweldig word. Iemand met 'n
positiewe geloof in God glo dat agter die chaotiese toestande
wat hoogty vier, God besig is om sy vernuwingsplan uit te
werk. Hy laat dié wat hulle vertroue in Hom plaas nooit in die
steek nie. Sy vernuwende krag is gedurig in die wêreld aan die
werk. Hy wil dit ook in jou lewe doen.

Meer as op enige ander tydstip in die geskiedenis gryp mense
terug na God as die anker in hulle lewe. Dié wat 'n aktiewe en
werkende geloof in God se doel met die mensdom het, sal rond-
om hulle sy vernuwende krag sien. Deur hierdie geloof veran-
der omstandighede en skep God vrede en gemoedsrus vir sy
kinders. Ons kan nooit deur die chaos oorval word nie, want
ons God genereer steeds tintelende nuwe lewe in ons binneste.

Alleen met Jesus

❈ Lees Psalm 71:12-24.
❈ Deur jou geloof help jy om God se volmaakte wil opnuut in hierdie
  wêreld te vestig. Dink biddend hieroor na.
❈ Is jy moedeloos en wanhoping oor die toestand in ons land?
  Ondersoek in Jesus se teenwoordigheid jou geloof.
❈ Dank die Here vir nuwe groei wat telkens in jou lewe te voorskyn kom.

Geestelike groei volg op skuldbelydenis

Wanneer jou Christenskap jou maar net vertroos en nie meer vir jou 'n uitdaging is nie, word dit 'n geloof wat nie meer jou lewe verander nie, wat slegs jou gewete paai.

Jou Christelike pelgrimskap het begin met 'n daad van berou. Jy was opreg jammer oor jou sonde van die verlede. Jy was vasberade om met die hulp van God hierdie sondes nie te herhaal nie. Sonder dié fondament van berou is dit onmoontlik om geestelike vernuwing te smaak.

Skuldbelydenis is veel meer as 'n emosionele ervaring, want dit impliseer ook 'n daad van herstel. Verkeerde dade moet reggestel word; verskoning moet gevra word vir pyn wat jy veroorsaak het; gesteelde goedere moet teruggegee word. Jou denke moet gereinig word van alle opgehoopte brokstukke van sonde wat al so alledaags geword het dat jy hulle nie eens meer raaksien of as gevaarlik beskou nie. Ware skuldbelydenis kan by tye 'n hoë prysetiket dra, maar daarsonder is daar geen hoop op 'n geestelike lente nie.

"Bekeer julle!" was telkens die wekroep van Christus gedurende sy aardse bediening. Daarom is dit onomseilbaar vir al sy dissipels wat die nuwe lewe wat Hy aanbied, wil binnegaan. Sonder berou en belydenis kan daar geen volkome oorgawe wees nie.

Alleen met Jesus

* Lees Matteus 3:1-12.
* Oorweeg biddend die bevrydende ervaring van berou en skuldbelydenis.
* Is jy tevrede met jou geestelike groei? Vra die Heilige Gees om jou te help met jou selfondersoek.
* Prys die Here, wat ons oortredinge vergewe en ons reinig van alle sonde.

Ons liefde moenie net woorde en lippetaal wees nie, maar moet met die daad bewys word, en dan in opregtheid – 1 Johannes 3:18.

Die vernuwende krag van Christelike liefde

Dis die moeite werd om die kuns te ontwikkel om mense te waardeer. Ongelukkig gaan die meeste mense deur die lewe met die verwagting dat ander mense húlle moet waardeer. Wanneer hulle dan nie hierdie erkenning kry nie, voel hulle afgehaal en bejammer hulle hulself. Dis egter net deur ander te waardeer dat jou eie lewe ook verryk word.

Alle mense is na die beeld van God geskape, maar dit is 'n feit dat daar in die wêreld ook bose mense is. Wanneer gebrek aan liefde, selfgesentreerdheid en ander negatiewe en aftake-lende magte die beeld van God geskend het, is dit moeilik om in dié wese nog die beeld van God raak te sien. Ons spreek so maklik 'n oordeel uit oor mense wat hierdie simptome open-baar, maar wanneer ons verby die onaangename persoonlikheid kyk na wat die persoon deur die verlossende krag van God kán word, sal ons in staat wees om die persoon te help om 'n nuwe mens in Christus te word.

God spreek die hoogste en edelste in die mens aan. Hy haat die sonde maar het die sondaar lief. Hy sien ons moontlikhede raak. Hy is traag om te veroordeel, want dit is sy begeerte om gebroke mense heel te maak. As Christendissipel moet jou hoogste begeerte wees om soos jou Meester na mense te kyk – nie na wat hulle is nie, maar na wat hulle deur die liefde van God *kan word*. Dit vernuwe jou sowel as jou medemens wat jy liefhet.

Alleen met Jesus

✳ Lees 1 Johannes 3:18-24.
✳ Oorweeg die stelling: Christelike liefde maak nuwe mense!
✳ Is jy gewillig om 'n sondaar ter wille van Christus lief te hê?
✳ Loof en dank die Here dat sy liefde jou gevind en vernuwe het.

> Bid tog dat die Here jou God aan ons bekend
> maak waarheen ons moet gaan en wat ons moet
> doen – Jeremia 42:3.

Laat God jou probleem oplos

Hoe dikwels het jy nie al gevoel dat jy op moedverloor se vlakte is nie? Neergedruk deur probleme wat onoplosbaar lyk; angstig en bekommerd sodat jy nie weet watter kant toe om te beweeg nie? Dis 'n redelik algemene ervaring van baie mense wat 'n krisis in die gesig staar.

Baie probeer die menslike benadering – hulle wend die een poging na die ander aan om 'n oplossing vir hulle probleme te vind. Hulle worstel maar self daardeur of soek die raad van goeie vriende. Soms neem hulle dié raad aan en soms slaan hulle nie ag daarop nie. Soms vind hulle 'n antwoord vir hulle dilemma, en soms nie. In sy geheel is hierdie benadering onbevredigend en verteenwoordig dit die "probeer-en-tref"-metode.

Indien jy in sulke omstandighede verkeer en jy wil seker wees dat jy die regte pad volg, lê jou probleem in gebed aan die Here voor. Hy is alsiende en alwetend, Hy sal jou van 'n antwoord voorsien wat uiteindelik sal blyk die volmaakte oplossing vir jou probleem te wees. Dit mag dalk nie die antwoord wees wat jy in gedagte gehad het nie, maar die toets van jou geloof in God is om die saak by Hom te los in die seker wete dat Hy op sy tyd en manier vir jou van die volmaakte oplossing sal voorsien.

Alleen met Jesus

* Lees Jeremia 42:1-6.
* Mediteer oor die feit dat ons so dikwels paaie volg wat ons eie blinde hart beplan.
* God vertrou jou met 'n probleem. Vertrou jy God met jou probleme?
* Loof die Here vir al die kere dat Hy vir jou die regte pad aangedui het.

> So vind ek dan hierdie wet in my: ek wil die
> goeie doen, maar al wat ek doen, is die slegte
> – Romeine 7:21.

Ek weet ek moenie, maar ...

Dis veral in die lente dat daar by baie van ons 'n diepe hunkering na 'n voller en ryker ervaring met Jesus Christus ontstaan. Maar ons ken ook die innerlike konflik tussen ons hoë aspirasies en ons bose begeertes. Selfs dié wat verlossing gesmaak het, is nie hiervan vrygestel nie. Jy erken nie dat jy misluk het wanneer jy hierdie tweespalt in jou binneste bely nie. Dis egter dwaas om dit te ignoreer of goed te praat.

Wanneer hulle 'n plan van aksie oorweeg wat teenstrydig is met die wil van God, sê baie Christene: "Ek weet ek moenie, maar ...!" Dan volg die verskonings: "Wat ek wil doen, sal niemand seermaak nie." "Niemand hoef daarvan te weet nie." "God sal my tog sekerlik nie hieroor straf nie." En dit alles met die selfgeskepte geloof dat God 'n blinde oog sal draai op die onbesonnenheid wat hulle oorweeg.

So 'n gesindheid wys hoe ligtelik ons met vergifnis omgaan. Om van vergifnis 'n spotbeeld te maak, is om Christus se verlossingswerk te verloën. Omdat God is wie Hy is, haat Hy die sonde. Tog het Hy die aakligheid van sonde oorskadu met sy genade en vergifnis.

Vra God vir die visie om 'n beter pad te loop en vra die Heilige Gees om jou die krag te gee om binne God se wil te lewe. Dan word dit waarlik lente in jou geestelike lewe.

Alleen met Jesus

✳ Lees Romeine 7:15-25.
✳ Dink biddend na oor die stryd tussen ons hoër en laer instinkte.
✳ Ons vermom so maklik ons sondes met mooiklinkende frases. Bely joune.
✳ Dank die Heilige Gees wat jou help om op oorwinningsgrond te lewe.

> Uit onsself is ons nie in staat om iets te bedink asof dit uit onsself kom nie. Ons bekwaamheid kom van God – 2 Korintiërs 3:5.

Wat meer kan jy verlang?

Indien jy sin en betekenis in die lewe soek, is jy op 'n opwindende pelgrimstog. Die aard van jou soektog bewys dat jy die verstandelike vermoë, geestelike visie en sielehonger het om te besef dat jy anders is as dié wat slegs dag na dag leef. Jy besef jy is 'n skepsel van God wat met 'n hoë en edele doel in die lewe geplaas is. In hierdie oortuiging verhef jy jou oë bo die tydelike en besef dat jy 'n goddellike wese is wat vir die ewigheid geskape is. Dan begin God se plan in jou lewe ontvou.

Weg van God af het die lewe nie sin of betekenis nie. Hy gee aan die lewe ware motivering. Wanneer sy Gees jou gees in besit neem, word jy al hoe meer bewus van die grootsheid van die lewe.

Tog soek die oorgrote meerderheid mense hulle bevrediging buite God se grootsheid om. Die een vir wie God nie algenoegsaam is nie, vra waarlik te veel. Die tragedie in baie mense se lewe is dat hulle na iets soek, maar nie weet wat dit is wat hulle wil hê nie. Hulle het God verwerp omdat hulle konsep van Hom te klein is. As hulle maar net hulle idee van God wil verruim en hulle gees toelaat om in verwondering te leef voor sy grootheid, sou hulle die dieper betekenis en sin van al die aspekte van die lewe verstaan.

Wat meer kan jy verlang?

Alleen met Jesus

* Lees 2 Korintiërs 3:1-11.
* Oordink intens die grootheid van God. Lees Psalm 8.
* Wat is jou konsep van God? Is dit groot genoeg?
* Ek dank U, Here my God, dat U aan my 'n visie van u grootheid gegee het, wat my lewe verruim en verryk.

Aan Hom wat magtig is om julle van struikeling te bewaar ... aan die enigste God, ons Verlosser deur Jesus Christus ons Here, aan Hom behoort die heerlikheid en die majesteit, die krag en die mag, van alle ewigheid af – Judas :24-25.

Moenie wanhoop nie

Herhaalde mislukkings in jou geestelike lewe kan jou terneergedruk laat voel. As 'n dissipel van Jesus Christus het jy dalk 'n geestelike insinking beleef en ontmoedig geraak. Vanweë jou liefde vir die Meester worstel jy om te herstel en slaag miskien 'n ruk lank daarin, net om maar weer aan dieselfde swakhede toe te gee. Wanneer dit aanhoudend gebeur, mag daar selfs 'n tyd kom dat jy voel jy kan nie meer uit jou mislukkings opstaan nie. Jy verwerp nie die Meester nie, maar is tevrede met 'n derderangse Christenskap.

Die Christenwêreld is vol dissipels wat opgehou het om te probeer wees wat God wil hê hulle moet wees. Hulle het mislukking as 'n lewenswyse aanvaar. Hulle besef nie dat daar nog nooit 'n Christen geleef het wat nie op die een of ander tydstip misluk het nie. Die tragedie is nie die mislukking nie, maar die onwilligheid om op te staan en in die krag van Christus weer te begin.

Die finale oorwinning van toegewyde mense bestaan uit die vermoë om weer te begin. As jy deur herhaalde mislukkings ontmoedig is, onthou dat God nog in jou glo. Hy wil hê dat jy die verlede sal vergeet, soos wat Hy dit doen, en die heerlike nuwe toekoms saam met Hom sal binnegaan.

Alleen met Jesus

✣ Lees Judas :17-25.
✣ Die Christelike pad is een van val en opstaan aan die hand van 'n almagtige Verlosser. Oorpeins hierdie woorde en bid daaroor.
✣ Is jy op moedverloor se vlakte? Wat gaan jy doen?
✣ Dank die Here vir sy vergifnis en die voorreg om weer te begin.

> Hy sê toe vir die verlamde man: "Staan op, vat jou draagbaar en gaan huis toe" – Matteus 9:6.

Word jou gebede beantwoord?

Ons hoor dikwels van mense wat die krag van gebed bevraagteken. 'n Genesing waarvoor hulle gebid het, gebeur nie; iets wat hulle graag wou gehad het, kry hulle nie; lank gekoesterde drome word nie vervul nie. Wanneer dit gebeur, is daar altyd dié wat met gebed spot. Ander lê die skuld voor die deur van die bidder se swak geloof of dié van die persoon vir wie gebid word. Dan is daar mense wat gewoon nie in gebed glo nie en in hulle onkunde alles aan die noodlot toeskryf.

Dit mag ook wees dat mense so gewoond geraak het aan 'n spesifieke situasie, probleem, struikelblok of beproewing dat dit hulle senuweeagtig maak om te dink dat hulle daarvan verlos moet word. Die antwoord op jou gebed mag die pad na 'n heel nuwe lewenswyse vereis waarvoor jy dalk onvoorbereid is. Daarom deins jy in onsekerheid daarvan terug.

Die belangrikste komponente van gebed is jou geloof in die feit dat God wel gebede hoor en beantwoord – maar op sy eie tyd en wyse; jou gewilligheid om Hom te vertrou met jou nood; die vermoë om in geloof jouself en jou gebede by Hom te laat en met jou lewe voort te gaan in die seker wete dat Hy in jou nood sal voorsien. God sal jou nie teleurstel nie en vir jou net die allerbeste voorsien in die omstandighede waarin jy verkeer. Aanvaar dit, vertrou op Jesus Christus, laat die Heilige Gees jou help om te bid en gaan die toekoms in met vrede in jou hart.

Alleen met Jesus

* Lees Matteus 9:1-7.
* Gebed het talle ryk skakerings. Oorpeins jou eie gebedslewe aan die voete van Jesus.
* Dink aan die groot en verrassende dinge wat God deur gebed vir jou gedoen het.
* Slegs vertroue elke dag, moed hou deur die donker nag; Jesus trou staan vas en pal, slegs vertroue, dit is al.

In die begin was die Woord daar, en die Woord was by God, en die Woord was self God
Johannes 1:1.

Wanneer woorde ontbreek

Daar kom oomblikke in die lewe wanneer woorde heeltemal ontoereikend is. Ons staan langs 'n vriend by 'n oop graf en verlang om hom van ons meegevoel te verseker, tog kan ons nie ons ware gevoelens in woorde uitdruk nie. 'n Goeie kennis het misluk en voel bitter seergemaak en verneder. Ons begeer om aan haar te verseker dat ons haar nog net so liefhet as vroeër, maar ons is bang dat ons woorde skynheilig sal klink.

Ja, daar is tye wanneer woorde nie ons ware gevoelens kan oordra nie. Maar gelukkig is daar ander maniere om ons gevoelens oor te dra: 'n ferm handdruk; 'n begrypende blik; 'n bossie blomme, of 'n varsgebakte brood kan vir ons praat wanneer woorde ons faal.

Dis 'n vreemde gedagte dat God self iets weet van hierdie gedagtes. Vanaf die vroegste tye het God deur wyse mense gepraat: profete, sieners, digters en skrywers. Maar die tyd het aangebreek toe Hy nie langer die volheid van sy liefde van die mens kon weerhou nie. Toe het Hy Homself geopenbaar in die lewende Christus. Hy was die uitdrukking van God se liefde vir die mensdom. Dat ons hierdie wonder van sy liefde verwerp het, doen nie af aan die gawe nie. God het nie slegs *gepraat* van verlossing vir die wêreld nie: Hy het dit konkreet bewys deur die mees volmaakte Lewe wat hierdie wêreld nog ooit gesien het.

Alleen met Jesus

✱ Lees Johannes 1:1-18.
✱ Bepeins die liefdeswonder dat Jesus Christus die liefdeswoord van God aan die sondeverskeurde wêreld is.
✱ Is jy sensitief vir God se woorde? Pleit dat die Heilige Gees jou hierin sal help.
✱ Dank God dat Hy nooit ophou om in duisend tonge met ons te praat nie.

Hy is nie 'n God van dooies nie maar van lewendes – Markus 12:27.

Om 'n lewende geloof te besit

Daar is min dinge wat so droewig is soos 'n lewelose geloof. Jou geloof het eens vibreer van lewe en was vol vreugde en skoonheid. Toe het jy dit, miskien deur nalatigheid, verwaarloos. Dalk het omstandighede voorrang geniet bo jou geloof en dit versmoor. 'n Dooie of sterwende geloof is vol verskonings en groeiende bitterheid.

Maar God het nie verander nie! Hy is nog die bron en inspirasie van alle lewe. Daarom moet jy verstaan dat enige agteruitgang van jou geestelike lewe jou eie skuld is en nie God s'n nie. God begeer dat jy 'n opregte en lewende geloof sal hê, omdat Hy in die middelpunt daarvan is. Hy het Hom nie van jou onttrek nie. Hy gee Homself nog steeds vir jou soos voorheen.

Die groot probleem is dat iets anders in jou lewe Hom moontlik verdring. God kan nie aan jou sy volheid gee as jy Hom in 'n minderwaardige posisie plaas nie. As jy dus 'n dinamiese geloof wil besit, laat God die middelpunt van jou lewe wees. Hy moet die reg hê om uit te straal oor elke sfeer en aktiwiteit van jou lewe. Haat sal vervang word deur liefde; sagmoedigheid sal bitterheid verplaas; krag sal die plek van swakheid neem. Dan word jou geloof lewend, prakties, kreatief en opbouend. Daar sal 'n tintelende lentegroei in jou geestelike lewe wees.

Alleen met Jesus

* Lees Markus 12:18-27.
* Dink ernstig na oor wat dit beteken om God die fokuspunt van jou lewe te maak.
* Wat dreig om jou geloof 'n hongerdood te laat sterf?
* Prys en loof God wat te alle tye aan jou sy allerbeste gee.

Ek bid dat Hy deur sy Gees uit die rykdom van sy heerlikheid aan julle die krag sal gee om innerlik sterk te word – Efesiërs 3:16.

Gebruik dit wat jy het

Die mens beskik oor kragbronne waarvan hy nie bewus is nie. Die uitgeputte moeder wat 'n siek kind versorg, put uit hierdie innerlike kragbron waarvan sy onbewus was totdat sy die krag nodig gekry het. Iemand wat 'n vernietigende slag toegedien is, dink dat hy nooit daarvan sal herstel nie. Tog, soos die tyd verloop, genees die wond – tensy die genesing gekeer word deur 'n verkeerde gesindheid en negatiewe gedagtes.

Diep in die binneste van elke mens is daar lewegewende en vernuwende kragte wat wag om ons te versterk en te genees in tye van siekte en gevaar. Die probleem is dat so baie mense hierdie kragte ignoreer of dit verhinder om in hulle lewe te opereer: óf deur ontkenning van die bestaan daarvan, óf deur te twyfel aan die krag. Die lewe vereis jou samewerking om die genesende en opbouende kragte in jou lewe vry te stel. Negatiewe gedagtes, verkeerde gesindhede, 'n ongehoorsame gees en kleinlikheid dra by tot die aftakelende kragte wat jou gees verlam en verswak. Moet dit nie toelaat nie.

As jou lewe in harmonie is met die lewende Christus, besit jy die persepsie wat jou sal bevry en die hemelse kragte in jou lewe sal vry laat. Die innerlike kettings wat jou bind, sal wegval en jy sal diep bewus word van jou eenheid met die Meester.

Alleen by Jesus

- Lees Efesiërs 3:14-21.
- Dink positief na oor die krag wat geloof in Christus in jou kan losmaak.
- Vra die Heilige Gees om jou te bevry van alle negatiewe gedagtes.
- Dank die Here vir die innerlike kragbron wat Hy tot jou beskikking stel.

Watter mens ken die verborge dinge van 'n mens behalwe die gees van die mens wat in hom is? So ook ken niemand die verborge dinge van God nie, behalwe die Gees van God – 1 Korintiërs 2:11.

Hou jou geloof lewend

Jou geestelike lewe behoort nie eentonig te wees nie. Jou geloof begin met 'n geestelike opwelling, maar met die verloop van tyd word jou ywer dalk gedemp deur familiariteit. Wat eenmaal 'n ervaring van krag, liefde en warmte was, word alledaags, kleurloos en oneffektief. Andersyds kan jy deur gebed, Bybelstudie en oordenking jou verhouding met God verdiep. Jou huidige geestelike toestand is die direkte uitvloeisel van jou pogings óf jou versuim.

Terwyl natuurlike groei geen inspanning vereis nie, verg geestelike groei jou onverdeelde aandag. Tensy jy ernstig daarteen waak, sal jou buie aan jou begin voorskryf wat die kwaliteit van jou geestelike lewe moet wees. Die lewe kan dalk sy rug op jou draai, of jy kan ontsteld en ontevrede voel en die versoeking om jou gebedslewe te verwaarloos word dalk 'n werklikheid. Op die presiese oomblik wanneer jy die krag en vertroosting van gebed nodig het, hou jy op bid en versuim jy ander geestelike dissiplines.

Die hoogte en diepte van jou geestelike lewe word nie alleen deur jou hemelse Vader bepaal nie, maar ook deur jou. En die enigste manier om op die geestelike bergtoppe te leef, is deur permanent bewus te wees van die teenwoordigheid van die lewende Christus. Dit doen jy deur te bid. Dan word jou geloof nie deur jou buie bepaal nie en jou gees bly op die bergspitse van geestelike ervaring en groei.

Alleen met Jesus

✳ Lees 1 Korintiërs 2:6-16.
✳ Deur naby Christus te bly word jou geloof lewend gehou. Wat sê dit vir jou?
✳ Hoeveel tyd sonder jy af vir Bybelstudie, gebed en oordenking?
✳ Onthou: jou geloof hang nie van jou gemoedstoestand af nie. Loof die Here!

> Sy God leer hom en gee hom die kennis
> hoe om alles te doen soos dit hoort.
> Swartkomyn word mos nie met 'n slee uitgedors
> of komyn met wawiele uitgetrap nie
> – Jesaja 28:26-27.

Daar is 'n regte manier

Daar is 'n Afrikaanse spreekwoord wat lui: 'n Mens slaan nie 'n vlieg op jou vriend se kop met 'n voorhamer dood nie. Effektiewe Christelike getuienis kan 'n delikate kwessie wees. Daar is baie gelowiges, veral dié wat so pas tot bekering gekom het, wat aan die brand is vir die Here. Die gevaar lê egter in die feit dat hulle oorentoesiastiese getuienis mense oorweldig en afskrik in plaas daarvan om hulle nader aan die Christendom te trek.

Jy moet aanvaar dat mense Christus op verskillende maniere ontmoet. Sommige mense het 'n emosionele ontmoeting, terwyl ander dit stilweg in die fluistering van die aandwind ervaar. Die belangrikste feit is dat mense Christus aanneem op 'n manier wat by hulle aard pas. Jy moet hulle gevoelens hieroor respekteer.

Om dit reg te kry gee die Heilige Gees aan jou die gawes van wysheid, onderskeiding en liefde. Dit sal jou in staat stel om elke situasie na waarde te beoordeel en om te weet wat om te sê en te doen – ook hoe en wanneer.

Jesus het mense nooit verdryf nie; Hy het hulle gelei. Dis ook hoe ons ons getuienis moet lewer. Jou plig is om deur jou voorbeeld mense na Jesus toe te lei en dít met liefde en takt.

Alleen met Jesus

* Lees Jesaja 28:23-29.
* Bepeins die korrektheid van jou metodes om mense na Christus te lei.
* As jy soms verkeerd opgetree het, bely dit en begin weer met sy hulp.
* Loof en dank Christus dat jy sy getuie op aarde mag wees.

> Ek bid dat Hy julle geestesoë so verhelder dat julle kan weet watter hoop sy roeping inhou, en watter rykdom daar is in die heerlike erfenis wat Hy vir die gelowiges bestem het – Efesiërs 1:18.

Geestelike volwassenheid

Jy begin met 'n totale nuwe lewe wanneer jy Christus aanneem as jou Verlosser en Saligmaker. Jou waardes word hersien; jy sien die lewe in sy ware perspektief; jou verhouding met ander dra die stempel van ware Christenskap. Om 'n nuwe mens in Christus te word, is een van die grootste en verrykendste ervarings wat jy kan beleef.

Wat jy egter nie moet vergeet nie, is dat hierdie ondervinding maar die begin is van 'n lewe wat voortdurend verryk word deur die teenwoordigheid van die lewende Heiland. Wanneer Hy die sentrum en motiverende krag van jou denke en dade is, word jy bewus van jou eenheid met Hom en ontwikkel daar by jou 'n steeds sterker begeerte om Hom inniger en beter te leer ken en lief te hê.

Hierdie gewaarwordings van eenheid en geestelike honger is aanduidings van groei wat jou lei tot geestelike volwassenheid. Ware volwassenheid kan alleen bereik word deur onafgebroke en sinvolle gemeenskap met Jesus Christus. Dié verrykte lewe het praktiese resultate in jou daaglikse lewe, want jy sal die leerstellings van Christus toepas en sy leiding soek in jou agenda van elke dag.

Om te groei tot gelykvormigheid aan Christus, om geestelik volwasse te word en daarna te strewe om jou beste te wees in die krag van die Heilige Gees, is die grootste offer wat jy aan die Meester kan bring.

Alleen met Jesus

❋ Lees Efesiërs 1:15-23.
❋ Dink biddend na oor die noodsaaklikheid om geestelik te groei.
❋ Maak 'n waardebepaling van hoe jy geestelike gegroei het. Is jy tevrede?
❋ Dank en loof die Heilige Gees vir sy aandeel aan jou geestelike groei.

> In Hom is die volle wese van God beliggaam,
> en in verbondenheid met Hom deel julle in
> sy volheid – Kolossense 2:9-10.

Christus is algenoegsaam

Daar was 'n tyd in die geskiedenis toe die meeste mense tevrede was met hulle lot in die lewe. Soos die jare egter verbygegaan het, het standaarde verander en ontevredenheid was al hoe meer merkbaar onder mense. Rykdom; die versameling van al hoe meer besittings, 'n hoër maatskaplike status het vir baie van primêre belang geword. Sommige het geen moeite ontsien nie en enorme risiko's geloop word om hierdie doelstellings te bereik. En wanneer hulle dit bereik het, is die visier net weer hoër gestel. So snel hulle voort deur die lewe sonder dat hulle ooit ware bevrediging en gemoedsrus smaak.

Niemand kan iemand kritiseer omdat hy ideale het nie. Die probleem ontstaan egter wanneer 'n ideaal allesoorheersend word en voorrang geniet bo jou geestelike opbou en volwasse-wording. Jy moet nooit toelaat dat jou doelstellings in die lewe 'n struikelblok tussen jou en jou God word nie. Niks kan verge-lyk word met 'n intieme en persoonlike verhouding met die Meester nie.

Geen rykdom kan die plek van sy liefde vir jou inneem nie. Hy wil sy hand oor jou hou op die pad waarop jy loop. In sy vrede en genade besit jy die volheid van God. Is daar enigiets in hierdie wêreld waarvoor jy dít sou wou verruil?

Alleen met Jesus

* Lees Kolossense 2:6-15.
* Die hoogste doel in die lewe is om Christus te ken en lief te hê. Oorweeg hierdie woorde in gebed.
* Is daar dinge wat tussen jou en Christus staan en vervreemding veroorsaak?
* Dank God dat jy deur Christus sy volheid mag besit.

Laat ons koers hou op die pad waarmee ons tot hiertoe gekom het – Filippense 3:16.

Maak iets van jou lewe

In elke mens is daar kragte wat streef na erkenning en vervulling. In elke mens maak die karaktereienskappe van die ouer, die finansier, die politikus, die moralis, die godsdienstige, die student en vele ander 'n bydrae tot die ingewikkeldheid van sy natuur. Gedurende fases van jou lewe beweeg jy, dikwels onbewustelik, van die een kategorie na die ander en fluktueer jy tussen magte wat jou daagliks versterk, koördineer en motiveer, en dié wat jou verswak.

Mense wat sukses behaal, besef die belangrikheid van spesialisering. Hulle kies 'n doel en streef daarna om dit te bereik. Hulle wy hulleself met oorgawe daaraan. Maak dus seker dat jou doelstellings waardig is om jou tot lewensvervulling te lei. Indien jy nie hoë ideale vooropstel nie, sal jy nooit volle lewensbevrediging ken nie. Sommige mense strewe daarna om akademies te presteer, in die sakewêreld of in die kunste.

In watter area jy jou ook al uitleef – jy sal van die wêreld 'n beter plek maak omdat jy 'n dissipel van Jesus Christus is. Die hoogste doel waarna jy kan streef, is om meer aan Christus gelykvormig te word. Dit mag té idealisties klink, maar Christus roep jou tot die hoogste wat die lewe kan bied. Hy rus jou ook toe met die krag wat jy nodig het om dit te kan bereik. Maak jou lewe die moeite werd deur voort te reis op die pelgrimspad agter Christus aan.

Alleen met Jesus

- Lees Filippense 3:7-21.
- Die hoogste lewensvervulling is totale oorgawe aan Jesus Christus. Dink in jou stiltyd by Jesus hieroor na.
- Wat is vir jou die hoogste doel in die lewe? Wees eerlik met jouself.
- Dank die Heilige Gees wat jou krag gee om geestelik koers te hou.

> Maar ons leef in die verwagting van 'n nuwe hemel en 'n nuwe aarde wat God belowe het en waar die wil van God sal heers – 2 Petrus 3:13.

'n Ligstraal van hoop

As jy luister na mense rondom jou, mag jy dalk dink dat die wêreld vol pessimiste is. Die pessimiste, op hulle beurt, voel dat hulle geregtig is daarop om so te voel omdat daar oor die hele aarde probleme is: skandale; korrupsie; onreg; wreedheid; ongevoeligheid; geweld; oorlog. Dié situasies is vir die Christen afskuwelik en onaanvaarbaar. Gevolglik is daar talle wat alle hoop opgegee het dat die wêreld ooit uit die duistere kolk sal kom waarin dit versink.

Dit mag waar wees dat dit nie té goed gaan met die wêreld nie. Maar ons moet nie die feit uit die oog verloor dat God nog in beheer is nie. As gevolg van die mens se dwaasheid, laat die aarde se toestand veel te wense oor, maar dis geen rede om te wanhoop of die toestand net te aanvaar nie. Inteendeel, Jesus ons Meester het gewaarsku dat daar moeilike tye sal kom, maar dat ons moet moed hou omdat Hy die wêreld reeds oorwin het (Joh 16:33).

Jou doel moet steeds bly om sy gebooie te gehoorsaam en van Hom afhanklik te leef. Maak jou hart en lewe oop vir die invloed van die Heilige Gees sodat Hy jou kan versterk in jou voorneme om God getrou te dien. Dan word jy beloon met sy ewige koninkryk wanneer Hy sy belofte aan die wêreld vervul.

Alleen met Jesus

✼ Lees 2 Petrus 3:8-18.

✼ Negatiewe gedagtes skep pessimisme en wanhoop. Bepeins dit ernstig.

✼ Wat kan jy doen om jou gedagtes positief te maak? Vra die Heilige Gees se hulp.

✼ Dank God vir die geloof dat Hy sy belofte van 'n nuwe aarde sal hou.

> Wat Hy sal sê, sal nie van Homself kom nie:
> Hy sal net sê wat Hy hoor, en Hy sal
> die dinge wat gaan kom, aan julle verkondig
> – Johannes 16:13b.

Die verborge invloede in jou lewe

Wat jy sien, is nie altyd die ware toedrag van sake nie. Uiterlik kan alles volmaak lyk en mag dit moeilik wees om te bepaal of daar iets verkeerd is, al voel jy intuïtief aan dat alles nie reg is nie.

Elke mens het 'n sesde sintuig. By sommige is dit fyner ontwikkel as by ander, maar sensitiwiteit vir die nood en aspirasies van ander gee jou 'n groter begrip van die lewe en vir jou medemens. Al kan hierdie invloede nie gesien of bepaal word nie, is hulle werklik en wesenlik. Wees gevoelig daarvoor en reageer daarop.

Gegewe hierdie feit van verborge invloede, is die Heilige Gees die grootste enkele invloed wat jy ooit sal beleef. As God se Gees die verborge en beherende invloed in jou lewe word, begin jy Christus se leerstellings en praktiese leefwyse verstaan. Om gevoelig te wees vir die influisteringe en invloed van die Heilige Gees, is om 'n lewe sonder spanning te lei; om bevry te wees van vrees vir die toekoms – want God is in beheer. Om hierdie intimiteit met jou hemelse Vader te deel, verinnig jou liefde vir Hom en verdiep jou verhouding met jou medemens.

As Christendissipel moet jy ten volle bewus wees van die invloed van die Heilige Gees op jou lewe en daar moet geen struikelblok wees wat kan verhinder dat Hy deur jou werk nie.

Alleen met Jesus

* Lees Johannes 16:5-15.
* Die Heilige Gees is 'n verborge maar kragtige invloed in jou geestelike lewe. Oorpeins hierdie woorde in stille aanbidding.
* Laat jy reg geskied aan die invloed van die Heilige Gees in jou lewe? Kom by God uit met jou selfondersoek.
* Heilige God, ek loof en dank U vir die invloed van die Heilige Gees.

> Hou Hom voor oë wat so 'n vyandige optrede
> van die sondaars teen Hom verdra het. Dan sal
> julle nie geestelik moeg word en uitsak nie
> – Hebreërs 12:3.

Probleme is die trapklippe van geloof

Geen Christen het die waarborg dat hy nooit probleme sal hê nie. God is nie die oorsaak van ons probleme nie. Hulle is dikwels die gevolg van ons ongehoorsaamheid wat veroorsaak dat omstandighede buite beheer raak. Om 'n Christen te wees vrywaar jou nie van die probleme van die lewe nie, maar stel jou in staat om alles wat die lewe jou gee, te ontmoet en te oorwin deur jou geloof in die lewende Christus.

Probleme is noodsaaklik vir jou geestelike ontwikkeling. Daarsonder sou jy verstandelik lui, moreel swak en geestelik oneffektief word. Dis wanneer jy met 'n probleem gekonfronteer word wat dreig om jou te oorweldig, dat jy teruggewerp word op die bronne wat God tot jou beskikking stel, maar wat jy dikwels oneffektief gebruik. Onder druk kan jou gebedslewe meer sinvol word; jou gevoeligheid vir God se leiding meer akuut, omdat jy dan ernstig na sy wil soek. Om die lewenslas met 'n Goddellike vennoot te deel, bevry jou van die vrees dat jou probleme jou sal oorweldig.

Wanneer jy met probleme worstel, fokus jou verstandelike en geestelike kragte op Jesus Christus. Plaas Hom eerste in jou lewe; leef konsekwent in sy teenwoordigheid totdat jy jou probleme in die lig van sy wysheid en liefde sien. Dan sal jy ontdek dat dit wat jy vroeër as probleme beskou het, slegs God se metode is om jou geloof te versterk.

Alleen met Jesus

* Lees Hebreërs 12:1-12.
* Here, vertrou U my dan nie met 'n probleem nie? Mediteer oor die positiewe voordele van probleme.
* Is jou hantering van probleme Christus-gerig of mens-gerig?
* Here, leer my my probleme só hanteer dat dit my geloof versterk.

Laat ons tot God nader met 'n opregte hart en met volle geloofsekerheid – Hebreërs 10:22.

Vertrou op God

Dit verg nie veel om mense te ontmoedig nie – veral in hierdie tye waarin ons leef. Omstandighede ontstaan wat jou met huiwering vul en die pad vorentoe duister en onseker laat lyk. In sulke omstandighede raak jy terneergedruk, swartgallig en kleingelowig. Daar is niks wispelturigs of veranderliks omtrent God nie. Hy het immers gesê: "Ek, die Here, het nie verander nie" (Mal 3:6). Gebeurtenisse oor die eeue heen bevestig dat God betroubaar en onfeilbaar is: "Jesus Christus is gister en vandag dieselfde en tot in ewigheid" (Heb 13:8).

Mense is onderworpe aan wisselende buie en is bekend daarvoor om in verskillende omstandighede verskillend te reageer. Hulle kan maklik saam met die gety vloei. Hoe betroubaar die mens ook al voorkom, daar is geen waarborg dat die tyd nie sal aanbreek wanneer hy sal tekortskiet nie.

Om jou gemoed gerus te stel en jou kalmte van gees te waarborg, is dit noodsaaklik om jouself onvoorwaardelik in God se hande te plaas en volkome op sy genade en voorsienigheid te vertrou.

Handhaaf 'n intieme wandeling met Jesus Christus op jou pelgrimsreis. Hy is jou Meester en Vriend wat onderneem het om altyd met jou te wees (Matt 28:20). Hou onwrikbaar vas aan sy beloftes en vertrou Hom om jou veilig deur die lewe te lei.

Alleen met Jesus

✳ Lees Hebreërs 10:19-25.
✳ Vertroue op God is 'n teenmiddel vir wanhoop. Dink hieroor na.
✳ Is jy gewillig om God onvoorwaardelik te vertrou? Bevestig dit nou weer eens.
✳ Dank Christus dat Hy jou Metgesel en Vriend wil wees. Loof die Here!

> Ons sal in liefde by die waarheid bly en so in alle opsigte groei na Christus toe. Hy is immers die hoof, en uit Hom groei die hele liggaam – Efesiërs 4:15-16.

Geestelike verantwoordelikhede

As 'n Christen het jy sekere verantwoordelikhede wat jy nie kan ontduik nie. Dis noodsaaklik dat jy tyd alleen met Jesus sal deurbring, nie om dieselfde gebed oor en oor te herhaal nie, maar sodat sy Heilige Gees jou kan aanraak en beïnvloed. Uit hierdie intimiteit groei 'n positiewe en praktiese geloof wat in jou elkedagse lewe tot openbaring kom.

Geloof is nie iets wat jy in daaglikse dosisse kan inneem nie, maar 'n lewenswyse wat jy ontwikkel deur bewus te wees van die krag van Christus. Om met Hom gemeenskap te voer sodat Hy deur jou geloof tot openbaring kan kom, is jou eerste verantwoordelikheid teenoor jou hemelse Vader.

Om soos 'n Christen te lewe is ook jou verantwoordelikheid. Jy is verantwoordelik vir jou emosies. Jy kan so gelukkig wees as wat jy verkies, of so ellendig as wat jy wil wees. Die beheersing van jou emosies is een van die groot geestelike verantwoordelikhede wat jou Christenskap op jou lê. Jy sal dit alleen regkry as die Heilige Gees jou lewe so beheer dat sy gesindheid in jou reaksies weerkaats word.

Die verantwoordelikheid van "groei na Christus toe" en om deur sy Gees te lewe, is daar vir jou om te aanvaar of te verwerp.

Alleen met Jesus

* Lees Efesiërs 4:9-16.
* Die pad van geestelike groei vereis die aanvaarding van geestelike verantwoordelikhede. Dink hieroor na en praat met God daaroor.
* Is daar 'n gesonde ewewig tussen jou emosies en jou praktiese Christenskap?
* Dank die Heilige Gees wat jou help om jou geestelike verantwoordelikhede na te kom.

> Omdat Christus in julle is, gee die Gees aan julle die lewe op grond van God se vryspraak, hoewel die liggaam vir die dood bestem is as gevolg van die sonde – Romeine 8:10.

Leef voluit

Jy voel dalk of al die sprankel uit jou lewe verdwyn het, dat vernietigende neerslagtigheid en ongevoeligheid jou lewe beroof van alle sin en betekenis. So 'n ongelukkige tyd kan 'n mens in enige stadium van jou lewe ondervind.

Indien jy voel dat jou lewe sy impetus verloor het, kan dit 'n teken wees dat jy onbewustelik selfgesentreerd geraak het en daarom jou belangstelling in die lewe en in jou medemens verloor het. 'n Selfgesentreerde mens het 'n beperkte uitsig en word gou lewensmoeg. Een manier om hierdie kwaal te oorkom is om jouself te motiveer om iemand te vind wat in nood is en behoefte het aan hoop en bemoediging. Staan 'n slag weg van jouself af en bemoedig en help 'n medemens. Die resultate in jou eie lewe sal verstommend wees.

As jy gedetermineerd is om 'n vars greep op die lewe te verkry en jou eertydse lewensblyheid terugverlang, het jy 'n motiverende krag nodig wat jou sal inspireer en uitlig uit die donker put van jou gevoel van onbekwaamheid. Dit kan jy regkry as die genadige invloed van die Heilige Gees jou gees in besit neem en die lewende Christus vir jou 'n werklikheid word. Om dit te kan ervaar, is dit nodig om 'n lewenskragtige verhouding met jou Heiland te ontwikkel deur gebed en meditasie. Dan sal jy weet hoe dit is om voluit te lewe.

Alleen met Jesus

* Lees Romeine 8:1-16.
* Om op 40 te sterf en op 80 begrawe te word is 'n ramp. Bepeins hierdie stelling ernstig.
* Leef jy miskien teen halfpas? Dis tyd om die Heilige Gees ernstig op te neem.
* Loof Jesus dat Hy in jou woon deur die Heilige Gees.

So moet julle God in alles verheerlik deur Jesus Christus, aan wie die heerlikheid en die krag behoort tot in alle ewigheid! – 1 Petrus 4:11.

Geloof in God gee sin aan jou arbeid

Daar moet motivering wees vir elke taak wat die moeite werd is om te verrig. 'n Student sal konsensieus studeer om te slaag in sy eksamens sodat hy die loopbaan van sy keuse kan volg; die sakeman sal sy onderneming uitbrei om sy wins op te stoot. Wanneer jy ongemotiveerd is omdat jy nie doelstellings het nie, sal jou belangstelling sterf en die lewe sal vir jou geen sin en betekenis hê nie. Iemand wat gedurig vra of die lewe enige betekenis het, ken nog nie die diepe bevrediging en vreugde van 'n waardige doel na te streef nie.

Om te glo dat jou werk deur jou ideaal gemotiveer moet word, mag idealisties klink, veral as jy 'n betreklik onbelangrike skakel in 'n groot organisasie is. Maak dit vir jou saak hóé jy jou werk doen, of verwaarloos jy 'n belangrike taak omdat jy dink dat niemand sal oplet nie, of omdat jy onbelangrik en onbekwaam voel? Indien dít die manier is waarop jy dink, doen jy jouself 'n onguns, want jy beroof jouself van die krag van positiewe denke en die bevrediging van konstruktiewe arbeid.

Die lewe het alleen sin as jy jou allerbeste daaraan wy. Hoe nederig en onbelangrik jou taak ook al mag wees, doen dit tot eer van God. Jy sal spoedig ontdek dat die lewe wel sin en betekenis het.

Alleen met Jesus

✳ Lees 1 Petrus 4:1-11.
✳ Elke eerlike stuk werk is 'n gebed tot God. Dink biddend hieroor na.
✳ Vra die Heilige Gees om die regte werksbenadering aan jou te openbaar.
✳ Dank die Here dat jy Hom ook deur jou werk kan verheerlik.

> Dan sal jy slaag in wat jy moet doen, jy sal voorspoedig wees – Josua 1:8.

Fokus op sukses

Sukses is die hartsbegeerte van alle mense. Jy sal hard werk om sukses te behaal en groot opofferings maak om dit te behou. Maar mense se interpretasies van sukses verskil radikaal volgens hulle tradisies en doelstellings. Vir baie beteken sukses weinig meer as gereelde bevordering teen gerieflike betaling, of die bestendige uitbreiding van 'n sakeonderneming. Dit is wel aan te beveel en begeerlik, maar kan nie geklassifiseer word as 'n ware interpretasie van sukses nie.

Sukses is nie 'n doel wat bereik moet word nie, maar 'n lewenswyse wat noodsaaklike kwaliteite in jou lewe te voorskyn bring. Iemand wat sy werk geniet, selfs al is die betaling redelik gering, is meer suksesvol as dié een wat 'n groot salaris verdien maar sy werk verafsku. Geld kan nie gemoedsrus, satisfaksie en vervulling gee nie. En wanneer hierdie dinge kortkom, betaal jy die prys van ongelukkigheid, irritasie, maagsere en 'n aggressiwiteit wat jou vrees vir mislukking probeer verbloem.

Ten spyte van die skyn is daar talle mense wat as mislukkings bestempel moet word, want hulle smaak nie ware sukses nie. Ware sukses het 'n geestelike fondament. Dit impliseer 'n denke en gees wat met God in harmonie is en 'n siel wat vrede met homself het. Die evangelie leer vir ons dat dit vryelik deur God geskenk word aan almal wat Jesus Christus en sy beginsels aanvaar met hulle hele hart, verstand en met al hulle kragte.

Alleen met Jesus

* Lees Josua 1:1-9.
* Bepeins in Jesus se teenwoordigheid jou konsep van sukses.
* Fokus jy op die wêreld of op Christus? Doen 'n eerlike waardebepaling.
* Dank Jesus dat 'n lewe in harmonie met Hom, sukses waarborg.

> Wie in My bly en Ek in hom, dra baie vrugte,
> want sonder My kan julle niks doen nie
> – Johannes 15:5.

Één met die Vader

Vir baie mense het gebed 'n wanhoopsdaad geword wat hulle gebruik wanneer alle ander pogings gefaal het, in plaas daarvan dat dit 'n bron van inspirasie is en 'n metode om die toekoms te beplan. Baie toegewyde Christene bid tot 'n Wese wat hulle in hulle gedagtes sien waar Hy sit in die hoë hemel en gunste en gawes uitdeel volgens mense se verdienste. So 'n konsep van God skep die valse oortuiging dat Hy gunstelinge het en van ander sy seën weerhou. Hierdie persepsie verskraal ons denke oor God en gebed.

God is die Finale. Daar kan geen teenwoordigheid, beginsel of persoon beter as Hy wees nie. Sy almag word nie alleen gesien in die grootsheid van die heelal en die skoonheid van die skepping nie. Sy grootste handewerk word gesien in die skepping van die mens. Die almagtige God het jou geskep na sy beeld. Omdat God Drie-Enig in die Gees denke is en in Jesus Christus liggaam is, besit jy hierdie selfde komponente wat van jou essensieel jouself maak. Jy is gees, verstand en liggaam, en om dit te verloën is om die unieke kroon van God se skepping te ontken.

As jy deur die Heilige Gees die ingewikkeldheid van jou wese verstaan, groei jou verwantskap met God. In plaas daarvan dat gebed 'n noodoproep vanuit 'n desperate situasie is, word dit die motiverende krag wat jou denke aktiveer en deur jou liggaam tot uitdrukking kom.

Alleen met Jesus

* Lees Johannes 15:1-8.
* Bepaal jou persepsie oor gebed in stilte by Jesus.
* Vra jou af of gebed vir jou 'n wanhoopskreet is. Doen iets daaraan as dit so is.
* Here Jesus, ek dank U dat die inspirasie van my gebedslewe voortkom uit my eenheid met U.

Staan op en gaan huis toe. Jou geloof het jou
gered – Lukas 17:19.

Wanneer God jou probleem opgelos het

Dit klink teenstrydig, maar daar is mense wat kla oor 'n gebrek en dan tog nie bly is wanneer dit genees word nie. Hulle is dalk siek of voel om die een of ander rede onbekwaam; hulle is miskien liggaamlik gestremd; of hulle lewe is uiters moeilik en veeleisend. Hulle klagtes kom vir die gemiddelde mens redelik en geregverdig voor. In baie gevalle word ernstige voorbidding vir hulle genesing gedoen. Maar wanneer verligting tog kom, voel die een vir wie daar gebid is, afgehaal in plaas van vreugdevol en dankbaar.

In hierdie omstandighede is dit gewoonlik so dat dat die betrokke persoon gewoond geraak het aan sy gebrek of belemmering en die belangstelling en aandag wat dit op hom gefokus het geniet het en dit slegs gebruik as 'n kruk om deur die lewe te beweeg.

Daar is altyd die wesenlike gevaar dat hierdie mense hulle fisieke en verstandelike welstand sal verruil vir die belangstelling en meegevoel van goedhartige mense wat maar té gewillig is om hulle by te staan. Gevolglik word hulle gebrek vir hulle 'n noodsaaklike en aanvaarbare lewenswyse.

Wanneer God in sy liefde en genade jou gebede om uitkoms verhoor, aanvaar dit met opregte dankbaarheid en gaan die lewe tegemoet as 'n dankbare en blymoedige getuie van sy almag en genade.

Alleen met Jesus

* Lees Lukas 17:11-19.
* Jy kan 'n gebrek of krankheid troetel vanweë die aandag wat jy kry. Wat sê Christus vir jou persoonlik hieroor?
* Is jy opreg in jou gebede om genesing of bevryding? Antwoord God hierop.
* Dank die Here dat Hy jou krankhede genees en jou sondes vergewe.

> Almal wat hulle deur die Gees van God laat lei, is kinders van God – Romeine 8:14.

Hoe dink jy oor jouself?

Wanneer jy jou tot God bekeer en vergifnis ontvang, vul 'n hemelse vrede en vreugde jou gees. Jy weet dat daar 'n nuwe verhouding tussen jou en God bestaan en nuwe ideale vul jou lewe en denke. Maar ten spyte van die waarheid van God se vergifnis, kan baie van sy kinders hulself nie vergewe en die sondes van die verlede vergeet nie. Wanneer hulle geroep word om te getuig van God se reddende genade, vertel hulle met groot omhaal hoe sondig hulle eenmaal was en hierdie relaas oortref dikwels die wonderwerk van hulle vergifnis.

Die heerlike waarheid is dat wanneer God jou vergewe het, jy op 'n besonderse manier sy kind geword het. Is jy 'n verloste sondaar wat weier om die herinneringe aan daardie sondes te laat los, of verbly jy jou in die feit dat jy 'n verloste kind van God is? As sy verloste kind is jy in die gelukkige posisie om te vergewe en te vergeet wat in jou verlede lê, want jy is 'n nuwe mens wat in 'n nuwe verhouding tot God staan.

Om 'n "verloste sondaar" en 'n "verloste kind van God" te wees, is nou aan mekaar gekoppel. Dit inspireer jou gedagtes en bepaal jou gesindheid teenoor die lewe. Om vas te klem aan wat jy eenmaal was, kan jou groei beperk en jou neerslagtig laat voel – selfs al ken jy die Here. Om seker te wees dat jy 'n kind van God is en dat jou sondes vergewe en vergeet is, stel jou in staat om as 'n nuwe mens in Christus te lewe.

Alleen met Jesus

* Lees Romeine 8:9-17.
* Lees en oordink 2 Korintiërs 5:17: "Die oue is verby, die nuwe het gekom."
* God het jou vergewe! Het jy jouself al vergewe? Waarom wag jy?
* Loof die Here wat jou sondes vergewe en nie meer daaraan dink nie.

> Mag julle in staat wees om saam met al die gelowiges te begryp hoe wyd en ver en hoog en diep die liefde van Christus strek – Efesiërs 3:18,

Put jou vertroue uit Christus

Daar kom geleenthede wanneer mense swak, kwesbaar en hulpeloos voel. Hierdie gees van onbekwaamheid laat jou huiwer om leiding te neem of om 'n opinie uit te spreek. Dit laat jou onvergenoegd voel. In hierdie opsig is jy nie alleen en geïsoleer nie. Baie ander voel dieselfde. Ontelbare getalle mense gaan deur dieselfde ervaring. As gevolg daarvan trek hulle hulself terug en loop die risiko om buite rekening gelaat te word deur die meer dinamiese en soms onverdraagsame mense wat voel dat hulle vir enige uitdaging opgewasse is.

Die Heilige Gees voorsien jou van 'n kragtige vermoë om die lewe in al sy fasette te hanteer. Dis belangrik dat jy sal weet dat sy krag bonatuurlik is en jou in staat stel om deur sy liefde vir jou elke situasie wat mag opduik, te hanteer. Dit gee jou gesag wat gekoppel is aan begrip vir ander en ware nederigheid. Deur die liefde van Christus gedring, praat en handel jy dan soos Jesus dit sou doen.

As jy bevry wil word van 'n gevoel van minderwaardigheid, bly met Christus in voeling. Sy liefde, in al die dimensies daarvan, moet jou gedagtes en dade kleur. Dan sal jy 'n nuwe selfvertroue en sekerheid ervaar omdat die liefde van Christus deur jou werk.

Alleen met Jesus

* Lees Efesiërs 3:14-21.
* Geen verloste kind van God durf ooit minderwaardig voel nie. Bid hieroor.
* Bid om al die dimensies van Christus se liefde te leer ken: wyd, ver, hoog en diep.
* Here Jesus, beheer deur u liefde my totale wese sodat ek deur U met selfvertroue lewe.

> So was dit ook met Abraham: Hy het in God ge-
> glo en God het hom vrygespreek – Galasiërs 3:6.

Leef vanuit jou geloof

Daar is ongelukkig te veel Christene wat nie die krag en vreugde ervaar wat deur hulle Here en Meester aan hulle gegee is nie. Hulle aanvaar dit wat hulle kerk glo, maar hulle lewe ontbreek die lewende ondervinding met Christus wat die kerk aan hulle verkondig.

God het ontelbare skatte vir dié wat Hom liefhet en in Hom glo. Wanneer jy intiem met Hom wandel en die gawe van die Heilige Gees aanvaar, word jy geestelik versterk om die eise van die lewe te ontmoet. Hy gee jou die wysheid om versoekings te sien vir wat dit werklik is en die krag om oorwinnend te lewe. Wanneer daar 'n menslike nood is, is God altyd daar om te voorsien wanneer ons Hom in die geloof daarom vra.

God se grootste gawe aan die mensdom is Christus. Wanneer jy 'n ware sielehonger het, het jy 'n diep geestelike ervaring nodig om jou gemoed op te hef en aan jou die moed te gee om in die geloof verder te gaan met die wete dat jy nooit alleen is nie. Daarvoor het God vir Jesus Christus aan jou gegee. Maar Hy kan nie in jou lewe effektief opereer as jy Hom nie in die geloof aanneem nie.

Aanvaar Christus deur geloof en wees lief vir Hom met jou hele wese. Dan sal jy die onbeskryflike bevrediging ken wat alleen die deel is van dié wat vir Christus met 'n opregte geloof aangeneem het.

Alleen met Jesus

* Lees Galasiërs 3:1-14.
* Geloof is 'n onmisbare komponent van ons geestelike welsyn. Dink hieroor.
* Tydsgeloof; skyngeloof; historiese geloof; bygeloof en opregte geloof. Watter geloof besit jy?
* Dank die Heilige Gees vir die geloof wat Hy in jou hart bewerk.

Dié wat op die Here vertrou, is soos Sionsberg wat nie wankel nie en altyd vas bly staan – Psalm 125:1.

'n Vaste fondament

Ons leef in 'n eeu van botsende ideologieë waarin idees roep om jou goedkeuring. Daar kom tye wanneer jy nie seker is wat jy glo nie. 'n Tyd lank voel dit asof jou tradisionele oortuigings onwrikbaar is en jy vind jou toevlug in die sekuriteit wat dit oor baie jare vir jou gebied het. Maar dan skielik word selfs hierdie oortuigings uitgedaag en jy vind dat jy in die skemerwêreld van twyfel ronddwaal met 'n hart wat grens aan wanhoop.

Sulke oomblikke kan bedekte seëninge wees, want wanneer al jou idees en jou geloof in God vernietig is, word jy teruggewerp in totale afhanklikheid van God. Niks bestaan behalwe jy en God nie. In sulke oomblikke is jy dalk nie eens seker van God se bestaan nie – maar Hy is nog altyd by jou! Wees daarom stil en besef dat Hy wag om deur te breek deur die muur van twyfel en onsekerheid wat jou omring. Luister na die influisteringe van God in jou lewe.

Die belangrikste saak in jou lewe is jou persoonlike en intieme verhouding met God. Wanneer dit sterk en seker is, sal alle ander dinge in hulle regte perspektief rondom God uiteenval. Wanneer hierdie belangrike verhouding egter skeef loop, sal die lewe 'n stryd wees teen oorweldigende magte. Kies God; kies die lewe en weet dat jy 'n onwrikbare fondament het waarop jy jou lewe kan bou.

Alleen met Jesus

* Lees Psalm 125:1-5.
* Oortuiging is 'n waarheid in die denke; geloof is 'n vuur in die hart – Joseph Newton. Oordink hierdie woorde biddend en ernstig.
* Hoe hanteer jy jou oomblikke van twyfel? Praat met Jesus daaroor.
* Loof die Here dat Hy vir jou 'n vaste fondament is om op te bou.

Oktober

Verjaarsdae

	1	
	2	
	3	
	4	
	5	
	6	
	7	
	8	
	9	
	10	
	11	
	12	
	13	
	14	
	15	
	16	
	17	
	18	
	19	
	20	
	21	
	22	
	23	
	24	
	25	
	26	
	27	
	28	
	29	
	30	
	31	

Gebed

Here, ons Here,
hoe heerlik is u Naam oor die ganse aarde!
U kroon die jaar met u goeie gawes. Waar U ook gaan,
is daar oorvloed.
U het ook ons land besoek en aan ons die mooiste,
mooiste maand gegee.
Ons loof en dank U vir elke ryke belofte van die somer;
vir elke sondeurdrenkte dag wat ons toelag; vir ryp graan
wat brood belowe vir die hongeres.
Breek vir ons die Lewensbrood, o Meester.
Daar is blydskap in die natuur en die voëls sing
lofgesange tot u eer.
Laat ons, die kroon van u skepping, ons ook verbly
in ons Here!
Ons is omring met pragtige tuine. U skepping is so mooi.
U het ons vir U geskep en U sorg vir ons soos vir die lelies
van die veld.
Gee dat ons lewe sal bydra tot die lied van die skepping.
Die goeie aarde waaruit ons lewe en voorspoed haal,
vertel van u wonders.
Mense ploeg en saai vandag en môre en oormôre
oes hulle jubelend.
Ons is u oorvloed en skoonheid nie waardig nie.
Maak ons nietemin getroue bewaarders en beskermers
van u skepping.
Dankie, o Verlosser, vir die vreugdes van die oog en
die oor wat U berei het.
Dink in u liefde aan blindes en dowes wat dit ontbeer –
ook dié wat siende blind en horende doof is.
Laat ons deur u genade groei tot geestelike somerrypheid.
Ons pleit dit op grond van die verdienste van ons Verlosser en
Saligmaker, Jesus Christus.

Amen

> Kyk, die woonplek van God is nou by die mense. Hy sal by hulle bly; hulle sal sy volke wees, en God self sal by hulle wees as hulle God – Openbaring 21:3.

Moenie vrees vir môre nie

Ons kan baie redes noem waarom die toekoms gevrees moet word: op die wêreldtoneel is daar toenemende spanning; daar is 'n onvermoë by politici om selfs die mees basiese probleme te verwerk; rassebotsings, misdaad, korrupsie en moord is aan die orde van die dag. Dis 'n bedroewende wêreld wat ons kinders en kleinkinders van ons gaan erf. Al hierdie dinge raak elke mens persoonlik en veroorsaak vrees in ons harte.

Wanneer ons tyd afsonder om alleen by God uit te kom, stel dit ons in staat om bo dié tydelike dinge uit te styg en op die ewige te fokus. Daar ontvang jy die bemoedigende versekering dat, hoe ontaard en verskeur die sondige wêreld ook al is, God nog in volkome beheer is. Hy regeer nog in sy majesteit en almag en Hy het hierdie wêreld nog nie afgeskryf nie.

Wanneer jy met vaste geloof glo dat God alwetend en alomteenwoordig is, sal dit jou bewaar van negatiewe denke en optrede. God se verlossingswerk kan nie gekeer word nie. Ten spyte van die haglike toestand van die wêreld, is God steeds besig om sy plan uit te werk. Dié wete stel jou in staat om positief op omstandighede te reageer.

Jy kan die toekoms aandurf sonder God en beloon word met vrees, depressie en frustrasie. Of jy kan glo in God se volmaakte wil met die mensdom en die toekoms met vertroue binnestap. Die keuse is joune!

Alleen met Jesus

* Lees Openbaring 21:1-8.
* Dink biddend na oor die stelling dat God nog in beheer is.
* Is jy dikwels nog negatief omdat jy God nie met die toekoms vertrou nie? Vra die Heilige Gees om jou hart en gesindheid te verander.
* Heilige Vader, in u wysheid, krag en sterkte gaan ek die toekoms positief en met vertroue tegemoet.

Aangesien julle saam met Christus uit die dood opgewek is, moet julle strewe na die dinge daarbo waar Christus is, waar Hy aan die regterhand van God sit – Kolossense 3:1.

Moenie wanhoop nie

Ons almal voel by tye asof die lewe ons sleg behandel. Die planne wat jy met soveel noukeurigheid en entoesiasme gesmee het, loop onherroeplik skeef; jou dagtaak voel vir jou soos 'n stuk slawerny; dalk is jou persoonlike lewe deurmekaar; of jou huwelik in gevaar. Daar is soveel bekommernisse en probleme in jou lewe dat jy voel jy kan dit nie meer hanteer nie. Jou energie word gestroop en jy voel dat alle sin en betekenis uit jou lewe verdwyn.

Dis 'n wesenlike gevaar dat jy gedurig op hierdie dinge konsentreer en al hoe dieper in die moeras van wanhoop versink. So word jy 'n prooi van die Bose wat juis wil hê dat jy moet wanhoop.

Jy is 'n eenmalige, unieke skepping van God en jy is vir Hom baie besonders – só spesiaal dat Hy jou met die bloed van sy Seun vrygekoop het uit sonde en wanhoop. Hy beklee jou met geloof en feesklere vir die ewige lewe.

Onthou altyd, hoe terneergedruk jy ook mag wees, Jesus het aan jou die kroon van die lewe beloof (Op 2:10). Stap weg van die besembos waar jy soos Elia wil wegkruip, tel jou seëninge, dink aan God se liefde en Christus se offerande vir jou. Dan durf jy nie wanhoop nie.

Alleen met Jesus

✳ Lees Kolossense 3:1-4.
✳ Elke mens het sy of haar deel van leed en pyn, probleme en teleurstellings.
　 Bepeins in gebed by Jesus hoe jy joune hanteer.
✳ Bely dit as jou geloof soms deur selfbejammering vervang word.
✳ Loof en prys Christus vir sy onsterflike liefde wat jou enigste hoop is.

God het Hom oor ons ontferm en hierdie bedie-
ning aan ons opgedra. Daarom word ons nie
moedeloos nie – 2 Korintiërs 4:1.

Hou moed!

Mense wat tot diens aan die Here geroep is en ernstig in sy werk
betrokke is, is waarskynlik meer geneig om ontmoedig te voel
as mense wat op ander terreine van die lewe werk. In jou
sakeonderneming of sportaktiwiteite kry jy die krag om storms
te oorleef en terugslae te verwerk en voort te gaan. Vir die
geestelike werker is moedeloosheid een van die magtigste
wapens uit die arsenaal van Satan. Jy begin maklik wonder of al
jou pogings werklik die moeite werd is. Baie diensknegte van
die Here het al moed verloor en die stryd gewonne gegee weens
gebrek aan ondersteuning en aanmoediging.

Die belangrikste feit wat diensknegte van die Here nooit mag
vergeet nie, is dat hulle deur die Here self tot sy diens geroep is.
Wat jy dan doen, doen jy nie vir mense nie, maar vir God. Jou
vermoë om jou taak te verrig, hang nie van jou of enigiemand
anders af nie, maar van God. Deur sy groot genade het Hy 'n
taak aan jou opgedra en daarmee saam gee Hy jou die be-
kwaamheid om dit te doen. Jy hoef uitsluitlik aan Hom verant-
woording te doen. Soek daarom alleen om sy Naam te verheer-
lik en sy koninkryk te bou.

Skep weer moed en dien die Here daar waar Hy jou geplaas
het. Doen jou werk in die krag van die Heilige Gees en moenie
toelaat dat die Bose jou saboteer nie. In God se krag sal jy oor-
win en daardeur sy Naam verheerlik.

Alleen met Jesus

✳ Lees 2 Korintiërs 4:1-6.
✳ Oorweeg biddend Filippense 4:13: "Ek is tot alles in staat deur Hom
  wat my krag gee."
✳ Vra die Heilige Gees om die knelpunte in jou werk vir die Here uit te
  wys.
✳ Loof die Here wat nietige mense tot sy heerlike diens roep.

> Moenie bang wees vir dié wat die liggaam
> doodmaak, maar die siel nie kan doodmaak nie
> – Matteus 10:28.

Moenie bang wees nie

Christus het so dikwels vir mense gesê: "Moenie bang wees
nie!" Met die storm op die see van Galilea het Hy dit vir sý dis-
sipels gesê. Hy het dit aan die bedroefde Jaïrus gesê toe sy
dogtertjie dood is. Hy het dit aan sy kerk gesê nadat Petrus
wonderbaar uit die gevangenis vrygelaat is. Aan sy dissipels en
dié wat oor die eeue heen sy volgelinge sou word, het Hy gesê
dat hulle vervolg en beledig sou word en dat daar allerlei kwaad
oor hulle gepraat sou word, maar dat hulle nie moet bang wees
nie (Matt 5:11).

Dié woorde kom ook tot ons, al word ons nie bedreig deur
brandstapels en martelpale nie. Ons groot Heiland het ook vir
die klein dingetjies van die lewe 'n sorgsame oog en 'n liefde-
volle hart. "Moenie bang wees nie!" klink dit oor ons hele lewe
met sy klein en groot probleme.

"Van julle is selfs die hare op julle kop almal getel," sê ons
Meester in Matteus 10:30. Só groot is sy liefdesorg vir jou en só
waak Hy onophoudelik oor jou. Elke onvriendelike woord wat
vir jou gesê word; elke liefdelose behandeling wat jou deel
word; elke lasterwoord wat jou hart deurboor – Hy weet daar-
van. Hy waak oor jou. Wees net bang vir die sonde wat jou so
omring. Vlug na Hom toe in elke versoeking van die Bose.
Christus vind niks in jou lewe té gering om Hom liefdevol
daarmee te bemoei nie. Waarom sal jy dan nog bang wees?

Alleen met Jesus

* Lees Matteus 10:26-31.
* "Moed is nie die afwesigheid van vrees nie, moed is die oorwinning
  van vrees" – R L Stevenson. Bepeins dié waarheid in die stilte by
  Jesus.
* Laat jy toe dat vrees jou geloof ondermyn? Doen nou iets daaromtrent.
* Dank die Heilige Gees dat Hy jou help om jou vrees te oorwin.

> Tog het hy óns lyding op hom geneem, óns siektes het hy gedra ... deur sý wonde het daar vir ons genesing gekom – Jesaja 53:4-5.

Hy het my sondelas gedra!

Hierdie profesie van Jesaja is op 'n besondere wyse in en deur die Man van smarte vervul. Jesaja lei ons gedagtes vandag na die kruis op Golgota. Daar word die toppunt van die ontferming van God bereik. Daar word die wêreld se smart en sonde gedra deur die enigste Een wat dit vir ons kon dra. Daar word die mistiek van die verlossing geopenbaar en ontvang ons, wat die dood skuldig is, 'n kans op 'n nuwe, ewige lewe.

Wanneer ons vandag peinsend by die kruis stil word, tref dit ons dat ons al so gewoond geraak het aan hierdie teken van ons verlossing dat ons nie altyd die boodskap van die kruis waarlik in ons harte opvang nie. Voor ons die troos daarin kan vind wat God vir ons bedoel het, sal die kruis ons eers moet veroordeel. Ons moet onsself eers leer ken as doemwaardige sondaars wat die ewige toorn van God verdien.

Eers wanneer die kruis oor ons lewe 'n oordeel uitgespreek het, bring dit vir ons die volheid van ons grootste troos in lewe en in sterwe. Dan begin Man van smarte sy werk waarlik deur ons doen; dan raak sy deurboorde hande ons genesend aan.

Mag die geseënde Heiland vandag op hierdie liefdevolle wyse met jou praat. 'n Gebroke en verslae hart sal Hy nooit verstoot nie.

Alleen met Jesus

* Lees Jesaja 53:1-10.
* Oorpeins die diepe betekenis van die kruis op Golgota.
* Het jy persoonlik die oordeel van die kruis deurleef? Vra die Heilige Gees om jou te help met 'n antwoord.
* Loof en prys die Here vir die ryke betekenis van die kruis.

Leer my u pad, Here, ek wil wandel in u
waarheid; leer my U met toewyding dien
– Psalm 86:11.

Gebed om toewyding

Dawid, die man wat hierdie gebed geskryf het, ken die mens se
hart. Hy weet hoe verdeeld dit kan wees in sy wense en
begeertes; hoe jy met hierdie gebed op jou lippe en in jou hart:
"Leer my u pad, Here!" tegelyk vervul kan wees met teenstry-
dige en uiteenlopende begeertes; hoe jy na ander weë as die
geheiligde paaie van God kan hunker. Daarom voeg hy by sy
gebed: "Leer my U met toewyding dien."

Help my, Here, dat ek net hierdie één doel voor oë hou. Maak
dít die fokuspunt van my lewe; die anker wat my stabiliseer.
Gee dat ek al hoe meer u eiendom word en daarom in alle dinge
na u wil en u pad sal vra en so sal leer om u Naam te verheer-
lik.

Help my, Here, nietige reisiger, want, ek is op die breë stroom
van die lewe wat my so maklik na alle kante toe meesleur, om
hierdie gebed boaan elke nuwe bladsy van my lewensboek te
skryf: "Leer my U met toewyding dien!" Verenig al my kragte
en talente sodat ek dit nie sal misbruik of verkwis nie, maar sal
gebruik tot u eer en verheerliking. Lei al my wense en
begeertes, al my talente en bekwaamhede in u spoor en heilig
dit deur u Gees. Laat alles wat uit my hart kom, toegespits wees
op een einddoel: die grootmaking van u heilige Naam.

Alleen met Jesus

✣ Lees Psalm 86:1-13.
✣ Bepeins biddend die feit dat God met toewyding gedien moet word.
✣ Hoeveel afdwaalpaadjies is daar op jou geestelike reis? Het jy 'n
   oplossing?
✣ Dank die Here dat jy mag bydra tot die verheerliking van sy Naam.

> In alles moet jy self vir hulle 'n voorbeeld stel
> van goeie werk, suiwerheid in die leer,
> waardigheid in gedrag, gesonde en onaanvegbare
> prediking – Titus 2:7-8.

Woorde wek, voorbeelde trek

Die man tot wie die apostel hierdie woorde gerig het, het 'n ernstige roeping gehad om 'n hoë taak te vervul. Paulus het hom alleen agtergelaat op die eiland Kreta waar hy die evangelie gebring het, maar Paulus moes weer vertrek. Titus moes daar afhandel wat nog ontbreek het en moes doen wat gedoen moes word. Volgens die opdragte wat hy ontvang het, het daar nog baie ontbreek.

Titus sou 'n harde stryd moes voer teen dié wat slegs in naam belyers van Jesus Christus was. Hy sou hulle moes waarsku om Christus se Naam nie te belaster en oneer aan te doen nie.

Die eerste voorwaarde om ander te kan vermaan, is om self 'n goeie voorbeeld te stel. Paulus stel dit dan ook duidelik aan Titus dat hy self 'n goeie voorbeeld moet wees. Nie een van ons kan hierdie eis omseil nie. Dié een wat in sy lewenswandel nie 'n voorbeeld stel nie, verloën die Woord van God en doen die Naam van die Here skade aan. Elke maal wanneer ons ons deur woord of daad te buite gaan, is ons 'n belemmering of struikelblok vir ander om Christus ernstig op te neem.

Christus self het vir ons 'n voorbeeld nagelaat, sodat ons in sy voetspore kan loop en ander deur 'n sagmoedige, eerlike en blymoedige lewenswandel vir sy koninkryk kan wen. Ons mag hierdie roeping nie geringskat nie.

Alleen met Jesus

* Lees Titus 2:1-10.
* Mediteer oor die invloed wat 'n Christen se lewe op ander kan hê.
* Probeer jy om altyd 'n ambassadeur vir Christus te wees? Vra die Heilige Gees om jou te help om daarin te volhard.
* Loof die Heilige Gees wat jou help om 'n goeie voorbeeld te stel.

> Elkeen wat die Vader vir My gee, sal na My toe kom; en Ek sal hom wat na My toe kom, nooit verwerp nie – Johannes 6:37.

Is dit ook vir my?

By mense wat ernstig siek is, tref 'n mens dit aan dat hulle gedagtes meer dikwels op die ewigheid gefokus is. By mense met 'n swaarmoedige geaardheid is daar dikwels groot aarseling om die dinge van Christus hulle eie te maak. "Is dit ook vir my? Hoe kan ek daarvan seker wees?" vra hulle angstig. 'n Mens hoor selfs die opmerking: "Is ek dan nie té sleg om deel te hê aan Christus nie?"

Ons mag sulke mense nie veroordeel nie. Inteendeel, ons moet groot deernis met hulle onsekerheid hê. Maar ons moet tog, met die evanglie van God se vrye genade in ons hand, vir hulle vra of hulle dan nie die Woord van die Almagtige kan glo nie. God het vir Homself gesweer dat Hy geen behae het in die dood van die sondaar nie, maar wel in die behoud van hulle onsterflike siele (Eseg 18:32). Hierdie eed het Hy bevestig deur sy Seun na hierdie wêreld te stuur.

En nou staan Hy daar, die Leeu uit die stam van Juda, die Oorwinnaar oor die sonde en die verderf en Hy roep ons toe: "Ek het oorwin! Wat jy nie vir jouself kon vermag nie, het Ek vir jou gedoen. Ek het in jou plek gaan staan; Ek het jou skuld betaal. Die hemel staan oop vir almal wat voel hulle is te sleg en Ek sal hulle met my hand daarheen lei."

Hierdie evangelie is ook vir jou – durf jy dit weier?

Alleen met Jesus

✽ Lees Johannes 6:34-40.
✽ Verlossing is vir almal! Bepeins hierdie genadedaad van God.
✽ As jy soms dink dat jy té sleg is om gered te word ... dink weer. En doen iets daaromtrent.
✽ Loof en dank die Here vir die blye boodskap van verlossing vir *almal*.

As julle vandag maar na Hom wou luister:
Moenie hardkoppig wees ... nie – Psalm 95:7-8.

Dit is die vinger van God

Daar is duisend stemme waardeur God tot die sondaarshart spreek. Hy klop op verskillende maniere by ons harte aan: soms deur 'n onverwagte seën of 'n verrassende wending in jou lewe, sodat jy in verbasing wil uitroep: "Dit is die vinger van die Here." Soms praat Hy deur leed en beproewing wat plotseling oor jou lewe losbars. Dan stamel jy: "Dit is die vinger van God."

Op die oomblik kan jy dalk sy stem hoor in die troue vermaning van 'n vriend of deur die ootmoedige ervaring van jou tekortkominge. Miskien roep Hy jou na 'n sterfbed en herinner jou aan jou verganklikheid.

God praat ook met jou deur persoonlike siekte en fisieke lyding. Daarmee sê Hy vir jou dat jou menslike krag net maar ydelheid is en dat daar in hierdie wêreld niks is waarop jy kan bou nie. Op die een of ander manier praat God met elkeen van ons.

Mag Hy vandag nie tevergeefs met sy vinger by jou aanklop nie. As jy eerlik soek na die ewige dinge en opreg voor Hom wil wandel, sal jy jou hart en ore vir Hom oopstel. Dan sal die liefdestem van God alle ander aardse stemme oorheers en jy sal weet dat dit God is wat sy vinger met liefde op jou lewe gelê het.

Alleen met Jesus

✳ Lees Psalm 95:1-11.
✳ God praat met 'n duisend tonge met ons. Bepeins sy stem in jou lewe.
✳ Staan Hy nog en klop by die deur van jou hart? Wil jy Hom nie inlaat nie?
✳ Dank God vir die Heilige Gees wat ons sensitief maak vir God se stem.

My voedsel is om die wil te doen van Hom wat My gestuur het, en om sy werk te voltooi – Johannes 4:34.

God se wil eerste

Dit was op 'n warm middag ná 'n lang reis toe ons Heiland hierdie woorde uitgespreek het. Sy dissipels wat gaan kos koop het, het gedink dat hulle Hom rustend sou vind, maar Hy het 'n afgedwaalde skaap ontmoet en daarmee was sy liggaamlike dors en vermoeidheid vergete. Hy wou niks anders doen as om die wil van sy Vader te volbring nie – om verlorenes te red vir sy koninkryk.

Hoeveel meer vrede sal ons nie in ons lewe ken as ons ons laat lei deur die volmaakte wil van God nie; as ons ons eie wil en begeertes aan sy wil ondergeskik sou maak nie; as ons meer dikwels sou swyg sodat God in ons lewe aan die woord kan kom.

Soms is dit moeilik om te weet wat die wil van God is. Ons kry immers geen hoorbare antwoord wanneer ons vra watter pad ons moet loop nie. Maar as ons opreg sy wil begeer en nie ons eie wil opeis nie, sal die Heilige Gees vir ons lig gee.

Met die oortuiging wat die Gees in ons hart werk dat ons wel op God se pad is, sal die vrede van God wat alle verstand te bowe gaan oor ons denke en optrede neerdaal. Om ons te onderwerp aan die wil van God sal vir ons wees soos 'n fakkel wat ons pad verlig en ons siel vertroos.

Alleen met Jesus

- Lees Johannes 4:27-42.
- Lees Matteus 26:39. Dink na oor die voorbeeld wat Jesus vir ons gestel het.
- Kies jy soms nog paaie wat jou eie blinde hart beplan? Bely dit met berou en vra die Heilige Gees om jou te help om iets daaraan te doen.
- Dank die Heilige Gees vir sy hulp in jou soeke na God se wil.

> Want dit is God wat julle gewillig en bekwaam maak om sy wil uit te voer – Filippense 2:13.

Die Gees maak gewillig en bekwaam

Daar kom tye op ons pelgrimsreis wanneer ons oorweldig word deur te dink aan die verantwoordelikheid van 'n Christen. In daardie oomblikke voel jy heeltemal onbekwaam vir die pligte wat jou Christenskap op jou lê. Gewone mense voel dat hulle nie aan die hoë eise kan beantwoord wat aan 'n Christen gestel word nie.

Voel jy ook so? Moenie moed verloor nie. Waak daarteen om in wanhoop jou Christenskap te laat vaar omdat jy dink dat jy nie aan die hoë standaarde daarvan kan beantwoord nie.

Die oplossing is om na Jesus te gaan en jou lewe oop te stel vir die invloed van die Heilige Gees. Maak Hom deel van jou daaglikse lewe deur jouself onvoorwaardelik aan Hom oor te gee en Hom in opregtheid te volg en te dien. Bring tyd in Christus se teenwoordigheid deur sodat jy insgeskakel kan wees daarop om sy wil vir jou lewe te verneem. Wees sensitief vir die influisteringe van die Heilige Gees.

Jy sal spoedig 'n oorweldigende begeerte en beslistheid ervaar om God op elke terrein van die lewe te dien. Wanneer die Heilige Gees so totaal beheer oor jou lewe neem, sal Hy vir jou die regte koers aandui. Op dié manier maak God jou gewillig en bekwaam om sy wil uit te voer.

Alleen met Jesus

* Lees Filippense 2:12-18.
* Bepeins in gebed die feit dat God ons gewillig en bekwaam maak om sy wil uit te voer.
* Hoe hanteer jy die neiging tot moedeloosheid in jou geestelike lewe?
* Here Jesus, deur die hulp van u Gees sal ek U dien en verheerlik.

Ek dors na God, na die lewende God
– Psalm 42:3.

Ons is vir God geskape

Dit sal moeilik wees om iemand te vind wat nie op die een of ander tyd, bewustelik of onbewustelik, hierdie selfde versugting van die psalmdigter uitgespreek het nie. Die siel van die mens is onrustig en bekommerd solank dit die Bron van die lewe nog nie gevind het nie.

Miskien weet jy self nie waarom jy so ontstemd en treurig voel nie, maar die leegheid en hunkering is daar. Dis 'n onuitspreeklike heimwee wat jou verteer en jy weet nie waar dit vandaan kom nie. Mense gryp na verskeie maniere om te vergeet van hierdie verlange of om daarvan weg te vlug. Hulle neem dalk hul toevlug na drank en dwelms, maar dit laat hulle armer en hongerder as vantevore. Mense gryp na verbode vrugte wat pyn en dood veroorsaak, maar ook dit kan hierdie heimwee nie bevredig nie. Altyd weer is die dors daar, en elke maal dieper en ernstiger.

Jy mag jou bes probeer om die stem wat jou roep tot die hoogste en beste in jou, stil te maak of te ignoreer, maar jy sal nooit slaag nie, want dit is God na wie jy verlang. Augustinus het gesê dat ons vir God geskape is en dat ons nêrens rus, geluk of vrede buite Hom sal vind nie. Want buite God om leef jy in opstand teen sy heilige wil, wat vir jou net die allerbeste begeer. Gee jouself aan Hom en jou heimwee sal oorgaan in lofprysing en aanbidding.

Alleen met Jesus

✳ Lees Psalm 42:1-12.
✳ Ons bly onrustig en verlangend totdat ons God gevind het. Bepeins hierdie feit.
✳ Het jy ook die onuitspreeklike versugting na God in jou diepste siel?
✳ Loof die Here omdat jy kan sê: Ek is geskape vir die heilige, lewende God.

Wees nugter, wees wakker! Julle vyand, die duiwel, loop rond soos 'n brullende leeu, op soek na iemand om te verslind. Bly standvastig in die geloof en staan hom teë – 1 Petrus 5:8-9.

Weerstaan die Bose

'n Mens het voorwaar in die skool van die lewe nog weinig geleer as jy nog nie self hierdie woorde van Petrus as die waarheid ervaar het nie. Ons almal onthou die bang ure van ons lewe toe ons geswig het voor versoeking. Omdat Petrus self dié pynlike ervaring beleef het, kon hy met gesag oor die invloed van die Bose praat.

Dit is dan ook in tye van versoeking dat ons onsself waarlik leer ken. Ons almal kan saam praat hieroor: van hoe subtiel en kragtig die verleier op ons kan inwerk. As hy ons nie tot dade verlei nie, kry hy dit reg om sondige gedagtes by ons op te wek. Dit veroorsaak weer 'n muur van skeiding tussen ons en God.

Ons almal kan met pyn en huiwering terugdink aan daardie donker ure, aan oomblikke van swakheid, aan lelike woorde en dade wat teen ons getuig. Daarom moet ons ernstig ag gee op die waarskuwing van die apostel: "Bly standvastig in die geloof en staan hom teë." Vlug na Hom toe wat die Satan verpletter het. Alleen in sy krag kan jy sterk wees om elke verkeerde invloed en elke verleiding te weerstaan.

Moet nooit op jou eie krag steun nie, maar vind in God jou sterkte en kry by Hom jou krag. Hy staan reeds gereed om jou by te staan in jou stryd teen die Bose.

Alleen met Jesus

✳ Lees 1 Petrus 5:5-11.
✳ Mediteer oor die subtielheid waarmee die Bose ons verlei.
✳ Steun jy op jou eie krag om die Bose te oorwin? Moet jy nie jou standpunt wysig nie?
✳ Dank en loof die Here vir elke oorwinning wat jy in sy Naam behaal.

> U luister na my stem in die môre, Here, in die môre terwyl ek voor U verskyn en op U wag
> – Psalm 5:4.

Die oggendstond het goud in die mond

Daar is sekere dae in ons lewe wanneer ons die behoefte om te bid baie sterker aanvoel as gewoonlik. Daar duik skielik onverwagte bekommernisse op wat loodswaar op ons hart druk en ons na God toe dryf. Duistere en onheilspellende wolke pak skielik om ons saam, wat ons benoud maak en ons laat smag na 'n ligstraal van hulp van Omhoog.

Selfs vanoggend kan vir jou die begin wees van 'n dag vol moeite en bekommernis. Geseënd en gelukkig is jy wanneer jy deur ondervinding weet om jou toevlug tot God te neem. Hy alleen is in staat om raad, troos, krag, lig en redding te gee. Jy is voorwaar nie die eerste wat deur nood neergedruk word en daardeur geleer het om jou hart en siel op God in te stel nie.

Miskien is die rede waarom so min ernstige gebede tot God opgaan die feit dat ons die gewigtigheid van elke dag wat God ons skenk nie besef nie. Elke dag gee vir ons 'n Godgewilde taak waarvoor ons aan Hom verantwoording sal moet doen. Deur te versuim om elke dag se verpligtinge na te kom, word soveel skade berokken en soveel verlies veroorsaak.

Wanneer ons dít besef, sal ons in die vroeë oggend van elke dag in gebed by God uitkom en ons stem voeg by dié van miljoene ander. Hy is goed en sy genade is groot – Hy wag reeds met rooidag op jou.

Alleen met Jesus

* Lees Psalm 5:1-13.
* Gebed is die sleutel wat elke nuwe dag ontsluit. Bepeins hierdie woorde in gebed by Jesus.
* Watter rol speel gebed in jou voorbereiding vir elke nuwe dag?
* Dank God vir die inspirasie wat jy put uit jou vroegoggend-gebed.

> Hulle het saam met my die stryd gevoer in diens van die evangelie, net soos Klemens ook en my ander medewerkers, wie se name in die boek van die lewe staan – Filippense 4:3.

Die boek van die lewe

In die boek van die lewe staan die lys name van die burgers van die koninkryk van God. Hierdie mense is dié wat ware onderdane en volgelinge van die Koning, die lewende Christus, is. Hulle is lewende lote van die ware Wingerdstok; erfgename van die heerlikheid wat wag. Die wêreld ken hulle nie en niemand kry insae in hierdie lys nie. Maar God ken hulle!

Hulle dra die getuienis van hulle burgerskap in hulleself; hulle wéét dat hulle aan die kudde van die goeie Herder behoort. Hulle enigste verlange is om Hom te volg waarheen Hy hulle ook al lei. Hulle klere is gewas in sy bloed en hulle siele is gered deur die arbeid van sy siel.

Baie mense op aarde streef slegs na roem en eer. Baie begeer dat hulle name op die lys van edele voorgeslagte sal staan, in die registers van belangrike families en hoogwaardigheidsbekleërs; van koninklikes of rykes. Hierdie geslagsregisters sal almal vergaan en al die name daarin sal uitgewis word. Die name sal oorgeskryf word in 'n ander boek: die boek van die dooies.

Die boek van die lewe is egter die boek van die ewigheid. Maak seker dat jou naam in hierdie boek is. Haas jou om jou eie ontwil. Eendag sal die boek van die lewe oopgemaak word. Wat 'n ramp sal dit wees as jou naam nie daarin staan nie!

Alleen met Jesus

* Lees Filippense 4:1-9.
* Oorweeg die feit dat geloofsekerheid noodsaaklik is.
* Kan jy sê: "Ek weet verseker dat Jesus leef"? Moenie uitstel nie.
* Loof die Here as jou naam geskryf is in die boek van die lewe.

> Maak tog aan my bekend wanneer my einde sal wees, Here, en hoeveel dae daar vir my oor is, sodat ek sal weet wanneer my lewe verby is
> Psalm 39:5.

Is dit nou nodig?

Is dit nou nodig om my aan my dood te herinner? vra 'n ontstelde leser dalk. Ons sien dag na dag hoe mense doodgaan en weet alte goed hoe broos en verganklik ons self is. Ons voel dit aan ons liggaam wanneer die lewe ons kragte tap. Tog maak Dawid daarvan 'n gebed voor die aangesig van God, sodat Hy sal verstaan en onthou.

Soos ons almal, onthou Dawid dat almal die een of ander tyd moet sterf. Wie weet hoe gou dit sal wees? Ons lewensdae is soos die gras van die veld wat in die oggend afgesny word en teen die aand verwelk is; dit is soos 'n gedagte wat verbyflits. Maar wat beteken hierdie wete vir ons as ons nie prakties daarmee rekening hou nie?

Laat ons vandag 'n slag ernstig nadink oor hoe onseker die lewe is. Hierdie gedagte hoef ons nie te ontmoedig of die lewe van sy vreugde te beroof nie. Dit behoort ons uit te dryf na Hom wat gesê het: "Elkeen wat lewe en in My glo, sal in alle ewigheid nooit sterwe nie" (Joh 11:26). Vir dié wat hierdie woorde van die lewende Christus vir hulleself toe-eien, is die dood nie meer 'n verskrikking nie. Hulle ontvang elke nuwe lewensdag met dankbaarheid uit God se hand. Hulle aanvaar hulle dagtaak met die ootmoedige belydenis: Van myself verwag ek niks nie. Al my hoop en verwagting is op U, Here my God. Omdat ek aan U behoort, sal niks my ooit ontbreek nie – nie in die tyd nie en ook nie in die ewigheid nie.

Alleen met Jesus

* Lees Psalm 39:1-14.
* Bepeins die kortstondigheid van die lewe en die duur van die ewigheid.
* Waaraan hou jy vas: aan Christus, of aan hierdie aardse lewe?
* Loof en prys die Here omdat jy in Christus oor die dood seëvier.

Laat u Naam geheilig word; laat u koninkryk kom
– Matteus 6:9-10.

God se Naam en God se koninkryk

Hoe dikwels het ons nie al die Ons Vader-gebed gehoor nie. Ons het dit reeds aan moedersknie geleer, en nie sonder dat die diepste sin van wat ons bid tot ons deurgedring het nie. Ons vra wesenlik dat God se Naam bo *alles* geheilig sal word; dat dit deur onsself en deur alle ander mense die hoogste moontlike eer sal ontvang. Ons bid dit met die verwagting dat alles wat hierteen in verset kom, neergewerp sal word; dat die dag gou sal aanbreek wanneer sy wil en wet deur ons geëer en gehandhaaf sal word. So sal sy koninkryk na hierdie aarde kom.

Daar is nog so baie mense wat in naam Christene is – en ook ons wat onsself belyers van God se heilige Naam noem – wat nog nie weet wat die wil van God is nie. Daar is nog soveel dinge in ons eie lewe, in ons vriendekring en gesin wat nie beantwoord aan wat God van ons verwag nie. Ons bedoelings is dikwels so selfsugtig. Sy eer en sy koninkryk kom dikwels nie eers by ons in berekening nie.

Dié wat God se Naam bo alles eer en wat sy koninkryk in hulle harte aanvaar het, húlle is die ware onderdane van die ewige Koning. Hulle lewensvoedsel is om sy wil te doen. Sy eer is hulle grootste blydskap. Maak dan nou vandag in sy heilige teenwoordigheid seker dat jy een van hierdie geseëndes is: onderdaan van die ewige Koning van alle konings!

Alleen met Jesus

✳ Lees Matteus 6:5-15.
✳ Mediteer biddend oor God se Naam en sy koninkryk.
✳ Maak vandag nog seker dat jy een van God se onderdane is.
✳ Prys die Here dat jy een van sy onderdane op aarde mag wees.

Hoe lank gaan jy nog aanhou praat? Kom eers tot ander insigte dan kan ons verder praat – Job 18:2.

Die genade om te luister

Daar is baie mense wat nog nie die kuns om te luister bemeester het nie. Hulle kan nie hulle ongeduld nie versteek terwyl iemand anders praat nie. Hulle wag net vir 'n kans om hulle eie opinie te lug. Meestal sal jy vind dat hulle nie eens aandag gee aan wat ander sê nie, só gretig is hulle om hulle eie stem te laat hoor.

Die gevaar is dat iemand wat nie kan luister nie, besig is om homself van raad en leiding te beroof. Dikwels kan jy jou eie probleme oplos deur eenvoudig stil na iemand anders se standpunt te luister. Omdat jy aandagtig luister, begryp jy wat hy of sy sê en dit verhelder jou denke.

Omgekeerd is daar die geval wanneer 'n ontstelde mens die behoefte het om met jou te praat, maar jy gun hom of haar nie die geleentheid om dit te doen nie. Jy praat met groot entoesiasme oor 'n onderwerp van jou keuse sonder om die behoefte van die ander persoon raak te sien.

Wanneer jy in 'n volwasse verhouding tot Jesus Christus staan, sal jy ontdek dat die Heilige Gees aan jou 'n onderskeidende denke gee, sowel as die wysheid wat jou in staat stel om te besef dat daar 'n tyd is om te praat en 'n tyd om te luister. Dan sal jy 'n ryke bron van hulp wees vir dié wat by jou om hulp kom aanklop.

Alleen met Jesus

- Lees Job 18:1-4.
- Dink na oor die waarde van die kuns om te kan luister na ander.
- Wat doen jy die meeste: luister, of praat?
- Vra die Heilige Gees om jou te help om te kan sien wanneer iemand wil hê jy moet na hom of haar luister.

Die opregtheid van eerlike mense bepaal hulle koers; die valsheid van onbetroubares bring hulle ondergang – Spreuke 11:3.

Integriteit

Daar is baie mense wat trots is daarop dat hulle op 'n oneerlike manier 'n goeie bestaan maak. Hulle is meesters in bedrog. Deur onderduimse metodes uitoorlê hulle ander mense in die sakebedryf. Dit lyk asof hulle baie besittings bymekaarmaak en 'n hoë lewenstandaard handhaaf, terwyl ander wat vashou aan eerlike beginsels nie so goed vaar wanneer ons kyk na hulle besittings nie.

Daar is egter verskeie aspekte van die lewe wat nooit in terme van geld en besittings gemeet kan word nie. Daar is kwaliteite waarop geen markwaarde geplaas kan word nie. Mense wat hierdie waardes handhaaf, word daaraan uitgeken.

Integriteit, eerlikheid, 'n sin van geregtigheid en regverdigheid is kosbaar en waardevol. Iemand wat hierdie kwaliteite in sy lewe en optrede openbaar, bereik meer as wat enige rykdom of besittings ooit kan hoop om te doen. Met hierdie karaktereienskappe word jy gerespekteer en deur ander vertrou as iemand wat onkreukbaar eerlik is en op wie se woord peil getrek kan word. Daarmee is jy dan ook 'n kragtige getuie vir die God vir wie jy volg.

Om te weet dat jy hierdie kwaliteite besit, handhaaf en openbaar, bring vir jou gemoedsrus en geesteskrag wat van groter waarde is as al die skatte van die aarde. Dit dra die merkteken van ware Christenskap en bewys dat jy 'n toegewyde dissipel van die Meester is.

Alleen met Jesus

- Lees Spreuke 11:1-10.
- Oorweeg biddend die stelling dat integriteit die diepste waarheid oor jouself is.
- Is jou beginsels soms verhandelbaar? Bid om karaktervastheid.
- Loof Christus vir die voorbeeld van integriteit wat Hy nagelaat het.

> Julle sal vra na my wil en julle sal dan my wil
> ken as julle met julle hele hart daarna vra
> – Jeremia 29:13.

Ons toeganklike God

Mense vra dikwels wat tog die rede kan wees dat hulle geestelike lewe soms tye van dorheid en doodsheid deurmaak. Hulle wil weet waarom daar by gelowige belyers van Christus se Naam soveel slapheid, moegheid en traagheid is. Hoe is dit moontlik, vra hulle, dat soveel van ons selde die nabyheid en gemeenskap met God werklik ervaar.

Op al hierdie vrae gee God self aan ons 'n antwoord. Hy weerhou nie van ons wat ons werklik nodig het nie. Hy verberg Homself nie wanneer ons Hom eerlik en opreg wil ontmoet nie. Hy verlaat ons nooit wanneer ons sy nabyheid opreg begeer nie. Dis dieselfde God wat vir Israel gesê het: "Julle sal My ontmoet" (Jer 29:14).

Vra jy opreg na God? Jou ganse hart, jou hele wese moet hunker na die lewende God. In jou siel moet die lied gehoor word wat die geboorte van 'n nuwe lewe aankondig: "Ek dors na God, na die lewende God!" (Ps 42:3). God sal Homself aan jou openbaar as die Getroue wat jou gebede verhoor. Dié wat soek, sal Hom vind.

Wanneer jy voel dat jou lewe hierin jammerlik tekortskiet, onthou net altyd dat dit jou primêre lewenstaak is om na God te soek. Hy het belowe dat dié wat Hom soek, Hom altyd sal vind.

Alleen met Jesus

✳ Lees Jeremia 29:10-19.
✳ Oorweeg biddend en dankbaar die feit dat God vir ons toeganklik is.
✳ Doen jy iets konkreet aan die hunkering van jou siel na God?
✳ Loof en prys dié God wat Homself aan nietige mense openbaar.

> Ons swaarkry in hierdie lewe is maar gering en gaan verby, maar dit loop vir ons uit op 'n heerlikheid wat alles verreweg oortref en wat ewig bly
> – 2 Korintiërs 4:17.

Gelouter deur beproewings

Geloof plaas die mens wat verbind is aan tyd en stof op 'n bergspits, van waar ons leer om oor die ewigheid uit te kyk. Dan kan ons siel nie meer terneergedruk wees nie; dan kan ons rug nie knak onder die leed en laste van die lewe nie; of onder die sonde wat elke maal weer in ons kop uitsteek nie.

Wanneer ons egter soos die toegewyde apostel Paulus oor ons hele lewe terugkyk in die lig van die ewigheid, word al ons probleme van die tyd vir ons geheel en al anders. Deur die hemelse lig bestraal kom aardse dinge vir ons so anders voor. Dan verstaan ons die Woord wat sê: "Die Here tug hom wat Hy liefhet" (Heb 12:6). Dan weet ons dat elke beproewing ons voorberei vir die ewigheid wat as 'n kosbare erfenis vir ons in die vooruitsig gestel word. Dan glo ons dat elke donker skaduwee wat oor ons pad val, bydra om die goeie in ons te bewerkstellig en meer te maak.

Gelukkig is dié wat die lewe so sien. Hulle kan hier reeds praat oor die korte verdrukking en die ligte las, omdat die groot Kruisdraer alle swaarkry in hulle harte heilig. En eenmaal wanneer die uitnemende heerlikheid voor hulle oopgaan, sal hulle met verwondering hoor: "Dit is dié wat uit die groot verdrukking kom. Hulle het hulle klere gewas en dit wit gemaak in die bloed van die Lam" (Op 7:14).

Alleen met Jesus

✳ Lees 2 Korintiërs 4:7-18.
✳ Dit klink na 'n paradoks om te sê: "Beproewings louter ons." Mediteer hieroor.
✳ Dryf jou beproewings jou ná God toe of van Hom af weg?
✳ Loof die Here vir 'n heerlikheid wat alles oortref en wat ewig bly.

> Moses was 'n uiters sagmoedige man, meer as enigiemand anders op die aarde – Numeri 12:3.

Geseënd is die sagmoediges

Wat 'n wonderlike karaktereienskap is sagmoedigheid nie! Hierdie kenmerk was deel van Moses se persoonlikheid in 'n tyd van sy lewe toe dié wat die naaste aan hom gestaan het, gegrief was en hom met ongepaste wrewel en hoogmoed teengestaan het. Sagmoedigheid het aan Moses die moed gegee om stil te bly ten spyte van hulle miskenning, om geduldig te wees onder verdrukking en sag te wees onder veroordeling.

Hierdie soort sagmoedigheid het niks te doen met lafhartigheid of vrees vir mense nie. Sagmoedigheid is verwant aan ware ootmoed wat ander altyd hoër wil ag as jouself. Hierdie eienskappe herinner ons aan 'n kalm en helder stroom waarin die lig van God se genade weerspieël word.

Sagmoedigheid is deel van die vrug van die Heilige Gees. Aan die sagmoediges het Christus die uiteindelike heerskappy oor die aarde beloof (Matt 5:5). Hy beskaam dan ook nie die vertroue van sy gelowige kinders hierin nie.

Dit gaan goed met dié mens wat innerlik versier is met sagmoedigheid en 'n stille gees. Dit is kosbaar voor God. Die Here sal die sagmoediges op sy pad lei en hulle vrede vermenigvuldig. Wie sy belange en regte in God se hande plaas, vind dat dit die beste, veiligste en liefdevolste hande is.

Alleen met Jesus

❖ Lees Numeri 12:1-15.
❖ Vergelyk die opvlieënde Moses wat 'n Egiptenaar doodslaan en die sagmoedige Moses van Numeri 12:3.
❖ Pleit by God om die gawe van sagmoedigheid.
❖ Dank Jesus vir sy volmaakte voorbeeld van sagmoedigheid.

> Maar ons dank God dat Hy aan ons die
> oorwinning gee deur ons Here Jesus Christus
> – 1 Korintiërs 15:57.

Oorwinnaars in Christus

Ons word gedurig daaraan herinner dat ons in hartseer tye leef. Die samelewing het radikaal verander: misdaad neem wêreldwyd toe; die internasionale toneel is in 'n warboel; negatiewe en bose magte versprei hulle invloed oor die hele menslike geslag. Dit alles laat die mens nie onaangeraak nie.

Vrees vir die toekoms het 'n vastrapplek in die denke van die meeste mense gekry. Dié angs word vergroot deur stygende lewenskoste en statiese inkomste. Permissiwiteit verwar jongmense. Die bedreiging van 'n kernoorlog wat alles en almal uitwis, is 'n altydteenwoordige vrees in ons onderbewussyn.

Te midde van al dié woelinge staan die koninkryk van God onskendbaar. Dis slegs wanneer ons besef dat, ten spyte van al die verwarring, daar 'n God is wat omgee en wat wag om sy verlossingswerk te voltooi, dat ons lewe weer stabiliseer deur uitgekristalliseerde geestelike waardes te erken. Wanneer God sentraal staan in jou lewe, sal die onsterflike en onvernietigbare kwaliteite van standvastigheid en doelgerigtheid, 'n geïnspireerde visie vir die toekoms, 'n liefde wat uitstyg bo haat, en 'n lewe van ware geloof die fondament van jou daaglikse lewe vorm.

Dit ís moontlik om vreesloos, ewewigtig en oorwinnend te leef deur die krag van die Heilige Gees. Dan leef jy met vertroue wat van Christus self kom.

Alleen met Jesus

* Lees 1 Korintiërs 15:50-58.
* Lees weer Romeine 8:37. Doen dit biddend en peinsend.
* Wanhoop jy, of het jy 'n toekomsvisie? Gee vir God jou antwoord.
* Prys die Here met dankbaarheid vir elke oorwinning wat jy behaal.

> Moenie julleself mislei nie: God laat nie met
> Hom spot nie. Wat 'n mens saai, dit sal hy ook oes
> – Galasiërs 6:7.

Maai presies net wat jy saai

Van elkeen van ons se lewe gaan daar 'n invloed ten goede of ten kwade uit. Of ons dit wil doen of nie, ons is besig om op die akker van die lewe te saai. Ons doen dit vir onsself en vir ander. Inderdaad, God laat nie met Hom spot nie. Hy hou elkeen van ons persoonlik verantwoordelik vir ons uitgestrooide saad en net die oes wat opgelewer word, sal vir jou tel.

Die sondaars sal eenmaal die onbenydenswaardige taak hê om die oes wat hulle self gesaai het, in te bring. Dit sal hulle loon wees. God se kinders, daarenteen, saai in hoop en hulle durf nie moedeloos word omdat hulle die oes nie hier sien ryp word nie. Daar is altyd die wesenlike gevaar dat kinders van die Here sal moeg word van hierdie aangrypende wet van die koninkryk. Onkruid spring maklik en welig op. Die graankorrel moet egter eers in die aarde val en sterwe voordat dit wortelskiet en opwaarts uitspruit en vrug voortbring. Baie van die saad wat ons saai, sal in die ewigheid eers geoes word.

Ons leef nog in die saaityd. Wat ons in ons eie harte saai, of in ons gesin en omgewing, is dus baie belangrik. "Saai blomme en waar jy ook wandel, sal blomme jou pad steeds besaai; saai onkruid en maai dan ook onkruid; jy maai net presies wat jy saai" – Anoniem.

Alleen met Jesus

* Lees Galasiërs 6:1-10.
* Bewustelik of onbewustelik is ons elke dag besig om te saai. Bid hieroor.
* Watter oes gaan jou saad tot dusver oplewer? Praat met Jesus hieroor.
* Dank die groot Saaier vir jou voorreg om ook te mag saai.

> Dien die Here met blydskap! Kom voor Hom
> met gejubel! – Psalm 100:2.

Diens met vreugde

Diens aan die Here en diens aan die Bose staan in skrille kontras met mekaar. Laasgenoemde is 'n swaar, neerdrukkend en vreugdeloos. Maar in die diens van die Here word daar nie net gewerk nie, daar is ook blydskap, vreugde en geluk. Dié wat God in sy Woord ontmoet en hul lewe aan Hom oorgee, weerkaats daardie Woord weer in hulle lewe. Vir hulle word die lewe uiteindelik 'n harmonie, ten spyte van al die aaklighede.

Tot hierdie mense se hart en siel kom die Here telkens weer soos Hy dit in die paradys gedoen het: in die ritseling van 'n sagte aandwind; hulle sien Hom in die sterrehemel en in die heerlikheid van die natuur; hulle hoor Hom in elke hartklop. Ja, ook in die storm en teëspoed net soos in die ontelbare seëninge wat hulle uit sy hand toeval en wat hulle lewenspad verhelder.

Daarom is daar blydskap in die harte van God se kinders – omdat hulle oral en in alles hulle Vader ontmoet. Daarom is geen werk vir hulle neerdrukkend en geen taak vir hulle te veel nie, al eis dit ook al hul lewenskrag. Want om die Here, aan wie die liefde van hulle harte behoort, te dien, is vir hulle slegs blydskap. Die wat hierdie blydskap nie ken nie, moet hul eie hart ernstig ondersoek. Hulle geloof mag vas staan, tog het hulle nog nie vaste grond bereik nie: die ewige Grond waarin hulle vir ewig met jubelende blydskap geanker is.

Alleen met Jesus

* Lees Psalm 100:1-5.
* Diens aan God is liefdesdiens wat met vreugde verrig word. Stof tot nadenke!
* Is daar altyd blydskap in jou diens aan die Here? Doen selfondersoek.
* Vereer die Heilige Gees wat ons lei tot liefdesdiens met vreugde in die hart.

> Want ek weet op wie ek vertrou, en ek is daarvan oortuig dat Hy magtig is om wat Hy aan my toevertrou het, tot op die dag dat Hy weer kom, in stand te hou – 2 Timoteus 1:12.

Rotsvaste oortuigings

Wanneer jy, sover dit in jou vermoë is, in harmonie met die Heilige Gees leef, hoef jy nie spyt te wees oor dinge wat jy moes aflê voordat jy 'n Christen geword het nie. Om terug te hunker na die ou lewe, sy gebruike en gewoontes, verblind jou vir alles wat die nuwe lewe in Christus vir jou inhou en is teenproduktief.

Die ou lewe kan alleen sy invloed en houvas op jou verloor wanneer die liefde vir Christus die oorheersende krag in jou lewe is. Om Christus op so 'n realistiese wyse lief te hê, is dit noodsaaklik om vas te hou aan die oortuiging dat Hy 'n lewende Persoon is wat gretig is om deur jou lewe tot openbaring te kom.

Om hierdie oortuiging te bevestig en te versterk, is dit uiters belangrik dat jy gereeld en alleen tyd by Hom sal deurbring, sodat jou dwalende gedagtes op Hom alleen gekonsentreer kan word. Oorwin die versoeking om jou stiltetyd te verwaarloos. Om bewus te wees van die teenwoordigheid van Christus, vereis dissipline van jou gees en denke. Jy sal op 'n verrassende wyse ontdek dat die ou lewe en sy gebruike jou nie meer bekoor nie, dat jy dit sonder pyn kan aflê. Dis nie meer 'n kwessie van opofferings wat jy maak nie, maar die heerlike feit dat jy deur die Gees van die lewende Christus in besit geneem is en absoluut geen begeerte na die ou lewe oor het nie.

Alleen met Jesus

* Lees 2 Timoteus 1:3-18.
* Omdat jy in Christus lewe, kan jy oorwinnend lewe! Bepeins hierdie stelling.
* Het jy die ou lewe afgelê om in harmonie met Christus te lewe? Loof die Here.
* Dank God vir die feit dat die Heilige Gees jou oortuigings versterk.

> Selfs al gaan ek deur donker dieptes, sal ek nie bang wees nie, want U is by my. In u hande is ek veilig – Psalm 23:4.

Dae van donker dieptes

Baie mense ken nie 'n gebrek aan blye dae in hulle lewe nie: dae waarin hulle op die sonnige hoogtes van die lewe wandel, van waar hulle vol vreugde en moed oor die toekoms heen kyk. Maar selfs vir hierdie sonkinders kom daar tye wanneer hulle in die donker dieptes afdaal waar teleurstelling, droefheid en smart op hulle wag.

Om deur daardie donker vallei met sy duistere skaduwees te gaan, is ons almal se deel. Geseënd is jy wanneer jy weet dat hierdie donker dieptes jou weer sal voer na berghoogtes wat sonniger is as wat jy ooit in jou lewe geken het. Jou beproewings en smart bewerk vir jou 'n onbeskryflike skat van blydskap en vreugde wat deur God vir jou gegee word.

Dis noodsaaklik dat jy in jou hart 'n gewisse sekerheid het dat daar wel vir jou Lig in die donker dieptes is. Selfs wanneer jy in die doodsvallei ingaan, moet jy seker wees dat jou troue Vriend jou begelei. Die sekerheid van die psalmdigter is noodsaaklik: "U is by my; in u hande is ek veilig."

In lewe en in sterwe, op helderverligte bergtoppe en in donker smartvalleie, oral het ons die sekerheid dat ons nie aan onsself oorgelaat is nie, maar dat ons in die hande van die goeie Herder is. Daar is geen groter troos vir 'n sterfling op aarde nie!

Alleen met Jesus

* Lees Psalm 23:1-6.
* Op die bergtoppe en in die valleie is God altyd by my! Verlustig jou in hierdie blye wete.
* Vergeet jy miskien in sonskyndae dat daar donker dieptes in die lewe kan kom? Is jy daarop voorbereid?
* My enigste troos in lewe en dood, is dat ek aan Jesus Christus behoort! Loof die Here, o my siel!

> Wat sal dit 'n mens help as hy die hele wêreld
> as wins verkry maar sy lewe verloor?
> – Matteus 16:26.

Perspektief op die ewigheid

Baie mense se geestelike lewe ly skipbreuk omdat hulle 'n valse waardering het vir aardse besittings waaraan hulle onlosmaaklik verknog raak. Dit is so voor die hand liggend dat aardse besittings onseker is en geen waarde anderkant die graf het nie. Maar dit beïndruk hulle nie.

Ongelukkig is die denke, werk en pogings van die meeste mense hoofsaaklik – en soms uitsluitlik – op aardse gewin gefokus. Aan die saligheid van hulle onsterflike siele dink hulle ter elfder ure. Materialisme is ongetwyfeld 'n verleiding wat die Bose bewerk het. Niemand is onsterflik nie en ons sal die een of ander tyd van hierdie wêreld moet afskeid neem. En die doodskleed het geen sakke nie.

Ons vergeet so maklik dat die dood nie die einde van die pad is nie. Ons het 'n onsterflike siel wat ons gaan behou of verloor. Geen aardse voorspoed, eer of goud kan ons siele versadig nie. Dit kan ons siele wel vergiftig wanneer dit ons laat vergeet wat ewig en onsterflik is. Ons moet sonder ophou by die Here pleit dat Hy ons perspektief op die ewigheid sal suiwer.

Daar is niks so kosbaar in die oë van God as ons siele nie. Daarvoor het sy Seun sy lewe gegee. Soek daarom die dinge wat daar bo by Christus is en waar Hy wag om jou met onvergank-like heilsgenade te seën.

Alleen met Jesus

✣ Lees Matteus 16:21-28.
✣ Watter dinge van waarde bly aan die einde van die reis vir jou oor? Oordink dit.
✣ Hou jy té styf aan aardse goed vas? Oppas dat jy nie jou greep op die ewigheid verloor nie.
✣ Dank God vir onsterflike waardes wat nie deur dood of graf wegge-neem kan word nie.

> My hulp kom van die Here wat hemel en aarde gemaak het – Psalm 121:2.

Waar kom jóú hulp vandaan?

Ongetwyfeld is daar 'n hele paar mense wat nou vandag se teks gelees het, maar wat die dag met sorge en angs begin het. Vir hulle wil ek op grond van die Woord en in die Naam van die Allerhoogste toeroep:

Moenie jou hulp van die berge verwag nie. Kyk verby die berge en sien die God wat die berge gemaak het! Plaas al jou vertroue op Hom. Hy wil jou sorge oorneem, jou laste dra en jou angs stil.

Hy alleen kan jou in jou moeilikheid bystaan en aan jou wysheid gee, vra dit gerus van Hom. Dit kan wel wees dat jy op die oomblik voel jou kragte begewe jou. Maar die Here het juis daarmee rekening gehou en vir jou hierdie trooswoord gegee. Dit is immers algenoegsaam, nie waar nie? Hy wat hier sy hulp vir jou aanbied, is die almagtige Skepper van die hemel en die aarde. Aan krag sal dit Hom nooit ontbreek nie en aan liefde nog minder. Hy laat die skepsel van sy hand nooit in die steek nie. Vir ons, sy maaksels, het Hy sy geliefde Seun gegee sodat ons behoue kan bly.

As God ons dan so wonderbaarlik uit die nood van sonde gered het, sal Hy ons tog ook in die geringe bekommernisse en laste van elke lewensdag help! Slaan jou oë op na die Berg van verlossing en jou hulp is maar net 'n gebed van jou weg.

Alleen met Jesus

❋ Lees Psalm 121:1-8.
❋ Die Skepper van die berge is die Een na wie toe ons vir hulp gaan. Oorpeins hierdie woorde.
❋ Soek jy soms hulp buite God om? Heroorweeg jou opsies.
❋ Dank die Skepper-God vir sy reddingsdade. Daar is geen einde aan sy liefde nie!

Die lig (sal) vir jou skyn wanneer dit donker is, wat vir jou nag is, (sal) word soos die helder middag – Jesaja 58:10.

Lig wanneer dit donker is

God gee hierdie belofte aan almal wat in sy weë wandel. By implikasie sê dié vers vir ons dat God se kinders geen waarborg het dat hulle duisternis gespaar sal bly nie, maar Hy belowe wel vir ons lig in die duisternis waar Hy vir ons sê: "Wat vir jou nag is, word soos die helder middag." Dit is vir ons genoeg!

Hoe donker jou aardse lewensweg ook al mag word, jy kan singend voortmarsjeer onder die banier: "Die Here is my lig en my redder, vir wie sou ek bang wees?" (Ps 27:1). As die Here by ons is, kan ons dit maar in die duisternis uitwaag en Hom rustig volg. Hy het ook duisternis geken. Toe Hy in Getsemane geworstel en aan die kruis gesterf het, het dit vir Hom donker geword, sodat ons vir ewig in die lig kan wandel.

Is jy bekommerd oor waar jou volgende bord kos vandaan gaan kom? Jesus het armoede geken. Is jy bekommerd oor 'n kind wat afgedwaal het, of oor 'n vriend wat ontrou geword het? Een van sy dissipels het Hom verraai. Jou Hoëpriester verstaan jou sorge en smart. Hy het alles gely wat ons moontlik kan ly – ook in die duisternis.

Dis eers wanneer jy God se hulp in die duisternis leer ken dat jy in staat is om ander daardeur te help.

Alleen met Jesus

- Lees Jesaja 58:1-10.
- Dis eers in die duisternis dat ons die lig leer ken en waardeer. Mediteer hieroor.
- Oppas vir selfbejammering wanneer dit donker word om jou. God is ook dáár by jou.
- Dank die Here dat jy ander kan help omdat Hy jou in donker dae gehelp het.

Wanneer hy My aanroep, sal Ek sy gebed
verhoor; in sy nood sal Ek by hom wees
– Psalm 91:15.

Jou hulp in benoudheid

Gebed is nie 'n wens of begeerte wat tot 'n mens gerig kan word nie. Mense kan faal omdat hulle nie voldoende mag het om jou gebed te beantwoord nie. Wanneer ons die bostaande gebed lees, voel ons gedronge om mekaar hieraan te herinner. Dit maak die klag wat dikwels uit ons harte opkom dat God nie ons gebede verhoor nie, stil. Deur al die eeue heen was God se woord altyd "ja en amen". As hulp in behoudheid is Hy in hoë mate beproef en Hy het Homself nog altyd getrou bewys.

Vandag nog kan ons hierdie belofte letterlik vir onsself toe-eien: "Wanneer hy My aanroep, sal Ek hom verhoor!" So praat die Here met jou en met my. Dit is vir ons so troosryk dat die Here naby aan die biddende siele van sy kinders is. Hy is nie alleen gereed om ons nood en bekommernisse aan te hoor nie, maar ook om ons met eindelose mededoë te verhoor. Uit hierdie belofte spreek 'n wêreld van meegevoel met ons omstandighede: "In sy nood sal Ek by hom wees!"

Laat ons vandag en elke dag aan hierdie belofte vashou. In dae van sielestryd of onverwagte bekommernisse – Hy sal ons uit elke benoudheid verlos wanneer ons Hom in ons nood erken; wanneer ons na Hom opsien in opregte gebed; wanneer ons met ons bekommernisse en laste na Hom toe kom. Hy sal die hart vertroos wat met kinderlike vertroue na Hom opsien. Volhard in gebed en glo dat God jou gebede hoor en verhoor.

Alleen met Jesus

✶ Lees Psalm 91:1-16.
✶ Bepeins die misterie van 'n God wat gebede hoor en verhoor.
✶ Aanvaar jy onvoorwaardelik die woorde van Psalm 91:15?
✶ Loof die Heilige Gees wat jou help om te bid en Jesus Christus wat vir jou intree by die Vader.

November

Verjaarsdae

_____	1 _____
_____	2 _____
_____	3 _____
_____	4 _____
_____	5 _____
_____	6 _____
_____	7 _____
_____	8 _____
_____	9 _____
_____	10 _____
_____	11 _____
_____	12 _____
_____	13 _____
_____	14 _____
_____	15 _____
_____	16 _____
_____	17 _____
_____	18 _____
_____	19 _____
_____	20 _____
_____	21 _____
_____	22 _____
_____	23 _____
_____	24 _____
_____	25 _____
_____	26 _____
_____	27 _____
_____	28 _____
_____	29 _____
_____	30 _____

Gebed

Heilige God en liefdevolle Vader,
gedurende hierdie maand word daar tradisioneel
aan bejaardes gedink.
Daarom kom ons om in ootmoed voor U te buig ter wille
van hulle wat oud geword het.
Hulle het ons gebede so nodig, o Vader.
Hulle het soveel skrikaanjaende dinge wat hulle moet hanteer:
liggaamlike swakheid en aftakeling van die sintuie;
hulle voel dat die jare besig is om hulle te sloop.
Hulle vrees so baie dinge, liefdevolle Heer: siekte,
eensaamheid, geldtekort; hulle vrees vir die welsyn van hulle
kinders en kleinkinders; vir die lewe ... en vir die dood!
Maar, Here Jesus, U het gekom om ons van alle vrees
te bevry en vrede te gee.
Doen dit genadiglik vir hulle, o Hoorder van gebed.
Ons dank U vir liefdevolle en wonderlike mense wat die
bejaardes help versorg; vir kinders en kleinkinders wat
elke dag vir hulle 'n sonskyndag maak.
Ons aanbid U ook hierdie maand as die Bron van alle
ware wysheid en kennis.
Die jeug van ons land gaan belangrike eksamens tegemoet:
gee aan hulle liggaamlike gesondheid en uithouvermoë; gee
hulle kalmte om hulle kennis te kan meedeel; beloon hulle
harde en toegewyde werk van die afgelope jaar.
Dankie vir mense wat hulle in hierdie tyd liefdevol lei en
begelei: ouers, familie, vriende en veral onderwysers wat
soveel in hulle belê het.
Gee dat ons ook hierdie maand tot u verheerliking sal lewe.
Ons pleit dit in die Naam van Jesus Christus ons Verlosser
en Saligmaker.

Amen

> Met blydskap sal julle water skep uit die fonteine
> van redding – Jesaja 12:3.

Die Bron wat nooit opdroog nie

In hierdie bedrywige tyd aan die einde van die jaar is baie van ons soos Hagar wat in die woestyn van Berseba rondgeswerf het (Gen 21:8-21). Die water in haar fles was op en sy en haar seun Ismael het in die versengende hitte versmag. Dig by haar was 'n waterput, maar sy het dit nie gesien nie omdat haar oë deur trane van wanhoop verduister was. Eers toe God haar oë open, kon sy haarself en Ismael van die dood red.

Is dit nie 'n suiwer beeld van hoe dit gaan met baie van ons in hierdie tyd van die jaar nie! Ons kragte is getap en ons weet nie waar om hulp te soek nie. Ons wil net onder 'n besembos gaan sit en wanhopig te fluister dat ons nie langer kan aangaan nie. Dié wat die Here nie ken nie, moet seker verbaas staan oor ons gebrek aan ons vertroue in ons God.

Het ons dan die woorde van ons Heiland vergeet: "Wie in My glo, sal nooit weer dors kry nie"? (Joh 6:35). Laat ons daaraan dink dat ons die getroue Heiland hartseer maak deur sy almagtige Naam te bely en tog in moedeloosheid te kla. Die wêreld moet aan ons lewe kan sien dat ons die lewe in oorvloed het. Ons het 'n Lewensbron wie se oorvloed nooit opdroog nie.

Die vraag is: Waarna dors jy? Na vrede, blydskap en nuwe krag? Skep dan vol bekers uit die oorvloed van God se genade. Stap weg van die besembos na die skatkamers van God waar daar nooit gebrek is nie – ook nie in die besige November nie!

Alleen met Jesus

✳ Lees Jesaja 12:1-6.
✳ "Ek het gekom sodat hulle die lewe kan hê, en dit in oorvloed" (Joh 10:10). Bepeins hierdie wonder biddend.
✳ Gee jy soms toe aan swaarmoedigheid in hierdie besige maand?
✳ Daar is 'n Bron van krag en vrede vir jou beskikbaar. Loof die Here!

> Dit is Hy wat wonde toedien, maar Hy verbind hulle weer, wat seer slaan, maar Hy maak weer met sy eie hand gesond – Job 5:18.

Wonde wat verrykend is

Wanneer smart ons oorval, is dit nie God wat skielik ons vyand is wat ons wil oorval, verwond en vertrap nie. Nee, wanneer ons pyn en lyding in die lewe ervaar, is God altyd gereed om ons wonde te verbind en te genees. Dit is die bewys dat Hy die hoogste Liefde is. Die lewe verwond ons, maar God gebruik dit om ons siele te suiwer. Want ons het soms suiwering nodig soos die liggaam brood nodig het.

Hoeveel seën gaan in dae van groot droefheid en rou vir ons verlore omdat ons die hand wat ons pyn wil versag en ons wonde wil genees, nie herken nie. Hoeveel trane word op aarde gestort terwyl Hy wat die trane van ons oë wil afdroog, byderhand is. Meer nog: hoeveel smart wat tot ons ewige seën omgeswaai kan word deur die liefdeshand van God, word vir ons 'n neerdrukkende kruis wat ons pad na die hemel moeilik maak?

Ons leed en pyn, ons verwonding en smart is alleen bestem om ons los te maak van aardse bande wat ons bind, en om ons geestelik te laat groei. Van Jesus se vervolgde dissipels is deur die vyande van die kruis herken as sy metgeselle. Mag dit ook die salige vrug wees van my en jou smart. Dan sal die lewende Christus in ons gestalte vind.

Alleen met Jesus

* Lees Job 5:17-27.
* Bepeins in stilte by Jesus die misterie van lyding in die Christen se lewe.
* Vra die Heilige Gees om jou te help verstaan wat God se doel met jou lyding is.
* Loof die Here wat deur jou lyding aan jou geestelike groei skenk.

Aanvaar mekaar dan, soos Christus julle ook
aanvaar het, tot eer van God – Romeine 15:7.

Die voorbeeld van Christus

Min mense sal ons weerspreek wanneer ons sê dat daar baie
ongelukkigheid in die wêreld rondom ons is. Dit blyk keer op
keer dat dit so is omdat daar so 'n gebrek aan verdraagsaamheid
en wedersydse begrip is. Mense bly onaangeraak deur die nood
en probleme van ander. Gevolglik bou die spanning op, weersin
neem toe, vyandskap en antagonisme groei tot bitterheid en
haat. Dit is 'n wêreldwye verskynsel wat ook ons persoonlike
lewe aanraak.

Dit lyk na 'n oorvereenvoudiging van die probleem om mense
aan te moedig om die voorbeeld van Jesus Christus na te volg
om hierdie situasie te beredder. Die enigste oplossing lê egter
daarin om dit te doen, want daar is niks wat die verhouding
tussen mense so effektief kan regstel as die liefde van Christus
wat van mens tot mens deurgegee word nie.

Makliker gesê as gedaan, sê jy. Maar as jy kyk na die lewe,
dood en opstanding van Jesus Christus, kan jy nie anders nie as
om te sien dat die liefde van God wat deur Hom weerkaats is,
die ergste vorm van vyandskap en boosheid oorwin het. Stel jou
oop vir die invloed van die Heilige Gees. Hy sal aan jou krag gee
wat alle skeidsmure sal afbreek en alle gapings sal oorbrug.

Die liefde van God sal in die duisternis van hierdie wêreld
begin skyn.

Alleen met Jesus

❖ Lees Romeine 15:1-13.
❖ Ek wil graag wees soos Jesus! Maak dít die kern van jou bepeinsing.
❖ Is jy deel van die probleem van onverdraagsaamheid, of soek jy saam
na 'n oplossing?
❖ Dank God vir die liefde van Jesus wat deur jou tot openbaring kom.

Wie tot God nader, moet glo dat Hy bestaan en dat Hy dié wat Hom soek, beloon – Hebreërs 11:6.

Eis en belofte

'n Eis en 'n belofte word hier saam verbind aan die onomseilbare voorwaarde tot die ewige lewe. Ons as nietige mense wat aan stof en tyd verkleef is, kan die ewige lewe nie verkry as ons nie wegkyk van hierdie verganklike wêreld en met ons hele wese na God begin soek nie.

Om tot God te nader beteken om die ewige heil van ons siele te soek. Ons kan dit egter nie bereik sonder om onwrikbaar te glo dat die Oneindige wel bestaan nie. In 'n tyd waarin soveel mense ontken dat God bestaan en nie eens in die heelal nagespeur kan word nie, is dit nie 'n onredelike eis nie. God vra slegs dat ons na ons harte sal luister en sal lees wat onuitwisbaar daar geskrywe staan. Wanneer ons dit doen en Hom vind in die binneste heiligdom van ons lewe, sal ons elke dag al hoe nader aan Hom kom.

Ons soek nooit tevergeefs na God nie. Hy beloon dié wat na Hom soek en na sy wil vra. Die kosbare erfgoed van die hemelse skatkamers – blydskap wat selfs die engele nie ken nie; vrede soos nog nooit in 'n mensehart opgekom het nie – dít is die beloning van hulle wat God in opregtheid soek.

Dit kan dan ook nie anders as dat die vrugte daarvan in ons lewe geopenbaar word nie.

Alleen met Jesus

✳ Lees Hebreërs 11:1-7.
✳ Bepeins en bid oor die betekenis van "tot God nader".
✳ Kan jy met oortuiging sê: "Ek weet vir seker dat God my gevind het!"? Gee aan Jesus jou antwoord.
✳ Dank die Here dat Hy 'n God is wat Hom laat vind.

> Ek het geleer om my in alle omstandighede
> te behelp – Filippense 4:11.

Tevrede met my omstandighede

Die tevredenheid waarvan Paulus hier uit sy hart getuig, is iets wat baie skaars raak in hierdie wêreld waarin ons leef. Min mense kan dié woorde saam met hom sê. Bitter min mense kan sê dat hulle in alle omstandighede hulleself kan behelp; dat hulle tevrede en vergenoeg is met dit wat God hulle uit sy genadehand laat toeval.

Daar lê egter ryke troos in hierdie versekering wat die woorde van die apostel vir ons bring. Die mens is nie van nature ingestem om God se beskikking te aanvaar nie: Paulus het dit op die moeilike manier geleer! En ons kan seker wees dat hy hierdie moeilike les, wat dikwels teen die mens se sin en wil ingaan, nie in een dag geleer het nie, maar langs die pad van baie beproewings en Goddelike onderwysings.

Iewers moet jy hierdie skool begin bywoon en hierdie les begin leer. Jy moet jou eie ek tersyde stel, anders gaan jy misluk. Jy moet daarvoor jou hart vir die Heilige Gees oopmaak en jouself tot sy beskikking stel. Jou eie sin en wil sal jy moet prysgee voordat jy in Jesus se wil kan berus. Sy wil is soms onbegryplik en sy pad soms duister. Maar in Christus wil God aan jou alles skenk wat sy koninkryk aan jou kán gee: vrede, blydskap, die ewige lewe.

Alleen met Jesus

✽ Lees Filippense 4:10-20.
✽ Dink na oor wat dit vir jou beteken om jou in alle omstandighede te kan behelp.
✽ Is jy soms nog ontevrede met jou omstandighede? Nooi die Heilige Gees in.
✽ Dank die drie-enige God vir alles wat jy van Hom ontvang.

Neem my juk op julle en leer van My, want Ek is sagmoedig en nederig van hart, en julle sal rus kry vir julle gemoed – Matteus 11:29.

Sagmoedig en nederig van hart

Ons moet leer om stil te word by Jesus sodat Hy in ons harte aan die woord kan kom. Ons bly so gejaagd en word so maklik kwaad. Maar ons moet leer om die terapeutiese krag van die stilte te ontgin. Ons voel al hoe meer afgerem en vermoeid. Elke dag bring nuwe kwellings, terwyl God se liefdevolle bedoeling met ons is dat ons elke dag nuwe seën uit sy hand sal ontvang.

Miskien is dit omdat ons nie toelaat dat sy stem tot ons harte deurdring nie. Dis die stem van God wat aan ons rus beloof – aan almal wat van Hom wil leer. Ons sal ons plek moet inneem in sy skool as een van sy leerlinge sodat ons van Hom onderwys kan ontvang. Hy wys niemand af wat aan sy voete wil kom sit nie. By Hom word dit stil en vreedsaam en ons begin insien hoe heerlik die rus moet wees wat Hy aan ons beloof.

Sagmoedigheid en nederigheid is die voorwaardes om 'n leerling van Jesus te wees. Ons harde en ongehoorsame wil moet gebreek word en ons trotse hart moet leer om voor Hom te buig. Dit is die voorwaarde om in sy kursus te kan slaag; om rus vir ons gemoed te kry.

Alleen met Jesus

- Lees Matteus 11:20-30.
- Jesus moet in ons hart aan die woord kom. Mediteer biddend hieroor.
- Gun jouself om by Jesus stil te word. Die beloning is gemoedsrus.
- Vra die Heilige Gees om jou te leer om nederig en sagmoedig te wees.

Die goddelose het baie smarte, maar wie op die Here vertrou, dié omvou Hy met sy liefde – Psalm 32:10.

Deur God se liefde omvou

Baie mense vertrou op aardse dinge en menslike hulpbronne. Maar alles waarop ons ons vertroue stel en wat van hierdie aarde is, is so feilbaar soos 'n brose riet. Dis ongelooflik met hoeveel arrogansie mense hulp aanbied, terwyl die verborge motief net finansiële gewin, status of eer is. Mooiklinkende beloftes blyk altyd maar weer slegs ydelheid te wees.

Watter teenstelling is die soberheid waarmee die Here God sy algenoegsame hulp vir ons aanbied. Sy beloftes is onskendbaar. Nêrens belowe Hy aan ons dat ons van smart en probleme gevrywaar sal word nie, maar Hy verseker dié wat nederig op Hom vertrou dat hulle ondanks die stryd en leed van teleurstelling en droefheid, 'n onskatbare deel het – hulle sal deur sy liefde omvou word!

God se kinders sal dus die seën van sy ontfermende liefde in oorvloed geniet. Wanneer ons deur iets omvou word, is ons in die middelpunt daarvan. Laat dit ons troos wees, wat ook al die omstandighede is waarin ons ons op hierdie oomblik bevind: wat of wie ons ook al teleurstel, die Here bly onveranderlik getrou. Wie ons ook al mag verlaat, Hy bly by ons. Hy vul deur sy liefde aan wat by ons ontbreek en vergoed elke gemis met sy goedertierenheid.

Alleen met Jesus

❋ Lees Psalm 32:1-11.
❋ Om op God te vertrou is die hoogste wysheid. Dink hieroor na.
❋ Doen selfondersoek: vertrou jy op die wêreld se beloftes, of op God s'n?
❋ God omvou ons met sy liefde! Loof die Here!

Julle geloofsvertroue moet julle dus nie prysgee nie: dit hou groot beloning in – Hebreërs 10:35.

Vertrou op God alleen

Dis baie droewig wanneer 'n mens jou geloofsvertroue prysgee. Daar is baie dinge in die lewe waarop ons ons vertroue kan plaas: geneeshere, banke, leraars, politici, medisyne, eer en aansien, of ons eie krag en vermoë! Ons verwag dat hierdie dinge ons sal laat slaag in sekere omstandighede. Die Hebreërskrywer praat egter van "geloofsvertroue". En hy praat met mense wat hulle deur die geloof aan Jesus Christus verbind het.

Die lewende Christus sal ons nooit aan onsself oorlaat wanneer ons gelowig op Hom vertrou nie. Hy sal ons nie begewe of in die steek laat nie. Wanneer ons die geloof in Hom nie prysgee nie, sal ons sonder twyfel beloon word. Hierdie vermaning is beslis nie vir ons oorbodig nie. Die onbegryplike lot van enkelinge en volkere laat ons soms mismoedig voel en ons dreig om ons vertroue te verloor. Die wêreld word vaal en kleurloos. Dit voel asof ons gebede nie hoër as die plafon styg nie. Ons voel eensaam en verlate omdat dit vir ons lyk asof daar geen uitweg uit ons probleme is nie.

Dis juis in sulke tye dat hierdie oproep ons aanspreek: "Julle geloofsvertroue moet julle dus nie prysgee nie." Volhard in gebed. God se tyd is straks nie ons tyd nie – maar dit kom altyd op die regte oomblik. Vertrou op God alleen en ontvang sy groot beloning.

Alleen met Jesus

✻ Lees Hebreërs 10:32-39.
✻ Mediteer oor die verskil tussen vertroue en geloofsvertroue.
✻ Maak vandag seker dat jou geloofsvertroue in God geplaas is.
✻ Dank en prys Jesus dat jy deur die Heilige Gees aan jou geloof vashou.

> My gedagtes is nie julle gedagtes nie, en julle optrede nie soos Myne nie, sê die Here
> – Jesaja 55:8.

God se gedagtes en optrede is uniek

Om die woorde van vandag se teks te verklaar, laat die profeet onmiddellik daarop volg: "Want soos die hemel hoër is as die aarde, so is My optrede verhewe bo julle optrede en My gedagtes bo julle gedagtes." Hierin lê ons vertroosting en die grond van ons vertroue. God se optrede is soms donker en raaiselagtig, maar aan die einde sal dit vir ons die beste wees. Baie mense wandel in sirkels rond en bevraagteken God se leiding in hulle lewe, totdat Hy skielik vir hulle die lig laat deurbreek en die gordyn voor hulle geestesoog wegtrek. Dan verstaan hulle God se "hoe" en "waarom" en sien hulle sy aanbiddelike wysheid.

Ons optrede is dikwels selfsugtig en dit sou waarskynlik vir ons en vir ander naby aan ons op die verderf uitloop. Maar God se gedagtes is altyd gedagtes van ontferming. Wanneer ons gevoer word na die dieptes van die lewe, gebruik Hy selfs dít om sy heilige doel in ons saligheid en verlossing te bewerkstellig.

As ons aan hierdie waarheid vashou wanneer die pad donker word en ons harte eensaam is, sal dit ons in die donkerste uur staande hou. God se gedagtes vir jou is gedagtes van vrede. Moet Hom dus nie wantrou nie. In die hiernamaals sal jy alles verstaan wat nou duister is. Dan sal jy weet dat dit sy liefde is wat jou gelei het.

Alleen met Jesus

* Lees Jesaja 55:1-13.
* Dink ernstig na oor God se gedagtes en optrede.
* Dis net natuurlik dat ons God se optrede soms sal bevraagteken. Vra die Heilige Gees vir die krag om sy wil te aanvaar.
* Loof en prys die Here dat Hy vir jou net die beste wil gee.

Daarom, wie meen dat hy staan, moet oppas dat hy nie val nie – 1 Korintiërs 10:12.

Oppas!

Wanneer ons die slag struikel, is ons haastig om die ou beproefde verskonings aan te bied: ons omstandighede was so ongunstig; die verleiding was so groot; dit sou bomenslike krag vereis het om "nee" te sê en anders op te tree. Tog sê die Skrif en ons eie hart vir ons die teendeel.

Maar God is getrou: geen versoeking wat meer is as wat ons kan weerstaan, sal oor ons kom nie. Wanneer ons in die oomblik van versoeking sy hulp inroep, laat Hy ons nooit in die steek nie. Hy gee altyd vir ons die geleentheid tot uitkoms.

Paulus was by uitstek die kenner van die mensehart – daarom waarsku hy dié wat meen dat hulle staan om op te pas dat hulle nie val nie. Hy lê sy vinger direk op ons menslike swakheid. Dit spreek vanself dat dié wat dink dat hulle sterk is en op hul eie krag kan vertrou, nie om hulp vra nie. Hulle kyk nie rond om die gevaar te sien wat dreig nie. Hulle vertrou geheel en al op hulleself en skep daarmee 'n onoorbrugbare kloof tussen hulleself en die Bron van genade waaruit hulle hulle lewenskrag moet put.

Laat ons daarteen waak om op onsself te vertrou. As ons enigsins wil roem, laat ons in die genade van God roem. Geseënd is die mens wat waaksaam bly teen versoeking.

Alleen met Jesus

✤ Lees 1 Korintiërs 10:11-22.
✤ Oordink die waarheid dat jy nie kan struikel wanneer jy op God vertrou nie.
✤ Selfoorskatting is die sabotasie van Satan in ons lewe. Vra genade daarteen.
✤ Dank die Heilige Gees wat jou bystaan in jou stryd teen die Bose.

> Here, U was vir ons 'n toevlug van geslag tot geslag – Psalm 90:1.

Die ware veilige vesting

God is vir ons 'n toevlug! Dis die kerngedagte van hierdie gebed van Moses, die man van God. Op indrukwekkende wyse word die broosheid van die mens gestel teenoor die ewigheid en grootheid van die Skepper: Voordat die berge gebore is, voordat die wêreld voortgebring is, bestaan God al. Hy is verhewe bo die wisseling van die tyd.

Die mens is soos 'n blom van die veld wat verwelk en wanneer die wind daaroor gaan, is dit nie meer nie. Die ewige God is egter ook die Almagtige en teenoor die swakheid van die mens openbaar Hy Homself in sy majesteit en heerlikheid, maar ook in sy eindelose ontferming. Tot hierdie God mag ons ons toevlug neem. Hy het Hom deur die eeue heen geopenbaar as die Helper van die mens in nood. Hierdie opinie berus nie net op die Woord van die Almagtige nie, maar ook op die ervaring van al God se kinders.

Dit was deur die eeue heen die geval, en dit is vandag nog so, en dit sal tot aan die einde van tyd so wees. Dit moet noodwendig ook jou ervaring wees. Jy moet kan sê: *Die Here is my toevlug!* Hy is in alle leed steeds gereed om jou te help, hef maar net jou hande in gebed tot Hom op. Nie een van ons weet wat die dag vir ons inhou nie – die lewe is so onseker. Ons heerlikste troos in lewe en in sterwe is egter dat God vir ons 'n toevlug is.

Alleen met Jesus

* Lees Psalm 90:1-17.
* Bepeins met verwondering dat God vir ons 'n toevlug is.
* Bepaal vir jouself na wie toe jy vlug in tye van nood. Maak seker dat dit God is.
* Verheerlik die Here wat in alle omstandighede jou toevlug wil wees.

Span al julle kragte in om by die smal deur in te gaan. Baie, verseker Ek julle, sal probeer om in te gaan, maar sal dit nie regkry nie – Lukas 13:24.

Die smal deur

Sedert die droewige dag toe die sondige mens die paradys ontsê is, kom God ons steeds tegemoet met 'n gebod en met 'n belofte. Die belofte wat in bogenoemde woorde van die Meester verborge lê, is dat ons mag "ingaan" in die Vaderhuis van rus en vrede. Hier op aarde is ons op die pelgrimsreis van die vreemdeling. Uiteenlopend is die paaie waarop die mens sy heil soek. Maar ons almal begeer om die Vaderland binne te gaan en die Vaderhuis te bereik.

Baie sal probeer, sê die lewende Christus. Waarom sal hulle dit nie regkry nie? Omdat hulle die maklike paaie soek waarop hulle geen stryd het om te stry nie. Omdat hulle dink dat hulle op die pad weg van God af kan volhard sonder om die gevolge daarvan te dra.

Alleen dié wat hier op aarde die pad van selfverloëning volg, die pad van die kruis, die pad van verootmoediging en sonde-belydenis, alleen hulle sal "ingaan". Dis hulle wat die Via Dolorosa na Golgota saam met die Heiland loop en daar die ou mens met sy sonde en boosheid aflê – dit is die gebod, die vereiste wat gestel word om in te gaan deur die smal deur. Dié pad kos stryd en die stryd hou in hierdie lewe nooit op nie. Om egter uiteindelik die poorte van die paradys in te stap, sal onbeskryflike heerlikheid wees!

Alleen met Jesus

✳ Lees Lukas 13:22-30.
✳ Oordink die voorwaardes om by die smal deur te kan ingaan.
✳ Uiteenlopend is die paaie waarop mense hulle heil soek. Op watter pad loop jy?
✳ Dank die Here in ootmoed wanneer jy op pad na die smal deur is.

Roep My aan in die dag van benoudheid: Ek sal jou uithelp en jy sal My eer – Psalm 50:15.

Dra jy alleen aan jou benoudheid?

Dis vir ouers 'n diepe droefheid wanneer die kind van hulle liefde in die dag van sy benoudheid by hulle verbygaan en by 'n vreemde sy hulp en troos gaan soek. Hoe moet die Vaderhart van God dan voel wanneer ons sy liefde misken en ons bekommernis en benoudheid alleen wil dra? In vandag se tekswoord lê die Here sy Vaderhart vir sy kinders bloot. Hy nooi ons uit om met ons benoudheid en bekommernis na Hom toe te kom.

Laat ons dan ook weet dat daar geen benoudheid is waaruit Hy ons nie kán en wíl help nie. Hy daag ons uit om nie by Hom verby te gaan en ons bekommernis en angs alleen te probeer dra nie, of om na iemand toe te draai wat ons nie kan help nie. God roep ons op tot gebed in die ware sin van die woord: om ons ganse lewe voor Hom oop te laat lê. Ons moet niks van Hom weerhou nie, want anders onderskat ons sy almag en beroof Hom van die eer waarop Hy met reg aanspraak kan maak.

Kom ons neem ons voor om in die lewe niks te geniet sonder om God daarvoor te dank nie, maar om ook geen bekommernis of benoudheid te beleef sonder om sy hulp in te roep met die vaste vertroue in die hart dat Hy sy woord gestand sal doen en ons sál help nie. Gee aan Hom daarvoor al die eer!

Alleen met Jesus

* Lees Psalm 50:13-23.
* Oorweeg biddend God se vermoë en gewilligheid om jou uit benoudheid te red.
* Bely met berou die kere toe jy nie na God toe gedraai het in jou nood nie.
* Eer sy Naam vir sy verlossing uit angs en bekommernis in jou eie lewe.

> "Geweeg": u is geweeg en te lig bevind
> – Daniël 5:27.

Op God se weegskaal

Ons het van jongs af daaraan gewoond geraak dat die uitspraak: "Getel, getel, geweeg en verdeel" op die Galdese koning Belsasar van toepassing was. So leer die geskiedenis ons. Maar elkeen van ons sal net soos hy geweeg word deur die heilige God.

God se weegskaal is so anders as dié van die mense. Dit wat by mense geen waarde het nie, kan by God van groot waarde wees. Die skyn wat soveel oë verblind, is by die Kenner van ons harte van geen betekenis nie. En omgekeerd: Dit wat by die mense van geen betekenis is nie en te lig bevind word, kan vir God aanneemlik wees.

Dit sal ons by God niks help as ons die heilsweg geken het maar dié kennis nie in dade omgesit het nie: dade van gehoorsaamheid, selfverloëning, liefde en opregte trou aan God. Selfs met die uitnemendste kennis kan ons vir God verwerplik wees en té lig bevind word. Eenmaal sal ons almal in God se weegskaal geweeg word.

Waarin sal jy té lig bevind word? Sal dit jou aardse deugde en jou selfvoldaanheid wees? Of sal dit die kleed van geregtigheid wees wat God self vir jou sal omhang? Dán sal jy nie té lig bevind word nie.

Alleen met Jesus

* Lees Daniël 5:17-30.
* Bepeins die weegskaal van God en dié van die mens.
* Verstewig die verlange om nie deur God te lig bevind te word nie.
* Verheerlik die Heilige Gees wat ons voorberei vir God se weegskaal.

> Wat wil jy hê moet Ek vir jou doen?
> – Markus 10:51.

Bid met 'n vaste geloof

Mense is geneig om skepties te raak oor die krag van gebed. Hulle verwys graag na al die onreg in die wêreld; al die armoede en honger; al die ongelukkige mense wat siekte en beproewings moet verduur; mense wie se ideale en drome soos kaartehuise inmekaartuimel. Dan bevraagteken hulle die liefde van God en betwyfel hulle die krag van gebed. Hulle roep God selfs tot verantwoording omdat Hy sulke dinge laat gebeur.

Wanneer ons in gebed voor God kom staan, is dit noodsaaklik dat ons in ons versoeke spesifiek sal wees en dat ons wat ons bid, met vaste geloof in ons harte sal bid. Wanneer jy gebid het, moet jy alles met vertroue in God se hande laat. Hy sal op sy tyd en sy manier vir jou die antwoord gee.

Wanneer jy bid, moet jy nie vaag, halfhartig of onseker wees nie. Dis 'n teken van 'n swak geloof wanneer jy nie positief bid nie. Jy moet geen voorbehoude koester wat jou voor die tyd al laat besluit dat God tog nie sal luister nie. Nee, lê met geloofsvertroue al jou begeertes en vrese aan Hom voor. Vra vir die leiding van die Heilige Gees as jy nie weet hoe om te bid nie. Fokus jou denke op God en op sy almag en verwag van Hom 'n antwoord. Hy sal jou nooit teleurstel nie.

Alleen met Jesus

✽ Lees Markus 10:46-52.
✽ Gebed vereis die hoogste energie waartoe ons in staat is. Bepeins hierdie woorde.
✽ Vra die Heilige Gees om jou geloof te versterk sodat jy positief kan bid.
✽ Loof die Here wat Homself nog altyd getrou bewys het as die Hoorder van gebed.

Toe hulle opkyk, het hulle niemand gesien nie, net Jesus alleen – Matteus 17:8.

Jesus alleen

Daar is min dinge waarmee ons ons so maklik besondig as om ons aan mense te heg. Dis 'n groot genade van die Here om 'n geesgenoot te ontmoet en om mekaar deur ernstige, getroue en geheiligde vriendskap vir die ewigheid voor te berei. Veral wanneer die Here self die middelpunt van die vriendskap is.

Dit is egter nie alle mense wat Christus die enigste kragbron van hulle vriendskap maak nie, wat deur hulle vriendskap van selfsug gereinig word nie. Die meeste van ons bou ons hoop en vertroue op feilbare mense en doen dit gewoonlik tot ons eie voordeel. Ook in ons vriendskappe soek ons maar te dikwels ons eie belange. Dis dan ook geen wonder dat mense ons dikwels so droewig teleurstel nie. In plaas van woorde van dankbaarheid, hoor ons dikwels die bittere klag: Daar is geen trou onder mense nie en daar is niemand op wie jy werklik kan staatmaak nie.

In dié oomblikke wanneer ons moedeloos na die puinhope van ons aardse vriendskappe staar, kom die Here in sy algenoegsaamheid na ons toe. Hy leer ons om ons oë op te hef en Hom alleen te sien. Wie hulle deur die lewende Christus laat lei, kom tot die ontdekking dat ons siele niks op aarde of in die hemel nodig het nie, net vir God. Alles word dan aan Jesus ondergeskik en ons sien Hom alleen!

Alleen met Jesus

- Lees Matteus 17:1-8.
- Gee my net Jesus, gekruisig vir my. Mediteer oor hierdie uitspraak.
- Maak seker dat al jou aardse vriendskappe ondergeskik is aan jou vriendskap met Christus.
- Prys en dank Jesus dat Hy Homself as Vriend aan jou wil openbaar.

> Soos 'n herder versorg Hy sy kudde: Die lammers maak Hy bymekaar in sy arms en Hy dra hulle teen sy bors, Hy sorg vir die lammerooie
> – Jesaja 40:11.

Die Here is my herder

Die liefde van God is so teer teenoor ons, sy dwaalsieke kudde. Dit oortref die teerheid van die teerste moeder. Hy sorg trouer as wat die trouste aardse vader dit ooit sal kan doen. Hy daal in sy liefde af tot in ons nood en swakheid. Hy het eindelose geduld met ons beperkte kragte. Sy versorgende teerheid val soos vroeë reën op ons dorre lewenspad.

God kan Homself nie treffender en getrouer aan ons openbaar as in die beeld van die Herder wat sy skape laat wei en die lammers en die swakkes teer versorg nie. Die skape wil dikwels hulle eie koers inslaan; hulle wil groener weivelde gaan soek in plaas van te gaan na die plekke waarheen hulle Herder hulle wil lei. Maar selfs dan waak Hy nog oor hulle en sy hand is steeds gewillig om hulle terug te lei na sy pad.

Wanneer gevaar dreig, wanneer die Bose rondloop soos 'n brullende leeu wat die skape wil verslind, gebruik Hy sy magtige arm om hulle te beskerm van kwaad en geweld. Dis 'n heerlike voorreg om aan sy kudde te behoort, sy stem te ken en Hom as die goeie Herder van jou lewe te volg.

Sal ons dan nie sy roepstem hoor wanneer Hy op ons pelgrimspad kom staan nie? God wil jou lei na groen weivelde en na waters waar daar vrede is. Moenie vandag sy roepstem ignoreer nie.

Alleen met Jesus

✲ Lees Jesaja 40:1-11.
✲ Jy kan die Herderpsalm ken sonder om die Herder van die psalm te ken! Dink ernstig hieroor na in stilte by Jesus.
✲ Jesus soek die afgedwaaldes. Het jy jou al deur Hom laat vind?
✲ Dankie, Here Jesus, dat ek aan u kudde mag behoort en dat U ook my Herder wil wees.

> Net toe Jakob by Pniël verbygaan, het die son opgekom – Genesis 32:31.

Die son sal weer skyn

Wat 'n wonder van God se genade is dit nie wanneer die son weer oor ons lewe opgaan nie. Heerlik onbesorgd en onvervaard kan ons die lewe tegemoetgaan, terwyl die voëls in die bome sing en die son se strale ons pad verlig. So het menigeen in tye van voorspoed gedink, gedroom en gesing.

Maar net so baie mense is deur die werklikhede van die lewe ontnugter en deur teleurstelling verbitter. Vir baie het daar donker skaduwees in plaas van sonskyn gekom. Die lied van blydskap het in hulle harte verstom voordat die lied klaar gesing is. Dit gebeur veral met dié wat afgedwaal het van die Here se pad en met wie Hy nie meer in die aandwind kan wandel en gesels nie.

Daar is egter 'n Son wat in die swartste nag opgaan. Daar is 'n Lig wat die donkerste skaduwees bestraal. Daar is 'n Lied wat alle bitterheid verdryf en ewige jeug bring in die harte van dié wat deur smart oud geword het. Die son wat vir Jakob opgekom het ná sy swartste nag, was die son van God se genade wat die donker skaduwee van sy skuld weggevee het. Die lied wat in sy hart herleef het, was die Lied van Hom wat gesê het: "Kyk, Ek maak alles nuut" (Op 21:5). Sonde so rooi soos skarlaken, maak Hy wit soos wol.

My innige gebed is dat hierdie son ook al vir jou opgekom het en dat dié lied al oorwinnend uit jou hart opklink.

Alleen met Jesus

* Lees Genesis 32:22-32.
* Die Son is daar, al is Hy soms deur wolke versluier. Bedink hierdie wonder.
* Worstel jy nog met God soos Jakob by Jabbok? Bid alleen om sy seën.
* Loof die Son van geregtigheid wat altyd weer in jou lewe kom skyn.

> Op daardie dag sal die heerlikheid van ons grote God en Verlosser, Jesus Christus, verskyn – Titus 2:13.

Die toekoms behoort aan God

Wanneer dinge in ons wêreld drasties verkeerd loop, is ons geneig om terneergedruk te raak. In tye van geweld of resessie is dit asof daar 'n lanferlap van pessimisme oor ons neerdaal en ons kyk benoud na die duistere toekoms. Dit is ook die posisie in hierdie donker tye waarin ons tans leef. Daar is min dinge wat gebeur wat ons laat moed skep.

Wanneer jy toelaat dat menslike of stoflike dinge jou gevoelens en gesindheid beheer, sal jy heen en weer geslinger word tussen die bergtoppe van hoop en die valleie van neerslagtigheid en wanhoop. Die mens se gedrag is wispelturig, en om daarop jou vertroue te stel, voorspel vir jou net teleurstelling.

Wat ook al in die wêreld gebeur en hoe dit jou lewe raak en beïnvloed, jy sal moet leer om by die omstandighede verby te kyk en jou volle vertroue in die lewende Christus te plaas. Glo van harte dat God in beheer is en dat Hy 'n ewigheidsvisie het. Plaas jou vertroue uitsluitlik op Hom en verheug jou in sy konstante teenwoordigheid by jou.

Wees opnuut verseker dat Jesus Christus die Lig vir die wêreld is en dat die duisternis jou nie sal oorweldig nie.

Alleen met Jesus

✲ Lees Titus 2:1-15.
✲ Dink na oor die teenwoordigheid van Jesus in jou eie lewe.
✲ Bevestig opnuut jou verhouding met Jesus.
✲ Buig in dankbare aanbidding voor Hom wat die Lig vir die wêreld is.

'n Lewensbelangrike vraag

Hierdie vraag kom tot jou aan die begin van 'n nuwe dag. Of miskien fluister die Gees van die Here dit in jou oor voordat jy ter ruste gaan. Luister aandagtig daarna!

Straks roep jou dagtaak jou of jou gesinslewe omring jou en eis jou aandag op. Nóú is jy egter alleen by God en jy het die tyd om vir Hom 'n antwoord te gee. Moenie die selfondersoek waartoe dié vraag jou dring nie, probeer ontwyk of uitstel nie.

Die profeet Elisa rig hierdie vraag aan die Sunamitiese vrou. Uit haar ontsteltenis lei hy af dat dit nie met haar goed gaan nie. Ons kan tot Iemand baie groter as Elisa gaan wanneer die storms in ons lewe opsteek, wanneer ons lewensleed of lewenstryd vir ons te veel word: die lewende en almagtige Heiland. Hy vra vir jou dieselfde sielsdeursoekende vraag: "Gaan dit goed met jou?"

As dit nie met jou goed gaan nie omdat iets of iemand, die sonde of die Bose, jou van jou vrede beroof het, bely dit met opregte eerlikheid voor God. Hoe hoog die mure ook al is wat die sonde om jou opgebou het en wat jou van Hom wil skei, dit gaan altyd weer goed met dié wat kan antwoord: "My lewe is deur Christus geborge in God!"

Alleen met Jesus

* Lees 2 Konings 4:23-30.
* Oorpeins in gebed die stelling: My lewe is deur Christus geborge in God.
* Kan jy eerlik "Ja!" antwoord op die vraag in ons teksvers?
* Loof en dank die Here vir die verlossing en vrede wat Hy alleen jou gee.

> Red my van my vyande, Here,
> want by U skuil ek – Psalm 143:9.

Waar vind jy skuiling?

In die gevare en moeilikhede van die lewe is daar in elke mensehart 'n diepgevoelde behoefte om êrens 'n plek te hê waar jy veilig kan skuil met jou bekommernis en angs; jou sonde- smart en teleurstelling; jou lewenspyn en wanhoop. Hoe drin- gend soek jy na die veilige hawe van 'n getroue vriend waarheen jy jou toevlug kan neem? Hoeveel van ons vergaan van verlange omdat so 'n vriend ons ontval het of omdat ons dit nooit geken het nie?

Tog hoef niemand in wanhoop te vergaan nie, want die Skrif wys vir ons op iets wat uitnemender as aardse vriende is. Dit wys ons op 'n hawe van veilige rus en 'n toevlugsoord van die trouste liefde wat ons ooit kan geniet en wat ons nooit sal teleurstel nie. Selfs die voëls van die hemel vind skuiling by die altare van God.

Hoeveel kosbaarder is ons, God se kinders, vir Hom as swaeltjies en mossies. Daarom kan ons veilig skuil onder sy vlerke van liefde en trou. Wanneer ons Dawid se voorbeeld volg en na God toe vlug met ons sondenood, wag God reeds om vir ons 'n skuiling te wees. Wanneer golwe hoog rondom ons dreun en dreig om ons na die dieptes te sleur, is Hy ons sterk- te en ons veilige hawe. Hy beskerm ons teen alle gevaar, troos ons in ons gemis, sterk ons vir die stryd van elke dag, sodat ons tot aan die einde op ons pelgrimsreis kan volhard.

Alleen met Jesus

* Lees Psalm 143:1-12.
* Mediteer oor die wonderlike skuiling wat God ons bied.
* Sê eerlik vir God na wie toe jy in jou nood vlug. Mag dit na Hom toe wees.
* "Ruwe storme breek in woede, alles om my heen is nag; tog hou God my in sy hoede – Hy hou oor my heil die wag" (Ges 253:8).

> Die goeie mens bring die goeie te voorskyn uit die oorvloed goeie dinge in sy hart; die slegte mens bring die slegte te voorskyn uit die oorvloed slegte dinge in sy hart – Matteus 12:35.

Waar die hart van vol is, loop die mond van oor

Wanneer ons goed daaroor nadink, is dit beskamende en verootmoedigende woorde hierdie, wat die Meester aan ons almal rig. Hy sê ook verder dat ons rekenskap sal moet gee van elke ligsinnige woord.

Hierdie woorde dring ons tot ernstige selfondersoek: Waarmee is my hart gevul? Watter gevoelens, gedagtes en begeertes voer daar die botoon?

Meer as wat ons dit self weet of vermoed, sal ons woorde en dade getuig van wat in ons hart is. Laat ons nie oor ander mense 'n oordeel uitspreek nie. Ons sal met hierdie uitspraak van Christus in ons gedagtes dalk geneig voel om te luister na die gesprekke om ons heen wat van ydelheid, kwaadwilligheid en naywer getuig en dan te sê: Hoe droewig sien die sondige mensehart en die bose wêreld daar uit. Laat ons ons egter weerhou daarvan om dit te doen.

Kom ons gebruik liewer die Skrif vir die doel waarvoor God dit bestem het – om *self*ondersoek te doen en ons eie lewe in die lig van die Woord te toets. Wanneer ons antwoord hierop ons beskaam, moet ons die leiding van die Heilige Gees soek. Hy alleen kan ons harte nuut maak, sodat ons hart en ons mond 'n werktuig tot eer van God alleen word.

Alleen met Jesus

* Lees Matteus 12:33-37.
* Oorpeins biddend die gesegde: Waar die hart van vol is, loop die mond van oor.
* Hierdie woorde eis deeglike selfondersoek van jou. Is jy gewillig om dit te doen?
* Loof en prys die Heilige Gees vir sy oortuigingswerk in jou selfondersoek.

> Wees sterk, wees vasberade, want jy moet hierdie volk die land in besit laat neem wat Ek met 'n eed aan hulle voorvaders beloof het – Josua 1:6.

Moenie dat jou hoop verflou nie

Dis nie altyd moontlik om in die stryd van die lewe goeie moed te hou en vasberade te wees nie. Dis net so moeilik om kalm en rustig te bly wanneer die lewe rondom jou skrikaanjaend word. Dis gebeur omdat ons weier om die oproep van God te gehoorsaam om sterk en vasberade te wees. Ons weier om gehoor te gee aan Jesaja se raad: "Dié wat op die Here vertrou, kry nuwe krag" (Jes 40:31).

Ons het immers God se belofte dat Hy te alle tye by ons sal bly. Ondanks hierdie vaste belofte van die Almagtige, bly sit ons in wanhoop by die ruïnes van ons drome. Ons vind nie lewensvervulling nie omdat ons God se bystand nie verwag nie.

Wanneer God ons roep tot 'n spesifieke taak in sy diens en dit lyk enigsins vir ons asof dit vir ons probleme kan veroorsaak; wanneer dit 'n donker pad of 'n eensame stryd is, hoef ons nie terug te deins as ons waarlik tot dié groep behoort wat hulle vertroue en verwagting op die Here plaas nie. Wanneer ons met moed en vasberadenheid die toekoms tegemoetgaan met slegs dié vraag in die hart: "Here, wat wil U hê moet ek doen?" sal Hy vir seker by ons wees en aan ons die nodige krag en sekerheid gee.

Alleen met Jesus

* Lees Josua 1:1-9.
* "Dié wat op die Here vertrou ..." Mediteer oor die inhoud van hierdie woorde.
* Word jy soms bedreig deur wanhoop? Wat wil die Heilige Gees jou leer?
* Verheerlik dié Here wat telkens vir jou nuwe moed en krag gee.

Julle word egter nie deur julle sondige natuur beheers nie, maar deur die Gees, want die Gees van God woon in julle – Romeine 8:9.

Gees versus vlees

Baie mense is onbewus daarvan dat hulle tussen twee soorte lewens kan kies. Omdat hulle maar net deur die lewe voortdryf sonder om 'n keuse te maak, bereik hulle min wat positief en konstruktief is.

Die sondige mens lewe net vir homself. Al sou hy God van tyd tot tyd erken, speel God en sy gebod 'n geringe rol in sy dade en denke. Sonder dat hy dit besef, bring die pad waarop hy beweeg tydelike bevrediging, maar uiteindelik sal hy frustrasie en ontnugtering beleef. Geen mens is in homself genoegsaam nie.

Dis ongelukkig ook so dat wanneer jy met praktiese mense oor die "geestelike pad" praat, onthou hulle net van mense wat op dié pad misluk het. Daarom verwerp hulle God se pad, wat tog die beproefde pad is. Om die geestelike pad te kies, beteken om jou denke deur gebed en bepeinsing op te hef, totdat dit volkome in harmonie met God is. Dan beheers God jou wil en jou denke.

Daar is 'n wesenlike verskil tussen die besit van 'n "geestelike uitsig" en 'n "Geesvervulde lewe". In teenstelling met die populêre mening is God se pad die verstandige en praktiese pad wat sin en betekenis aan jou lewe gee. Die neweprodukte hiervan is vrede en vreugde in Jesus Christus.

Alleen met Jesus

✳ Lees Romeine 8:1-10.
✳ Dink na oor die stryd tussen die Gees en die vlees.
✳ Maak in jou selfondersoek seker dat jy op God se pad is.
✳ Juig in die wete dat Christus deur die Gees in jou woon.

> Hoe ondeurgrondelik is sy oordele, hoe onnaspeurlik sy weë! Wie ken die bedoeling van die Here? – Romeine 11:33b-34.

God weet die beste

Mense word dikwels in die lewe oorval deur twyfel en verwarring. Goeie mense gaan deur uiters moeilike finansiële krisisse of word deur swak gesondheid geteister. Barmhartige mense word dikwels die prooi van tragiese omstandighede. Dan hoor ons die klaaglied: "Hoe kan dit met so 'n goeie mens gebeur? Hy of sy het dit tog nie verdien nie?"

Een van die grootste geloofstoetse is om onvoorwaardelik te aanvaar dat God die beste weet vir elke omstandigheid. Te midde van probleme of droefheid is hierdie waarheid nie altyd maklik om te aanvaar nie, maar oor die eeue heen is dit bewys as onwrikbaar waar. Die lyding en stryd, maar ook die uiteindelike oorwinning, van die Bybelse geloofshelde is 'n ruim bewys hiervan.

Die mees klassieke voorbeeld en bewys vir alle tye van die feit dat God die beste weet en sy heilige doel bereik, word gesien in die lyding, sterwe en opstanding van Jesus Christus. Die ergste wat die sonde en die Bose kon doen, is deur God gebruik om sy wonderbare doel te bereik, sodat die mens gered kan word.

Wat dus ook al jou vrees, onsekerheid of twyfel mag wees, vertrou op die goedheid, getrouheid en liefde van God en handhaaf jou gemoedsrus in die wete dat God die beste weet.

Alleen met Jesus

❊ Lees Romeine 11:25-36.
❊ Deurdink die gerusstellende wete dat God altyd die beste weet.
❊ As dit vir jou soms moeilik is om God se wil te aanvaar, soek die hulp van die Heilige Gees.
❊ Bring aan die Here 'n offer van lof en dank vir sy wysheid en kennis.

> Daar wag nog steeds 'n sabbatsrus vir die volk van God, want elkeen wat in die rus van God ingaan, rus van sy werk, net soos God van Syne
> – Hebreërs 4:9-10.

Rus my siel, jou God is koning!

Miskien lees jy hierdie gedeelte met 'n hart wat vandag diep onrustig is. Miskien word jy op die oseaan van die lewe deur stormwinde voortgedryf. Dalk is jy siek of verkeer jy in ernstige gevaar. Miskien is jy bekommerd, ontsteld of hartseer. As jy in sulke tye nie die geloofsanker kan uitgooi nie, sal jy hulpeloos op die lewensee ronddobber.

In sulke omstandighede moet die woorde van vandag se teksvers soos musiek in jou ore klink, jy wat van alle kante net onrus verduur. Daar is rus, volmaakte rus – maar net by God! Wanneer jou dagtaak of die lewe vir jou te veeleisend word, kyk op na God. By Hom is daar rus vir jou vermoeide, stormgejaagde gees.

Die rus wat by God op jou wag, word net meer hoe langer jou pelgrimsreis is – totdat jy eenmaal by sy rustige hemelstrand aanland en vir die laaste maal anker gooi. Hierdie rus kan niemand jou ontneem nie. Dit word vir jou in veilige bewaring gehou omdat jy 'n kind van God is. Wanneer jy jou sonde en sorge na God toe gebring het en Hy het dit alles van jou weggeneem en dit in die diepte van die see gewerp het, sal jy weet wat God se sabbatsrus beteken.

Eenmaal wanneer sy rus jou erfenis word, sal jy stamelend prewel: "Die helfte is my nooit vertel nie."

Alleen met Jesus

* Lees Hebreërs 4:1-11.
* Mediteer oor die wonder van God se rus in hierdie rustelose wêreld.
* Het jy die Anker wat vir jou die rus op die stormsee van die lewe waarborg?
* Loof die Here, wat vir sy kinders 'n sabbatsrus belowe.

Ek is hulpeloos en arm, maar die Here dink aan my – Psalm 40:18.

Die Here dink aan my

Wanneer iemand vir jou sê: "Ek dink aan jou," mag dit dalk holklinkende en ydel woorde wees. Maar wanneer die lewende Christus dit vir jou sê, dink die almag, liefde en trou van God aan jou. Elke oggend roep die dagbreek jou toe dat God aan jou dink. Hy kom jou met sy hande vol seëninge tegemoet; Hy neem jou gemoedstoestand en behoeftes in ag. Hy maak bemoeienis met jou werk; jou huwelik en gesin; jou beperkte kragte en jou moontlike neerslagtigheid of wanhoop.

Wat 'n ryke en vertroostende gedagte lê in hierdie woorde verborge. Omdat God aan jou dink, hoef jy nie bekommerd te wees nie. Wat jy nie kan vermag nie, kan Hy. Hy hou rekening met jou swakhede, daarom hoef jy nie mismoedig te word oor jou sondestruikeling nie. Hy ken jou swakhede en wanneer Hy aan jou dink, wil Hy vir jou die krag en sterkte gee om dit te oorwin.

God bly getrou. Hy belowe nêrens dat Hy jou al die smart sal spaar of dat Hy jou leed sal ophef nie; Hy sal nie altyd jou beproewings wegneem nie. Maar deur hierdie dinge in jou lewe wil Hy jou opvoed en oplei om gereed te wees vir die heerlikheid wat op jou wag. Maar in die nag van jou leed, dink Hy aan jou en skenk aan jou sy onmisbare troos. Die feit dat die Here aan jou dink, behoort die krag en vertroosting van jou lewe te wees. Inderdaad, die Here dink aan jou

Alleen met Jesus

- Lees Psalm 40:10-18.
- Is daar groter troos denkbaar as om te kan sê: Die Here dink aan my!
- Maak seker dat jy ook aan die Here dink.
- Dank die Heilige Gees vir insigte in die wonder van God se gedagtes vir jou.

> Ek sal die troue liefde van die Here verkondig,
> die roemryke dade van die Here – Jesaja 63:7.

Tel jou seëninge

Wanneer dinge anders verloop as wat jy dit graag sou wou hê; wanneer dit lyk asof die lewe jou onregverdig behandel; wanneer jou drome verpletter is – hoe reageer jy? Gee jy uiting aan jou gevoelens van frustrasie en bitterheid, of gee jy maar net moed op en aanvaar jou teëspoed in 'n gees van roemlose neerlaag?

Nêrens word daar vir ons vertel dat die lewe bestaan uit een feesmaal na die ander nie. Jesus Christus het sy volgelinge gewaarsku teen probleme en moeilikhede wat hulle sou oorval. Dis onvermydelik dat jy op die een of ander tydstip teëspoed sal ondervind. Die belangrike vraag is hoe jy die situasie gaan hanteer.

Om teëspoed en probleme te oorwin is dit belangrik dat jy eers sal erken dat jy hulle nie uit eie krag kan oorwin nie. Om 'n vervullende lewe, vry van angs, spanning en vrees te kan leef, is dit noodsaaklik dat jy na Christus toe sal draai, jou hart en jou lewe vir Hom sal oopmaak en Hom sal toelaat om jou deur die lewe te begelei.

Dit mag vir jou idealisties klink, maar word net 'n wyle stil by Jesus en dink aan al die wonderlike dinge wat God al in die verlede vir jou gedoen het. Dan sal jy terdeë besef dat Hy jou lewe onder sy beheer het; dat Hy jou uit dié donker tydperk sal uitlei tot in sy wonderbare lig – vertrou Hom om dit te doen.

Alleen met Jesus

❇ Lees Jesaja 63:7-15.
❇ Dink terug en bepeins al die wonderdade wat God al in jou lewe gedoen het.
❇ Waak daarteen in om in tye van teëspoed in selfbejammering te verval.
❇ Dink met dankbaarheid aan God se leiding en liefde in jou lewe.

Moenie van jouself meer dink as wat jy behoort te dink nie – Romeine 12:3.

Waak teen selfbedrog

Jy kan jou eie potensiaal slegs bepaal wanneer jy eerlik is met jouself. Maar dit kan 'n mens nie so maklik doen nie.

Daar is baie mense wat hulle vermoëns oorskat. Hulle glo dat hulle meer kan doen as waarvoor hulle opgelei is en gevolglik pak hulle take aan wat ver bokant hulle vermoë is. Ander weer is uiters begaafd, maar onderskat hulleself. As gevolg van hulle gebrek aan selfvertroue oortuig hulle hulself en andere dat hulle nie in staat is om enigiets te bereik wat die moeite werd is nie. Gevolglik probeer hulle nie eens nie.

Tussen hierdie twee uiterstes is daar 'n gelukkige middeweg wat vir jou 'n konstruktiewe en bevredigende lewe verseker. Hierdie toestand word bereik deur op die Here te wag en in sy teenwoordigheid te verkeer. Deur jou kommunikasie met Hom kom daar ewewig in jou lewe. God se Heilige Gees help jou om jouself te sien soos jy werklik is. As jy te veel vertroue in jou eie vermoëns het, maak Hy jou nederig en lei jou op sy gebalanseerde pad. As jy die gewoonte het om jouself te verkleineer, sal sy genade jou lei tot selfrespek en vertroue. Hy laat jou ook sien wat jy deur sy leiding kan word.

Wanneer jy Christus as die Here van jou lewe aanneem, beleef jy nie meer neerlaag nie, maar oorwinning; nie mislukking nie maar sukses; nie slawerny nie maar vryheid. Deur God se genade word jou selfrespek 'n onuitputlike bron van inspirasie.

Alleen met Jesus

✳ Lees Romeine 12:1-8.
✳ Dink na oor die waarheid dat jy jou potensiaal deur God se genade bereik.
✳ Ondersoek jouself en kyk of daar ewewig in jou opinie van jouself is.
✳ Bring lof en dank aan die Heilige Gees wat jou hierin bystaan.

> Die dag van die Here is naby, naby vir al die nasies. Wat jy gedoen het, Edom, sal aan jou gedoen word, jou dade sal op jou eie kop afkom
> Obadja :15.

Marana ta! Die Here kom!

Onwillekeurig herinner die einde van die maand en die vinnige uitloop van die jaar ons aan die wederkoms van Jesus Christus in heerlikheid. Eeue lank al probeer mense hierdie datum voorspel. Vir sommige is dit 'n vreugdevolle vooruitsig, vir ander 'n skrikwekkende gedagte.

Christus is baie beslis oor sy wederkoms wanneer Hy sê dat niemand van dié dag en uur weet nie, net God. Gevolglik is alle menslike pogings om dié dag te bepaal, blote raaiwerk. Baie het al verleë gestaan omdat hulle totaal verkeerd bewys is.

Net soos 'n swak voorbereide student ter elfder ure probeer inhaal wat hy verbrou het, sal dit sommige mense help om hulle lewe in orde te probeer kry omdat iemand die wederkoms van die Meester voorspel het. Die basis van jou geloof is egter om jou totale lewe elke dag so te leef dat dit God welgevallig sal wees. Daardeur maak jy seker dat jy gereed en voorbereid is om Hom met sy koms met vreugde te begroet.

Christus het vir ons 'n voorbeeld van die Christelike lewe nagelaat. Wanneer sy Heilige Gees jou lewe beheer, sal jy altyd voorbereid, te alle tye gereed wees om Christus met jubelende blydskap te verwelkom.

Alleen met Jesus

* Lees Obadja :15-21.
* Dink diep en biddend na oor die woorde: "Marana ta!" Die Here kom weer!
* Besluit in jou selfondersoek of jy genoeg aandag aan sy wederkoms gee.
* Ek gee myself weer eens volkome aan U, Here Jesus, sodat ek gereed sal wees wanneer U kom om my te kom haal.

Desember

Verjaarsdae

_____ 1	_____
_____ 2	_____
_____ 3	_____
_____ 4	_____
_____ 5	_____
_____ 6	_____
_____ 7	_____
_____ 8	_____
_____ 9	_____
_____ 10	_____
_____ 11	_____
_____ 12	_____
_____ 13	_____
_____ 14	_____
_____ 15	_____
_____ 16	_____
_____ 17	_____
_____ 18	_____
_____ 19	_____
_____ 20	_____
_____ 21	_____
_____ 22	_____
_____ 23	_____
_____ 24	_____
_____ 25	_____
_____ 26	_____
_____ 27	_____
_____ 28	_____
_____ 29	_____
_____ 30	_____
_____ 31	_____

Gebed

Heilige God en Vader van ons Here Jesus, die Betlehemskind,
ons dank U vir u liefde en genade wat ons gedra het tot by
nog 'n Desembermaand – Adventsmaand.
Dit is die maand waarin die boodskap van hoop en vrede
oral en aan almal verkondig sal word.
Maar intussen sterf daar duisende op ons paaie en ons lees
daagliks van moorde, verkragtings en misdade.
Daar is so min te sien van ware Christelike vrede!
Ons wil so graag hierdie jaar iets van u genade,
u barmhartigheid en u vrede ervaar.
Mag dit waarlik Kersfees word oor die hele aarde en
tussen alle mense, maar veral ook in my eie hart en lewe.
Ons bid dat U hierdie maand aan ons krag en geloof en die
toerusting sal gee om ware Kersfeesgangers, vredesboodskap-
pers en vredemakers te wees.
Dan sal die Kind van Betlehem opnuut in ons wêreld kom.
O Meester, laat ware Kerfeesvrede in ons land 'n heerlike
werklikheid word.
Dan sal dit waarlik Christusfees wees!
Ons bid dit in die Naam van die Prins van vrede wie se
geboorte ons in dankbare herinnering roep.

Amen

Wie reg doen, sal vrede hê; wie volhard in regdoen, sal vir altyd rus en sekerheid geniet – Jesaja 32:17.

Doen wat reg is

Die werk van geregtigheid is 'n lang en moeisame taak. Dit word nie in een dag tot stand gebring nie, maar verg gewoonlik baie jare se toegewyde arbeid. Gelukkig vir ons is die Een wat hierdie werk bestuur dié God wat nie moeg of afgemat raak nie. Met eindelose geduld en barmhartigheid besiel Hy dié wat Hy opvoed tot geregtigheid en Hy laat hulle nie los, al duur die proses hoe lank.

God reken nie met jare nie, maar met siele. Ons moet worstel deur strome van trane, smart en teleurstelling, deur jare van stryd en donkerheid. Maar dié in wie se lewe God sy werk van eindelose barmhartigheid begin het om hulle tot geregtigheid te lei, sal uiteindelik sy vrede, rus en sekerheid geniet.

Met Adventstyd op hande word ons herinner aan vrede. Maar die enigste vrede wat nagejaag moet word, is die vrede van God wat alle verstand te bowe gaan. Die uitwerking daarvan in ons lewe van elke dag is dat God dít wat nie met al die skatte van die aarde gekoop kan word en nooit van ons weggeneem kan word nie, gratis aan ons skenk.

Vrede, rus en sekerheid! Wat 'n onbeskryflike genade van God aan dié wat reg doen. Mag jy in hierdie Adventsmaand iets hiervan ervaar deur die genade van God en die werk van die Heilige Gees.

Alleen met Jesus

* Lees Jesaja 32:9-20.
* Bepeins wat die woord "geregtigheid" (reg doen) vir jou beteken.
* Is God se leerproses vir jou té lank? Vra die Heilige Gees om geduld en hulp.
* Loof die Here vir sy vrede, rus en sekerheid.

> Beteken die troos wat van God kom, vir jou niks,
> die woorde wat met soveel deernis tot jou gerig is?
> – Job 15:11.

'n Beskamende vraag

Om in selfondersoek vir onsself hierdie vraag te moet vra, laat ons skaam staan. Dit dwing ons om rekenskap te gee oor ons verhouding tot God.

Is God se vertroosting vir jou niks werd nie? Hierdie vraag op sigself skep die indruk asof ons te min troos van God ontvang; asof God nie algenoegsaam is nie; asof Hy ons in ons moeilikste uur in die steek gelaat het.

Dit is wel so dat ons aardse leed vir ons by tye te veel word. Die eensaamheid waarin ons soms, selfs tussen ons vriende, verkeer, maak ons terneergedruk. En dan verloor ons ons God uit die oog.

Maar, God is altyd naby aan ons. Advent praat van Immanuel – God met ons! Hy is magtiger as al die leed wat die lewe ons kan aandoen. Deur die Heilige Gees vertroos Hy ons sodat ons bewus word van sy liefdevolle nabyheid.

Dít weet ons ten diepste: God se troos kan nooit te gering wees nie. Dit mag óns geloof, óns gebede, óns liefde wees wat te kort skiet, maar nooit God nie. Daarom moet jou gebed steeds wees: "Here, my God, gee dat my lewe 'n getuienis van u algenoegsame troos en hulp sal wees."

Alleen met Jesus

* Lees Job 15:1-16.
* Mediteer oor die grootsheid van God se onvergelyklike troos.
* Maak seker dat jy jou troos nie op 'n ander plek as by God soek nie.
* Loof die Heilige Gees vir die troos wat Hy in jou lewe bring.

God het die wêreld so liefgehad dat Hy sy enigste Seun gegee het – Johannes 3:16a.

God se wêreldoorkoepelende liefde

Dit is God se wêreld wat Hy baie liefhet. Maar deur moedswillige ongehoorsaamheid het die wêreld hom van God losgeruk. Nou is dit 'n plek van skande en dood. Aan hierdie wêreld skryf God op Kersnag sy liefdesbrief.

Voor die tyd het Hy reeds in baie briewe sy liefde verklaar. Maar die eintlike liefdesbrief waarin God sy liefdeshart blootlê, gly op Kersnag die wêreld se briewebus binne. Die stal in Betlehem is God se briewebus – daar word die Kind van sy liefde gebore. Hierdie Kind is God se brief waarin jy kan lees hoe lief Hy die wêreld het: "God het die wêreld so liefgehad ..."

Duideliker kon God dit nie gesê het nie. Hy sê dit met sy allerbeste, sy kosbaarste wat Hy het – sy eniggebore Seun!

Na dié Kersnag kon niemand meer aan die liefde van God twyfel nie. Nou moet jý dit ook glo – want jy is onlosmaaklik deel van die wêreld. Ook jou skuld en skande is ingesluit. Met hierdie brief in die hand, met sy Seun in die krip en aan die kruis, kan ook jy verseker wees van die matelose liefde van God.

God se liefde het geen grense nie. Die Kind is die maatstaf van sy liefde en dit is grensloos. Geen moeder gee haar kind ooit weg nie. Maar God doen dit vir jou ... want só lief het God jou!

Alleen met Jesus

- Lees Johanes 3:14-21.
- Oordink in gebed die onpeilbaarheid van God se liefde.
- Het jy al God se Liefdesbrief ontvang? Maak tog seker voor dit te laat is.
- Dank God dat jy deur Jesus Christus deelgenoot van sy liefde is.

> Sodat dié wat in Hom glo, nie verlore sal gaan nie,
> maar die ewige lewe sal hê – Johannes 3:16b.

Dié wat glo

God se liefdesbrief wat op Kersnag afgelewer is, laat ons verleë staan. Dié Kind van arm ouers – God se brief? Vertel God op dié manier aan die wêreld hoe lief Hy ons het? Sê Hy dit met 'n krip en 'n kruis; met armoede en met bloed? Is daar dan geen ander manier waarop God sy liefde kon verklaar nie? Inderdaad, ja, maar in sy alwysheid verkies God om dit só te sê. En só moet ons dit glo. Die Kind van Betlehem eis van jou geloof: "sodat dié wat in Hom *glo* ..."

Geloof – wat 'n woord! Hoe diep, hoe ver en hoe totaal reik dié woord. Dit vra die totale mens, met die totale inset van ons lewe. Ons moet in die Kind *glo* met liggaam, verstand en siel, in arbeid en in rus, in die huwelik en in die gesin, in lewe en in sterwe. Dít is ons enigste Adventstroos.

God gee vir ons in die Kind sy liefde ... en Hy vra van ons ons liefde. Om in Hom te glo is om Hom lief te hê. Geloof is ons antwoord op die liefde van God. Ons kan nie met ons verstand daarop antwoord nie, want ons verstand staan volslae magteloos teenoor hierdie Liefdesdaad van God. Liefde kan alleen met liefde beantwoord word.

God gee in Christus aan jou sy hart – nou vra Hy van jou ook jou hart. Dit is wat jy in Adventstyd na die stal moet bring. As jy dit wil doen, sal dit vir jou 'n uiters geseënde tyd wees.

Alleen met Jesus

❋ Lees Hebreërs 11:1-6.
❋ Sonder liefde is geloof onmoontlik. Mediteer biddend en ernstig oor hierdie feit.
❋ Doen eerlike selfondersoek oor die kwaliteit van jou geloof.
❋ Here, U weet alles, U weet dat ek U liefhet!

Waar is Hy wat as koning van die Jode gebore is? – Matteus 2:2.

Waar is die Koning?

Die wyse manne uit die Ooste is op soek na 'n Koning. Met hulle kamele en kosbare skatte trek hulle oor berge en woestyne, in die hitte van die versengende son en in die koue van die donker nag, kom hulle uit hulle verre land in Jerusalem aan. Dit was verstandig van hulle, want waar sou jy anders hoop om die Koning van die Jode te vind? Hulle soek volgens hulle eie gedagtes en wense en kom so by die prag en praal van aardse heersers uit. So vind hulle 'n koning, maar nie dié Koning nie!

Uiteindelik het 'n ster die verdwaalde wyses gelei tot by die plek waar die Kind was en kon hulle aan Hom hulle nederige hulde bewys. Dit was mooi en aandoenlik. Maar as hulle nog 33 jaar langer gesoek het, sou hulle by 'n kruis uitgekom het. Dan sou hulle 'n Koning met 'n doringkroon, 'n spotkleed van purper en 'n septer van riet gevind het. Dan sou hulle by Golgota uitgekom het; Golgota met sy "My God, my God, waarom ...?" Dan sou hulle vloeiende lewensbloed gevind het. Dan sou hulle drie ure van duisternis en dood en hel gevind het.

Wanneer ons in Adventstyd nie by die krip verbykyk en die kruis op Golgota sien nie, het ons nog nie God se liefdesbrief reg gelees nie; dan verstaan ons nog nie die Kersgebeure reg nie. By die lig van God se ster kom ons by Golgota en weet ons dat die krip sonder die kruis van geen betekenis was nie.

Alleen met Jesus

✳ Lees Matteus 2:1-12.
✳ Word in aanbidding stil voor die Koning van alle konings.
✳ Heers Jesus in jou lewe, elke dag en in alle omstandighede?
✳ Bring aan Jesus, die ewige Koning, die eer en hulde van jou hart.

My liefde beantwoord hulle met vyandskap, en dit terwyl ek nog altyd vir hulle gebid het – Psalm 109:4.

Omgee deur gebed

Miskien maak jou omstandighede dit vir jou onmoontlik om alles te doen wat jy vir die koninkryk van God sou wou doen. As jy 'n oorvloed van geld gehad het, sou jy miskien baie vir die werk van die Here wou afstaan; as jy meer tyd gehad het, sou jy by barmhartigheidsdiens betrokke wou raak. Slegs jy weet of hierdie begeertes opreg is, maar as Christendissipel is daar één verpligting wat jy moet aanvaar.

Jy moet deur gebed betrokke raak by die gemeenskap waarin God jou geplaas het. Wanneer jy elke faset van jou lewe onder die soeklig van gebed bring, besef jy watter geweldige omvang jou verantwoordelikheid aanneem. Jy kan in jou gebede selektief wees en net vir sekere mense bid, mense vir wie dit maklik is om te bid. Dit is egter jou verantwoordelikheid om vir *almal* te bid. Jou gebede kan 'n groot verskil maak aan die verhoudinge tussen rasse, politieke partye en kerke.

Om in die krag en wysheid van Jesus Christus te bid, maak die onmoontlike moontlik. Dit verban alle kleinlikheid, bitterheid en haat en stel jou in staat om vir alle mense te bid. Jy ontdek dat jy vir ander omgee en jou geestelike lewe word verryk en verdiep.

Jy kan onmoontlik in gebed na ander uitreik sonder om self geseën te word.

Alleen met Jesus

- Lees Psalm 109:1-10.
- Mediteer by Jesus oor die feit dat die onmoontlike moontlik word deur gebed.
- Is daar mense vir wie jy nie kan of wil bid nie? Waarom nie?
- Ek dank U, my Here, vir die onmeetlike seën wat ek ontvang deur in my gebede vir ander om te gee.

U woord, Here, staan vir altyd vas in die hemel
– Psalm 119:89.

Onveranderlik in 'n veranderende wêreld

Dat tye radikaal verander het, daaroor kan ons glad nie debatteer nie. Soos die jare verbysnel, word die veranderinge al hoe meer. Dit betrek modes, standaarde van gedrag, wetenskap en tegnologie, medisyne – feitlik alles in ons wêreld. Ons is net gewoond aan 'n nuwe mode, metode of voorwerp, dan is dit al weer uitgedien en word dit deur iets nuuts vervang.

Al hierdie veranderinge kan baie verwarrend wees en maklik tot chaos lei. Hoe dankbaar is ons dan nie teenoor God vir sy Woord wat onveranderd bly nie. Tye mag verander, mense mag kom en gaan, standaarde mag wissel – maar God se Woord bly onwrikbaar staan, 'n baken van lig in 'n duister wêreld.

Oor die eeue heen het die mensdom deur beproewende tye gegaan en in sekere gevalle ongehoorde swaarkry verduur, maar die geskrewe Woord en Jesus Christus, die vleesgeworde Woord, was altyd daar om rigting aan te dui en om mense in tye van verwarring en bekommernis te troos.

Elke maal wanneer jy voel dat die pas vir jou te vinnig word en dat jy nie kan byhou nie, draai na Christus en sy Woord. Daar sal jy stabiliteit en vrede vind. Laat die Woord elke dag jou toevlug en besieling wees.

Alleen met Jesus

* Lees Psalm 119:89-104.
* God se Woord bly vir ewig staan! Verlustig jou in hierdie heilswaarheid.
* Het die Woord van God nog sy ereplek in jou lewe?
* Dank die Here vir sy Woord en die troos wat jy persoonlik daarin vind.

> Net 'n mens self ken die bitterheid van sy eie
> gemoed, en ook in sy vreugde kan niemand
> anders voluit deel nie – Spreuke 14:10.

Elke hart het sy smart

Daar is 'n donkerder sy aan die Adventstyd wat ons nie altyd na waarde skat nie. Daar is onder ons duisende mense wat 'n diep en bittere droefheid beleef terwyl ons met vreugde jubel. Elke mensehart het sy eie smart en elke huis het sy eie kruis. Geen mensehand kan rampe van ons weghou nie, en min menseharte kan dit verstaan.

'n Verlies en smart wat deur die dood meegebring is, kan elke jaar met Kerstyd verdubbel; ernstige siekte in die gesin kan alle vreugde versmoor; kinders wat afgedwaal het, kan die ouer-harte van verlange laat krepeer ...

Hierteenoor staan egter 'n ander waarheid wat vir ons almal geld, maar waarvan ons nie almal weet nie. Daar is Iemand wat wel die drumpel van die heiligdom van ons harte kan betree. Iemand wat die diepste smart van ons harte ken. Iemand wat weet hoeveel leed en droefheid ons kan dra en wat nie sal toe-laat dat ons bokant ons vermoë beproef word nie.

Hý roep ons op elke draai van die lewenspad om na Hom toe te kom vir troos en krag. Plaas jou vertroue volkome op Hom, Hy sal al jou wonde genees en aan jou sterkte en nuwe lewens-skrag gee.

Alleen met Jesus

✳ Lees Spreuke 14:8-18.
✳ Met Advent word ons vreugde verdubbel, maar ook ons smart. Dink na oor hierdie woorde.
✳ Weier jy nog, tot jou eie nadeel, om met jou droefheid na Christus toe te gaan?
✳ Dank die Here dat Hy jou trane omskep in blydskap en vrede.

> Voor hulle nog roep, sal Ek antwoord, terwyl hulle nog praat, sal Ek hulle gebed verhoor
> – Jesaja 65:24.

God hoor ons gebede

Dwarsdeur die heilige Skrif word die waarheid beklemtoon dat God die Hoorder en Verhoorder van gebed is. Terwyl Hagar in wanhoop in die woestyn ronddwaal, skynbaar van God en mens verlate, kom die Engel van die Here haar tegemoet met redding. Terwyl hongersnood in die gryse Jakob se tent bedreig, laat vul God deur Josef die graanskure van Egipte. Terwyl die volk van Israel tot God roep in hulle slawerny en verdrukking, het God Moses reeds uitverkies en voorberei om hulle na vryheid te lei.

So kan ons voortgaan en die een geval na die ander oproep. Die Skrif is oorlaai met geleenthede toe God mense uit hulle nood gered het. Kyk ons egter vandag om ons heen – ook na ons eie lewe – kan ons nie altyd van sulke dramatiese gebedsverhorings getuig nie. Roep ons dan nie in opregtheid tot God nie? vra ons. Waarom bly die pad net duister en waarom ontvang ons geen sigbare verhoring meer van God nie?

Laat ons tog in ons harte seker wees dat God ons hoor en, ja, reeds geantwoord het, al sien ons dit nie nou nie. Hieraan moet ons onwrikbaar vashou: God verhoor ons gebede. Daarvan is die Adventstyd 'n dramatiese bewys – Hy het sy Seun gestuur om al ons gebede voor Hom te bring en vir ons in te tree by die Vader.

Alleen met Jesus

* Lees Jesaja 65:17-25.
* God is die Hoorder en Verhoorder van gebed. Praat met Jesus hieroor.
* Wanneer jy soms twyfel of God jou hoor, roep die Heilige Gees se hulp in.
* Loof en prys Christus wat as Middelaar tussen jou en God optree.

> Vaar uit na die diep water toe en gooi julle nette uit om te vang – Lukas 5:4.

Moenie bang wees vir geestelike dieptes nie

Die bekende verhaal van die wonderlike visvangs aan die oewer van die meer van Galilea het diepe betekenis en 'n ernstige les vir ons geestelike lewe. Die dissipels het die hele nag – die geskikte tyd – sonder enige sukses probeer visvang. Nou kom die Here op 'n oomblik wat volgens menslike berekenings geen hoop op sukses inhou nie, en Hy gebied hulle om na die diep waters uit te vaar en hul nette uit te gooi. Hulle gehoorsaam Hom en onverwags word hulle met oorvloed geseën.

Hiermee wou die Meester beslis vir ons iets leer. Dit gebeur dikwels dat ons vir Hom werk, op sy akker saai om die koninkryk te help bou, en volgens ons opinie doen ons dit volgens die wil van die Here. Nogtans voel dit vir ons asof ons in die woestyn ploeg. Daardeur wil die Here ons ook 'n les leer: Ons tyd is nie altyd sy tyd nie en ons plek is nie altyd sy plek nie.

Ook in ons lewe gee Hy vir ons die bevel: "Vaar uit na die diep water toe." Daarmee sê Hy vir ons dat ons moet afdaal na die dieptes van ons eie sielelewe. Sorg dat die verhouding tussen jou en God suiwer is. Doen eerlike selfondersoek. Bid God se seën van Hom af en dit sal op sy tyd en op sy manier kom. Dan eers verander alles en word sy tyd ook jou tyd.

Alleen met Jesus

✳ Lees Lukas 5:1-11.
✳ "Vaar uit na die diep waters toe." Aanvaar nou in gebed hierdie uitdaging.
✳ Ploeter jy nog rond in die vlak modderwater? Doen vandag iets hieraan.
✳ Wees dankbaar vir die lesse wat God jou in die diep waters leer.

> Toe sê die engel vir hulle: "Moenie bang
> wees nie" – Lukas 2:10.

Kom oor die brug

In die omgewing van Betlehem sit die herders onder die nagkoepel by hulle vuur en hou wag oor hulle skape. Dit beteken dat God nie net na Betlehem kom nie, maar dat Hy ook na die donker omgewing kom waar die herders hulle bevind – en ook waar ons is. God kom met 'n glans van heerlikheid en 'n ontroerende boodskap: "Vandag is vir julle ... die Verlosser gebore!"

So bou God 'n brug van woord en lig tussen Betlehem en Efrata; tussen die Kind in die krip en die herders in die veld; tussen die Saligmaker en elke mens wat in die duisternis ver van Hom af is. Op hierdie boodskap van God is net één antwoord moontlik en dié antwoord is 'n daad: "Kom ons gaan ..."

Kersfees beteken om oor die brug na God toe te gaan. Wat ook al die gevare van die nag mag wees, in die lig van God se heerlikheid moet ons na Betlehem, na die Kind toe, gaan. Soos die herders gedoen het, moet ons ook doen. Ons wat in die afgelope jaar van God losgeraak het sodat daar 'n kloof tussen ons en Hom ontstaan het. Kersfees sê vir ons dat daar 'n brug oor die afgrond is en wanneer ons oor die brug stap, omsluit God ons deur die Kind met sy ewige liefde. Die herders het gegaan ... en Josef, Maria en die Kind gevind. Sal ons in hierdie Adventsdae dieselfde doen sodat dit waarlik Christusfees in ons lewe kan word?

Alleen met Jesus

✱ Lees Lukas 2:8-20.
✱ Die God van Betlehem is ook die God van Efrata. Oordink hierdie woorde in gebed.
✱ Sal jy dit nie oor die brug waag en by Betlehem uitkom nie?
✱ Eer aan God in die hoogste hemel en vrede op aarde! Halleluja!

Vandag is daar vir julle in die stad van Dawid die Verlosser gebore, Christus die Here!
– Lukas 2:11.

Die blye boodskap

Hierdie teks is die ganse evangelie in 'n neutedop. Dis die blye boodskap, die goeie tyding vir die hele wêreld. Jou Verlosser is gebore! Dis die mees formidabele woorde wat nog ooit in hierdie wêreld uitgespreek is. Menslike woorde kan wêreldbeslissend en aardskuddend wees, maar hulle versink met tyd tot in die vergetelheid, anders as die woord wat die engel op Kersnag gespreek het: die proklamasie van die geboorte van 'n Saligmaker.

Die volheid van sy ontsagwekkende goddelike wese, van sy denke en dade, van sy magtige regterhand en sy onpeilbare liefdeshart word in die één woord saamgepers: "Verlosser!" Wie kan dié woord na regte begryp? In hierdie woord kom die grote God wat wonders doen in beweging om ons saligheid te bewerkstellig.

Moenie die woord "Verlosser" verklein of verminder nie. Peil die onmeetlike diepte daarvan na regte. Dit maak nie net die lewe vir ons meer draaglik nie – dit maak ons "salig". Ons totale lewe word geseën. Dit gaan met ons na siel en liggaam goed, vir tyd en ewigheid. Dit word 'n lus om te lewe, want wat God op Kersdag gedoen het, was soos met die skepping – goed! Hierdie blye boodskap kom in die Adventstyd weer na ons toe. Het jy dit opnuut gehoor en in jou hart opgevang?

Alleen met Jesus

- Lees Lukas 2:8-20.
- Die evangelie in 'n neutedop. Bring peinsend tyd by Jesus deur oor hierdie woorde.
- Het jy al die betekenis van die woord "Verlosser" werklik probeer verstaan?
- Kom buig daar in aanbidding voor Christus die Heer.

> Maar Hy het Homself verneder deur die gestalte van 'n slaaf aan te neem en aan mense gelyk te word – Filippense 2:7.

God se Kersdaad

Soos 'n reggeaarde vader homself in die hart van die winter in 'n halfbevrore rivier sal inwerp en in die yswater sal spartel om sy verdrinkende kind te red, so laat God Homself op Kersnag in die ysige rivier van die sondige wêreld wegsak om met sy vervreemde kinders één te word. God lê sy goddelike glans, sy heerlikheid en mag af en word 'n mens soos ons – misrabele, verdrinkende sondaarmense – behalwe dat Hy sonder sonde bly.

God se Kersfeesdaad is in eerste instansie nie vir die "wêreld" of vir die "mense" nie, maar vir mý. God maak Hom vir mý herkenbaar; Hy duik in die ysige sondestroom in om mý te red. Hy ontledig en verneder Homself vir mý.

Die Kersfeesfeit is menswording, inkarnasie, vleeswording! Kersfees is die menswording van God! Daardeur het Hy sy liefde vir die mensdom en vir my bewys. En dit alles om sy verdrinkende kinders te red. Dit is so 'n verbysterende feit dat ons slegs stamelend daaroor kan praat. Dit gaan ons begrip te bowe en ons kan dit uiteindelik maar net met ons hart begryp. Ons kan slegs maar voor God se Kersfeesdaad biddend en dankend op ons knieë gaan.

Alleen met Jesus

* Lees Filippense 2:5-11.
* Mediteer oor die asembenemende wonder van God se Kersfeesdaad.
* Stel jou hart in om in die Advent God se gawe van Homself te ontvang.
* Loof en dank God vir sy redding wat so wonderbaar is.

My koninkryk is nie van hierdie wêreld nie
Johannes 18:36.

"Is jý die koning?"

Een van die mees verfynde sabotasiepogings van Satan is om Kersfees te omtower in 'n feëverhaal van herders, wyse manne, sterre, engele, hemelse sang, 'n stal, 'n krip en 'n babatjie. Die onbeskryflike lyding van Christus se menswording word deur bysake gekamoefleer. Hy probeer die Koning van sy krag beroof deur sy geboorte te verwêrelds en in opwindende geskenkpapier vir ons aan te bied.

Hieroor het Jesus al met die Jode probleme gehad. Hy het die kans gehad om hulle aardse koning te word. Hulle wou Hom graag koning maak sodat Hy die gehate Romeinse juk van hulle kon afgooi. Hulle juig "Hosanna!" en vra of Hy in sy tyd die koninkryk van Israel gaan opbou. Hulle wou Hom selfs met geweld koning maak. Maar Hy praat van lyding en 'n kruis, van dood en opstanding. Van *Koning* wees!

Daarom vra Pilatus vir Hom: "Is jý die Koning?" So vra miljoene mense vandag nog, mense wat Jesus nie as Koning wil erken nie, maar tog ook nie van Hom los kan kom nie. Vir hulle sê Hy met Advent: "Ja, Ek is dié Koning!" Maar Hy wys hulle nie net die krip nie, maar ook die kruis, die bloed en die dood. So word Kersfees 'n geloofskrisis en waar jy die ewigheid gaan deurbring, sal afhang van hoe jy hierdie krisis hanteer. Dít het die moordenaar aan die kruis ontdek toe hy gesê het: "Here, dink aan my wanneer U in u koninkryk kom" (Luk 23:42).

Alleen by Jesus

- Lees Johannes 18:33-40.
- "Hy sal die koninkryk vestig en in stand hou" (Jes 9:6). Dink biddend na oor hierdie teks.
- Vra die Heilige Gees om jou in Advent te lei om deur te dring tot die ware betekenis van Kersfees.
- "Wonderbare Koning, Heerser oor u Skepping, ons bring U ons lofgesange!" (Ges 61:1).

> Deur die Gees gelei, het hy opgegaan na die tempel toe. Toe die ouers die Kindjie Jesus bring om vir Hom die gebruiklike bepaling van die wet na te kom, het Simeon Hom in sy arms geneem en God geprys – Lukas 2:27-28.

Simeon se Kersfeesdaad

God se Kersfeesdaad was om die Kind van sy liefde in jou arms te kom lê – sy Offerlam tot versoening van jou sonde. Daarmee saam gee God aan jou al die skatte van die hemel. Daarmee lê Hy alles wat vir jou saligheid nodig is, in jou arms. Wat 'n onbeskryflike Kersdaad van God!

Maar ons moet van ons kant af ook 'n Kersfeesdaad verrig. Ons moet dié Kind in ons arms opneem en met ons liefde omhels. Kersfees het 'n Goddelike en 'n menslike kant. Kersfees is die fees van God se koms na ons toe. Maar dit is ook die fees van ons koms na God toe. Kersfees vertel van die groot dade van God; maar ook van die dade van mense: Maria en Josef, die herders en die wyse manne, Simeon en Anna – hulle het almal direk deel daaraan. Simeon neem die Christuskind in sy arms – dít is sý Kersfeesdaad. Ons moet dit ook doen.

Liefde kan nie net van één kant af kom nie. God lê sy Seun in jou arms, jy moet Hom aanvaar en aan jou hart druk. Jy mag Hom nie uit jou arms laat losraak nie. Jy moet God se Geskenk liefdevol en persoonlik vir jou toe-eien.

Neem Christus in jou arms, neem Hom in jou hart, neem Hom in jou lewe. Dan word dit vir jou waarlik Kersfees!

Alleen met Jesus

✳ Lees Lukas 2:25-35.
✳ Is God se Kersfeesdaad nie ongelooflik groot nie! Mediteer rustig hieroor.
✳ Eers wanneer jy Jesus met liefde in jou hart opneem, word dit vir jou waarlik Kersfees.
✳ Prys en loof God vir sy Kersfeesdaad en antwoord daarop.

Kom ons gaan reguit Betelehem toe om te sien
wat gebeur het – Lukas 2:15.

Reguit na Betlehem

Die herders sit in die koue, donker winternag en waak by hulle kudde op die velde van Efrata. Skielik word hulle verskrik deur 'n helder lig en hemelse sang. Hulle kry opdrag om na Betlehem te gaan en met kinderlike eenvoud gehoorsaam hulle hierdie hemelse opdrag.

Met hierdie Advent klink dit opnuut weer, soos elke jaar, dat ons aardgebonde sondaarmense na Betlehem moet gaan. Dis nie altyd maklik om jou los te skeur uit die gejaagde roetine van elke dag en daarheen te gaan nie. Betlehem lê vir ons dikwels so oneindig ver – baie verder as die versierings waarmee ons elke Kersfees ons lewe probeer opkikker. Dis hoër en verder as wat ons gedagtes kan reik. Betlehem lê so ver as wat die hemel hoog is, en Betlehem is óók God met ons. En wie kan summier na God toe gaan sonder die regte gesindheid in die hart?

Dis nie maklik om Betlehem toe te gaan nie. Om dit te doen moet ons eers ons trotse nekke buig, ons selfversekerdheid en hoogmoed aflê. Want Betlehem herinner ons aan al die ellende waarin die sonde ons laat beland het. Betlehem beteken self-ondersoek, selfverloëning en sondebelydenis. Maar as ons nie na Betlehem toe gaan nie, kan ons die Kersfeeskind nie ont-moet nie.

Alleen met Jesus

✢ Lees Lukas 2:8-20.
✢ Bepeins wat dit vir jou persoonlik beteken om na Betlehem te gaan.
✢ Laat toe dat die Heilige Gees jou in Advent tot selfondersoek lei.
✢ O Betlehemster, lei my ook na die Jesuskind.

Uit 'n vrou gebore

Christus is ons Saligmaker. Die ewige en almagtige God word as 'n swak en nietige Mens vir ons gebore. God is nie 'n Saligmaker op 'n afstand nie; Hy is nie 'n God in die hoogte, agter die sterre nie. Nee, toe God as mens na die aarde toe gekom het, is Hy gebore sodat Hy hier by ons, met ons kon wees ... Immanuel!

God is nie net *by* die sondaars, die siekes, die dooies en die veroordeeldes nie. Dan sou daar nog steeds 'n afstand tussen ons en Hom wees. Met die geboorte van Jesus val die laaste afstand weg. God wat met ons is, word self siek, verlore, dood en gedoem. God word deur die bloed van sy Seun onlosmaaklik deel van die mensheid. Hy word ons vlees en bloed deur die maagd Maria.

So kom staan God midde-in die ellende van hierdie wêreld. Die woord "gebore" is soos 'n diep gat waarin die mens lê: die put van sonde, leed en skuld. God word in Jesus Christus een van ons: 'n mens ter wille van sondaars; 'n verdoemde ter wille van verdoemdes; 'n helleganger ter wille van hellegangers.

Aanskou die ontsaglike wonder van God se liefde. Hy is vir ons gebore: Saligmaker! "Loof die Here, want Hy is goed, aan sy liefde is daar geen einde nie" (Ps 106:1).

Alleen met Jesus

✤ Lees Galasiërs 4:1-7.
✤ Dink biddend na oor die betekenis van Immanuel – God met ons!
✤ God het by jou kom staan. Het jy al by Hom gaan staan?
✤ Besing die liefde van God soos bewys in die geboorte van Jesus Christus.

> Mag God, die bron van hoop, julle deur julle geloof met alle vreugde en vrede vervul, sodat julle hoop al hoe sterker kan word deur die krag van die Heilige Gees! – Romeine 15:13.

Kersfees in die praktyk

Dit is vir die Christen nie goed genoeg dat Christus in die krip bly nie. Kinders is wonderlike wesens, maar as hulle kinders sou bly, sou dit 'n tragedie wees. So wil Christus vir ons vanuit die krip iets gee en vir ons iets doen. Die vrede van die krip moet vrede in ons harte word. Met die krip nooi Hy ons terug na die hart en die liefde van God.

Maar daarmee is Kersfees nog nie afgehandel nie. Ons egoïsme verlei ons telkens om met dié vrede weg te kruip in ons eie bidvertrek, ons eie groep, ons eie kerk. En dít gaan reëlreg teen die Kersevangelie in. Die vrede van die krip is bestem vir alle volke en alle mense. Ons is die sout van die aarde en die lig vir die wêreld. Ons harte moet 'n deurvoerstasie word van die ware vreugde en vrede van Kersfees. Dit moet via ons harte na die wêreld uitgedra word.

Om dit te doen vra nie van jou die onmoontlike nie. Jy hoef die sterre nie uit die hemel te pluk nie, maar jy moet deur die klein dingetjies aan jou man, vrou, kinders, vriende, kollegas en werknemers 'n getuienis lewer dat jy by die krip was en dat die vreugde en vrede van die Kind jou hart aangeraak het. Dan word dit die hele jaar deur Kersfees en word die wêreld oorvloedig verryk deur jou Kerservaring wat in die praktyk van elke dag tot openbaring kom.

Alleen met Jesus

✳ Lees Romeine 15:7-13.
✳ Ons harte moet 'n deurvoerstasie word van die vrede en vreugde van Kersfees. Oordink dit biddend in die stilte by Jesus.
✳ Staan jy nog passief by die krip, of leef jy Kersfees prakties uit?
✳ Dank die Here dat Kersfees nie tot een dag van die jaar beperk is nie.

> Eer aan God in die hoogste hemel, en vrede op aarde vir die mense in wie Hy 'n welbehae het!
> Lukas 2:14.

Welbehae in die mense

Hier het ons die kernboodskap van Kersfees aan 'n sondeverlore wêreld. Dié boodskap kom na 'n mensegeslag wat in hulle strewe en soeke nie eens na God vra nie. Wie van ons sou kon dink dat die engelekoor met Kersfees só 'n boodskap sou bring? Baie akkoorde word op aarde gehoor en baie liedere styg uit die aardse stof omhoog. Maar dat God wat in die hemel woon 'n welbehae in die mens het wat van Hom afvallig geword het, dít het in geen mensehart nog ooit opgekom nie.

Wanneer jy in jou rustelose hart kyk en terugkyk op die pad van jou woorde en dade van die afgelope jaar, moet jy ook biddend prewel: Kan dit waar wees? Hoe kan God in my 'n welbehae hê, ek wat lang tydperke nie eens aan Hom gedink het en nie na Hom gevra het nie? Hoe kon Hy in my 'n welbehae hê en sy Seun stuur om my te red?

Mag die lied van die engele in ons harte en lewe voortruis wanneer die wonder van God se liefde ons harte in hierdie dae genesend aanraak. "Vrede op aarde!" klink dit vanuit die hemel. Vrede daal neer in die sondaarsharte wat voor God in aanbidding kom buig en hulleself aan die hoogste Liefde oorgee. Ons mag na God toe gaan, want Hy het 'n welbehae in die mense – ook in my wat dit nie verdien nie. Loof die Here!

Alleen met Jesus

- Lees Lukas 2:8-20.
- Oorpeins die betekenis van God se welbehae in die mens en in jou persoonlik.
- Het jy die boodskap gehoor? God het in jou 'n welbehae!
- Eer aan God in die hoogste hemel, ook op aarde en in my hart.

> Maar jy, Betlehem-Efrata, jy is klein onder die families in Juda, maar uit jou sal daar iemand kom wat aan My behoort en hy sal in Israel regeer. Sy begin lê ver terug, in die gryse verlede! – Miga 5:1.

Moet God nooit onderskat nie

Plaas jouself 'n oomblik lank in die posisie van die mense van Israel. Sou jý verwag het om die beloofde Messias in die vorm van 'n baba van 'n eenvoudige plattelandse meisie in 'n krip in 'n stal te vind? As jy eerlik wou wees, sou jy wou antwoord: "Nee, natuurlik nie."

Die koms van Christus op hierdie manier bewys weer eens die wonderlike wyse waarop God werk om sy doel te bereik. Jy kan nooit voorspel wat Hy gaan doen en wat sy redes daarvoor is nie. Jou plig as Christen is om te glo en jou volle vertroue in God te plaas en Hom te gehoorsaam waarheen Hy jou ook mag lei.

Toe die engel aan Maria verskyn het om vir haar te sê dat sy aan die Seun van God geboorte gaan gee, het sy dit aanvaar. Ten spyte van die feit dat sy ongetroud was en geen status gehad het nie, wys haar woorde duidelik dat sy God se wil sal gehoorsaam en aanvaar: "Ek is tot beskikking van die Here. Laat met my gebeur wat U gesê het" (Luk 1:38).

Die les wat ons hieruit leer, is dat wanneer ons gewillig is om uitvoering aan God se wil te gee, Hy soms die onwaarskynlik-ste middele gebruik, afgesien van hoe onbekwaam jy mag voel. Wanneer jy aan die geboorte van Christus dink, laat dit vir jou 'n inspirasie wees om nooit 'n geleentheid te laat verbygaan om die Here te dien nie.

Alleen met Jesus

✳ Lees Miga 5:1-7.
✳ God roep nie soseer die bekwames nie; God maak dié wat Hy roep bekwaam. Dink oor hierdie woorde na in gebed.
✳ Gehoorsaam en aanvaar jy Christus se leiding? Doen selfondersoek.
✳ Dank die Here dat Hy nietige mense in sy heerlike diens gebruik.

> Ek roep U aan, want U sal my antwoord, my
> God! Luister tog na my en hoor wat ek sê
> – Psalm 17:6.

Geloofservaring

Hier is sprake van 'n gebed wat nie op hoorsê of op gewoonte berus nie, maar op geloofservaring. Ons God het in al die behoeftes van 'n swak en wantrouende sondaarshart voorsien. Hy ken ons binneste en weet hoe traag ons is om te bid. Ons het dikwels die behoefte om te bid, maar nie die ervaring van gebedsverhoring nie.

Vandag se teksvers vertel van 'n man wat ons in die eenvoudigste woorde verseker van God se ewige trou. Hy roep God in sy nood aan, want hy het al meermale die troos ondervind wat God gee aan dié wat sy aangesig soek en na sy wil vra. Hy kyk terug op soveel wonders van God se liefde en almag. Hy het God se verlossende almag telkemale al ondervind toe hy in sy nood uitkoms gesoek het.

Ons bid vandag nog tot dieselfde God. Wat 'n genade om uit ervaring sy almag aan te roep. Wanneer ons nood nie verlig word nie, moet ons ons ernstig afvra of een van die redes nie is dat ons God uit nood aanroep, en nie uit ervaring nie. Hy help en verlos almal wat op Hom vertrou – dié wat hulle geloof op Hom alleen plaas en dit gereeld doen.

Mag dit die grondslag wees waarop jy bid vir 'n oorvloedige Adventseën.

Alleen met Jesus

* Lees Psalm 17:1-9.
* Gebed moet op geloofservaring berus. Mediteer oor hierdie stelling.
* Het jy ondervinding van die almag van die God tot wie jy bid?
* Offer 'n dankgebed aan Hom wat die Hoorder van gebed is.

Ek groet jou, begenadigde! Die Here is by jou
– Lukas 1:28.

Ave Maria!

Die woord "engel" beteken letterlik bode of gestuurde. In die menswordingsgeskiedenis van Jesus Christus gaan die engel die eerste maal met 'n boodskap na die egpaar Sagaria en Elisabet om die geboorte van Johannes die Doper aan te kondig.

Nou kom hy na 'n dorpsmeisie van Nasaret met die naam Maria. Sy is die verloofde van Josef, 'n man uit die stam van Dawid. Eeue gelede het God aan Dawid belowe dat die Verlosser uit sy geslag gebore sou word. Nou kom bevestig die engel dit aan Maria.

"Ek groet jou, begenadigde ..." kan as 'n vreemde groet bestempel word. Maar dit is God self wat aan Maria hierdie naam gee. God het aan mense in die Bybel name gegee, maar nie op grond van goeie gedrag of prestasie of besondere eienskappe nie. Die name wat Hy gegee het, was altyd oor sy werk, sy liefde, sy roeping van nietige mense tot sy heerlike diens. Dit is so dat God mense tot 'n spesifieke taak roep en dan aan hulle sy krag en genade gee.

Maria was 'n mens net soos ons. Maar sy sou die moeder van die Saligmaker word en daarom is sy met hierdie woorde gegroet – 'n groet wat ons maan om nie mense te aanbid, mense se lof te besing of mense te vereer nie, maar slegs vir God wat ons begenadig om 'n sekere taak vir Hom en deur sy krag te vervul.

Alleen met Jesus

* Lees Lukas 1:26-38.
* "Soli Deo Gloria!" Aan God die eer! Dink biddend hieroor na.
* Kry jou perspektief reg oor Maria se plek in God se raadsplan.
* Loof dié God wat mense begenadig om Hom te dien.

Die geslagsregister van Jesus Christus, die Seun van Dawid, die seun van Abraham – Matteus 1:1.

Stamboom

Dis meestal moeilik om vas te stel wie ons voorouers is. Met die hulp van ou doop- en huweliksregisters kan ons soms 'n hele ent op die pad teruggaan, maar dan word die spoor al hoe dowwer. Net baie belangrike families hou 'n stamboom wat gewoonlik oor baie eeue strek. 'n Mens moet ook maar ligloop met hierdie navorsing, want daar kom soms vreemde geraamtes uit die kas.

In die ou Israel het elke gesin 'n geslagsregister gehad wat sorgvuldig op datum gehou en bewaar is. Omdat God aan bepaalde stamme sekere beloftes gemaak het, was dit uiters belangrik om te weet van wie jy afstam. Dit het ook bepaal wat die opdrag en taak van elke geslag was. So begin Matteus, die rekenmeester, sy evangelie en die Kersgeskiedenis met so 'n gelagsregister.

Op die keper beskou is hierdie geslagsregister een wat ons weke lank sou kon besig hou. Getrou aan sy aard van berekeninge te maak, praat Matteus drie maal van veertien geslagte (1:17.) Maar dit gaan baie dieper as dit. In verse 3, 5 en 6 word ook drie vroue genoem: Batseba, die owerspelige vrou; Rut, die heiden; en Tamar, wie se geskiedenis aanstoot gee. Vreemde en aanvegbare figure in Jesus Christus se stamboom. Afstootlik miskien ... maar ook heerlik, want ons Saligmaker skaam Hom nie oor sy afkoms nie – Hy skaam Hom ook nie vir ons nie, wat ons afkoms ook al mag wees.

Alleen met Jesus

* Lees Matteus 1:1-17.
* Mediteer oor die ryke troos wat ek en jy kan put uit Jesus se stamboom.
* Roem jy soms op jou voorgeslagte in plaas van op God? Wees versigtig!
* Loof die Heilige Gees wat God se genade oor stambome heen gee.

> Haar verloofde, Josef, wat aan die wet van Moses getrou was maar haar tog nie in die openbaar tot skande wou maak nie, het hom voorgeneem om die verlowing stilweg te verbreek – Matteus 1:19.

Die liefde seëvier

Dit lyk na 'n liefdelose optrede om jou verlowing te wil breek wanneer jou verloofde 'n baba verwag. Maar Josef begryp nie wat aan die gang is nie. Hy het die volste reg om sy "ontroue" verloofde te los en haar by die Joodse Raad aan te kla. En as hulle Maria skuldig sou bevind, sou sy gestenig word. Maar hierteen kom sy liefde vir Maria in opstand. Daarom wil hy haar verlaat sodat hý van ontrou beskuldig sou word. Maria sou al die simpatie ontvang omdat sy deur haar verloofde in die steek gelaat is toe hy verneem dat sy 'n baba verwag.

Hier is dus nie sprake van liefdeloosheid nie. Inteendeel, Josef ly liewer onreg as om vir Maria onreg aan te doen. Dit bly egter 'n onverstaanbare stuk geskiedenis. Josef beoordeel Maria verkeerd en sy liefde is onmagtig om haar te help. Regverdigheid en integriteit bring jou skynbaar nie ver nie. Ons bedoel dit so goed, maar ons misluk telkens, ten spyte van integriteit. Dit het ons al almal in die lewe ondervind.

Josef het sy regte prysgegee en die liefde laat seëvier. Die liefde is uiteindelik altyd die grootste: Dít is wat Kersfees opnuut vir ons kom sê. God het liefgehad ... en gegee. Sal ons dieselfde kan doen?

Alleen met Jesus

* Lees Matteus 1:19-25.
* Mediteer oor die wonder van die krag van die liefde.
* Het jy genoeg liefde om in vreemde omstandighede te seëvier?
* Ek dank U, o God van liefde, dat U ons in staat stel om deur liefde baie van ons probleme te oorwin.

Jesus is in Betlehem in Judea gebore tydens die regering van koning Herodes – Matteus 2:1.

Stille nag, heilige nag

Met hierdie nugtere aankondiging het een van die grootste gebeurtenisse in die heilsgeskiedenis van die mens plaasgevind. So was dit beskik in die raadsbesluit van God. Christus is as 'n Kind in Betlehem gebore, ter wille van jou en my.

Met die Christusfees word ons almal weer kinders. Ons ervaar weer die avontuur van die tydlose wêreld van kinderlike geloof waar alles moontlik is. Ons draai 'n kort oomblik van ons gewone pad af en loop die pad van verwondering en matelose heerlikheid. Ons verbly ons in die onpeilbare liefde van God.

Tog is Kersfees net so eg as die geskenke wat ons gee en ontvang, die kerse wat ons aansteek, die brood wat ons saam breek, die vriende wat ons groet en die blydskap wat ons met ander deel. In beide die werklikheid en die misterie van Kersfees word ons gevange geneem deur die wonderwerk van God se liefde en die wonder van Christus se geboorte.

'n Geseënde en sinvolle Christusfees vir jou en jou dierbares! Mag die wêreld vandag vir jou nuut word; mag jou dierbares vir jou kosbaarder wees en jou vriendskappe hegter. Mag daar uit God se hand vir jou seëninge voortvloei wat ryker is as wat jy ooit sou kon droom.

Mag elke dag van vandag af vir jou 'n Christusfees wees!

Alleen met Jesus

* Lees Matteus 2:1-12.
* Jesus is gebore! Bepeins die heerlike implikasies hiervan – ook vir jou.
* Vra opnuut vir die Here wat Hy bedoel het dat Kersfees vir jou moet wees.
* Lofsing die Here vir die stille nag, heilige nag toe Hy gebore is.

Die skaapwagters het toe teruggegaan terwyl hulle God loof en prys oor alles wat hulle gehoor en gesien het – Lukas 2:20.

Die nawerking van Kersfees

Kersfees is 'n tyd van hoop en verwagting, wanneer die geheimenis van ons herinneringe herwaardeer word onder die sagte gloed van God se liefde. Of jy nou die verwagting van die jeug of die besadigdheid van die ouderdom het – die boodskap van die Christusfees is vir almal. Dit laat ons in verwondering voor God kniel. Ons sien die ganse mensdom oorgegee aan die liefde van God. Ons sien hoe hulle daardie liefde aangryp soos 'n verlore kind wat tuisgekom het.

Maar spoedig sal die vaalgryse alledaagsheid hierdie goddelike verheldering weer verduister en die bekende koudheid en afsydigheid sal mense se harte weer verower. Dit is egter net so waar dat, al sou die gees van Kersfees verbygaan, daar miljoene mense is by wie die waardes van die gees van Kersfees nooit sterf nie. Hierdie mense behoort aan God en daarom sal hulle regdeur die jaar vir God loof en prys oor alles wat hulle gesien en gehoor het.

Die gees van Kersfees leef van dag tot dag in die harte van mense. Liefde, vreugde, vrede, geduld, goedheid, barmhartigheid, getrouheid, verdraagsaamheid en selfbeheersing – dit alles is ervaar toe Christus gebore is, nie in 'n krip nie, maar in die harte van doodgewone mense. 'n Lewe aan Christus toegewy sal deur die die hele jaar die gees van Kersfees openbaar, tot eer van God.

Alleen met Jesus

✳ Lees Lukas 2:8-20.
✳ Bepeins die gedagte dat die gees van Kersfees die hele jaar moet voortduur.
✳ Spreek jou lewe van elke dag van die gees van Kersfees?
✳ Dank en loof die Here vir die voortsetting van die Christusfees in jou lewe.

Barmhartig en genadig is die Here, lankmoedig en vol liefde – Psalm 103:8.

Barmhartig sonder einde

Wanneer die Kersvieringe verby is en die jaar na sy einde spoed, kom daar gevoelens van weemoed en onrus in ons harte op. Maar ook daarvoor het die genadige God 'n oplossing. Tereg sê die psalmis: "Toe ek met baie onrus in my binneste sit, het u vertroosting my tot rus gebring" (Ps 94:19).

Barmhartigheid is 'n woord wat die wêreld nie reg verstaan nie. Daarom het God dit met Kersfees kom demonstreer. Barmhartigheid is om jouself prys te gee, om jouself nie af te sluit in die wêreld van jou eie belange nie. Dit het God gedoen toe Hy ter wille van ons, sondaarmense, Homself in Jesus Christus kom gee het.

Barmhartigheid is ook 'n eis aan Jesus Christus se dissipels. Hy self het gesê: "Geseënd is dié wat barmhartig is, want aan hulle sal barmhartigheid bewys word" (Matt 6:7). Christus het die reg om dit van ons te eis, want Hy is die beeld van die Vader wat van ewigheid tot ewigheid liefde, vrede en lankmoedigheid oor ons uitstort. Hy vergeld ons nie na ons oortredinge nie, maar wis dit uit deur die Christuskind.

Laat daarom jou onrustige hart by God tot rus kom. Hy is die groot Barmhartige en die Prins van vrede. Soos die engele oor die velde van Betlehem kan ons vir Hom 'n lof- en danklied sing.

Alleen met Jesus

* Lees Psalm 103:1-22.
* God is tot in ewigheid barmhartig. Vertroos jou hart met dié woorde.
* Moenie toelaat dat onrus en droefheid jou oorweldig nie. God leef!
* Verbly jou in die barmhartigheid van God en dank Hom daarvoor.

> Ons weet dat, wanneer ons aardse woning wat maar 'n tent is, afgebreek word, ons 'n vaste gebou in die hemel het – 2 Korintiërs 5:1.

Tuis in die Vaderhuis

Die sterwende jaar herinner ons daaraan dat daar soms van die oppervlak na die dieptes gereis moet word. Meer as in ander tye word ons herinner aan die broosheid en verganklikheid van die mens. Ons dink aan dié wat deur die dood van ons weggeneem is, wie se plekke leeg is ... en ons weet die mens is bestem vir die ewigheid.

Gelukkig is die mens wat in hierdie omstandighede Boontoe kan kyk; wat die Lig leer ken het wat nooit verduister word nie. Hulle weet met die sekerheid van Koningskinders dat daar 'n ewige Vaderhuis; 'n woning by die Here waar hulle siele met heerlikheid beklee sal word.

Wanneer die aardse lig uitgedoof word en die sondige liggaam vergaan tot stof, wag daar vir ons 'n verheerlikte liggaam; 'n ewige woning vir ons gees, waarvan ons die heerlikheid hier op aarde nie na waarde kan skat nie.

Laat ons dan nie kla oor die kortstondigheid of weemoed van die lewe nie. In die Vaderhuis word die trane afgedroog en die kruis van ons skouers afgehaal, want: "Wat die oog nie gesien en die oor nie gehoor het nie, en wat in die hart van 'n mens nie opgekom het nie, dit het God gereed gemaak vir dié wat Hom liefhet" (1 Kor 2:9).

Alleen met Jesus

* Lees 2 Korintiërs 5:1-10.
* Mediteer oor die heerlikheid van die Vaderhuis waarheen ons op pad is.
* Is jy so gebonde aan tyd dat jy nooit aan die ewigheid dink nie?
* Bring 'n lofgebed aan God vir die Vaderhuis wat vir jou in die vooruitsig lê.

> Ek sal jou net los as jy my seën – Genesis 32:26.

Geloof

Geloof is 'n onbeskryflike maar noodsaaklike krag in jou lewe. Dis 'n wonder en tog ook 'n geheimenis. Wanneer ons Jakob hier met God hoor praat, sou ons kon dink dat dit 'n groot dag in sy lewe was – 'n dag waarin hy as oorwinnaar staan teenoor die mense en die moeilikhede van die lewe. Daarom kan hy met soveel durf met God praat.

Dis egter hoegenaamd nie so nie. Jakob het die langste nag van sy lewe deurgemaak. Na jare se swerftog het die skille in dié nag van sy oë afgeval. Hy is nie meer die seun van 'n welvarende vader wat die erfgenaam van God se weldade is nie. Hy is 'n wurm in die stof wat niks anders as 'n berg van skuld en sonde na God toe bring nie. Waar hy dus in hierdie uur van sy nood vashou aan die enigste Een wat hom kan seën, selfs wanneer die seën verbeur is, sien ons die onverskrokkenheid van geloof.

Geloof is 'n onlosmaaklike vashou aan God se ontferming teen alle hoop in. Jakob weet alleen dít: God se genade moet in hom kragtig word, anders gaan hy onder. Daarom roep hy uit die kern van sy nood: "Ek sal jou net los as jy my seën!"

Hier by die haas uitgebrande asse van die ou jaar, het ons hierdie soort geloof nodig. Mag die Heilige Gees dit in oorvloed in jou bewerk.

Alleen met Jesus

* Lees Genesis 32:22-32.
* Bid dat God in die laaste dae van die ou jaar jou geloof sal versterk.
* Moenie wanhoop nie. Hou onwrikbaar vas aan 'n genadige God.
* Bring hulde aan die Heilige Gees wat geloof in jou bewerk en versterk.

> Julle krag lê in stil wees en vertroue hê
> – Jesaja 30:15.

Kom ons word stil

Hierdie tyd van die jaar word ons noodwendig 'n wyle by God stil om ons lewe in oënskou te neem en die Heilige Gees te vra om vir ons die pad vorentoe aan te dui. Wat hier van die kinders van die Here gevra word, is veel meer as wat ons van nature in staat is om te doen – om stil te wees en vertroue te hê.

Oppervlakkig beskou beteken dit om niks te doen nie. As gevolg van ons onrustige menslike natuur vind ons dit uiters moeilik om stil te wees. Veral wanneer alles teen ons wense en begeertes in gebeur. Wanneer alles in ons lewe verkeerd loop, is dit haas onmoontlik om vertroue te hê. Ons voel dat hierdie eis teen ons natuur ingaan. Wanneer die pad eensaam en moeilik is en die Helper neem te lank om op te tree, is stilwees en vertroue 'n geweldige uitdaging.

Daarom moet die ou natuur in ons afgebreek word en God se genade moet op ons inwerk. Alleen sy genade kan ons harte stil maak soos dié van 'n kind tevrede aan sy moeder se bors. Gelukkig is hulle wat in die skool van die Meester geleer het om stil te wees en te vertrou. Hulle sal nie teleurgestel word nie (Jes 30:18). Voor die geloofsoog breek die donker wolke, word hulle met 'n silwer rand omsoom en die Prins van vrede bring sy vredesgroet. Dan is jy gereed om die toekoms tegemoet te gaan.

Alleen met Jesus

✳ Lees Jesaja 30:8-18.
✳ Ons krag lê daarin om by God stil te word en Hom te vertrou. Bepeins dit.
✳ As jy té besig is om stil te word, is jy inderdaad té besig!
✳ Dank en loof die Here wat jou toerus vir die pad wat voorlê.

> Waar kom jy vandaan en waar gaan jy heen?
> – Genesis 16:8.

'n Betekenisvolle vraag

Aan die einde van die jaar is ons teksvers 'n ernstige vraag. Ons mag nie ligtelik daarby verby lees nie. Dis 'n boodskap wat God rig aan Hagar. Sy het haar pad byster geraak omdat sy teen die wil van die Here weggevlug het van die plek waar sy moes wees. Die opdrag wat sy in vers 9 ontvang, was beslissend vir haar hele lewe.

Die engel van die Here vra vandag aan ons dieselfde vraag. Ons antwoord sal bepaal waar ons die toekoms hier op aarde en die hiernamaals gaan deurbring. Hagar erken dat sy van haar pos af weggeloop het omdat daar dinge was wat haar nie geval het nie. Maar daarmee het sy ook van haar God af weggeloop.

Wanneer ons, met 'n terugblik oor die jaar wat verby is, eerlik wil wees, moet ons bely dat ook ons voor die aangesig van die Here skuldig en skaam staan. Terwyl God so oneindig barmhartig en genadig teenoor ons is, veral in ons donker dae van beproewing, waar gaan ons heen? Ons antwoord kan alleen wees: "Waarheen U my ook wil lei, hemelse Vader. Na groen weivelde of na dor woestyne; in droefheid of in blydskap. Maar alleen aan u almagtige hand wil ek die onbekende toekoms aandurf. Geen enkele tree sal ek sonder U waag nie."

Mag hierdie laaste dag van die ou jaar vir jou die wysheid gee om voor God uit te maak waar jy vandaan kom en waarheen jy op pad is. En mag dit wees tot die ewige heil van jou onsterflike siel.

Alleen met Jesus

* Lees Genesis 16:1-16.
* Bepeins ernstig in gebed die koers van jou lewe.
* Is dit vir jou moeilik om vandag se vraag te beantwoord? Waarom?
* "Lei, Vriend'lik Lig, deur aardse duisternis, lei U my voort; swart is die nag waar ek 'n swerwer is, lei U my voort."